제2판

재무관리
Financial Management

김대호 · 오세경 · 장국현 · 최병욱 공저

經文社

제2판 머리말

『알기쉬운 재무관리』를 출간한 지도 여러 해가 지났다. 그간 변화하는 기업의 경영여건과 재무상황의 변화에 맞추어 진작 개정판이 나왔어야 하였지만 저자들의 게으름으로 이제야 출간하게 되어 매우 송구스럽게 생각하며 이제라도 새로운 제2판을 출간하게 된 것을 다행스럽게 생각한다.

이번 제2판에서 변화되거나 강조한 내용들은 다음과 같다.

첫째, 제1판에서는 재무관리 의사결정자와 학생들에게 유용한 정보를 제공할 수 있도록 최대한 쉽게 저술하려 하였는데, 이번 제2판에서는 좀 더 깊이 있는 설명과 새로운 사례를 추가하였다. 즉, 제5장 화폐의 시간가치에서는 여러 사례들을 추가하였고, 제6장 위험과 수익률 부분에는 포트폴리오 이론과 자본시장선(CML)에 대한 내용을 추가하였다. 아울러 제7장 자본비용 및 제12장 자본구조에서는 실제 사례를 통하여 자기자본비용 계산과정을 추가하였다. 또한 제15장 기업의 인수와 합병(M&A)에서는 내용 및 구조를 대폭 수정하였다.

둘째, 그동안의 변화된 제도나 자료들을 반영하여 서술내용을 최신의 것으로 교체하였다. 우선 제2장의 단기금융상품 설명부분에 MMF, CMA 및 MMDA에 대한 설명을 추가하였다. 또한, 2011년부터 적용되는 국제회계기준(IFRS)에 따라 변경되는 회계용어를 제3장에 반영하였다. 아울러 제3장에서 사용한 ROI분석 자료를 최신자료로 수정하였다. 그리고 제4장 생활과 재무에서는 그간의 변경사항을 반영하여 최근 제도나 자료로 대폭 교체하였으며, 제6장과 제11장의 통계자료도 최신 자료로 수정하였다.

셋째, 제9장 자본예산기법과 제10장 자본예산의 특수문제의 일부 내용의 순서를 변경하였다. 즉, 현금흐름추정의 기본원칙을 자본예산기법을 설명하기 전에 다루었다.

끝으로 제4장을 꼼꼼히 읽고 수정내용에 대해 조언을 해주신 한형호 교수님과 이 책을 정성껏 만들어주신 경문사의 한현주 사장님, 그리고 편집부 박미선 차장 이하 여러분에게도 감사를 드린다.

2011년 6월 저자들

제1판 머리말

우리가 알다시피 IMF외환위기의 원인은 우리나라 기업들의 외형성장 위주의 차입경영, 불투명한 경영 및 회계제도, 위험관리 의식의 부재 등으로 요약된다. 결국 많은 원인이 재무관리 주제와 관련되어 있음을 알 수 있다.

외환위기 이후 우리나라 금융시스템과 기업경영에는 엄청난 변화가 이루어졌다. 금융산업과 기업의 구조조정이 빠른 속도로 이루어지고, 새로운 금융상품과 제도가 속속 도입되면서 경제분야의 톱뉴스로 재무적인 이슈들이 자주 등장하게 되었다. 영향력이 커진 외국인들의 요구와 함께 시민단체들의 소액주주운동으로 우리나라 기업들의 매우 불합리한 지배구조와 불투명한 회계제도를 고치려는 시도들도 시작되었다. 그러나 아직까지 우리나라 주식이 저평가되는 소위 코리아 디스카운트(Korea discount)의 주요 원인으로서 기업지배권과 회계투명성 문제가 자주 지적되고 있는데, 최근 SK(주)의 경영권 확보를 겨냥한 소버린의 주식매집사건과 2005년부터 도입되는 집단소송제 등은 주주들의 소리없는 총성의 시작이라 할 수 있다.

이뿐 아니라 세계시장의 글로벌화와 각국의 경쟁적인 금융규제완화는 기업 간 경쟁심화와 재무환경의 불확실성을 크게 증대시켰다. 새로운 금융상품과 금융기법을 이용한 다양한 신종 자금조달 및 자금운용 수단이 우리나라에도 등장하게 되었다. 또한 다이아몬드 사건을 비롯한 많은 대형 금융사고는 우리나라 기업들로 하여금 위험관리(risk management)의 중요성을 크게 깨닫게 하였고, 또한 파생상품(derivatives)에 대한 관심을 갖도록 만들었다.

이러한 변화로 인하여 재무관리의 기능과 범위가 크게 확대·개편되고 있을 뿐만 아니라 우리나라 기업 재무담당자의 역할도 계속 변모되고 있다. 재무담당자는 이러한 급변하는 새로운 환경하에서 기업가치를 최대화할 수 있는 재무의사결정을 신속·정확히 내릴 수 있어야 하며, 또한 주주를 비롯한 기업을 둘러싸고 있는 여러 재무관련 이해관계자들의 다양한 욕구를 충족시킬 수 있어야 한다.

이미 국내에 많은 재무관리 교재가 발간되어 유용하게 사용되고 있음에도 불구하고 저자들이 새로운 교재를 집필하게 된 계기가 여기에 있다. 많은 새로운 개념과 용어들을 소개할 필요가 있고 또한 최근에 등장한 다양한 이슈들을 정리할 필요가 크다고 판단되었기 때문이다. 따라서 저자들은 가급적 중요하다고 생각되는 재무관리 이슈들은 모두 포함하려고 노력하였다. 그러나 본 교과서의 가장 큰 특징은 책 제목에도 알 수 있는 바와 같이 될 수 있는 한 알기 쉽게 쓰려고 했다는 것이다. 재무관리가 학생들에게 매우 어려운 학문으로 느껴지는 안타까운 현실문제 해결에 조금이나마 도움이 되었으면 하는 것이 저자들의 작은 바람이다.

저자들이 본 교재를 집필할 때 염두에 두었던 점들은 다음과 같다.

첫째, 재무관리 교재를 이용하는 수요자들의 욕구(needs)를 헤아려 이를 반영하려고 노력하였다. 예를 들어, 대개의 대학에서 16주 내외의 강의가 보통이므로 매주 1장 정도의 수업을 진행할 수 있도록 교재를 15개 장으로 구성하였다. 아울러 재무관리 강의자의 입장에서는 재무이론과 기법을 강의한 후에 이를 학생들로 하여금 실제로 직접 실행하게 함으로써 이해도를 높일 수 있다. 이를 위한 방법으로 제14장 부록에 있는 사례연구 과제물을 연구과제로 부과하고 결과를 발표하게 할 수 있다.

둘째, 본 교재가 재무관리 의사결정자와 학생들에게 유용한 정보를 제공할 수 있도록 최대한 쉽게 서술하려 하였으며 가급적 많은 예제를 본문 중에 삽입하여 이해를 도우려고 노력하였다.

셋째, 실무에서 유용하게 당장 쓸 수 있고 또 가장 핵심적인 재무관리이론 및 기법을 소개하려 하였다. 따라서 이론적·수리적 설명은 가급적 사용하지 않으려고 노력하였다. 아울러 재무관리 이용자들의 이해를 증진시키기 위하여 가급적 우리나라 기업의 사례를 들어보려 노력하였다.

넷째, 가장 최근의 이슈나 개념을 가급적 많이 포함하려고 노력하였다. 예를 들어, 최근에 전 세계적으로 재무기능이 기업 내에서 어떻게 변모되고 있으며 금융분야의 혁신이 어떻게 진행되고 있는지 등을 포함하였고, IMF외환위기 이후 우리나라에 도입된 재무와 관련된 새로운 제도, 상품, 기법 등을 소개하였다.

다섯째, 대부분의 재무관리 교과서가 기업재무만을 다루고 있는데 반해 본 교과서는 제4장의 생활과 재무에서 개개인의 실생활과 밀접히 관련된 개인재무관리를 소개하고 있다는 것이 또 하나의 특징이라 할 수 있다.

이 교재를 출간하는 데 많은 도움을 준 여러분께 감사드린다. 무엇보다도 이 책은 이제까지 선배교수님들이 펴낸 국내외 교재에서 많은 도움을 받았다. 앞으로 계속 본 교재의 내용을 보완하고 다듬어서 보다 나은 체계를 지닌 유용한 교재가 되도록 노력할 것을 약속드린다.

2005년 2월
저자들

차 례

제1부 재무관리의 기초

재무관리

Financial Management

제11장 자본조달 243

제12장 자본구조 271

제13장 운전자본관리 301

제4부 재무관리의 특수과제

PART 01

재무관리의 기초

제 1 장

재무관리란 무엇인가?

Financial Management

이 장 에 서 는 · · ·

재무는 경제활동을 이해하고 자신의 귀중한 자원을 효율적으로 관리하는 데 있어 핵심적인 개념이다.

저축·투자·사업 등 모든 경제활동이 '돈'에 기초하고 있는데 '돈'에 대한 기본적인 이해 없이 삶을 영위해 나가는 것은 불가능하다.

이러한 '돈'에 관련된 일에 있어 최적의 의사결정과정을 다루는 분야가 재무관리라 할 수 있는데, 이 장에서는 재무관리가 무엇인지에 대해 구체적으로 살펴보도록 하자.

제1절 재무관리의 의의

경영학은 관리기능에 따라 생산관리, 마케팅관리, 재무관리 및 인사관리 등으로 분류할 수 있는데, 이 중에서 재무관리는 기업이 필요로 하는 자본을 효율적으로 조달하고, 조달된 자본을 효율적으로 운용하는 것과 관련된 이론 및 기법을 연구하는 학문이다.[1]

이와 같이 좁은 의미에서의 재무관리는 기업의 자본조달 및 운용의 문제를 주요 연구대상으로 하고 있는데, 이와 관련된 연구분야를 기업재무론(corporate finance)이라고 한다. 한편, 넓은 의미의 재무관리는 기업재무론뿐만 아니라 투자론, 금융기관경영론, 파생상품론 등을 포함하며 재무론(finance)이라고 불리기도 한다. 이 책에서 다룰 재무관리는 기업의 재무의사결정을 담당하는 재무관리자(financial manager)의 관점에서 다루는 기업재무론, 즉 좁은 의미의 재무관리이다.

제2절 재무관리의 기능

여기서 재무관리의 기능은 구체적으로 무엇이며, 그것이 왜 중요한가를 살펴보자. 기업의 재무관리자는 흔히 다음 세 가지 재무관련 문제를 당면하게 된다. 첫째는 자본을 어디에 투자해야 할 것인가 하는 문제이며, 둘째는 그러한 투자에 필요한 자본을 어떻게 조달할 것인가 하는 문제이며, 셋째는 단기자산과 부채를 어떻게 관리할 것인가 하는 문제이다. 첫째 문제는 자본의 운용, 즉 투자결정(investment decision)과 관련된 기능이며, 둘째는 자본의 조달, 즉 자본조달결정(financing decision)과 관련된 기능이고, 셋째는 운전자본관리 결정(working

---

1) 재무를 한자로 풀어보면 財(재물 또는 돈 재), 務(일 무), 즉 재물이나 돈과 관련된 일이라는 말이다. 따라서 재무관리란 돈과 관련된 일, 즉 돈의 흐름과 관련된 일에 있어 최적의 의사결정을 내리는 과정을 뜻한다.

capital management decision)과 관련된 기능이다. 이들 재무기능들은 상호 독립적인 것이 아니라 재무관리의 목표를 달성하는 데 있어 상호 유기적인 관련을 가지고 있다. 다음에서 각 재무관리의 기능에 대해 살펴보자.

1 투자결정

투자결정이란 기업자산의 최적배합, 즉 어떤 사업에 어떤 규모로 투자할 것인가에 대한 의사결정을 말한다. 즉, 취득해야 할 자산의 종류와 규모에 대한 의사결정으로 이에 따라 기업의 미래수익성, 성장성 및 영업위험이 달라진다. 투자결정의 결과는 [그림 1-1] 재무상태표의 차변에 표시된다. 특히, 건물, 설비 등과 같이 투자수명이 긴 비유동자산에 대한 투자는 기업에 오랫동안 영향을 미치게 되므로 매우 중요하다. 비유동자산에 대한 투자분석을 자본예산(capital budgeting)이라고 하며, 이는 재무관리분야에서 중요한 위치를 차지하고 있다.

2 자본조달결정

자본조달결정은 투자에 필요한 자본을 어디에서 얼마만큼 조달할 것인가에 대한 의사결정이다. 자본조달결정의 결과는 [그림 1-1] 재무상태표의 대변에 표시된다. 이때 자본조달에 따라 부담하게 되는 자본비용을 최소화하는 것이 중요한 문제가 되는데 이에 관련된 연구를 최적 자본구조(optimal capital structure)이론이라고 한다. 그리고 배당정책은 기업의 이익을 배당과 유보이익으로 나누는 것으로서 자본조달과 관련되어 있다고 볼 수 있기 때문에 배당정책(dividend policy)도 자본조달결정에 포함시킬 수 있다.

3 운전자본관리 결정

기업의 투자결정과 자본조달결정 중에서 일상적이고 반복적으로 발생하며 기

그림 1-1 재무관리의 기능

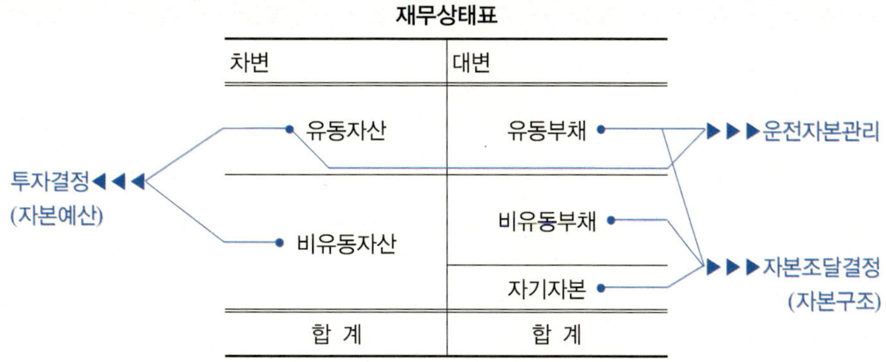

업의 영업활동에 직접 관련되는 동시에 단기재무관리의 중심이 되는 것이 운전자본관리(working capital management)이다(그림 1-1 참조). 운전자본이란 일반적으로 유동자산에서 유동부채를 뺀 순운전자본을 의미한다. 운전자본관리의 목표는 기업의 유동성을 적절하게 유지하는 동시에 수익성을 높이는 데 있다. 기업은 적정수준의 운전자본을 확보해야 지급불능위험을 줄이며 유동성을 유지할 수 있다. 그러나 기업이 유동성을 높이기 위해 유동자산을 많이 보유하면 그만큼 수익성은 낮아지게 되고, 수익성을 높이기 위해 유동자산의 보유를 줄이게 되면 유동성이 낮아져서 그만큼 위험이 증가하게 된다. 기업의 효율적 운전자본관리는 기업경영에 있어서 중요한 의미를 가지며, 때로는 기업의 성패에 직결되기도 한다.

한편, 투자결정과 자본조달결정을 좀 더 효과적으로 하기 위하여 필요한 자료를 분석하고 기업재무와 관련된 활동을 통합적으로 계획, 통제하는 기능을 재무분석, 계획 및 통제(financial analysis, planning and control)기능이라 한다.

제 3 절 재무관리의 목표

재무관리의 목표는 재무관리자들이 재무의사결정을 내릴 때 의사결정의 기준이 된다. 다음에서 재무관리의 목표로 자주 거론되는 기업가치의 극대화(maximization of firm value)와 주주 부의 극대화(maximization of shareholders' wealth)에 대하여 살펴보자.

1 기업가치의 극대화

기업의 가치는 기업의 자산이 벌어들일 미래수익의 크기와 미래수익의 불확실성에 따라 결정된다. 기업이 벌어들일 미래수익이 클수록 기업의 가치는 커지며 미래수익의 불확실성, 즉 위험이 클수록 기업가치는 작아진다. 한편, 기업의 가치는 자기자본가치와 타인자본가치의 합으로 다음과 같이 나타낼 수 있다.

$$V = E + D \tag{1.1}$$

V: 기업의 가치
E: 자기자본가치(=주주의 몫)
D: 타인자본가치(=채권자의 몫)

기업가치의 극대화 목표에서는 식(1.1)과 같이 자기자본가치와 타인자본가치를 합한 기업가치의 극대화를 추구하게 된다.

2 주주 부의 극대화

기업에서는 자기자본 제공자, 즉 주주의 부(富, wealth)를 최대로 하는 것을 목표로 할 수 있다. 왜냐하면 기업의 궁극적인 주인은 바로 자기자본 제공자인 주주이기 때문이다. 주주의 부는 주식의 시장가치에 의해 표시되므로, 기업의 목표는 곧 주가를 극대화시키는 것으로도 해석될 수 있다. 주가는 경쟁적인 주식시장에서 기업의 수익성과 위험에 기초하여 해당 주식이 어느 정도의 가치를 가지는가에 대한 투자자들의 평가를 반영하여 결정되기 때문에, 주가야말로 기업의 실질적 성과에 대해 시장에서 평가해 주는 객관적이고 정확한 척도라고 볼 수 있다.

일반적으로 주주의 부 또는 주가의 극대화는 기업가치의 극대화와 같은 의미로 사용될 수 있다. 재무관리자의 의사결정이 타인자본의 가치에 미치는 영향이 거의 무시할 정도로 작다면, 대개의 경우 주주 부의 극대화는 곧 기업가치의 극대화로 해석될 수 있을 것이다. 따라서 본 교재에서는 주가의 극대화와 기업가치의 극대화를 동일한 의미로 사용한다.

제 4 절 기업의 목표와 사회적 책임

1 주주 부의 극대화 목표와 기업의 사회적 책임

기업이 주주의 부를 극대화하는 목표를 추구할 경우, 이것은 기업이 주주의 이익만을 추구하고 기업의 사회적 책임(social responsibility)은 무시한다는 의미일까? 현대 자본주의 사회에서 기업은 종업원, 채권자, 소비자, 지역사회 등 다양한 이해관계자에 대한 사회적 책임을 지니고 있다. 예를 들어, 종업원들에게는 정당한 대우와 함께 안전한 작업환경을 제공하고, 소비자들에게는 양질의 제품을 판매해야 하며 지역사회의 환경오염을 방지할 수 있는 생산설비를 갖추어야 한다.

그런데 기업이 사회적 책임을 완수하는 데는 비용이 발생하기 때문에 정부에 의해 강제적으로 사회적 책임이 수행되도록 해야 한다. 즉, 제품의 안전성 확보, 환경오염의 방지 등과 같은 기업의 사회적 책임은 관련 법규에 의해 강력하게 규제할 경우에 효과적으로 달성될 수 있을 것이다.

또한 기업은 단기간만 존재하는 것이 아니라 계속 존재하는 영속체(going concern)라고 볼 때 기업의 사회적 책임 수행은 단기적으로는 비용이 되나 장기적으로는 이득이 된다. 만약 사회적 책임이 이행되지 않을 경우 정부당국의 규제, 종업원의 반발, 소비자의 불매운동이나 지역사회의 신뢰성 상실 등이 결국은 기업에게 비용이 되기 때문이다.

따라서 기업이 수행하는 사회적 책임은 기업에게 있어서 일종의 사회적 제약조건(socially imposed constraints)이라 할 수 있다. 그러므로 재무관리자는 기업의 사회적 책임이라는 제약조건을 철저히 이행하면서 주주들의 부, 즉 주가를 극대화하는 기업의 목표를 추구해야 할 것이다.

2 기업에서의 대리인문제

개인기업에서는 소유주가 곧 경영자이므로 주주의 부와 경영자의 부는 일치하여, 소유경영자는 주주 부의 극대화를 추구한다. 그러나 소유와 경영이 분리된 전문경영자 지배하에서 전문경영자는 항상 소유주인 주주부의 극대화를 추구할 것인가? Jensen과 Meckling(1976)의 설명에 의하면, 기업의 주인(principal)인 주주를 대리하여 전문경영자가 의사결정을 내리기 때문에 전문경영자는 주주의 대리인(agent)이다. 그런데 전문경영자는 주주의 부를 극대화하는 의사결정을 하여야 하지만, 전문경영자 자신의 이해와 주주의 이해가 대립될 경우에는 전문경영자는 자신의 이익을 추구하는 의사결정을 내리는 경우가 발생할 수 있다. 즉, 기업의 소유주인 주주와 대리인인 전문경영자와의 이해가 반드시 일치하지 않을 수도 있다는 것이다.

이와 같이 소유와 경영이 분리된 전문경영자 지배하에서는 소유주인 주주와 대리인으로서의 전문경영자 간에 이해상충의 문제, 즉 대리인문제(agency problem)가 발생하게 된다. 기업의 주인이 되는 주주는 전문경영자의 사적인 이윤추구를 방지하고, 전문경영자로 하여금 주주 부를 극대화하도록 하기 위해 전문경영자의 행위를 감시(monitoring)하거나 구속(bonding)하기 위한 제도적 장치를 마련하게 된다.

대리인이 되는 전문경영자가 소유주를 위해 행동하도록 만들기 위해서는 첫째, 전문경영자의 목표가 주주의 목표와 일치하도록 전문경영자의 보상체계를 만드는 방법이 있고, 둘째, 전문경영자가 주주부의 극대화를 추구하지 않을 때 교체할 수 있는 기업지배권을 강화하는 방법이 있다. 대표적인 경영자 보상체계로 들 수 있는 것은 스톡옵션(stock option)제도인데, 이는 자사주식을 싼 값으로 인수할 수 있는 권리를 부여함으로써 전문경영자가 주가극대화 목표를 추구하도록 만드는 제도이다. 그러나 2001년 발생한 엔론(Enron)사태에서 볼 수 있는 바와 같이 스톡옵션제도는 경영자의 단기업적주의 또는 회계조작사건을 방지하기에 충분치 않은 것으로 밝혀졌다.[2)]

3 기업지배권과 투명성

기업지배권(corporate governance)은 기업의 지배권을 누가 실질적으로 행사하느냐를 의미하는 말이다. 앞서도 설명한 것처럼 기업의 실질 소유자는 주주들이다. 그러나 주식소유가 잘 분산되어 있는 대기업들의 경우 실질적인 기업지배는 1대 대주주에 의해 이루어지거나 전문경영인에 의해 이루어진다. 이러한 상황에서 소액주주들의 이익이 대주주나 전문경영인에 의해 훼손당하는 일이 많이 발생하게 된다. 특히, 우리나라 재벌의 경우 5~10%의 지분만으로 계열사 순환출자를 통해 대주주가 기업을 쉽게 지배할 수 있기 때문에 해당 기업 소액주주들의 이익이 심하게 침해당하는 경우가 빈번히 발생하고 있다. 삼성그룹이 삼성전자와 삼성생명 등을 동원해 삼성자동차를 지원한 경우라든지, SK그룹이 SK캐피탈과 워커힐 등을 동원해 JP Morgan이 보유한 SK증권 주식에 대한 풋옵션을 인수한 사건 등 이루 헤아릴 수 없이 많다.

2003년도 우리나라 기업집단의 대주주 소유지분과 지배력에 대한 자료를 보면, 4대 재벌의 소유-지배 괴리도는 26% 포인트로 나타나고 있다. 이는 4대 재벌 총수 일가가 실제 자신의 돈으로 소유한 지분보다 26% 포인트만큼 더 많은 의결권을 행사하고 있다는 의미이다. 우리나라 기업의 주가가 내재가치에 비해 저평가되는 현상을 코리아 디스카운트(Korea discount)라 부르는데, 이의 가장 중요한

2) 엔론, 월드콤 등 대기업의 잇단 파산은 미국 기업 감시시스템의 문제점을 여실히 보여줬으며, 미국의회는 사베인즈-옥슬리(Sarbanes-Oxley)법안을 2002년 7월 30일부터 발효시켜 최고경영자(CEO)와 재무담당임원(CFO)의 일부 중요자료에 대한 서명확인(certification)을 법제화하였다.

원인으로 기업지배권의 문제를 들고 있다. 기업지배권의 문제는 불투명한 경영, 분식회계, 사적 이익추구 등 여러 가지 문제를 야기시켜 결국 주주가치를 파괴시키기 때문이다.

대기업 오너, '쥐꼬리 지분'으로 그룹지배 '여전'

총수 지분율 6년째 2%선 … 적은 지분율로 막강 경영권 행사

대기업 총수와 그 일가들이 적은 지분을 보유하고도 계열사 지분에 의존해 막대한 경영권을 행사하는 등 대기업의 지배구조 문제가 여전한 것으로 드러났다. 11일 공정거래위원회가 발표한 '2010년 대기업집단 주식소유현황 등에 대한 정보공개'에 따르면 지난 4월 1일 기준, 자산 5조원 이상 53개 상호출자제한기업집단(이하, '대기업집단') 가운데 총수가 있는 35개 대기업집단의 총수일가 지분율은 4.40%로 전년에 비해 0.19%포인트 감소했다. 이 중 총수 개인의 지분은 2.12%로 2005년 이후 계속 2%대에 머물고 있으며, 친인척 지분은 2.28%로 매년 감소세를 보이고 있다. 계열회사 지분율은 지속적으로 상승하다 올해는 43.56%로 전년보다 2.31%포인트 감소했다.

반면 비영리법인·임원 등의 지분율은 지난해 2.46%에서 2.56%로 소폭 늘었다. 내부지분율은 채권단의 출자전환으로 내부지분율이 급격히 하락한 금호아시아나를 제외하면 52.34%로 전년대비 0.52%포인트 감소하는 데 그쳤다. 지철호 공정위 경쟁정책국장은 "올해는 전년에 비해 내부지분율과 총수일가 지분율이 모두 하락했다"며 "소유지배구조가 전년보다 악화됐다고 보기는 어렵다"고 말했다. 총수일가 지분율이 낮은 기업진단은 SK(0.82%), 삼성(0.99%), 금호아시아나(1.02%)로 나타났고, 지분율이 높은 곳은 부영(24.08%), OCI(23.85%), GS(17.94%) 등의 순으로 조사됐다. 총수일가 지분율이 가장 많이 감소한 대기업은 KCC(−6.52%), 웅진(−1.8%), OCI(−1.56%), 현대산업개발(−1.18%), 금호아시아나(−1.13%) 등의 순이며, 동부(6.63%), 신세계(1.21%), 코오롱(1.19%)은 총수일가의 지분율이 늘었다. 또 총수가 있는 35개 대기업집단 소속회사(1,085개) 중 총수일가가 100% 소유하고 있는 계열회사는 29개사(2.67%)에 불과했고, 총수일가 지분이 전혀 없는 계열회사는 755개사(69.6%)에 달했다. 계열회사 간 꼬리에 꼬리를 무는 환상형 순환출자가 형성돼 있는 집단은 삼성, 현대자동차, SK, 롯데, 현대중공업, 한진, 동부, 대림, 현대, 동양, 웅진, 현대백화점, 하이트맥주, 영풍 등 14개사로 나타났다. 한편 총수가 있는 기업집단 가운데 22개 집단에서 94개의 금융보험사를 보유하고 있으며, 53개 대기업집단 소속 1,264개사 중 상장회사는 213개(16.85%), 비상장회사는 1,051개사(83.15%)로 집계됐다.

(자료 : 2010.10.11, 머니투데이)

최근 우리나라에도 소액주주의 권리를 찾기 위한 운동이 활발히 전개되고 있다. 주주총회에서 소액주주들의 권익을 대변하는 시민단체의 목소리가 커지고 있으며, 소액주주들이 단결해서 경영층을 교체하는 일도 일어나게 되었다. 2003년 10월 22일 (주)하나로통신의 경영진이 1대 주주인 LG그룹의 의사와 상반되게 소액주주들의 표를 모아 위임장경쟁(proxy fight)[3]을 통해 새로운 대주주에게 경영권을 넘겨주는 일이 생긴 것이다.

또한 기업경영의 투명성을 높이기 위한 여러 가지 제도들이 시행되고 있거나 또 시행될 예정에 있다. 이사회를 활성화시키고 경영진의 전횡을 견제하기 위한 사외이사제도의 시행, 명확한 회계감사를 위한 상임감사를 대체하는 감사위원회의 설립, 경영진과 임원진의 성과평가와 보상을 결정하는 보상위원회의 설치 등이 시행되고 있으며, 2005년부터는 주주가 입은 피해를 직접 보상받을 수 있는 증권관련 집단소송제도(class action suit)를 시행하고 있다. 증권관련 집단소송제도는 자산규모 2조원 이상인 상장등록법인에 대해 유가증권신고서나 사업보고서 등의 허위기재와 미공개정보 이용, 시세조작, 부실감사 등으로 인해 주식과 채권 매매과정에서 손해를 입었을 경우, 피해자 중 1인 또는 수인의 대표가 손해배상 청구를 할 수 있도록 한 제도인데, 2007년부터 자산 2조원 미만 업체까지 적용대상이 확대되었다.

제 5 절 기업 내 재무관리 기능의 변천

기업 내에서 재무관리의 기능이 어떻게 변모해 왔는가를 보기 위해서는 기업 내 재무담당임원(chief financial officer : CFO)의 역할이 어떻게 변해왔는가를 보면 된다. 전통적으로 CFO는 자금과 관련된 역할(treasurer)과 통제와 관련된 역할(controller) 두 가지를 담당하는 것으로 알려져 있다. 자금과 관련된 일로는 기업의 현금과 신용관리업무, 재무기획, 자본지출업무 등을 들 수 있고, 통제와 관련된 일

3) 주주총회에서 다수의 의결권을 확보하기 위해 소액주주들로부터 의결권을 위임받아 표대결을 실시하는 것을 말한다.

표 1-1 기업 내 CFO의 역할 확대과정

초기 CFO ←			→ 미래형 CFO	
후진적(lagging)	소극적(behind)	중간적(median)	지향적(ahead)	선도적(leading)
• 기본적 재무업무 • 부서 간 분리 • 조정/통제 중심 • 관료적	• 비정기적 분석 • 비자발적 참여 • 팀의 비정규멤버 • 팀과 떨어짐	• 사업의 재무통제 • 전통적 감독업무 • 역할의 강화자 • 위계중심 조직구조	• 통합업무 수행 • 부서 간 상호교류 • 업무능력 개발	• 가치의 공유, 창출 • 사업성과의 달성 • 능력 및 기술의 개발/관리 • 시장중심의 사고 • 사업관련지식 축적

자료 : Walther et. al., *Reinventing the CFO*, 1996, McGraw-Hill.

로는 원가 및 재무회계, 세금, 경영정보시스템의 업무 등을 들 수 있다.

역사적으로 볼 때 CFO의 최초 역할은 회계 및 통제와 관련된 업무 위주였다. 즉, 급여 및 원가계산, 결산과 재무제표 작성, 세금관리 등의 업무였다. 그러나 자본시장이 발달하고 기업활동에 있어서 직접금융의 필요성이 커지고 원활한 자금흐름의 중요성이 부각되면서 자금과 관련된 업무가 추가된 것으로 볼 수 있다. 따라서 전통적인 CFO의 역할은 자금과 관련된 재무업무 분야와 통제와 관련된 회계업무 분야로 보통 구분되어진다. 그래서 CFO는 기업 내의 경찰(corporate cop)로 인식되어 왔다.

그러나 선진국의 경우 1980년대 구조조정과정을 통해 사업매각과 M&A를 통한 사업구조재구축(business restructuring)을 진행하면서 최고경영자(chief executive officer : CEO)를 재무와 전략 차원에서 지원할 수 있는 CFO의 역할이 부상하게 되었고, 주주중시경영으로의 이행에 따라 전략적 및 기업가치제고 의사결정을 위한 CFO 역할도 추가되었다. 다시 말해 CFO는 그 역할이 대폭 확대되어 왔으며 과거의 소극적인 경찰역할을 훨씬 넘어서서 적극적으로 사업을 지원하는 사업동업자(business partner)의 역할을 수행하는 것으로 인식되고 있다(표 1-1 참조).

[그림 1-2]는 재무기능이 기업 내에서 어떻게 발전되어 왔는지를 보여주는 또 다른 그림이다. 1980년대의 재무기능은 거래프로세싱(transaction processing) 부문에 주안점을 두고 의사지원(decision support) 부문에는 별로 큰 중요성을 부여하지 않은 피라미드구조로 되어 있었다. 그러나 1990년대의 재무기능은 기술의

그림 1-2 재무기능의 변화

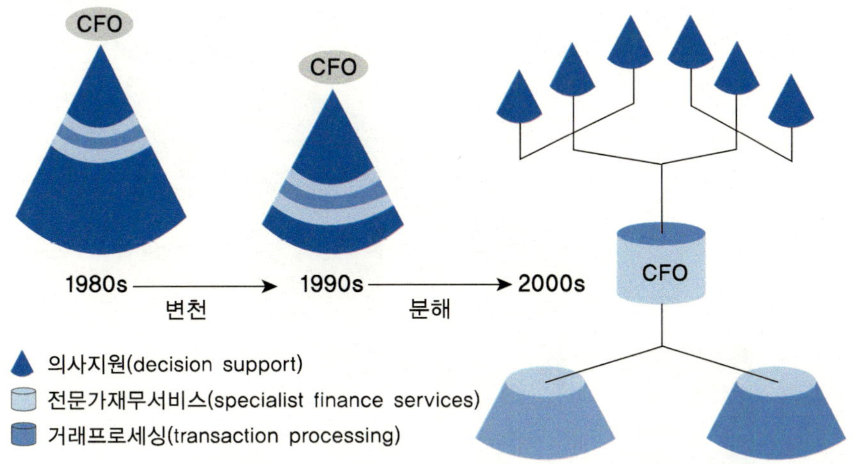

자료 : Read, et. al., *The CFO as Business Integrator*, 2003, Wiley.

발달로 말미암아 1980년대에 비해 상대적으로 크기가 작은 피라미드로 표시되고 있으며, 거래프로세싱 부문이 크게 줄고 대신 성과관리 부분에 대한 비중이 늘어났음을 보여준다. 이는 재무부문이 덜 중요해졌다는 의미라기보다는 기술의 발달로 많은 업무가 IT화되어 단순화되었음을 시사하며 업무의 중요성도 단순 집계·정리의 기능으로부터 실질적인 의사결정지원으로 기능화하였음을 의미한다.

2000년대 들어 재무기능은 이전과 달리 부문별로 분해되어 단편적으로 운영되는 것을 보여준다. 거래프로세싱 부문은 공유서비스(shared services)의 개념으로 원격적으로 운영되거나 가능한 경우 아웃소싱되는 것으로 나타나고, 의사지원은 각 사업단위에 녹아져 운영되는 것으로 나타나고 있다. 이러한 분화모형의 성공 여부는 프로세스와 시스템의 순도(integrity)를 유지할 수 있는 CFO의 능력에 달려 있다.

재무담당임원(CFO)으로서 항상 당면하는 문제는 기업의 위험을 증대시키지 않으면서 어떻게 보다 기술(technology)의 힘을 극대화시킬 수 있는가 하는 것이다. 그런데 재무관리분야는 종종 기업 내에서 트로이의 목마(Trojan horse)가 될 수 있다. 즉, 전통적인 회계나 보고 원칙 등이 새로운 세계라기보다는 옛 세계를 반영하고 있기 때문에 재무관리가 사실상 변화의 걸림돌이 된다는 것이다. [그림 1-3]은

그림 1-3 마이크로소프트사의 재무변천

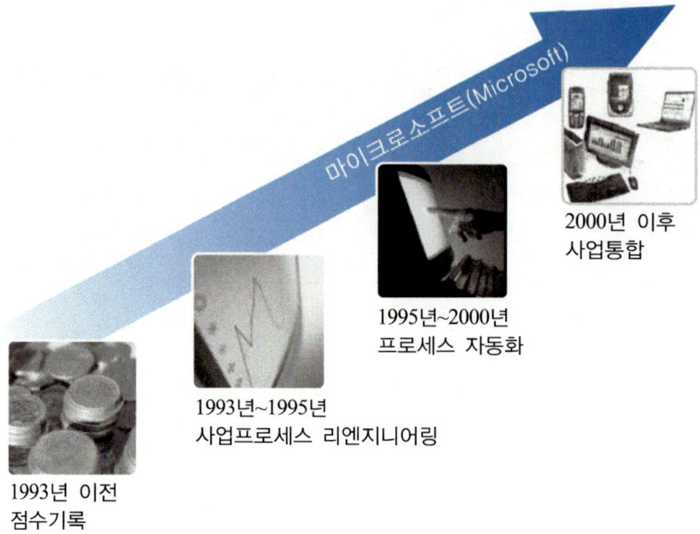

자료 : Read, et. al., *The CFO as Business Integrator*, 2003, Wiley.

마이크로소프트(Microsoft)사가 이 문제를 어떻게 해결해왔는지를 보여준다.

오늘날 마이크로소프트사는 다양한 제품, 다양한 지역, 다양한 기능에 관계없이 하나의 총계정원장(general ledger)에 모든 것이 집약되며, 이는 원하는 재무상의 목적에 따라 실시간(real time)으로 다양한 차원으로 분해 가능하도록 되어 있다. 보고서 창출이나 배포를 위한 IT분야의 지원은 거의 필요 없으며 프로세스는 거의 이음새가 필요 없이(seamless) 자동화되어 있다. 당사의 재무관리 기능분야의 비용은 매출액의 1%에도 미치지 못하며 전체 50,000명의 종업원 중 1,050명이 이 분야에 종사하고 있다. 재무와 관련하여 당사의 다음 과제는 사업동역화(business partnering), 판매생산성분석(analyzing sales productivity) 그리고 새로운 매출기회식별(identifying new revenue opportunities) 등이다. 즉, 재무의 매래 핵심역할이 사업과 직결되어 있음을 확인할 수 있다. 이러한 과제의 추진을 위해 당사는 사업지능(business intelligence), 사업분석 및 자료품질관리 등에 대한 시스템투자를 강화해 오고 있는 것으로 알려져 있다.

제6절 재무관리의 기초 개념들

재무의사결정에 있어서 중요한 변수로 작용하는 것이 시간(time)과 이에 따른 불확실성(uncertainty)이다. 다음에서는 재무관리에서 다루어지는 재무이론과 기법들을 이해하기 위하여 필요한 이러한 기본적인 개념들에 대하여 간단히 살펴보자.

1 화폐의 시간가치 개념

기업의 투자활동 등 대부분의 재무활동은 일정기간 현재와 미래의 여러 시점에 걸쳐서 현금흐름을 발생시킨다. 예컨대, 기업이 투자결정을 할 경우, 현재 시점에서는 투자금액만큼의 현금유출이 발생하나 미래의 여러 기간에 걸쳐 투자수익에 따른 현금유입이 발생한다. 투자 여부에 대한 의사결정을 위해서는 서로 다른 미래시점에서 발생하는 현금흐름의 가치를 일정시점, 특히 현재시점 가치로 환산하는 것이 필요하다.

같은 크기의 금액이라 하더라도 현금흐름이 발생하는 시점의 차이에 따라 현금흐름의 가치가 서로 다르게 평가된다. 예를 들어, 현재의 100만원은 1년 후의 100만원보다 훨씬 더 큰 가치를 지닌다. 현재의 현금흐름이 보다 큰 가치로 평가되고, 미래의 현금흐름은 작은 가치로 평가된다. 이렇듯 현재와 미래의 여러 기간에 걸친 현금흐름을 발생시키는 투자결정과 자본조달결정을 합리적으로 하기 위해서는 서로 다른 시간에 발생하는 현금흐름은 서로 다른 가치를 갖는다는 것을 고려하여야 한다. 즉, 합리적인 재무의사결정을 위해서는 화폐의 시간가치(time value of money)를 반드시 고려하여야 한다.

미래의 각 시점에 발생하는 현금흐름을 현재의 가치로 환산한 크기를 현재가치(present value) 또는 줄여서 현가라 한다. 어떤 자산의 현재의 가치는 그 자산이 발생시킬 미래현금흐름이 발생하는 시기에 따라 화폐의 시간가치를 반영하여 평가된다. 이러한 화폐의 시간가치 개념에 대해서는 본 교재의 제5장에서 자세히 살펴본다.

2 위험·수익의 상반관계

재무관리자는 투자결정 시 투자대상이 되는 자산이 발생시킬 미래의 수익과 불확실성을 고려해야 한다. 대부분의 경우 투자로부터 발생하는 미래현금흐름은 불확실한 경우가 일반적이다. 예를 들어, 기업이 새로운 설비투자를 할 경우에는 미래에 얼마의 투자수익을 얻게 될 것인지는 확실하지 않다. 이와 같이 불확실한 현금흐름을 갖는 자산의 가치평가에는 현금흐름의 불확실성 또는 위험이 반영되어야 한다.

한편, 재무이론에서는 시장에 참여하는 투자자들이 위험을 싫어하는 위험회피적(risk averse)이라고 가정한다. 위험회피적 투자자들은 미래현금흐름의 불확실성 또는 위험이 커지면 커질수록 위험부담에 대한 대가, 즉 위험 프리미엄을 반영하여 더욱 큰 수익을 요구하게 된다. 이러한 관계를 위험·수익의 상반관계(risk-return trade-off relationship)라 한다. 위험·수익의 상반관계란 큰 수익률을 얻기 위해서는 큰 위험을 부담하여야 하며, 작은 위험을 부담하면 작은 수익률을 보상받게 된다는 것이다.

만약 지금 시점에서 은행에 100만원을 정기예금하면 1년 후에 원리금 105만원을 확실하게 지급받는다고 하자. 이때 정기예금은 위험이 전혀 없는 투자이며 그 투자수익률은 5%로서 무위험수익률(risk-free rate of return)이 된다. 이 경우 정기예금의 1년 후 105만원의 현재가치는 100만원이 된다. 이와는 반대로 100만원을 1년 동안 주식에 투자할 경우, 주식투자는 더 큰 위험을 부담해야 하기 때문에 정상적인 투자자라면 5% 수익률로는 만족하지 못하고 더 큰 수익을 요구한다. 예를 들어, 주식투자의 기대수익률이 9%라면 무위험수익률 5%와의 차이 4%는 위험부담에 대한 대가, 즉 위험프리미엄이 된다. 이러한 관계는 다음 식, 즉 기대수익률=무위험수익률+위험프리미엄과 같이 표시된다. 기업의 모든 중요한 재무결정은 불확실성 또는 위험을 포함하기 때문에 위험·수익의 상반관계는 매우 중요한 개념인데, 이에 대해서는 본 교재의 제6장에서 자세히 살펴본다.

제7절 왜 재무관리를 공부해야 하는가?[4)]

재무관리를 공부해야 하는 이유는 여섯 가지로 요약할 수 있다.

첫째, 재무에 대한 지식은 자기 자신의 자원(돈, 시간, 노력 등)을 효율적으로 관리하도록 도와준다. 물론 재무에 대한 지식이 자신에게 없어도 주변의 재무전문가나 은행, 증권, 보험업계의 종사자에게 도움을 청할 수 있을 것이다. 그러나 이러한 경우에도 여러분에게 제공된 여러 제안들을 비교·평가·판단하는 것은 최종적인 의사결정권자인 본인 몫이다. 만약 여러분이 재무에 대해 철저히 무지하다면 다른 사람들에게 자신의 운명을 맡기는 것과 전혀 다를 것이 없다.

둘째, 재무를 공부하는 이유는 재무의 기본적인 이해가 사업은 물론 모든 의사결정에 있어서 가장 중요한 부분이라는 데 있다. 재무는 경제활동을 이해하는 데 있어서 핵심적인 개념이다. 사업을 비롯한 모든 경제활동이 '돈'에 기초하고 있는데 '돈'에 대한 기본적인 이해 없이 과연 경제활동을 할 수 있겠는가 하는 것이다. 적어도 경제신문기사를 이해하기 위해서라도 재무에 대한 이해가 필수적이다.

셋째, 재무분야는 다양한 경력이나 직업을 제공하기 때문이다. 재무분야에는 다양하고 잠재적 가치가 큰 직업들이 많다. 또한 재무전문가가 될 수 있는 수없이 다양한 길이 있다. 대부분의 재무전문가들은 금융서비스산업인 은행, 증권, 보험, 펀드, 투자회사 등에 고용되어 있다. 아울러 많은 사람들은 제조업체 또는 정부에서 재무관리자로도 종사한다. 물론 학계나 컨설팅계 등에서 전문가로 일하기도 한다. 가계, 기업, 정부는 재무 컨설턴트의 자문을 종종 활용한다. 더욱이, 재무분야에서의 경력이나 경험은 일반관리자로서의 업무에 유익한 기초가 된다. 전세계적으로 대기업 최고경영자 중 많은 사람들은 그들의 첫 직장에서 재무분야의 일을 담당하였으며, CFO 출신 중에 CEO가 되는 경우가 가장 많은 것으로 나타나고 있다.[5)]

넷째, 재무시스템이 시장중심 사회 인프라의 매우 중요한 부분이기 때문이다.

---

4) 이 부분은 Zvi Bodie와 Robert C. Merton의 *Finance*(Prentice Hall)를 참조하여 작성하였다.

5) 비즈니스위크지, 1972년 4월 8일자 참조.

실제로 금융기관과 금융시장의 안정성은 경제의 성장과 발전에 필수적인 요소이다. 우리나라의 IMF금융위기를 생각하면 쉽게 이해할 수 있을 것이다. 따라서 재무시스템에 대해서 어느 정도는 알고 있어야 한다.

다섯째, 사회구성원으로서 합리적인 선택을 하기 위해서는 재무시스템의 작동방식에 관한 기본적인 이해를 필요로 한다. 개인들은 간혹 재무시스템에 영향을 미치는 정치적인 결정도 내려야 할 때가 있다. 예를 들어, 예금보험제도의 폐지를 지지하는 후보자에게 투표할 것인지 아니면 주식시장 거래에 대해서 엄격하게 관리할 것을 주장하는 후보에게 투표할 것인지를 결정해야 하는 경우가 있을 것이다.

여섯째, 재무는 매우 흥미있는 학문분야일 수 있으며 이를 통해 실제 세계가 어떻게 움직이고 있는지에 대한 이해를 넓힐 수 있기 때문이다. 재무를 과학적으로 연구해 온 것은 오랜 역사를 가지고 있다. 1776년 출간된 애덤 스미스(Adam Smith)의 '국부론(*the Wealth of Nations*)'은 경제학의 시초인데, 오늘날 많은 재무이론가들은 대개 재무경제학(financial economics)을 전공한 경제학자들이다. 실제로 1990년과 1997년의 노벨상은 재무분야에 과학적인 공헌을 한 재무경제학자들에게 돌아갔다.

연습문제

1. 재무관리의 기능을 설명하시오.

2. 재무관리의 주요 기능을 재무상태표를 이용하여 설명하시오.

3. 재무관리의 목표를 설명하시오.

4. 주주부의 극대화 목표와 기업의 사회적 책임수행은 서로 배타적인 관계인가?

5. 주주와 전문경영자 간의 대리인문제를 설명하시오.

6. 기업지배권은 왜 중요하며 이를 강화하기 위한 방안에는 어떤 것이 있는가?

7. 기업 내 재무관리기능은 어떻게 변모·발전되어 왔는가?

8. 재무관리의 바탕을 이루는 중요개념 중 화폐의 시간가치를 설명하시오.

9. 위험·수익의 상반관계(risk-return tradeoff relationship)란 무엇인가?

10. 재무관리를 공부해야 하는 이유를 적어보시오.

제 2 장

금융시스템

이 장에서는 · · ·

실물경제와 금융시스템은 수레의 양바퀴와 같다. 실물경제의 건전한 발전을 위해서 금융시스템도 함께 발전하여야 하며, 최근에는 심지어 금융시스템의 발전이 실물경제 성장의 견인차 역할을 한다.

금융시스템은 금융시장, 금융상품 그리고 금융기관 등으로 구성된다고 할 수 있는데, 가계와 기업 모두 이들에 대해 잘 이해할 때 경제활동을 효과적으로 영위할 수 있다.

또한 금융시스템은 '금융혁신'이라는 말로 불릴 정도로 많은 변화가 일어나고 있다. 본 장에서는 이러한 금융시스템에 대해서 공부해 보자.

제1절 금융시장의 의의 및 경제적 기능

금융시장은 자금의 수요자와 공급자 사이에 거래가 이루어지는 시장을 말한다. 우리나라의 금융시장은 장단기 금융상품이 거래되는 전통적 의미의 금융시장과 외환시장 그리고 파생상품시장으로 구성된다. 전통적 의미의 금융시장은 금융자금의 공급기간에 따라 만기 1년 이내의 자금이 거래되는 단기금융시장 또는 화폐시장(money market)과 만기가 1년 이상의 자금이 거래되는 자본시장(capital market)으로 나눌 수 있다. 외환시장(foreign exchange market)은 외화자산이 거래되는 시장으로 원화와 달러화를 중심으로 다른 종류 통화 간의 거래가 이루어지고 있다. 파생상품시장(derivatives market)은 위험관리를 위해 널리 활용되는 시장으로 1990년대 중반 이후 우리나라에서도 주가지수선물 및 옵션 등 다양한 파생상품이 도입되면서 거래수단이 다양화되고 거래규모도 확대되는 추세에 있다.

또한 금융시장은 자금을 조달하는 방법에 따라 직접금융시장과 간접금융시장으로 나눌 수 있다. 직접금융시장은 기업 등 자금수요자가 주식이나 채권을 발행하여 투자자의 자금과 직접 교환하는 시장이며, 간접금융시장은 자금공급자와 수요자 사이에 은행과 같은 금융기관이 중간에 매개자의 역할을 하는 시장이다.

그림 2-1 금융시장과 자금흐름

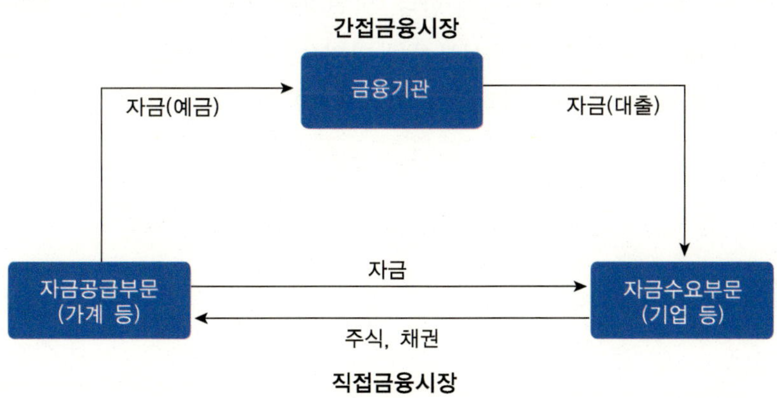

그림 2-2 우리나라 금융시장의 구조

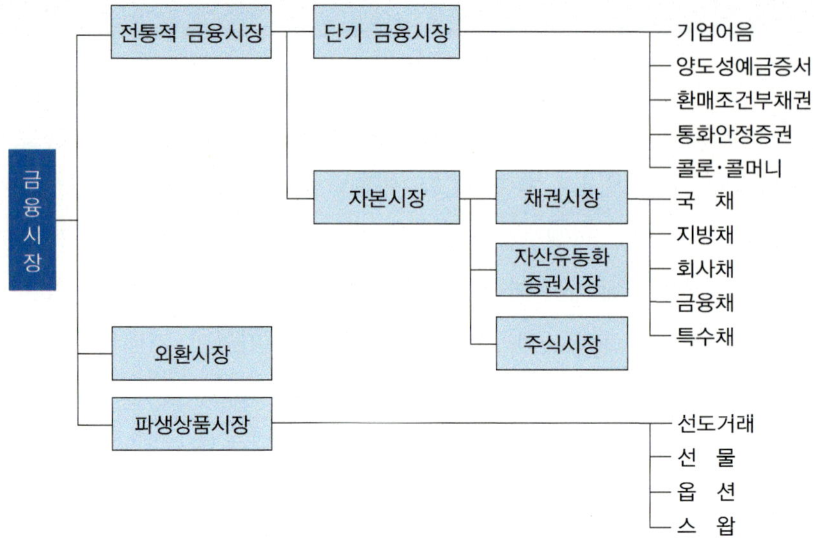

금융시장은 국민경제의 중요 과제라 할 수 있는 성장·배분·안정을 달성하는 데 있어서 다음과 같이 중요한 기능을 수행한다.

첫째, 금융시장은 여유자금을 보유한 가계나 기업의 자금을 자금이 필요한 기업에게 공급하는 역할을 한다. 기업은 국민경제의 대표적인 자금수요부문으로 일시적인 여유자금을 금융자산으로 운용하기도 하지만 대부분의 경우 부족한 자금을 가계 등 자금공급부문으로부터 조달한다.

둘째, 금융시장은 투자수익률이 높은 기업으로 자금을 집중시키는 역할을 통하여 자원을 효율적으로 배분하게 한다. 국민경제의 효율적 생산을 위해서는 가장 투자효율이 높은 기업의 생산분야에 자원을 집중 배분하는 것이 필요하다.

셋째, 금융시장은 중앙은행이 통화금융정책을 집행하는 대상으로서의 기능도 갖고 있다.

제 2 절 주요 금융시장과 금융상품[1]

기업이 필요한 자금을 조달하거나 일시적인 여유자금을 운용할 수 있는 우리나라의 주요 금융시장을 다음에서 살펴보자.

1 단기금융시장과 금융상품

단기금융시장은 일반적으로 만기 1년 이내의 금융상품이 거래되는 시장이다. 우리나라의 주요 단기금융상품으로 기업어음(CP), 양도성예금증서(CD), 환매조건부채권(RP), 통화안정증권 등이 있다. 단기금융시장은 채권 및 주식이 거래되는 자본시장에 비교하여 화폐시장(money market)으로도 불리는데 다음에서 중요한 단기금융상품을 살펴보기로 한다.

1) 기업어음

기업어음(commercial paper : CP)이란 우량기업이 단기자금을 조달하기 위해 발행하는 만기 1년 이내의 융통어음으로서, 상거래와 관련하여 발행되는 상업어음(commercial bill)과 구별된다. 기업어음시장은 기업이 자기신용을 바탕으로 빠른 시일 내에 단기자금을 조달할 수 있는 경로가 되는 동시에 투자자에게는 단기자금의 투자수단을 제공한다. CP의 할인이나 매출은 주로 증권회사가 담당하고 있으며 주로 자산운용회사나 은행신탁이 매수하고 있다. 기업어음시장에서의 거래는 기업이 발행한 CP를 금융기관이 할인하여 보유하거나 투자자에게 매출하는 방식으로 이루어진다.

CP는 신용도가 우량한 기업이 발행하며 2개 이상의 신용평가기관에서 일정수준 이상의 평가등급(현재 B등급 이상)을 받은 기업만 발행할 수 있다. CP의 최장 만기는 1년 이내로 제한되어 있다.

---

1) 옵션이 내재되어 있는 증권(option-embedded securities)과 자산유동화증권(ABS) 및 국제증권 등은 제11장 자본조달부분에서 다뤄질 것이다.

2) 양도성예금증서

양도성예금증서(negotiable certificate of deposit : CD)는 양도가 가능한 정기예금증서이다. 한국수출입은행을 제외한 모든 은행이 CD를 발행할 수 있다. CD의 중개업무는 증권회사와 자금중개회사 등이 수행하고 있다. CD는 매수주체에 따라 대고객 CD와 은행 간 CD로 구분한다. 대고객거래는 은행이 금융기관 및 개인·법인을 상대로 발행하는 방법으로 이루어지는데 매수처는 주로 개인, 연기금, 은행신탁, 자산운용회사, 생명보험회사 등이다. 한편, 은행 간 거래는 발행은행이 매수은행에 직접 발행하는 방법이다.

3) 환매조건부채권

환매조건부채권(repurchase agreement : RP)은 일정기간 후에 일정한 가격으로 다시 매수하거나 매도할 것을 조건으로 발행되는 채권이다. RP거래는 그 거래대상이 장기금융자산인 채권이며 동 채권이 담보의 성격을 지닌다는 점에서 다른 단기금융거래와는 차이가 있다.

채권보유자는 RP거래를 통하여 보유채권을 매각하지 않고서 손쉽게 단기자금을 조달할 수 있고 단기여유자금을 보유하고 있는 투자자로서도 직접 채권투자에 따른 위험부담 없이 비교적 높은 금리로 자금을 운용할 수 있게 된다.

RP거래는 거래상대방에 따라 대고객 RP와 금융기관 간 RP로 구분되는데 대고객 RP는 은행, 증권회사 등에서 취급한다. 금융기관 간 RP거래에는 콜시장 참가기관이 매매당사자로 참여하고 있다.

4) 통화안정증권

통화안정증권(monetary stabilization bond : MSB)은 시중의 유동성을 조절하기 위하여 중앙은행인 한국은행이 발행하는 통화조절용 증권이다. 흔히 통안증권으로 불리워지는 통화안정증권의 만기는 14일에서 2년까지 다양하나 대부분 2년물이다. 대부분 할인방식에 의해 발행되나 만기 2년의 통화안정증권은 액면방식으로 발행되어 매 3개월마다 이자를 지급한다.

통화안정증권은 대부분 경쟁입찰 및 일반매출에 의해 발행하고 있다. 경쟁입찰은 한국은행과 통화안정증권 거래에 관한 약정을 체결한 금융기관을 대상으로 한국은행결제망(BOK-Wire)을 통하여 전자입찰제를 실시하고 있다. 일반매출은 매수자에 대한 제한없이 한국은행 본지점 창구를 통해 발행하고 있는데 금융기관이 주된 고객이다. 발행된 통화안정증권은 증권회사를 중개기관으로 하여 유통시장에서 거래된다.

5) 콜론과 콜머니

콜시장은 금융기관 사이의 일시적인 자금과부족을 조절하기 위하여 극히 초단기로 자금을 차입하고 대여하는 시장이다. 콜자금을 대출하는 것을 콜론(call loan)이라 하고, 콜자금을 차입하는 것을 콜머니(call money)라 한다. 현재 콜거래의 최장만기는 90일 이내로 제한되어 있는데 1일물이 대부분을 차지하고 있다. 콜거래는 국채·지방채·특수채·회사채·CD를 담보로 거래되기도 하나 무담보의 신용거래가 대부분이다.

콜시장은 콜자금을 대출하는 콜론기관과 자금을 차입하는 콜머니기관 그리고 콜거래를 중개하는 중개기관으로 구성되어 있다. 콜론기관은 주로 자산운용회사, 은행신탁 등이며 콜머니기관은 주로 증권회사와 외국은행 국내지점 등이다. 은행의 경우에는 제2금융권의 자금사정에 따라 콜론기관 또는 콜머니기관이 되고 있다. 그리고 콜거래의 중개는 한국자금중개회사와 서울외국환중개주식회사가 담당하고 있다.

6) MMF, CMA, MMDA

가) MMF

단기금융상품펀드(Money Market Fund : MMF)는 자산운용회사가 고객의 자금을 모아 펀드를 구성한 다음, 기업어음(CP), 양도성예금증서(CD), 콜 등 만기 1년 미만의 단기금융상품에 집중 투자해서 얻은 수익을 되돌려주는 만기 30일 이내의 초단기 금융상품이다.

최저 저축금액에 제한이 없으며 은행의 보통예금처럼 수시로 입출금이 가능하다. 시중 실세금리 수준의 수익을 올릴 수 있어 소액투자는 물론 단기자금운용에도 유리한 저축수단이다. 다만 실적배당상품이란 점에서 예금자보호가 되지 않으며, 당일 환매할 수 없다. MMF의 운용회사는 자산운용회사이며 판매회사로는 은행, 증권회사 및 보험회사가 있다. 1971년 미국의 메릴린치에 의해 처음 개발되었으며 우리나라에는 1996년부터 도입되었다.

나) CMA

어음관리계좌(Cash Management Account : CMA)는 고객이 예치한 자금을 기업어음(CP)이나 양도성예금증서(CD), 국공채 등의 채권에 투자하여 그 수익을 고객에게 돌려주는 단기금융상품이다.

CMA는 단기에 고금리를 제공하며 하나의 계좌로 다양한 금융서비스를 받을 수 있는 종합자산관리계정이다. 즉, 최근에는 기존의 단기금융상품의 특징을 유지한 채로 결제기능과 기타 부가기능을 덧붙였다. 시중은행의 보통예금처럼 수시로 입출금이 가능하도록 한 데다 일부 신용카드 등의 결제기능까지 추가하였다. 다만 아직까지는 결제기능이 완전하지 않고 현금 입출금 가능시간 제한이나 인터넷뱅킹 및 ATM기의 이용수수료 등이 있다.

CMA는 원래 종합금융회사가 취급해온 금융상품이다. 종합금융회사의 대거 퇴출 이후 큰 관심을 끌지 못하다가 2005년부터 증권회사에서도 취급이 가능해지면서 지금은 증권회사도 CMA를 취급하고 있다. 증권회사의 CMA는 예금보호 대상이 아니다.

다) MMDA

시장금리부 수시입출금식 예금(Money Market Deposit Account : MMDA)은 은행 등이 취급하는 단기금융상품의 하나로 보통예금처럼 입출금이 자유롭고 각종 이체와 결제도 할 수 있으며 예금자보호대상이기도 하다. MMDA는 시장실세금리에 의한 고금리가 적용되는 점이 보통예금과 다른 점이다. 통상 500만원 이상의 목돈을 단기간 예치할 경우 보통예금보다 금리 면에서 유리하다. MMDA는 단기금융상품펀드(MMF)와 달리 운용대상, 환매제한 등의 제한이 없는 은행 요구불예금의 대표적인 상품이다.

MMDA는 원래 미국의 은행이 자산운용회사의 MMF에 대응하기 위해 도입한 고금리저축성예금으로, 우리나라에는 1974년 이후 도입되었다. 즉, MMDA는 자산운용회사의 단기금융상품펀드(MMF), 그리고 증권회사의 어음관리계좌(CMA) 등과 경쟁상품이다.

2 채권시장과 금융상품

1) 채권의 특성

채권은 기업, 정부, 공공기관이 투자자들로부터 자금을 차입하면서 원금과 이자의 지급조건을 명확하게 하기 위하여 발행하는 유가증권으로서의 일종의 차용증서이다. 채권의 본질로는 다음과 같은 점들을 들 수 있다.

① 채권은 채권발행자의 수익발생 여부와 관계없이 미리 약속된 이자를 지급해야 한다.

② 채권은 원리금의 상환기간이 발행시점에서 정해져 있는 기한부증권이다. 채권은 만기가 중요하며, 같은 채권이라도 만기까지의 기간에 따라 수익률이 달라진다.

③ 채권은 대부분 장기증권이며 유통시장에서 쉽게 현금화할 수 있는 유동성이 높은 증권이다.

채권보유자는 주주에 앞서 기업이 창출한 현금흐름에 대해 우선적인 청구권을 가지는 반면, 약정한 이자와 원금상환에 대해서만 청구권을 갖는다. 채권발행자가 부도를 내면 원리금 회수가 곤란해질 가능성(default risk)이 있으므로 사실상 투자시점에서 투자수익이 확정되는 것은 아니다. 주주의 경우에는 채권자에 대한 지불이 이루어지고 난 후 남는 현금흐름이 있을 때 남는 현금흐름에 대해 청구권을 가지기 때문에 잔여청구권자(residual claimant)라 하고 많은 위험을 부담한다. 채권과 주식을 전반적으로 비교해보면 다음 〈표 2-1〉과 같다.

〈표 2-1〉에서 보는 바와 같이 채권과 주식은 자본의 성격이나 소유자의 권리 및 증권의 존속기간 등에 있어서 차이점이 많다. 그러나 최근에는 전환사채(CB), 신주인수권부사채(BW) 등 주식과 채권이 혼합된 증권과 무의결권주식 등 사채와 유사한 주식의 발행이 증가하고 금융공학이 발달함에 따라 주식과 채권이 상호 접근하는 경향을 보이고 있다.

표 2-1 채권과 주식의 비교

구 분	주 식	채 권(회사채)
자본의 성격	자기자본	타인자본
소유자의 지위	주주	채권자
소유자의 권리	• 의결권과 경영참가권을 소유 • 배당금 • 잔여재산분배권	• 의결권과 경영참가권 없음 • 확정이자 • 주식에 우선하는 잔여재산분배권
증권의 존속기간	만기가 없는 영구증권	만기가 있는 시한부증권
원금상환 여부	원금상환이 없는 대신에 배당을 지급	만기 시 원금을 상환
위험	상대적으로 큰 위험	상대적으로 작은 위험

2) 채권의 종류

채권은 발행주체, 이자지급방법, 보증유무, 지급이자율의 변동 여부, 옵션 여부 등에 따라 다음과 같이 다양하게 분류할 수 있다.

가) 발행주체에 따른 분류

채권은 발행주체를 기준으로 국채, 지방채, 특수채, 금융채 및 회사채로 구분할 수 있다. 국채란 국가가 발행하는 채권을 말하며 지방채는 지방자치단체가 발행하는 채권이다. 특수채는 특별법에 의해 설립된 법인이 발행하는 채권이며, 금융채는 금융기관이 발행한 채권이다. 일반적으로 국채, 지방채 및 특수채를 포괄하여 국공채로 부르기도 한다. 회사채는 기업이 발행한 채권을 말한다.

나) 이자지급방법에 따른 분류

채권은 이자지급방식에 따라 이표채(coupon bond), 할인채(discount bond) 및 복리채(compounding bond)로 구분된다. 이표채는 일정기간마다 받을 수 있는 이표가 채권에 첨부된 사채이고, 할인채는 사채의 원금을 액면금액으로 하고 이자상당액을 발행 시 일시에 할인하는 사채를 말하며, 복리채는 액면금액에 발행된 후 만기에 이자와 원금을 일시에 지급하는 채권을 말한다. 우리나라에서 발행되는 회사채의 대부분이 이표채이며, 금융채의 경우 할인채가 많이 발행되고, 국민주택채권은 복리채이다.

회사채 신용평가제도

신용평가기관이 부여한 회사채 신용등급은 투자자에게 원리금 회수 가능성 정도에 대한 정보를 제공함으로써 회사채 발행금리 결정에 결정적인 영향을 미친다. 현재 무보증사채 발행기업은 2개 이상의 신용평가회사로부터 기업의 사업성, 수익성, 현금흐름, 재무안정성 등을 기초로 회사채 상환능력을 평가받고 있다.

다) 보증유무에 따른 분류

채권은 보증유무에 따라 보증채와 무보증채(debentures)로 구분된다. IMF 금융위기 이전 대부분의 회사채는 은행이나 보증기관들이 보증을 선 보증사채였다. 채권투자자들이 기업의 자체 신용을 잘 믿지 않았기 때문이었다. 그러나 IMF 금융위기 이후 은행이나 보증기관들도 부실화되면서 회사채에 대한 보증을 기피하게 되자 기업의 자체 신용도에 의한 채권발행이 서서히 자리를 잡아가게 되었고, 이제는 우리나라에서도 무보증사채(debentures)가 회사채의 주류가 되었다. 무보증사채가 활성화됨에 따라 신용평가회사에서 매기는 회사채에 대한 신용등급(credit rating)이 더욱 중요하게 되었고, 신용등급이 낮은 기업들은 회사채를 발행하기가 매우 어려워지게 되었다.

라) 지급이자율의 변동 여부에 따른 분류

만기 상환일까지 금리가 고정되어 있는 고정금리부채권(fixed rate bond)과 지급이자율이 시장에서 대표성을 갖는 금리에 연동되어 매 이자지급기간마다 정기적으로 재조정되는 변동금리부채권(floating rate note : FRN)으로 구분되기도 하는데, 일반적으로 채권은 고정금리부이다.

마) 옵션 여부에 따른 분류

만기가 10년 이상의 장기 회사채의 경우에는 대부분 조기상환권(call provisions)을 가지고 있다. 발행기업이 만기 이전에 원금을 조기상환할 수 있는 옵션을 갖도록 한 것인데, 발행기업은 시장금리 하락 시 부담스런 높은 금리를 피하고자 할 때 옵션을 행사할 수 있다. 이러한 조기상환권은 발행기업에게 유리하고 채권투자자들에게는 불리한 조항이기 때문에 일반채권에 비해 낮은 가격에 발행된다. 반대로 사채권자가 발행회사에 대하여 발행 시 정한 일정한 조건이 충족되었을 경우 특정한 가격으로 특정한 날 또는 만기 상환일 이전에 상환을 요구할 수 있는 권리가 붙어 있는 채권도 있다. 이와 같은 옵션을 가지고 있는 채권을 옵션부채권이라 한다.

3) 채권의 발행시장과 유통시장

채권의 발행시장에는 발행자 및 투자자 외에 발행기관이 참여하고 있다. 채권투자자는 대부분이 금융기관이며 발행기관은 회사채의 경우 보통 증권회사가 담당하고 국채의 경우에는 증권회사와 은행이 참여하는데 간사회사, 인수회사 및 청약취급회사로 나누어진다.

국채는 국채법에 따라 기획재정부 장관이 발행계획안을 작성한 후 국회의 동의를 받은 한도 내에서 발행한다. 국채의 발행은 대개 한국은행이 대행하며 국채인수단을 대상으로 경쟁입찰을 실시한다. 결제는 발행 당일 이루어지며 BOK-Wire를 통해 인수자금이 입금되면 한국예탁결제원을 통한 계좌이체가 이루어져 거래를 마치게 된다.[2)] 국공채의 경우 발행금리는 일부 채권을 제외하고는 시장금리로 발행되고 있으며 만기는 1년 이내부터 20년까지 다양하지만 3년물과 5년물이 주종을 이루고 있다.

회사채의 경우 발행회사는 주간사회사(주로 증권사)를 선정하고 주간사회사는 회사채를 총액인수한 후 매수자(은행 등 기관투자가)에게 매도한다. 매수자는 거래은행에 매매체결 내용을 통보하고 대금지급을 요청하면 발행기업은 매수자의 거래은행으로부터 발행자금을 수령한다. 그리고 채권의 인수도는 증권사가 매수자의 한국예탁결제원에 개설된 계좌에 등록함으로써 거래가 완료된다.

회사채의 발행금리는 발행기업과 인수기관이 협의를 통해 자율적으로 결정하고 있다. 만기는 일반적으로 1년, 2년, 3년 및 5년이다. 회사채는 주로 공모(public offering)방식에 의해 발행된다. 대부분 총액인수방식에 의해 발행회사는 주간사회사와 총액인수계약을 체결하고 주간사회사는 회사채를 자기 책임하에

---

2) 한국은행, 『우리나라의 금융시장』, 2009.12.

일반에게 매출한다. 공모사채의 경우에는 대부분 만기 1년 이상이며 3년물이 대부분을 차지하고 있다.

회사채의 발행조건을 보면 주로 고정금리부, 이표채, 3년만기, 무보증사채가 많은데 다른 발행조건을 가진 회사채의 발행이 늘어나는 추세이다. 특히, 주식과 연계된 전환사채, 신주인수권부사채 등의 발행이 늘어나고 있다. 회사채발행과 관련된 자세한 사항은 제11장에서 다뤄질 것이다.

한편, 채권의 유통시장은 장외시장과 장내시장으로 구분되는데 채권거래는 증권회사를 중개기관으로 하여 대부분이 장외시장에서 이루어지는 것이 특징이다. 미국, 일본 등 선진국의 경우에도 채권거래는 대부분 장외시장에서 이루어지고 있는데 이는 채권의 발행종목이 매우 다양하여 이를 전부 상장시켜 거래소에서 매매하는 것이 기술적으로 어렵기 때문이다.

증권회사는 매도 또는 매수기관의 호가를 받아 적정한 수익률로서 거래를 체결시킨다. 거래가 체결되면 매수기관은 거래은행에게 대금지급을 지시하고 매도기관은 증권회사를 통하여 한국예탁결제원에 계좌이체를 요청한다. 상장된 채권만이 거래소시장에서 거래될 수 있으며 채권거래는 주식거래와 달리 주로 매매계약을 체결한 당일에 결제가 이루어지고 있다.

3 주식시장과 금융상품

1) 주식의 특성

주식은 주식회사가 자기자본을 조달하기 위하여 발행하는 유가증권으로서 주주의 지위를 나타낸다. 1주는 자본금을 구성하는 기초단위로서 발행주식의 액면총액은 자본금이 된다. 명목상으로는 우선주와 보통주가 주식의 형태로서 자기자본을 형성하고 있으나 실질적으로는 보통주 소유주인 주주가 기업의 소유주이며, 이들의 납입자본금과 축적된 유보이익이 기업의 소유주지분(owner's equity)을 구성한다. 흔히 주식이라 함은 보통주를 뜻한다.

보통주(common stock)는 앞서 설명한 회사채(corporate bond)와 함께 기업의 장기적인 자금조달의 가장 중요한 원천이다. 보통주의 주주는 기업의 소유주이므로 경영참가권과 이익배분의 권리를 갖는 반면, 기업의 미래경영성과에 대한 위험을 부담하게 된다. 즉, 주주는 기업의 자산으로부터 창출되는 현금흐름에 대해 채권자가 자신의 확정 몫을 가지고 간 후 남는 잔여현금흐름에 대해 청구권(residual claim)을 가지게 된다는 것이다. 물론 주주는 주식회사의 주인이기 때문에 유한책임(limited liability)을 지며 기업이 파산할 때 자신들이 투자한 범위 내에서만 손실을 보게 된다.

보통주를 소유한 주주는 주식 한 주당 하나의 의결권 또는 투표권을 갖는다. 즉, 임원의 선출과 같은 중요한 사안들에 대해 주주총회에서 의결권을 행사함으로써 그들의 권리를 행사할 수 있다. 그러나 소액주주들은 그들의 의결권에 대해 별로 관심이 없으며 배당이나 자본이득에만 크게 관심을 보이는 경향이 있다. 따라서 주식이 잘 분산되어 있는 대기업의 경우 적은 보통주 지분만을 가지고도 기업에 대한 경영권을 확보할 수 있다.

우선주(preferred stock)는 이익배당이나 잔여재산의 분배 등에 있어서 우선적 지위가 인정된 주식이다. 배당 우선주의 경우 보통주보다 대개 배당률이 더 높은 대신 의결권이 주어지지 않는다. 우선주는 의결권을 주지 않고서도 자기자본을 조달할 수 있기 때문에 발행회사 입장에서는 유용한 자본조달방법이다.

2) 주식의 종류

주식은 의결권 여부, 액면가표시 여부, 주주이름 명시 여부, 주금의 납입 여부 등에 따라 다음과 같이 분류할 수 있다.

가) 의결권주와 무의결권주

의결권주는 주주총회에 상정되는 의결사항에 대하여 결정권을 갖는 주식으로서 일반적으로 보통주에는 의결권이 있다. 배당 우선권이 있는 우선주는 의결권이 없는데 소정의 배당우선권이 실현되지 않을 경우에는 의결권이 부활된다.

나) 액면주와 무액면주

액면주는 주권에 액면가격이 표시되어 있는 주식이며 액면가격 표시가 없는 주식을 무액면주라 한다. 우리나라에서는 무액면주를 인정하지 않고 있으나 선진국에서는 무액면주가 보편화되어 있다. 액면가격은 실제가격과 많이 다를 뿐만 아니라 아무런 실제적 의미가 없기 때문에 무액면주가 보편화되고 있다.

다) 기명주와 무기명주

기명주는 주식 소유자의 이름이 주권에 명시되어 있는 주식을 말하며, 무기명주는 주권에 주주의 이름이 명시되지 않고 주식 소유자가 주주로서 인정되는 주식을 말한다.

라) 유상주와 무상주

기존의 회사가 신주를 발행하는 경우에 주금의 납입이 있느냐 없느냐에 따른 구분으로 유상주는 주금의 납입에 의하여 발행되는 주식이며, 무상주는 주금의 납입이 없이 발행회사가 무상으로 할당하는 주식이다.

3) 주식의 발행시장과 유통시장

주식의 발행시장은 자금수요자인 발행인, 자금공급자인 투자자, 주식발행사무를 대행하고 발행위험을 부담하는 인수인으로 구성된다. 자금이 필요한 기업(발행인)은 증권회사(인수인)의 도움을 받아 주식을 발행하게 되며, 발행된 주식은 투자자들을 통해 인수되고 납입된 자금은 발행기업에게 전달되게 된다. 투자자는 개인투자자, 외국인투자자 및 기관투자자로 구분된다. 기업은 기업공개 시 또는 유무상증자 시 주식을 발행하게 되는데, 주식발행과 관련된 자세한 내용은 제11장 자금조달부분에서 다뤄질 것이다.

주식의 유통시장은 발행된 주식의 시장성과 환금성을 높여 일반투자자의 투자를 촉진시키고 공정한 가격이 유지되게 함으로써 발행시장과 보완적인 관계가 있다. 우리나라의 주식 유통시장은 투자자, 증권회사, 한국거래소, 프리보드 및 한국예탁결제원으로 구성된다. 투자자의 매매주문은 위탁회사인 증권회사를 거쳐 한국거래소 등에서 체결되며, 이에 따른 결제는 매매일로부터 3일째 되는 날(T+2일) 한국예탁결제원을 통해 이루어진다.

4 파생상품시장과 금융상품

1) 파생상품의 특징

파생상품(derivatives)은 그 가치가 통화, 채권, 주식 등 기초자산(underlying assets)의 가치변동에 의해 결정되는 상품이다. 파생상품에 대한 투자는 기초자산에 투자하는 것보다 간편하고 여러 가지 이점을 지니고 있다. 즉, 파생상품 거래는 소액의 증거금 또는 프리미엄만으로 훨씬 규모가 큰 기초자산 거래 전체에 영향을 미칠 수 있을 뿐만 아니라 투자원금을 주고받지 않으므로 자금관리의 탄력성을 높일 수 있다. 이와 더불어 옵션을 비롯한 파생상품의 여러 계약형태를 적절히 이용하면 기초자산만으로는 불가능한 다양한 포트폴리오를 구성할 수 있는 장점이 있다.

이와 같은 특성으로 파생상품시장은 보다 높은 투자수익을 원하는 투자자에게는 고수익 투자수단을, 안정적인 재무관리를 필요로 하는 기업이나 금융기관에게는 효과적인 위험관리수단을 제공함으로써 장기적인 투자 및 재무계획을 원활히 수립할 수 있게 한다.

한편, 파생상품 거래는 거래상대방의 채무불이행위험(counter-party risk)이 높을 뿐만 아니라 레버리지 효과가 크고 거래구조가 복잡하여 투기적 거래에 대한 효과적인 내부통제가 이루어지지 않을 경우 대형 금융기관이라 하더라도 쉽게 재정적 어려움에 처할 가능성이 높다. 특히, 최근에는 거래규모가 대형화되고 금융시장 간 연계성이 심화되어 개별 금융기관이 위험관리에 실패하는 경우 그 영향이 전체 금융시스템으로 파급될 가능성도 커지고 있다. 따라서 각국에서는 파생상품 거래의 장점을 최대한 살리는 가운데 이러한 잠재적 위험을 최소화하기 위해 금융하부구조 및 감독체계 정비에 노력하고 있다.

2) 파생상품의 종류

파생상품은 계약형태에 따라 크게 선도계약, 선물, 옵션, 스왑 등으로 구분되며, 동 계약형태들은 〈표 2-2〉에서 보는 바와 같이 기초자산의 유형에 따라 통화, 금리, 주식관련 상품 등으로 구분하고, 거래방법에 따라 장내 및 장외거래로

표 2-2 주요 파생상품의 종류

	장내거래	장외거래
통화 관련	통화선물(currency futures) 통화선물옵션(currency futures options)	선물환(forward exchange) 통화스왑(currency swaps) 통화옵션(currency options)
금리 관련	금리선물(interest rate futures) 금리선물옵션(interest rate futures options)	선도금리계약(forward rate agreements) 금리스왑(interest rate swaps) 금리옵션(interest rate options) 스왑션(swaptions)
주식 관련	주식옵션(equity options) 주가지수선물(index futures) 주가지수옵션(index options) 주가지수선물옵션(index futures options)	주식옵션(equity options) 주식스왑(equity swaps)

자료: 한국은행, 『우리나라의 금융시장』, 2009.12.

구분할 수 있다.

각 계약형태와 주요 특징을 살펴보면, 먼저 선도계약(forward contracts)과 선물(futures)은 기초자산을 미래 특정 시점에 특정 가격으로 사고팔기로 약정하는 계약으로서 이 두 가지 계약의 기본성격은 동일하다. 그러나 일반적으로 선도계약은 장외시장에서 거래당사자 간에 직접 거래되거나 딜러나 브로커를 통해 거래가 이루어지는 데 비해 선물은 정형화된 거래소를 통해 거래가 이루어진다는 점에서 차이가 있다.

옵션(options)은 기초자산을 미래의 특정 시점 또는 특정 기간 동안 특정 행사가격으로 매입(call)하거나 매각(put)할 수 있는 권리를 사고파는 계약으로서 기초자산 가격의 변화에 대해 비대칭적 손익구조(asymmetric payoffs)를 가지며 거래시점에 프리미엄을 지급한다는 점에서 선도계약이나 선물과 다르다.

스왑(swaps)은 일반적으로 두 개의 금융자산 또는 부채에서 파생되는 미래의 현금흐름(cash flow)을 교환하기로 하는 계약으로서 서로 다른 통화 표시 채무의 원리금 상환을 교환하기로 약정하는 통화스왑(currency swaps)과 변동금리채무와 고정금리채무 간의 이자지급을 교환하기로 약정하는 금리스왑(interest rate swaps) 등으로 구분된다.

3) 파생상품시장

파생상품시장은 거래소시장과 장외시장으로 구분할 수 있는데 거래소시장이란 가격 이외의 모든 거래요소가 표준화되어 있는 파생상품이 거래되는 시장이다. 장외시장이란 표준화되어 있지 않은 파생상품이 거래소를 통하지 않고 시장참가자 간에 직접 거래되는 시장이다.

파생상품시장은 선진국은 물론 우리나라에서도 빠르게 성장하고 있는데, 이는 수요 측면에서 국제자본 이동 확대로 금융거래가 크게 증가하는 가운데 금융상품의 가격 변동폭이 확대됨에 따라 그 위험을 헤지(hedge)할 필요가 생겼을 뿐만 아니라 공급 측면에서도 정보통신기술의 급속한 발전 등에 힘입어 기초자산에 수반되는 위험의 평가·분리·이전이 용이해짐으로써 다양한 상품을 개발할 수 있게 되었기 때문이다.

제 3 절 금융기관[3]

금융기관(financial intermediaries)은 금융상품 및 서비스를 제공하는 것을 주사업으로 하는 기업을 말한다. 예전에는 금융기관을 통화당국, 예금은행 및 비통화금융기관으로 분류하여 왔으나 IMF금융위기 이후에는 금융기관을 크게 예금취급기관과 기타 금융기관으로 구분한다. 그리고 예금취급기관은 중앙은행과 기타 예금취급기관으로, 기타 금융기관은 기타 금융중개기관, 보험회사 및 연금기금, 금융보조기관으로 분류하고 있다. 기타 예금취급기관(depository corporations)에는 은행과 기타 예금기관이 속하고, 기타 금융중개기관에는 증권기관, 자산운용기관 및 여신전문기관들이 포함된다. 그리고 금융보조기관에는 자금의 조달이나 운용에 자신이 직접 금융중개기능을 하지는 않지만 신용보증, 신용평가 등의 업무를 수행하는 기관들이 포함된다.

---

3) 본 절은 강병호의 『금융기관론』(박영사, 2009)을 참조하였다.

1) 은 행

오늘날 은행(bank)이라는 명칭은 중앙은행, 상업은행, 투자은행 등 다양한 형태의 금융기관에 공통적으로 쓰이고 있으나, 일반적으로 은행이란 예금을 받아 대출이나 어음할인 등 단기적 상업자금을 공급하는 좁은 의미의 상업은행(commercial bank)을 지칭한다. 투자은행(investment bank)은 미국을 중심으로 발전되어 온 은행형태로서 상업은행업은 물론 발행시장과 관련된 업무, 보험, 투신 등 금융업무 전반을 수행하는 은행을 말한다. 우리나라의 은행은 설립근거법에 따라 일반은행과 특수은행으로 구분되며, 일반은행은 다시 영업구역의 제한 여부에 따라 시중은행과 지방은행 및 외국은행 국내지점으로 구분된다.

2) 기타 예금기관

기타 예금기관은 비은행예금취급기관이라고도 하며 자금의 대부분을 특정 지역의 서민이나 영세상공인으로부터 저축성 예금형태로 조달하여 이를 특정 목적과 연관된 대출로 운영하는 저축예금기관(savings institution)들이다. 현재 비은행예금취급기관에는 상호저축은행과 신용협동기구 등이 있으며, 전자는 주식회사 형태를 그리고 후자는 조합형태를 취하고 있다. 신용협동조합이나 새마을금고 등은 신용협동기구에 속한다.

3) 증권 및 증권관련회사

우리나라의 증권회사는 증권업 고유업무인 자기매매업무(dealing), 위탁매매업무(brokerage) 및 인수업무(underwriting)를 위주로 M&A자문, 신용공여 등 기타 부수업무를 수행하는 기업이다. 증권관련회사에는 일반고객의 선물거래 주문을 위탁받아 이를 대리 집행하는 역할과 함께 자기거래를 수행하는 선물회사(futures commission merchant)와 증권의 발행과 유통을 촉진하기 위해 자금이나 증권을 빌려주는 기능을 담당하는 한국증권금융, 그리고 증권의 예탁과 결제에 관련된 업무를 처리하는 한국예탁결제원 등이 속한다.

4) 자산운용기관

투자자로부터 자금을 모아서 이를 증권 등에 운용하고 그 결과를 투자자에게 귀속시키는 투자기구를 증권간접투자기구(일명 펀드)라고 하는데, 이는 자산운용회사, 투자회사, 투자전문회사 및 투자목적회사 등으로 구분된다.

자산운용회사는 투자자들로부터 모은 자금으로 펀드를 구성하여 이를 운용하는 책임을 맡게 된다. 투자회사는 증권투자를 목적으로 주식을 발행하고 그 운용수익을 주주에게 배분하는 것을 목적으로 설립된 주식회사로 뮤추얼펀드(mutual fund)라고도 하는데, 자산의 운용, 보관, 판매 및 일반사무를 별도의 회사에 위탁하여야 한다. 투자전문회사란 기업의 경영권참여 등을 통하여 투자기업의 가치를 제고하여 그 수익을 투자자에게 배분하는 것을 목적으로 하는 사모주식펀드(private equity fund)의 한 유형이다. 이는 2004년 9월 "간접투자자산운용업법"의 개정으로 도입된 제도로서 투자자들에게 M&A 등 다양한 투자기회를 제공하고 기업의 구조조정과정에서 연기금, 기관투자자, 일반법인 등의 자본결합을 통한 대규모 투자자본의 출현을 촉진할 목적으로 도입되었다. 투자목적회사는 투자전문회사가 단독 또는 공동으로 특수목적을 위해 설립하는 서류상의 회사(paper company)이다.

5) 여신전문금융기관

여신전문금융기관은 채권발행이나 차입금 등으로 자금을 조달하여 여신만을 취급하는 금융기관으로 리스, 카드, 할부금융, 팩토링회사 등으로 구성된다. 우리나라의 경우 벤처캐피탈도 여신전문금융기관으로 분류되고 있으나 벤처캐피탈은 여신이 목적이 아닌 투자가 목적인 기관이라는 점에서 적절한 분류라 할 수 없다.

6) 보험회사

보험회사는 다수인의 위험을 집적(pooling)함으로써 개개인의 위험을 분산하여 감소시키는 위험인수기능과 수입된 보험료를 산업자본으로 전환하여 국민경제의 각 부분에 운용하는 금융중개기능을 수행한다. 보험회사는 크게 생명보험회사와 손해보험회사로 구분되는데, 보험사고 발생 시 일반적으로 생명보험은 미리 정한 금액(약정된 보험금)을 지급하는 정액보상 형태인 데 반해, 손해보험은 실제 발생된 비용을 지급하는 실손보상 형태로 운영된다.

7) 연기금

기금은 일정한 목적을 위하여 적립하거나 준비하는 자금으로 일정액을 적립하여 특정 시점 도달 시 일정금액을 지급하는 연금성 기금과 특정 사업 수행을 위한 사업성 기금으로 구분될 수 있다. 연금성 기금은 운영주체에 따라 정부에서 노후의 최저생활을 보장하기 위해 운영하는 공적연금(public pension)과 기업에서 근로자의 표준적인 생활을 보장하거나 개인 스스로 노후생활 안정을 위해 준비하는 사적연금(private pension)이 있다. 공적연금으로는 국민연금, 공무원연금, 군인연금 및 사립학교 교직원연금이 있고, 사적연금으로는 기업연금과 개인연금이 있다.

8) 신용보증기관과 신용정보기관

신용보증제도는 기업의 사업상 필요한 자금조달을 원활히 하기 위해 물적 담보능력이 부족한 기업에 대해 그 채무의 이행을 보증하여 주는 제도로서 신용보증기금, 기술신용보증기금, 대한주택보증 등이 있다.

신용정보기관에는 신용조사업무기관, 신용조회업무기관, 신용평가회사 등이 있다. 신용평가회사(credit rating agencies)는 주로 기업이 발행하는 유가증권의 신용등급을 평가하여 등급을 표시하고 이를 투자자 등 이해관계자들에게 제공하고 그 대가를 피평가기업으로부터 수수료의 형태로 받는다. 우리나라에는 현재 한국신용평가(KIS), 한국신용정보(NICE), 한국기업평가(KR) 등 세 개의 신용평가회사가 있으며, 세계적으로 유명한 신용평가회사로서는 스탠다드 앤드 푸어스(Standard & Poor's)와 무디스(Moody's) 그리고 피치(Fitch)가 있다.

제 4 절 금융혁신

금융혁신(financial innovation)이란 새로운 금융기술, 금융기관 및 금융시장은 물론 새로운 금융상품(financial instruments)을 새로 만들고 확산시키는 활동이라고 정의된다.[4] 금융혁신은 상품혁신과 프로세스혁신 두 분야로 구분해 볼 수 있다. 상품혁신(product innovation)은 신파생상품계약, 신기업증권 또는 신결합투자상품의 개발 등을 예로 들 수 있는데, 지난 20년간 새로 개발된 부외거래상품(off-balance-sheet instruments)은 그 종류를 나열할 수 없을 정도로 방대하다. 또한 프로세스혁신(process innovation)은 증권배분, 거래처리, 거래가치평가 등에 있어서 새로운 방법들을 의미하는데, 기술과 통신의 발달은 장소와 시간에 구애받지 않고 거래하는 것을 가능하게 만들었다.

이러한 금융혁신이 일어나게 된 배경으로 세계시장의 글로벌화, 각국의 금융규제완화, IT나 통신기술의 발달, 변동성의 증대 등을 들 수 있다. 금융규제완화는 금융기관 간의 진입장벽을 제거시키고 새로운 금융상품의 개발과 겸업화로 이어지도록 만들었고, 세계시장의 글로벌화와 함께 무한경쟁의 시대로 이끌고 있다. 또한 금융자율화와 금융개방의 추세에 따라 금융시장의 변동성은 1980년대 이후 상당히 증대되어 왔다. 이러한 추세는 IT나 통신기술의 발달과 맞물리면서 금융혁신이 가능하게 만들었다.

금융혁신의 일례로 1980년대와 90년대의 증권화(securitization)를 들 수 있다. 이는 은행업을 재정의하도록 만들었고 규제당국도 기존의 사고 틀에서 벗어나 달리 생각하도록 만든 장본인이다. 이는 기업들로 하여금 직접금융시장을 더욱 활용하게 만들고 탈은행화(financial disintermediation)가 이루어지도록 하였으며, 금융기관들이 부외거래활동 수입에 더욱 의존하도록 만들었다.

이러한 금융혁신이 가능하게 된 데에는 금융공학(financial engineering)의 발전이 기여한 바가 크다. 금융공학은 여러 가지 금융문제를 해결하기 위해 금융기술을 다양하게 응용한 것이다. 금융기관이나 일반기업의 금융혁신업무는 금융공

---

4) P. Tufano, "Financial Innovation," *The Handbook of the Economics of Finance*, 2002, North Holland.

학자들에 의해 주도되고 있으며, 금융공학자는 재무이론의 개념적 도구 이외에 금융상품과 금융절차의 물리적 도구까지 모두 갖추어야 한다. 금융공학자는 난해한 수학적 모형들을 많이 사용하기 때문에 "quants"라고도 하고, 로켓을 쏘아 올리는 데 쓰이는 고도의 과학적 기법들을 동원하는 과학자라는 의미의 "rocket scientists"라는 말로도 불린다.

금융공학은 혁신적인 금융상품과 금융절차를 고안·개발·실행하고 금융문제에 대한 창조적인 해결방법을 제시하는 분야로서 기업과 금융기관의 자금조달, 투자결정 및 위험관리에 널리 사용되고 있다.[5)6)]

첫째, 금융공학은 자금을 조달하기 위한 새로운 금융상품을 개발하는 데 적용된다. 특히, 기업이 M&A를 수행하는 데 필요한 자금을 조달할 때 금융공학을 많이 이용한다. 기업의 차입인수(leveraged buyout : LBO) 시 많이 발행되는 정크본드의 발행도 일종의 금융공학의 활용이라 볼 수 있다.

둘째, 금융공학은 투자관리에도 적용된다. 금융공학을 이용하여 주택저당증권(MBS), 인덱스 펀드(index fund), 혼합증권 등 다양한 새로운 투자수단을 개발해 왔으며, 다양한 차익거래전략(arbitrage strategy)의 개발도 가능하게 하였다.

셋째, 금융공학은 위험관리에도 적용된다. 금융공학은 한동안 위험관리(risk management)라는 말과 동의어로 사용되었는데, 이는 1980년대 중반 런던의 투자은행들이 기업의 위험노출을 해결할 목적으로 전문가팀으로 위험관리부서를 신설한 데서 비롯된다. 기업의 재무위험을 분석·측정한 후 다양한 파생상품을 이용하여 위험을 효율적으로 관리한 것이다.

이와 같이 금융공학은 파생상품을 이용하여 기존의 금융상품을 요소별로 분해한(unbundling) 다음 분해된 각 요소들을 재결합(bundling)함으로써 혁신적인 금융상품의 개발과 금융전략의 수행을 가능하게 만드는 데 지대한 기여를 하였다. 그러나 복잡한 파생상품이나 모델을 잘 이해하지 못한 상태에서 이를 사용할 경우에는 큰 위험에 노출될 수 있고 기업의 존폐에 영향을 미칠 정도의 엄청난 손실을 볼 수 있다는 사실도 명심하여야 한다.

---

5) J. Finnerty, "Financial Engineering in Corporate Finance: An Overview", *Financial Management*, 1988.

6) 이 부분은 신정식의 『금융공학』(법문사, 1996)을 참조하여 작성하였다.

연습문제

1. 기업재무관리에 있어서 금융시장의 역할을 설명하시오.

2. 다음을 비교 설명하시오.
   (1) 단기금융시장과 자본시장 (2) 직접금융과 간접금융

3. 다음 단기금융상품을 비교 설명하시오.
   CP, CD, RP, 통화안정증권, 콜론과 콜머니, MMF, CMA, MMDA

4. 기업이 자금조달에 사용할 수 있는 회사채와 주식을 비교 설명하시오.

5. 회사채의 발행구조를 설명하시오.

6. 보통주와 우선주의 차이점을 설명하시오.

7. 다음을 비교 설명하시오.
   (1) 의결권주와 무의결권주 (2) 유상주와 무상주

8. 채권은 이자지급방법에 따라 어떻게 구분되는가?

9. 채권에 조기상환권(call provisions)이 있으면 왜 발행가격이 일반채권보다 낮을까?

10. 주식의 발행구조를 설명하시오.

11. 파생상품의 장점은 무엇이고, 어떤 경우 문제를 야기시키는가?

12. 파생상품의 종류에는 어떤 것들이 있는가?

13. 금융기관의 분류표를 작성해 보시오.

14. 자산운용회사와 뮤추얼펀드를 비교 설명하시오.

15. 우리나라에 있는 신용평가기관을 열거하시오.

16. 금융혁신이란 무엇이며 어떻게 구분되는가?

17. 금융혁신의 배경을 설명하시오.

18. 금융공학이 기업의 자금조달, 투자결정, 위험관리 등에 어떻게 사용되고 있는지 설명하시오.

제 3 장

재무제표와 재무분석

제 1 절 재무제표자료

제 2 절 재무비율분석

제 3 절 ROI분석

이 장 에 서 는 · · ·

사람의 건강상태를 맥박과 호흡수 그리고 혈압 등의 수치로 나타내듯이 기업의 재무적 건강상태를 회계수치로 나타낸 것이 재무제표이다.

다음에서 주요 재무제표를 살펴본 다음 비율분석을 알아보자. 비율분석이란 재무제표 항목들 사이의 비율을 산출하여 기업의 재무상태와 경영성과를 분석하는 방법이다. 마지막으로 ROI 분석에 대하여 알아보자.

제 1 절 재무제표자료

사람의 건강상태를 맥박과 호흡수 그리고 혈압 등의 수치로 나타내듯이 기업의 재무적 건강상태를 회계수치로 나타낸 것이 재무제표이다. 이들 자료는 기업의 재무상태나 경영성과를 집약적으로 표시하는 동시에 공시자료이기 때문에 자료의 획득이 쉽고 또 분석하는 것이 비교적 용이하다는 특성이 있다. 재무제표에는 재무상태표, 포괄손익계산서, 자본변동표, 현금흐름표 등이 있는데 다음에서 주요 재무제표를 살펴보자.[1]

1 재무상태표

재무상태표(statement of financial position)는 일정시점에 있어서 기업의 자산과 부채 및 자본의 내용을 수록하여 기업의 재무상태를 나타내는 재무제표이다. 일반적으로 T계정 형식으로 표시되며 오른쪽에는 부채와 자본이 표시되어 자금의 조달원천을 나타내고, 왼쪽에는 자산을 표시하여 자금의 운용상황을 나타내며 좌우의 합계는 일치한다.

재무상태표 자산항목은 환금성이 높은 순서로 위로부터 배치하는데 유동자산, 비유동자산으로 구분된다. 유동자산은 단기간 내 보통 1년 이내에 현금화될 수 있는 자산을 의미하며 현금, 단기금융상품, 유가증권, 매출채권, 재고자산 등이 포함된다. 비유동자산은 현금화하는 데 1년 이상이 소요되는 자산으로서 투자자산, 유형자산, 무형자산으로 구성된다.

재무상태표상의 부채항목은 지급해야 하는 순서가 빠른 것부터 나열하는데 유동부채, 비유동부채로 구분된다. 보통 1년 이내의 기간에 지급해야 하는 유동부채에는 지급어음, 외상매입금, 단기차입금, 미지급금 등이 포함된다. 비유동부채는 1년 이상의 기간에 지급해야 하는 부채로서 사채, 장기차입금, 장기미지급

1) 남명수·김대호, 『신경영분석』(삼영사, 2009).

표 3-1 재무상태표(2XXX년)

회사명 : 삼성전자 (단위 : 백만원)

자 산	제32기	부채와 자본	제32기
유동자산	7,756,441	**유동부채**	8,608,449
1) 당좌자산	4,953,678	1) 매입채무	1,492,046
현금및현금성자산	521,884	2) 단기차입금	14
단기금융상품	1,409,880	3) 미지급금	1,697,547
유가증권	673,340	4) 유동성장기부채	2,372,810
매출채권	1,291,889	5) 기타 유동부채	3,046,031
기타 당좌자산	1,056,685	**비유동부채**	2,093,750
2) 재고자산	2,802,764	1) 사채	1,244,320
		2) 장기차입금	473,103
비유동자산	19,138,605	3) 장기미지급금	303,181
1) 투자자산	6,548,760	4) 기타 고정부채	73,146
장기금융상품	258	**부채총계**	10,702,199
투자유가증권	5,409,741	**자 본**	
장기성매출채권	7,686	1) 자본금	881,675
기타 투자자산	1,131,075	2) 자본잉여금	5,686,653
2) 유형자산	12,324,429	3) 이익잉여금	10,754,427
3) 무형자산	265,416	**자본총계**	16,192,847
자산총계	26,895,046	**부채와 자본 총계**	26,895,046

금 등이 있다. 자본항목은 자본금, 자본잉여금, 이익잉여금으로 구분된다. 자본금에는 보통주와 우선주의 자본금이 있고, 자본잉여금은 증자 및 감자 등 자본거래로 인하여 발생하는 잉여금으로 주식발행초과금과 감자차익 등이 있다. 이익잉여금에는 이익준비금과 여러 종류의 기타 적립금 및 임의적립금 등이 포함된다.

2 포괄손익계산서

포괄손익계산서(statement of comprehensive income)는 일정기간 동안 기업의 경영성과를 나타내는 보고서로서 그 영업기간에 속하는 모든 수익과 비용을 표시하고 법인세를 차감하여 당기순손익을 나타낸다. 재무상태표를 일정시점에서 기업의 재무상태를 찍은 사진에 비유한다면 포괄손익계산서는 일정기간 동안 기업의 경영실적을 촬영한 비디오테이프라 할 수 있다.

표 3-2 포괄손익계산서(2XXX년 중)

회사명 : 삼성전자 (단위 : 백만원)

과 목	제32기
1. 매출액	34,283,752
2. 매출원가	21,993,378
매출총이익	12,290,375
3. 판매비와 일반관리비	4,855,220
영업이익	7,435,155
4. 영업외 수익	2,010,392
5. 영업외 비용	1,498,733
법인세 차감 전 순이익	8,100,449
6. 법인세비용	2,085,918
당기순이익	6,014,530

포괄손익계산서에 나타나는 매출총이익은 매출액에서 매출원가를 차감하여 계산하는데 제조활동의 성과를 측정한다. 영업이익은 매출총이익에서 판매비와 일반관리비를 차감하여 계산하는데 제조에서 판매까지의 영업활동에 대한 성과를 나타낸다. 당기순이익은 법인세 차감 전 순이익에서 법인세 등의 세금을 차감하여 계산하는데 기업이 일정기간 벌어들인 최종적인 성과라 할 수 있다.

3 현금흐름표

현금흐름표(statement of cash flows)는 일정기간 동안 기업이 조달한 현금의 내역과 조달된 현금이 어떻게 운용되었는가 하는 것을 정리한 재무보고서이다. 현금흐름표는 일정기간 동안 기업의 현금조달 및 운용상황을 다음 세 가지 부문으로 나누어 정보를 제공하여 주는데 세 부문은 (1) 제품생산, 구매 및 판매활동 등의 영업활동부문, (2) 고정자산의 취득과 처분 등의 투자활동부문, (3) 소요자금의 차입 및 상환, 신주발행이나 배당금지급 등의 재무활동부문으로 구성된다. 이와 같은 기업의 각 부문별 현금흐름은 영업활동을 중심으로 투자활동 및 재무활동 등이 상호 유기적인 관계를 가지면서 순환하게 된다. 현금흐름표는 일정기간 기업의 현금흐름을 경영활동별로 구분하여 표시함으로써 재무상태표나 포괄

표 3-3 현금흐름표

회사명 : 삼성전자 (단위 : 백만원)

과 목	제32기(2XXX년)	제31기(2XXX년)
1. 영업활동으로 인한 현금흐름	9,455,818	7,077,732
1) 당기순이익	6,014,530	3,170,403
2) 현금유출이 없는 비용 등의 가산	4,496,835	3,864,688
3) 현금유입이 없는 수익 등의 감산	1,118,592	779,047
2. 투자활동으로 인한 현금흐름	(6,823,951)	(4,189,713)
3. 재무활동으로 인한 현금흐름	(2,636,813)	(2,537,956)
4. 현금의 증가	(4,946)	350,063
5. 기초현금	526,830	176,767
6. 기말현금	521,884	526,830

손익계산서에서 구할 수 없는 유용한 정보를 제공할 수 있다.

제 2 절 재무비율분석

비율분석(ratio analysis)이란 재무제표 항목들 사이의 비율을 산출하여 기업의 재무상태와 경영성과를 분석하는 방법이다. 비율분석은 그 용도가 계속 확대되어 주식평가, 채권등급의 평가, 신용평가, 기업부실예측 등의 분야에서도 이용되고 있다.

1 표준비율

계산된 재무비율에 대하여 비교평가의 기준이 되는 비율을 표준비율(standard ratio)이라고 하는데 다음과 같은 종류가 있다.

첫째, 분석대상기업이 속한 산업의 평균비율(industrial average ratio)이 가장 널리 쓰이고 있는 표준비율이다. 우리나라의 산업 평균비율은 한국은행의 『기업

경영분석』 자료를 이용하여 구할 수 있다.

둘째, 경쟁기업이나 최우량기업의 재무비율을 표준비율로 사용할 수 있다. 정확한 산업분류가 어렵거나 소수의 기업이 제품시장을 대부분 차지하고 있을 경우 이들 표준비율은 유용한 비교기준이다. 아울러 산업분류상 같은 업종에 속해 있더라도 기업규모나 특성에 있어서 평균적 기업과 차이가 있을 경우 경쟁기업과 비교할 수 있다.

셋째, 일반적인 경험비율인데 실무계에서 보편적으로 판단의 지표로 이용되는 비율이다. 예를 들어, 미국 실무계에서 경험적으로 사용되고 있는 판단기준으로는 유동비율은 200% 이상, 당좌비율은 100% 이상, 고정비율은 100% 이하, 고정장기적합률은 100% 이하 등의 경험비율이 있다. 그런데 이러한 경험비율은 판단의 참고기준은 되지만 그다지 이상적인 표준비율이라고는 할 수 없다. 왜냐하면 이상적 표준비율은 기업이 속한 나라와 산업 그리고 기업규모 및 분석자의 입장 등에 따라 달라지기 때문이다.

2 주요 재무비율분석[2)]

1) 수익성비율

수익성비율(profitability ratios)은 일정기간 기업의 총괄적인 경영성과를 나타내는 비율로서 이익창출 능력을 평가할 수 있는 지표이다. 경영성과를 일목요연하게 나타내는 수익성비율은 이익관련 항목을 투자자본 또는 매출액으로 나누어 계산한다.

주요 비율	의 미
총자산순이익률(%) = $\frac{\text{순이익}}{\text{총자산}} \times 100$	총자산을 얼마나 효율적으로 투자하여 순이익을 올렸는가를 나타내는 지표이다. 즉, 단위 총자산에 대하여 얼마만큼의 순이익을 올렸는가를 나타내는 비율이다.

2) 남명수·김대호, 『신경영분석』(삼영사, 2009).

자기자본순이익률(%) = $\frac{\text{순이익}}{\text{자기자본}} \times 100$	자기자본을 얼마나 효율적으로 투자하여 순이익을 올렸는가를 나타내는 지표이다. 즉, 단위 자기자본에 대하여 얼마만큼의 순이익을 올렸는가를 나타내는 비율이다.
매출액영업이익률(%) = $\frac{\text{영업이익}}{\text{매출액}} \times 100$	매출액에 대하여 영업이익이 차지하는 비율로서 영업이익 마진을 나타낸다.

2) 유동성비율

유동성(liquidity)이란 단기에 현금화될 수 있는 가능성을 의미한다. 유동성분석의 목적은 단기채무에 대한 지급능력을 평가하는 데 있다. 아무리 수익성이 높은 기업이라도 유동성이 부족하여 단기채무의 지급능력이 없으면 최악의 경우 흑자도산이 발생할 수 있다.3)

주요 비율	의 미
유동비율(%) = $\frac{\text{유동자산}}{\text{유동부채}} \times 100$	흔히 단기채무 지급능력비율이라고도 한다. 즉, 1년 이내에 현금화할 수 있는 유동자산이 유동부채의 몇 배가 되는가를 나타내는 지표이다.
당좌비율(%) = $\frac{\text{당좌자산}}{\text{유동부채}} \times 100$	당좌자산(quick asset)은 유동자산 중에서 상대적으로 현금화가 쉬운 자산이다. 당좌비율은 유동비율보다 유동성 정도를 보다 더 정확하게 나타내는 지표이다.
현금보상비율(%) = $\frac{\text{영업활동현금흐름흐름} + \text{금융비용}}{\text{단기차입금} + \text{유동성장기차입금} + \text{금융비용}} \times 100$	영업활동에서 창출된 현금흐름으로써 해당 기간의 차입금을 어느 정도 충당할 수 있는가를 나타낸다.

3) 레버리지비율

레버리지비율(leverage ratio)은 타인자본을 사용하는 수준을 나타내는 비율이다. 부채비율은 실무에서 몇 가지 형태가 혼용되고 있기 때문에 정확한 구분이

3) 유동비율이 높을수록 채무자로서의 단기지급능력이 양호하며 흔히 실무계에서는 전통적으로 200% 이상이 되면 채권자의 입장에서 안전한 수준으로 평가되어 왔다. 그런데 유동비율이 높다는 것은 단기채무지급능력이 높으므로 단기채권자의 입장에서 보면 대상기업의 안정성은 높아지지만, 유동자산은 운용에 따른 수익성이 대체로 낮기 때문에 기업의 수익성을 저하시키게 된다.

필요하다.

주요 비율	의 미
부채비율(%) = $\frac{부채}{자기자본} \times 100$	자기자본과 비교한 부채수준을 나타낸다.
비유동비율(%) = $\frac{비유동자산 + 투자자산}{자기자본} \times 100$	비유동자산 및 투자자산을 어느 정도 자기자본으로 충당할 수 있는가를 나타내는 지표이다. 이는 비유동자산은 가급적 자기자본으로 충당하는 것이 필요하기 때문이다.
비유동장기적합률(%) = $\frac{비유동자산 + 투자자산}{자기자본 + 비유동부채} \times 100$	자기자본과 비유동부채의 얼마 정도가 비유동자산 및 투자자산 등에 투자되어 운용되고 있는가를 나타내는 지표이다.
이자보상비율(배) = $\frac{영업이익}{이자비용}$	영업활동의 결과인 영업이익이 이자비용의 몇 배에 해당하는가를 나타내는 지표이다.

4) 활동성비율

활동성비율(activity ratios)은 기업에 투하된 자본이 일정기간 중에 얼마나 활발하게 운용되었는가를 표시하는 지표이다. 일명 회전율 또는 회전비율이라고도 한다.

주요 비율	의 미
총자산회전율(회) = $\frac{매출액}{총자산}$	총자산이 1년 동안 몇 번 회전하였는가를 나타내어 자본활용의 효율성을 나타낸다.
재고자산회전율(회) = $\frac{매출액}{재고자산}$	재고자산이 1년 동안 몇 번이나 현금이나 매출채권 등으로 바뀌었는지를 나타낸다.
매출채권회전율(회) = $\frac{매출액}{매출채권}$	매출채권의 현금화속도를 측정하는 비율인데 동 비율이 높을수록 매출채권의 현금화가 빠르다는 것을 의미한다.

5) 성장성비율

성장성비율(growth ratios)은 일정기간 동안 기업의 경영성과가 얼마나 증가하였는가를 나타내는 비율로서 증가율비율이라고도 한다. 성장성비율은 기업의 경쟁력이나 성장잠재력 등을 간접적으로 알려주는 지표이다.

주요 비율	의 미
매출액증가율(%) = $\frac{\text{당기매출증가액}}{\text{전기매출액}} \times 100$	일정기간 매출액이 얼마나 증가하였는가를 나타내는 비율이다.
순이익증가율(%) = $\frac{\text{당기순이익증가액}}{\text{전기순이익}} \times 100$	일정기간 당기순이익이 얼마나 증가하였는가를 나타내는 비율이다.

6) 현금흐름비율

이 비율은 영업현금흐름(operating cash flow : OCF)의 보유수준을 나타내는데 부채나 배당금의 어느 정도를 영업현금흐름으로 보유하고 있는가를 나타낸다. 즉, 부채나 배당금을 지급할 수 있는 능력을 측정한다.

주요 비율	의 미
영업현금흐름/유동부채비율(%) = $\frac{\text{영업현금흐름}}{\text{유동부채}} \times 100$	유동부채의 어느 정도를 영업현금흐름(OCF)으로 보유하고 있는가를 나타낸다.
영업현금흐름/현금배당금비율(%) = $\frac{\text{영업현금흐름}}{\text{현금배당금}} \times 100$	현금배당금의 어느 정도 수준을 영업현금흐름으로 보유하고 있는가를 나타낸다. 즉, 현금배당을 지급할 수 있는 충분한 현금을 보유하고 있는가를 측정한다.

3 주가관련비율

1) 주가수익비율(PER)

주가수익비율(price earnings ratio : PER)은 현재 주가를 1주당 순이익으로 나눈 비율로서 현재의 주가가 1주당 순이익의 몇 배 수준인가를 나타낸다. 예를 들어, A사의 주가가 3만원, 1주당 순이익이 2천원이라면, PER＝30,000÷2,000＝15로, PER는 15(배)로 표시된다. 만약 PER가 낮을 경우 주당 순이익에 대한 주가는 과소평가된 것으로 주가가 상승할 여력이 있음을 나타낸다.

$$\text{주가수익비율(PER)(배)} = \frac{\text{주가(P)}}{\text{주당 순이익(EPS)}}$$

2) 주가순자산비율(PBR)

주가가 1주당 순자산의 몇 배 수준인가를 나타내는 지표이다. 순자산이라는 것은 재무상태표상의 자기자본으로 자본금, 이익잉여금 등으로 구성된다. 만약 PBR이 낮을 경우 이는 주당 순자산에 비교한 주가는 과소평가된 것으로서, 주가가 상승할 여력이 있음을 의미한다.

$$\text{주가순자산비율(PBR)(배)} = \frac{\text{주가(P)}}{\text{주당 순자산(Book value)}}$$

3) 주가현금흐름비율(PCR)

주가현금흐름비율(PCR)은 주가를 주당 영업현금흐름으로 나눈 비율이다. 보통주 1주당 영업현금흐름으로 보통주의 투자가치를 평가할 수 있는데 주당 영업현금흐름에 비하여 현재 주가가 낮으면 낮을수록 주가가 저평가되어 있기 때문에 투자가치가 높은 것으로 평가된다.

$$\text{주가현금흐름비율(PCR)(배)} = \frac{\text{주가(P)}}{\text{주당 영업현금흐름(CPS)}}$$

4) 배당률, 배당수익률 및 배당성향

배당률은 액면가격에 대한 주당 배당금의 비율로서 현재 액면가제도가 있는 우리나라에서 사용되고 있는 배당지급의 기준이 되는 지표이다.

$$\text{배당률(\%)} = \frac{\text{주당 배당금}}{\text{액면가}} \times 100$$

배당수익률(dividend yield)은 주가에 대한 주당 배당금의 비율이다. 실제로 주식투자에 있어서 의미가 있는 배당지표는 배당률보다는 배당수익률이라 할 수 있다.

$$\text{배당수익률(\%)} = \frac{\text{주당 배당금}}{\text{주가}} \times 100$$

배당성향(dividend payout ratio)은 주당 순이익 중에서 배당금이 차지하는 비율이다.

$$\text{배당성향(\%)} = \frac{\text{배당금}}{\text{순이익}} \times 100$$

4 가치중시 경영평가지표

가치중시경영(value based management : VBM)이란 기업가치, 즉 기업의 미래 현금흐름의 현가의 합을 극대화하려는 전략을 의미한다. 우리 기업들의 경영전략이 종래의 성장제일주의에서 내실화를 기하고 가치를 중시하는 전략으로 변화하고 있다. 다음에서는 이러한 가치중시경영에서 중요시하는 경영평가지표들을 살펴본다.

1) 투하자본수익률(ROIC)

투하자본수익률(return on invested capital : ROIC)은 기업이 투하자본으로 얼마의 세후 영업이익을 올렸는가를 나타내는데 세후영업이익을 투하자본으로 나누어서 구한다.

$$\begin{aligned}\text{투하자본수익률(ROIC)} &= \frac{\text{세후영업이익}}{\text{투하자본}} \\ &= \frac{\text{매출액}}{\text{투하자본}} \times \frac{\text{세후영업이익}}{\text{매출액}} \\ &= (\text{투하자본회전율}) \times (\text{매출액세후영업이익률})\end{aligned}$$

위의 관계식에서 보는 바와 같이 투하자본수익률은 투하자본회전율과 매출액

세후영업이익률의 곱으로 분해될 수 있다. 따라서 투하자본수익률을 높이기 위해서는 투하자본의 회전율, 즉 활동성을 높이거나 매출액 세후영업이익률, 즉 마진을 높이는 것이 필요하다.

2) 경제적 부가가치(EVA)

경제적 부가가치(economic value added : EVA)란 기업이 영업활동을 통하여 창출한 부가가치를 의미하는데 투하자본수익률과 가중평균자본비용의 차이에 투하자본을 곱한 값으로 표시할 수 있다.

EVA = 투하자본(IC) × [투하자본수익률(ROIC) − 가중평균자본비용(WACC)]
〈양적 측면〉 〈질적 측면: 초과수익률〉

경제적 부가가치란 기업이 영업활동을 통하여 달성한 이익에서 투입된 총자본비용을 뺀 다음에 기업이 창출한 경영성과이다. 포괄손익계산서상의 당기순이익은 영업이익에서 이자비용과 세금을 공제한 후의 값이다. 즉, 회계적 이익은 타인자본비용만을 반영하여 계산된 손익결과인데 경제적 부가가치(EVA) 또는 경제적 이익(economic profit)은 자기자본의 사용에 따른 기회비용까지 포함하는 가중평균자본비용을 기업이 창출한 수익에 대하여 차감함으로써 보다 실질적인 기업의 경영성과를 측정할 수 있다.

어떤 기업의 EVA의 값이 (+)이면 가중평균자본비용을 능가하는 투하자본수익률을 달성하여 기업이 경제적 부가가치를 창출함으로써 효과적인 경영을 하였다는 것을 의미한다. 만약 EVA의 값이 (−)일 경우 가중평균자본비용을 밑도는 낮은 투하자본수익률을 기록하여 기업이 경제적 부가가치를 창출하지 못한 상태를 의미한다. [그림 3-1]은 EVA의 결정요인을 분해하여 설명하고 있다.

〈표 3-4〉는 사례기업인 삼성전자의 EVA에 관한 자료이다. 이를 이용하여 EVA를 구하여 보자.

그림 3-1 EVA의 결정요인

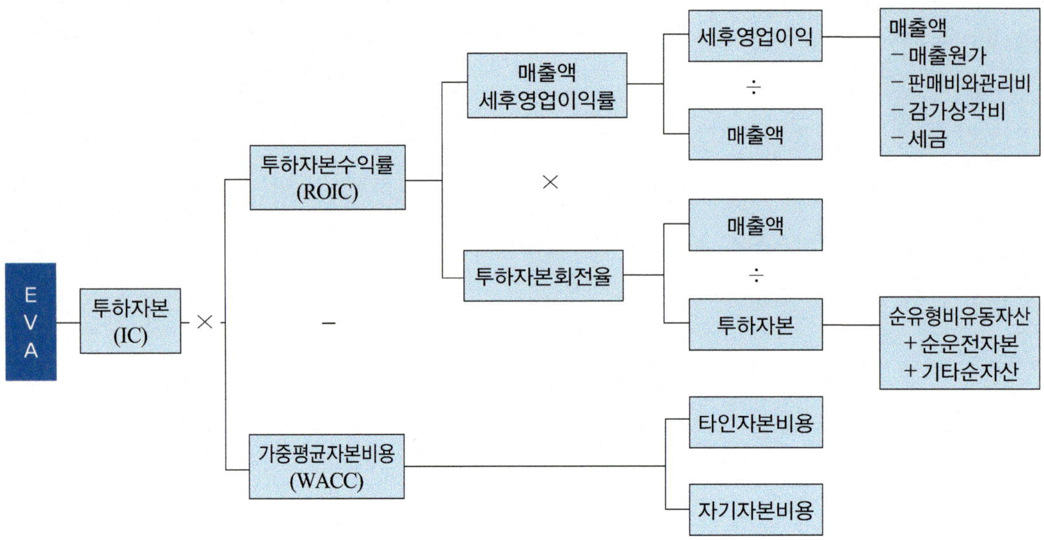

표 3-4 삼성전자 EVA 계산예시

구 분	×××9년	××10년
세후영업이익(억원)	38091.6	57283
평균투하자본(억원)	104709.2	108621
투하자본수익률(%)	36.4	52.7
가중평균자본비용(%)	10.9	11.8

EVA = 투하자본 × [투하자본수익률(ROIC) − 가중평균자본비용(WACC)]

EVA(×××9년) = 104709.2 × [0.364 − 0.109] = 26,701억원

EVA(××10년) = 108621 × [0.527 − 0.118] = 44,426억원

5 재무비율분석의 유용성과 한계점

재무비율분석은 재무제표 등의 공시된 자료를 이용하여 기업의 재무상태와 경영성과를 쉽게 효과적으로 분석할 수 있는 방법이라 할 수 있다. 즉, 비율분석에 필요한 자료수집 비용이 그다지 크지 않고 고도의 전문적 지식이 없어도 이용이 가능한 분석방법이다. 그러나 재무비율분석은 다음과 같은 한계점들을 지니고 있다.

첫째, 재무비율분석은 주로 회계자료와 같은 과거자료를 이용하므로 미래상태의 예측과 평가를 주요 목적으로 하는 분석방법으로는 한계를 지니고 있다. 과거자료를 사용하므로 분석의 시차(time lag)가 발생하며, 예상되는 구조의 변화를 예측하는 데 어려움이 따른다.

둘째, 재무비율분석이 주로 사용되는 자료가 회계자료이므로 회계자료가 지니고 있는 한계점들을 그대로 지닌다. 예를 들어, 취득원가에 의하여 자산평가를 하고 있기 때문에 자산가액이 잘못 평가되고 있다든지, 일반적으로 인정되고 있는 회계처리방법이 매우 다양하여 기업 간 회계자료의 비교가능성이 떨어지기도 한다. 또한 재무상태표는 일정시점의 재무상태를 표시하므로 분석기업의 재무상황의 계절적 변동을 고려하지 못할 뿐 아니라 물가변동에 따른 가치변화도 반영하기가 어렵다.

셋째, 표준비율과 관련되어 다음과 같은 문제점들이 있다. 즉, (1) 최적표준비율의 설정이 어렵다. (2) 같은 기업이 여러 업종에 걸쳐서 다각화를 하고 있는 경우 산업평균비율을 표준비율로 이용하는 데 무리가 따른다.

제 3 절 ROI분석

1 ROI분석의 의의

ROI(return on investment)분석이란 기업의 경영성과를 종합적으로 나타내는 투자수익률(ROI)을 마진, 활동성 및 레버리지 등의 구성요인별로 나누어 변동원인이나 우열의 원인을 분석하는 기법이다. 즉, 투자수익률의 일종인 총자산순이익률(return on asset : ROA) 또는 자기자본순이익률(return on equity : ROE)을 다양한 재무비율 상호 간의 관계를 이용하여 이들 비율의 변동원인을 체계적으로 분석하는 기법이다. 일명 듀퐁시스템(Du Pont System) 또는 듀퐁재무시스템(Du Pont Financial System)이라고 한다.

2 ROI분석의 기본분석체계

ROI분석의 기본체계는 총자산순이익률(ROA) 및 자기자본순이익률(ROE)을 몇 개의 관련 재무비율의 곱으로 그 인과관계에 따라 분해하여 분석하는 것이다.

1) ROA의 분석

총자산순이익률(ROA)을 다음과 같이 수익성을 나타내는 매출액순이익률과 활동성을 표시하는 총자산회전율로 분해하여 수익성변화와 활동성변화를 분석한다. 예를 들어, 일정시점에 있어서 KK기업의 ROA가 산업평균비율에 비하여 크게 낮은 수준이라고 하자. 이는 매출액순이익률 또는 총자산회전율의 어느 하나 또는 두 가지에 그 원인이 있음을 의미한다. 만약 매출액순이익률이 크게 낮다면 이의 세부원인을 당기순이익규모와 매출액규모 분석을 통하여 분석한다. 이는 다시 매출액 중 원가구성내용이나 기타 경비 등 비용부문을 분석하여 규명한다. 한편, 총자산회전율의 부진이 ROA 부진의 원인일 경우 이는 매출액과 총자산규모의 함수로서 이들 변수에 문제가 없는가를 살펴본다.

$$
\begin{aligned}
\text{총자산순이익률(ROA)} &= \frac{\text{순이익}}{\text{총자산}} \\
&= \frac{\text{순이익}}{\text{매출액}} \times \frac{\text{매출액}}{\text{총자산}} \\
&= (\text{매출액순이익률}) \times (\text{총자산회전율})
\end{aligned}
$$

2) ROE의 분석

자기자본순이익률(ROE)은 수익성을 나타내는 매출액순이익률과 활동성을 표시하는 총자산회전율 및 레버리지 비율로 분해하여 수익성변화와 활동성변화 및 레버리지변화를 분석할 수 있다.

$$
\begin{aligned}
\text{자기자본순이익률(ROE)} &= \frac{\text{순이익}}{\text{자기자본}} \\
&= \frac{\text{순이익}}{\text{총자산}} \times \frac{\text{총자산}}{\text{자기자본}} \\
&= \text{ROA} \times \frac{\text{총자산}}{\text{자기자본}} \\
&= \frac{\text{순이익}}{\text{매출액}} \times \frac{\text{매출액}}{\text{총자산}} \times \frac{\text{총자산}}{\text{자기자본}} \\
&= (\text{매출액순이익률}) \times (\text{총자산회전율}) \times (\text{자기자본비율의 역수})
\end{aligned}
$$

자기자본순이익률(ROE)을 세 가지 재무비율로 분해할 수 있다는 것은 예를 들어 경영자가 ROE를 통제하기 위하여 사용할 수 있는 수단이 세 가지 있다는 것을 의미한다. 즉, ROE를 높이기 위해서는 매출액순이익률을 높여야 하고 자산의 회전율을 높여야 하며 아울러 타인자본의 이용을 통한 레버리지효과를 증대시켜야 한다는 것이다.

3 ROI분석의 적용 예

1) 사례기업 ROI분석

ROI분석은 경영성과의 변동원인 또는 기업 간의 우열의 원인을 세부적으로 단계별로 분석함으로써 왜 그런가를 명확히 알 수 있는 방법이다. 다음 〈표 3-5〉에서 2×××년 삼성전자의 총자산순이익률(ROA)은 22.36%로서 산업평균비율인 6.37%를 크게 상회하였다. 경쟁업체인 하이닉스반도체의 총자산순이익률(ROA)은 −13.89%로서 산업평균비율을 하회하는 저조한 실적이었다.

그러면 ROA에서의 이러한 차이가 왜 생기는 것인가? 매출액순이익률의 경우 하이닉스 반도체는 −27.93%라는 극히 저조한 수익성을 기록한 데 반하여 삼성전자는 17.54%라는 상대적으로 양호한 수익률을 기록하였다. 아울러 하이닉스 반도체의 경우 총자산회전율 역시 0.50회로서 삼성전자의 총자산회전율 1.27회보다 하회하고 있다.

표 3-5 기업 간 ROA 우열의 원인분석(2×××년)

(단위 : %, 회)

구 분	삼성전자	하이닉스 반도체
총자산이익률(ROA)	22.36	−13.89
매출액순이익률	17.54	−27.93
총자산회전율(회)	1.27	0.50

2) Du Pont System을 이용한 금융비용부담률의 분석

기업의 금융비용부담률은 매출액에 대한 금융비용의 비율로 계산되는데 이를 분해하여 보면 차입금평균금리, 차입금의존도 및 총자산회전율의 역수로 나눠볼 수 있다. 다음의 관계식에서 알 수 있듯이 차입금평균금리와 차입금의존도가 높을수록 금융비용부담률은 상승하게 된다. 한편, 총자산회전율은 총자산에 대한 매출액의 비율로 계산되는데, 총자산이 일정하다고 할 때 매출액이 늘어날수록 금융비용부담률은 낮아진다.

$$\text{금융비용부담률} = \frac{\text{금융비용}}{\text{매출액}} = \frac{\text{금융비용}}{\text{차입금}} \times \frac{\text{차입금}}{\text{총자산}} \times \frac{\text{총자산}}{\text{매출액}}$$

$$= \text{차입금평균금리} \times \text{차입금의존도} \times \text{총자산회전율의 역수}$$

다음으로 우리나라 제조업체 전체 기업의 금융비용부담률의 추이를 살펴보자. 〈표 3-6〉에서 보는 바와 같이 2009년의 우리나라 제조업체의 금융비용부담률은 1.5%로서, 1998년 이후 2006년까지 지속적으로 낮아지다가 2007년 이후 다소 높아지고 있다. 이와 같이 금융비용부담률이 낮아진 것은 차입금평균금리와 차입금의존도가 지속적으로 크게 낮아진 데다 총자산회전율도 개선되었기 때문이다.

표 3-6 제조업의 금융비용부담률 추이

(단위 : %, 회)

구 분	1998	2000	2002	2004	2006	2008	2009
금융비용부담률	9.00	4.70	2.60	1.30	1.20	1.40	1.50
차입금평균금리	13.50	10.50	7.70	5.90	6.30	6.50	6.10
차입금의존도	50.80	41.20	31.70	24.00	22.40	26.30	26.00
총자산회전율	0.82	0.96	1.08	1.20	1.17	1.18	1.07

자료 : 한국은행, 『기업경영분석』 2004~2009.

연습문제

1. 표준비율의 종류를 들고 특성을 각각 설명하시오.

2. 다음은 H자동차(주)의 재무비율(H)과 산업평균비율(I)이다. 물음에 답하시오.

구 분	××01	××02	××03
자기자본순이익률(%)	H 15.4 I 11.2	H 14.3 I 12.0	H 13.8 I 13.1
금융비용/매출액 비율(%)	H 4.1 I 3.8	H 4.5 I 3.1	H 4.8 I 3.0

(1) H자동차(주)의 수익성에 대하여 ① 3년간 추세분석, ② 산업평균과의 비교분석을 하시오.

(2) H자동차(주)의 금융비용/매출액 비율에 대하여 ① 3년간 추세분석, ② 산업평균과의 비교분석을 하시오. 그리고 H자동차의 수익성과 금융부담률을 연관시켜 설명하시오.

3. 같은 업종에 속하는 다음 두 기업 X, Y의 총자산순이익률(ROA)은 3%로서, 산업평균비율인 6%에 크게 미달하는데 다음 물음에 답하시오.

	X	Y	산업평균
매출액 순이익 총자산	30,000 300 10,000	10,000 300 10,000	
매출액순이익률 총자산회전율	a c	b d	e 2회
총자산순이익률(ROA)	3%	3%	6%

(1) a, b, c, d, e 비율을 각각 구하시오.

(2) X, Y기업의 총자산순이익률(ROA)이 산업평균에 비해 저조한 원인을 각각 분석하시오.

(3) X, Y기업의 이러한 단점보완을 위하여 각 기업에서 세워야 할 개선방안을 제시하시오.

4. 미국투자자 입장에서 한국주식시장에 대한 투자 여부를 결정하려 한다. 다음 3개국의 PER 및 배당수익률지표를 이용하여 논리적으로 평가하시오.

200×년	한국	미국	일본
PER(배)	9.0	14.6	47.1
배당수익률(%)	3.7	3.3	0.7

5. 다음에 제시하는 한국 및 대만의 제조업 평균비율을 보고 답하시오.

구 분	대만(××01년)	한국(××01년)
차입금평균금리(%)	6.2	11.7
금융부담률(%)	1.7	5.6
차입금의존도(%)	24.4	48.0
총자산회전율(회)	A	B

차입금평균금리(%)=(금융비용/차입금)×100, 금융부담률(%)=(금융비용/매출액)×100
차입금의존도(%)=(차입금/총자산)×100, 총자산회전율(회)=매출액/총자산

(1) 총자산회전율 A, B를 각각 구하시오.
(2) 위의 대만과 한국의 제조업의 금융비용에 관한 비율을 상호 비교하고 그 차이가 지니는 이유를 설명하시오.
(3) 한국의 높은 금융부담률을 낮추기 위한 방안들을 ① 정책당국, ② 기업, ③ 금융기관의 입장에서 각각 제시하시오.

6. 다음 자료를 이용하여 ABC, XYZ회사의 EVA값을 계산하시오. 그리고 ABC, XYZ회사의 EVA가 이렇게 차이가 나는 이유를 설명하시오.

구 분	ABC회사	XYZ회사
평균투하자본(억원)	1,080	1,200
투하자본수익률(%)	15.1	7.7
가중평균자본비용(%)	9.9	11.3

제 4 장

생활과 재무

Financial Management

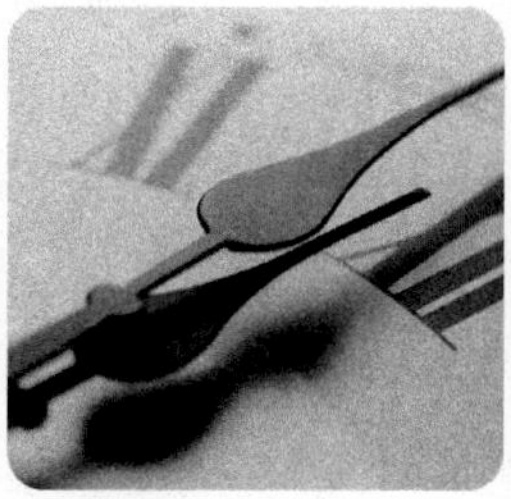

제 1 절 개인재무관리의 중요성

제 2 절 금융상품과 금융거래

제 3 절 개인대출과 신용관리

제 4 절 주택 및 노후설계와 세금

Financial Management

이 장 에 서 는 · · ·

재무관리의 목적이 기업이 필요로 하는 지본의 효율적 조달과 운용을 통해 기업의 가치를 극대화하는 것이라면 개인재무관리의 목적은 개인이 필요로 하는 돈의 효율적 조달과 운용을 통해 개인의 효용을 극대화하는 것이다. 그렇다고 해서 여기서 다루는 내용이, 시중에 유통되고 있는 책의 제목처럼 '부자 만들기'에 관한 것은 아니다. 다만, 돈 문제에 관한 최적의 의사결정을 하기 위해 알아야 할 기본적인 금융정보를 수록하였다.

제1절 개인재무관리의 중요성

재무관리의 목적이 기업이 필요로 하는 자본의 효율적 조달과 운용을 통해 기업의 가치를 극대화하는 것이라면 개인재무관리의 목적은 개인이 필요로 하는 돈의 효율적 조달과 운용을 통해 개인의 효용을 극대화하는 것이다. 그렇다고 해서 여기서 다루는 내용이, 시중에 유통되고 있는 책의 제목처럼 '부자 만들기'에 관한 것은 아니다. 다만 돈 문제에 관한 최적의 의사결정을 하기 위해 알아야 할 기본적인 금융정보를 다루었다.

"재무에 관한 의사결정이 젊은이들의 일생을 망칠 수도 있다"는 그린스펀 전 미국연방준비은행(FRB) 의장의 발언처럼, 최근 우리나라에는 갓 대학생활을 시작한 20대 초반의 나이에 돈 관리를 잘못하는 바람에 신용불량의 상태에 빠져 창창한 미래의 꿈을 접고 사는 불행한 사례들이 많이 나타나고 있다. 언론에 보도된 그들의 사례를 분석해 보면 흥미로운 사실을 알 수 있는데, 그것은 올바른 금융지식만 있었더라면 피해를 당하지 않거나 최소화할 수도 있었다는 점이다.

돈으로부터 자유롭게 되려면 돈을 많이 버는 것이 아니라 돈을 올바르게 쓰는 법을 배우는 것이다. 돈이 많아도 제대로 쓰는 법을 모르면 돈의 노예가 되거나 언젠가는 고갈되기 마련이다. 푼돈이라도 올바로 쓰면 목돈이 된다.

본 장에서는 돈을 올바르게 쓰기 위해 알아야 할 내용으로서 금융상품의 종류, 금융거래의 방법, 개인대출의 절차 및 종류, 신용관리의 중요성 및 개인신용정보의 내용, 주택마련과 노후설계를 위한 금융상품, 절세의 방법 등에 대해 다루었다.

제 2 절 금융상품과 금융거래

1 개인 투자용 금융상품의 소개

개인이 소비하고 남은 여유자금은 어떻게 활용하는 것이 좋을까? 본 절의 목적은 다양한 금융상품을 소개함으로써 이에 대한 대답을 하고자 한다. 금융상품은 크게 은행(bank), 증권(securities), 보험(insurance), 부동산(real estate)의 네 가지 영역을 기준으로 분류할 수 있다.

1) 은행의 저축상품

개인이 여유자금을 운용하는 가장 전통적인 방법은 은행에 저축(saving)을 하는 것이다. 은행의 금융상품은 크게 고객이 언제든지 자유롭게 지불을 요구할 수 있는 요구불예금과 일정기간 동안 인출에 제한을 받는 저축성예금으로 나누어 볼 수 있다. 요구불예금은 이자 취득보다는 보관의 용도로 많이 사용되는데 개인이 이용하는 보통예금과 기업이 이용하는 당좌예금이 있다. 저축성예금으로는 정기적금과 정기예금이 있는데 중도에 적금을 해지하거나 혹은 만기 전에 예금을 인출하면 이자나 세금에서 불이익을 받을 수 있다.

2) 직접증권투자상품

은행의 예금이자보다 높은 기대수익을 얻고자 한다면 주식, 선물, 옵션, 채권, 신탁상품 등의 증권에 투자하는 방법이 있다. 주식(stocks)을 소유하면 주식회사의 주주가 되어 주식회사 수익의 일부를 배당금으로 받을 수 있을 뿐 아니라 주식을 비싼 값에 되팔아 시세차익(자본이득)을 얻을 수 있다. 하지만 주식회사의 수익성이 악화되어 주가가 하락하면 큰 손실을 볼 수 있다.

최근 10년 이내에 급성장한 선물(futures), 옵션(options) 등의 파생상품(derivatives)은 레버리지효과가 높아 투기거래를 통해 주식보다 높은 수익률을 낼 수 있는 반면, 위험 또한 매우 높아 투자원금뿐 아니라 그 이상의 손실을 입게 되는

"풋옵션 한 방으로 몇 억 벌었다더라"... 외국인 매물폭탄에 도박판 된 한국 증시

지난 11일 한 인터넷 사이트 주식 게시판에서는 피자 파티가 벌어졌습니다. 이 게시판에는 주식으로 큰 수익을 낸 사람이 다른 네티즌들에게 피자를 돌리는 '전통'이 있는데, 이날 기대치 않게 대박을 터뜨린 사람이 여럿 나오면서 다들 인심 좋게 피자를 한턱 쏜 것입니다.

이들이 대박을 터뜨린 이유는 다름 아닌 풋옵션(put option) 때문입니다. 풋옵션이란 미래의 일정시점에 어떤 자산을 미리 정한 가격에 팔 수 있는 권리를 사고파는 일종의 파생상품으로, 지수 같은 기초자산의 가격이 하락할수록 이익을 얻게 됩니다. 그런데 11일 증시 마감 때 외국인 매물(賣物) 폭탄이 쏟아지면서 주가가 급락하는 바람에 휴지조각이나 다름없었던 풋옵션 가격이 폭등하는 사태가 벌어졌습니다. 증권가에서는 미국계 대형 헤지펀드가 매물폭탄의 주범으로 의심되고 있습니다. 이날 막판 증시 폭락세로 인해 코스피200 지수도 255 밑으로 급락하면서 풋옵션의 경우 불과 10분 만에 옵션가격이 499배가 뛰었습니다. 10만원어치를 샀다면 최대 약 5,000만원을 벌 수 있었다는 뜻입니다.

"풋옵션 한 방으로 몇 년치 주식 손실을 다 만회했다." "누구는 단번에 몇 억을 벌었다더라"는 소문이 빠르게 퍼지면서 이날 인터넷 포털 사이트에서는 '풋옵션'이 실시간 인기검색어 1위에 올랐습니다. 또 다음날 증권사 지점에는 선물·옵션 거래방법과 계좌개설방법 등을 알려달라는 고객들의 문의가 쇄도했다고 합니다.

하지만 빛이 있으면 그늘도 있는 법입니다. 특히, 옵션은 완전한 제로섬(zero sum)게임이어서 누군가 '대박'을 치는 만큼 반대편 누군가는 '쪽박'을 차기 마련입니다. 풋옵션의 반대인 콜옵션(call option)을 보유하고 있던 이들은 주가가 급락하는 바람에 졸지에 휴짓조각으로 변하는 황당한 경험을 했습니다. 그리고 이번 폭락사태에서 국내 기관과 개인 투자자들은 승자보다는 패자 쪽에 서 있을 확률이 높습니다. 이번 폭락장의 주범인 외국인들이 주가폭락 이전에 풋옵션을 대거 사들인 반면, 국내 기관과 개인들은 콜옵션을 주로 샀기 때문입니다. 국내의 한 투자자문사는 한 방에 890억원을 날리기도 했습니다. 11일 장 막판 1조 9,000억원의 매물 폭탄을 터뜨린 세력이 얼마나 이익을 올렸는지는 아직 확실치 않지만, 환차익과 풋옵션만으로 수천억원을 벌었을 것이라는 추정도 있습니다. 외국인의 이익이 클수록 개인과 국내 기관의 손실은 더 컸겠지요.

2001년 9·11테러 때도 주가가 폭락하는 바람에 비슷한 일이 벌어진 적이 있습니다. 가뜩이나 주식, 특히 파생상품에 대해 부정적 시각이 적지 않은 마당에 이번 사태가 일반인들에게 "주식은 도박판"이라는 인식을 키우지 않을까 걱정스럽습니다.

(조선일보, 2010.11.15)

사례가 흔하다. 원래 파생상품이 기업의 금융위험을 감소시키기 위한 헤징목적으로 만들어진 만큼 개인투자자가 선물·옵션을 이용한 과도한 투기거래는 바람직하지 않다.

채권(bonds)에는 정부기관이나 공공기관이 발행한 국공채와 일반 주식회사가 발행한 회사채가 있는데, 채권을 소유하면 채권의 만기까지 정기적으로 이자를 받을 수 있고 또한 만기까지 보유할 경우 채권의 원금을 받을 수 있다. 대부분의 채권은 사전에 액면가와 이자가 확정된 증권이기 때문에 채권을 만기까지 보유한다면 회사가 부도나지 않는 한 일정한 수익을 얻을 수 있어서 주식보다는 안전한 상품이다. 채권도 주식과 마찬가지로 중도에 제3자에게 매각하여 시세차익을 얻을 수 있다. 하지만 회사의 수익성이 악화되어 기업의 신용도(채권의 등급)가 떨어지거나 시장이자율이 오르면 채권가의 하락을 초래할 것이다.

3) 집합투자상품

투자종목의 선정에서부터 운용 및 성과의 달성이 본인의 책임하에 이루어지는 직접투자방식 외에 금융기관의 전문운용역(펀드매니저)에게 투자를 위탁하고 그 실적에 따라 수익을 받는 집합투자방식이 있다. 집합투자를 위한 목적으로 판매되는 금융상품을 신탁상품(trust accounts)이라 부르는데, 그 종류에는 소위 '펀드'라고 부르는 수익증권과 뮤추얼펀드가 있고, 이외에 은행에서 판매하는 금전신탁이 있다.

수익증권이란 일반적으로 여러 사람의 자금을 모아서 운용전문회사인 금융투자회사가 운용을 하고 그 성과에 따라서 수익을 받을 권리가 표시된 증권이다. 운용의 대상으로서 주로 채권과 주식을 사용하는데, 그 비율에 따라 채권형, 주식형, 혼합형으로 분류한다. 수익증권의 판매와 운용은 법으로 분리시켜 놓았기 때문에 수익증권을 구입하려면 은행이나 증권사를 통해야 한다.

뮤추얼펀드(mutual fund)는 주식공모를 통해 고객으로부터 모은 자금으로 유가증권투자를 목적으로 하는 서류상의 회사(paper company)를 만들어 그 수익금을 주식처럼 배당금의 형식으로 받을 수 있도록 만든 신탁상품의 일종이다. 뮤추얼펀드는 수익증권과 유사하지만 펀드 자체가 주식회사 형태를 띠고, 투자자는 주주가 되며 운영자산이 곧 자본금이 된다는 측면에서 수익증권과 다른 집합투자상품이다. 이 펀드는 환매방법에 따라서 언제든지 환매 가능한 개방형과 계약

기간 동안 환매 불가한 폐쇄형으로 구분할 수 있다. 그러나 폐쇄형이라 해도 뮤추얼펀드가 거래소시장 또는 코스닥시장에 상장되어 있다면 주식매매를 통하여 투자자금의 회수가 가능하다.

펀드의 투자방법에는 일시불 투자방식과 적립식 투자방식이 있다. 특히, 적립식펀드는 정기적금처럼 일정액을 1년 이상 저축하는 형태로 투자하여 만기에 펀드성과에 따라 수익을 취하는 펀드인데, 펀드의 구성에 따라 주식형, 채권형, 혼합형으로 구분된다. 현재 시중에서 판매되는 펀드의 유형과 수가 너무 많아 일일이 열거하기 어렵다. 다만 몇 가지 펀드만 살펴본다면, KOSPI200과 같은 특정 주가지수를 따라가는 지수연동형 펀드인 상장지수펀드(exchange traded funds : ETF), 주가지수연계상품인 ELS(equity linked securities)와 ELS펀드,[1] 전 세계의 주식이나 채권을 대상으로 투자하는 해외펀드, 부동산이나 선박 등 실물에 투자하는 부동산펀드와 선박펀드 등이 있다. 금전신탁은 은행에서 취급하는 신탁상품의 일종인데 예금처럼 사전에 약정된 이자를 지급하는 것이 아니라 고객이 맡긴 금전을 채권이나 주식 등에 운용을 해서 발생한 수익을 고객에게 되돌려 주는 신탁상품의 일종이다. 은행에서는 일반예금과 구분하기 위하여 이러한 신탁상품을 '실적배당상품'이라고 부른다. 금전신탁이 법적 규정과 운영방식 면에서 수익증권과 매우 다르지만 고객입장에서는 은행이 금융투자회사에 비해 보수적 운용을 한다는 측면 이외에 수익증권과 근본적인 차이는 없다.

4) 보험상품

보험에는 암보험, 건강보험 등 질병, 사망, 사고 등으로 인해 신체상의 문제가 생겼을 때 보험금을 지급하는 생명보험과, 화재보험, 자동차보험 등 화재, 도난, 사고 등으로 재산상의 손해를 입었을 때 보험금을 지급하는 손해보험이 있다. 보험은 저축이나 투자와 달리 만기에 원금과 이자를 받는 것이 아니라는 이유로 아직까지 불필요한 것으로 여기는 사람이 있는데 예상치 못한 신체적, 재산상의 피

---

1) 주가지수연계증권이라고 부르는 ELS는 자산 대부분을 우량채권에 투자해 원금을 보존하면서 나머지 자산을 주가지수선물·옵션 등 파생상품에 운용하는 금융상품으로서 채권수익률뿐 아니라 주가지수의 변화에 따라 수익이 결정되도록 설계한 구조설계증권(structured securities)의 일종이다. ELS는 증권회사가 판매·운용하는 신종 유가증권으로서 원금이 보장되지만, ELS펀드는 투신사가 운용하는 수익증권으로서 원금이 보장되지는 않는다.

해가 생겼을 때 경제적 어려움에 대처할 수 있는 안전장치이며 따라서 개인의 위험을 관리하는 효율적 수단이라는 인식의 전환이 필요하다.

최근에 널리 판매되는 종신보험, 연금보험, 변액보험 등의 신종보험은 전통적인 보장성 측면 이외에 저축 또는 투자의 성격을 혼합한 특징을 보여준다. 이러한 보험의 특징에 대해서는 제4절에서 자세히 다루도록 하겠다.

5) 부동산상품

우리나라에서는 1970년대 이후 수십 년간 급격한 도시화와 이에 따른 재개발, 신도시건설, 아파트 건설의 활황 등으로 부동산 투자를 통해 큰 수익을 얻을 수 있었다. 최근에는 부동산 투기과열을 막고 주택가격의 안정을 이루기 위한 각계의 노력으로 과거와 같은 큰 투자수익을 기대하긴 어렵지만 아직도 우리나라에서는 부동산 시장이 매력적인 투자처임을 부정하기는 어렵다. 그러나 부동산은 증권에 비해 투자의 규모가 크고 또한 한 번 투자하면 장기간 투자를 해야 하기 때문에 개인 소액투자자들이 접근하기가 쉽지 않다. 하지만 부동산을 금융과 접목시킨 리츠와 부동산펀드를 이용하면 부동산에 간접적으로 투자하는 효과를 거둘 수 있다.

리츠(real estate investment & trusts : REITs)란 부동산 관련 자산에 투자할 목적으로 다수의 투자자로부터 자금을 모집하여 회사를 설립한 후에 투자자에게 수익을 배당하는 일종의 펀드로서 '부동산투자회사법'에 의해 규정된 상품이다.

부동산펀드는 2009년 2월부터 시행된 '자본시장과 금융투자업에 관한 법률'(자본시장법)이 시행되면서 더욱 활성화될 것으로 예상되는 상품으로서, 투자자로부터 자금을 모아 투자전문가들이 부동산 개발사업, 빌딩 매입, 프로젝트 파이낸싱(개발사업 대출), 해외부동산 등에 투자해 그로부터 발생하는 운용수익을 투자자에게 나눠주는 부동산 집합투자상품이다. 부동산펀드는 전문 집합투자업자들에 의해 만들어지며 증권회사나 은행 등을 통해 판매된다. 리츠가 뮤추얼펀드와 유사하다면 부동산펀드는 수익증권에 가깝다고 할 수 있다.

2 금융거래상의 몇 가지 유의사항

본 절에서는 금융의 여러 영역을 은행, 증권, 보험, 신용카드, 유사금융, 전자금융으로 나누어 거래 시 유의해야 할 사항에 대한 내용을 살펴보자. 금융기관과의 각종 금융거래에서 이용자의 피해와 분쟁이 있기 마련인데 이를 해소하기 위하여 '금융감독기구의 설치 등에 관한 법률'에 의거 설치된 금융분쟁조정제도를 이용할 수 있다. 금융감독원에 (온라인)민원신청서만 제출하면 분쟁의 사실관계를 조사하여 조정·결정해 주기 때문에 민사소송 이전에 활용할 수 있는 효과적인 분쟁조정수단이다.

1) 은행거래

은행거래는 되도록 주거래은행을 만들어 집중해서 거래하는 것이 좋다. 주거래 고객이 되면 예금과 대출 실적에 따라서 각종 수수료를 감면해 주는 것은 물론 전용 창구와 환율우대 등 각종 혜택을 받을 수 있다. 은행거래를 위해서 통장을 개설해야 하는데, '금융실명거래 및 비밀보장에 관한 법률'에 의하면 금융거래는 반드시 본인의 실명으로 거래해야 한다고 규정하고 있다. 이때 통장과 거래인감은 본인이 보관하되, 통장과 거래인감을 각각 분리하여 보관하는 것이 안전하다. 물론 일부 계좌에 대해서는 거래인감 없이 서명만으로도 계좌개설이 가능하다. 비밀번호는 제3자가 쉽게 추정할 수 있는 개설자의 주민번호 또는 전화번호 등 이외의 것으로 정하여야 한다.

2) 증권거래

주식, 채권, 선물, 옵션 등 증권의 매매를 위해서는 증권회사 또는 선물회사에 본인이 실명으로 계좌를 개설해야 한다. 이때 인감 및 비밀번호는 제3자가 알지 못하도록 주의해서 선정해야 한다. 증권의 매매를 위한 증권투자대금을 송금할 경우 증권회사 직원 개인 앞으로 송금하거나 전달하지 말고 증권회사 명의의 계좌로 온라인 송금 또는 계좌이체해야 한다.

3) 보험 가입 및 해지

과거에는 보험을 보험회사에서 독점적으로 판매하였으나 국내에 방카슈랑스(bancassurance)가 2003년 8월부터 도입되기 시작하여 현재 은행, 증권회사, 저축은행에서 일부 저축성보험(연금, 교육보험 등)을 취급하고 있다. 그러나 2008년 4월 이후 보장성보험까지 확대하려던 취급조항은 폐기되었다.

보험을 가입한 후 중도에 해약하면 환불받을 수 있는 금액은 납입한 보험료보다 적으며 또는 전혀 받지 못할 수 있다는 점을 감안하여 보험 가입에는 신중을 기하여야 한다. 보험계약 청약 시 계약자(피보험자)는 청약서상의 질문에 관하여 빠짐없이 사실대로 보험회사에 알려야 하며, 만약 허위 또는 부실하게 알렸을 경우 보험사고 시 보상이 되지 않거나 보험계약도 해지될 수 있다는 점을 유의해야 한다.

보험료 납부 시에는 반드시 보험회사 대표이사의 인장이 날인된 회사발행 보험료 영수증을 받아야 하며, 또한 보험료를 무통장 입금할 때에는 반드시 보험회사 명의의 계좌로 송금해야 하고 모집인 또는 대리점주 명의의 계좌로 송금해서는 안 된다. 자동차보험 가입 시 특히 주의해야 할 사항은 운전할 수 있는 운전자의 범위에 대해 유의해서 계약해야 한다. 특히, '가족운전한정특약' 가입 시 운전할 수 있는 가족의 범위를 충분히 유의하여야 한다.

4) 신용카드를 이용한 거래

신용카드를 이용하면 현금을 소지할 필요가 없고, 상거래가 투명해지며, 카드사용액에 대해 소득공제의 혜택도 받을 수 있는 등 현대사회에 매우 유용한 결제의 수단이 되었다. 하지만 사용금액을 사후에 결제하는 속성 때문에 자칫 지불능력을 벗어나는 과도한 사용을 초래하게 되는데, 이를 상환하고자 '돌려막기'와 '카드깡' 또는 사채를 이용하다가 종국에는 신용불량의 상태에 빠지게 되는 경우를 많이 보게 된다. 신용카드는 현금을 대용하는 매우 편리한 수단이긴 하지만 무분별한 소비 유혹을 조절하지 못하면 개인의 미래에 회복하기 힘든 치명적인 영향을 줄 수 있다.

신용카드를 현금처럼 사용할 수 있기 때문에 분실하거나 도난당하지 않도록 주의해야 한다. 또한 신용카드는 남에게 빌려주지 말고 본인이 직접 관리해야 하며, 만약 신용카드를 남에게 대여·양도·보관·이용 위임하였다가 도난·분실된 경우 보상받지 못한다. 신용카드의 부정사용을 예방하기 위하여 매 거래당 휴대폰 문자메시지서비스(SMS)를 통하여 거래내역을 확인하는 방법도 권장할 만하다.

신용카드를 분실 또는 도난사고를 당하였을 경우 지체하지 않고 신고를 해야 금전적 피해를 당하지 않거나 최소화할 수 있다. 현행 신용카드회원 약관에 의하면 신용카드의 분실 및 도난 신고 접수일로부터 60일 전 이후 발생한 제3자의 신용판매결제대금은 보상받지만 신고 이전에 발생한 현금인출 및 현금서비스는 보상을 받을 수 없다. 따라서 신용카드의 비밀번호를 설정할 때에는 타인이 추정할 수 없는 번호로 설정하는 것이 중요하다.[2)]

5) 유사금융거래

유사금융업체(일명 불법자금모집업체)란 금융관계법령에 의하여 정부로부터 인·허가를 받거나 등록 또는 신고되지 않은 일반업체가 어떤 형태로든 투자원금 또는 그 이상의 금액을 확정으로 지급보장한다면서 자금을 모집하는 유사수신행위를 하는 업체를 말한다. 이러한 유사수신행위는 '유사수신행위의 규제에 관한 법률'로 의거 전면 금지되었다. 특히, 불법자금모집업체에 투자한 돈은 '예금자보호법'에 의하여 보호받을 수 없기 때문에 피해발생 시 민·형사상의 절차에 따라 회수하여야 한다. 그러나 불법자금모집업체는 대부분 잔여재산이 없거나 이를 은닉하는 경우가 많아 사실상 회수가 어렵다. 따라서 터무니없이 높은 고율의 확정이자나 배당금 지급을 약속하면서 불법적으로 자금을 모집하는 업체들과의 거래로 인하여 피해를 입지 않도록 주의해야 한다.

6) 전자금융거래

금융거래의 4대 채널인 영업점창구, 자동화기기(CD/ATM), 인터넷 뱅킹(internet banking), 텔레뱅킹(tele-banking) 중에서 컴퓨터를 이용한 인터넷뱅킹과 휴대전화와 PDA를 이용한 텔레뱅킹은 정보통신기술을 금융업에 활용하여 주로 조회, 자금이체, 송금, 대금결제업무를 자동화한 전자금융거래의 수단이다. 〈표

2) 여신전문금융업법에 의하면 저항할 수 없는 폭력이나 자기 또는 친족의 생명·신체에 대한 위해로 인하여 불가피하게 신용카드의 비밀번호를 누설하여 발생한 손실에 대해서는 신용카드사로부터 보상이 가능하다.

'고수익 보장' 불법 자금모집 기승

저금리 시대에 마땅한 투자처를 찾지 못한 이들에게 고수익 보장을 미끼로 한 불법 자금모집 행위가 기승을 부리고 있다. 금융감독원은 올 들어 지난 9월까지 고수익 보장조건을 내걸고 불법으로 자금을 모집한 96개 업체를 적발해 수사기관에 통보했다고 10일 밝혔다.

주식, 선물, 옵션 등 증권 관련사업을 가장한 업체가 28곳으로 가장 많았고, 농·축·수산업 및 건강보조식품 관련 사업이 22건이었다. 부동산투자, IT(정보기술)사업, 유흥업소 운영을 미끼로 내건 업체도 있었다. 이들은 경찰의 단속을 피하기 위해 상호나 사무실 주소를 빈번히 변경하거나 오피스텔 등에 소규모 사무실을 차려놓고 위장영업을 하고 있다는 것이 금감원의 설명이다.

실제 피해사례도 속출하고 있다. 대구에 사는 L씨는 I사가 FX마진거래를 통해 월 6%의 수익을 올려줄 수 있다는 말을 듣고 작년 8월 6천만원을 투자했으나 얼마 지나지 않아 I사 대표이사가 잠적하는 바람에 돈을 날리게 됐다. 또 서울에 사는 L씨는 생활필수품 수출사업을 하는 B사에 투자하면 6개월간 매월 10%의 이자를 지급한다는 권유를 받고 1억 1천700만원을 넣었다가 L사가 사무실을 폐쇄하고 종적을 감춰 원금을 고스란히 떼일 상황에 놓였다. 그런가 하면 서울 송파구 L사는 버섯농장 신축자금을 조달하고 있다며 1억원 투자 시 월 500만원과 별도의 이익금·배당금을 지급하겠다는 식으로 터무니없는 투자자 모집광고를 냈다가 유사수신 광고 혐의로 적발됐다.

금감원 관계자는 "실질금리 마이너스 시대를 맞아 이자생활자를 겨냥한 새로운 수법의 불법 자금 모집이 횡행하고 있다"며 "유사수신업체로부터 투자권유를 받거나 피해를 본 경우 금감원에 상담·제보하거나 경찰서에 신고해달라"고 당부했다.

(연합뉴스, 2010.11.10)

4-1〉에서 알 수 있듯이 2008년 인터넷뱅킹은 그 업무처리비중이 입출금 및 자금이체 거래기준으로 영업점 창구를 이미 앞지르는 등 빠른 속도로 성장하고 있다. 인터넷뱅킹 또는 텔레뱅킹 등을 이용하면 각종 수수료 및 시간과 노력을 절약할 수 있는 장점이 있기 때문에 이용하는 것이 바람직하다. 다만 비밀번호와 공인인증서, 암호코드표를 분실하게 되면 부정사용의 위험이 있으므로 보안에 각별히 주의를 기울여야 한다.

표 4-1 금융서비스 전달채널별 업무처리 비중 (건수기준 %)

시점	영업점창구	CD/ATM	텔레뱅킹	인터넷뱅킹	전체
2008년 3월	19.8	44.3	11.5	24.4	100
2009년 3월	14.7	39.2	13.2	32.9	100
2010년 3월	12.4	35.2	11.7	40.7	100

자료 : 한국은행, 2010년 5월.

제 3 절 개인대출과 신용관리

1 개인대출

일부의 사람들은 흔히들 "자산은 자본과 부채의 합이다."라는 말로 돈을 빌리는 것에 대해서 별다른 거부감을 갖지 않고 자산을 늘렸다는 사실로 합리화하는 경우가 있다. 하지만 개인의 경제적 능력 이상으로 대출을 받아 이를 제때 상환하지 못할 경우 신용불량의 상태에 빠져 여생을 불행하게 보내는 경우가 많다는 사실을 유념하여 불필요하거나 본인의 경제적 능력을 넘어선 과도한 대출을 금해야 한다. 그럼에도 불구하고 개인이 살아가면서 대학진학, 결혼, 주택구입, 자녀교육, 창업, 불의의 사고를 당했을 때 돈을 빌려야 하는 상황에 처하게 된다. 본 절에서는 개인에게 불가피하게 대출이 필요한 경우 고려해야 할 사항을 지적하고 대출상품 및 대출기관을 소개한다.

1) 개인대출 시 고려사항

대출을 받기 전에 다음의 사항을 반드시 고려해야 한다.

① 본인의 상환능력

당장 자금이 필요하다고 본인의 소득수준에 대한 고려 없이 자금을 빌리다가 상환이 어려워지면 이를 갚기 위해 신용카드 현금서비스 또는 사금융에 의존하다가 결국은 신용불량의 상태에 처하기 쉽다. 따라서 본인의 상환능력 범위 내에서 대출의 규모를 정해야 한다.

② 담보 및 보증 여부

대출 시 불가피하게 주택, 토지 등의 담보를 제공하거나 보증할 경우가 생기는데 일반적으로 담보 제공 및 보증의 경우 포괄, 한정 및 특정의 세 가지 종류가 있는데 종류에 따라 그 책임의 범위가 다르므로 담보 및 보증을 할 경우 주의할 필요가 있다. 특히, 포괄 및 한정의 경우에는 그 채무의 범위가 주채무자의 당해 은행의 타점포에 대한 주채무 및 보증채무에까지 영향을 미칠 수 있으므로 유의해야 한다.

③ 대출금리 및 연체금리

대출금리는 일반적으로 담보 및 보증유무, 개인의 소득수준뿐 아니라 대출기관 및 대출상품에 따라 다양하게 나타나므로 이를 주의 깊게 비교해야 한다. 특히, 대출금의 상환이 지연되었을 경우 부과되는 연체금리의 수준도 살펴보아야 한다. 한편, 대출금리는 변동금리방식과 고정금리방식이 있는데 상환기간 동안에 시중이자율이 올라갈 것으로 예상한다면 고정금리방식이 유리하다.

④ 대출금 상환방식

대출원금의 상환기간 및 방식을 고려해야 한다. 원금의 상환방식은 크게 원금을 일시에 상환하는 방식과 분할하여 상환하는 방식으로 나눌 수 있다. 또한 원금일시상환방식에서 이자납입은 이자를 만기에 납입하는 방식과 선납하는 방식으로 나눌 수 있다. 원금분할상환방식에는 원금균등상환방식, 원리금균등상환방식, 애드온(add-on)방식 등이 있다.[3] 동일한 차입이자율에 대해 상환방식에 따라 연간실효이자율[4]과 이에 따른 차입자의 실질부담이 달라지므로 이 점을 유의

3) 원금균등상환방식에서는 대출원금을 균등하게 분할하여 상환하게 되는데 이때 만기로 갈수록 기상환금이 증가하고 이자는 미상환금에 대해서만 계산하므로 이자금액은 점차적으로 줄어들게 마련이다. 하지만 애드온방식에서는 이자를 원금 전체에 대하여 계산하므로 차입자의 실질부담은 더 커진다. 일반적으로 선이자방식과 애드온방식은 주로 사채업자로부터 대출 시 적용되는 경우가 많다.

4) 연간실효이자율은 제5장에서 설명한다.

해야 한다.

⑤ 대출의 부대조건

대출기관이 대출조건으로서 작게는 신용카드발급 또는 월급의 자동이체에 대한 요구에서부터 크게는 대출금의 일부를 예금할 것(일명 '꺾기')을 요구하기도 한다. 일부 사채업자는 통장, 도장 또는 신용카드 등을 맡기도록 요구하기도 하는데 이런 요구에는 절대 응하지 말아야 부당사용과 이에 따른 피해를 예방할 수 있다.

2) 개인대출의 절차와 대출상품

개인이 대출을 하기 위해 이용할 수 있는 기관으로서는 은행, 보험회사, 카드회사, 할부금융회사, 대부업자 등이 있다. 금융기관별로 대출조건이 천차만별이기 때문에 대출을 받고자 하는 사람은 우선적으로 인터넷의 검색사이트 또는 해당 금융기관의 홈페이지를 통하여 금융기관과 금융상품별로 대출조건을 비교, 검토하는 것이 바람직하다. 또한 대출상품을 복수로 선정한 후 해당 금융기관의 대출담당자 또는 콜센터에 대출조건에 대한 견적서를 요구, 검토해서 최종적으로 대출상품을 선택하는 것이 바람직하다. 대출을 신청하면 대출기관에서는 대출심사를 통하여 대출신청자의 신용도를 검토하여 대출한도액을 결정하게 된다. 대출심사를 통과하면 대출조건에 관하여 명문화한 대출계약서를 작성하게 되며 본인 서명 후 대출금은 대출신청자의 통장에 이체되는 것으로 대출절차는 마감한다. 한편, 대출심사과정에서 신청자의 대출용도, 대출규모 및 신용도에 따라 담보를 요구하거나 신용보증기관의 보증서 또는 보증인을 세울 것을 요구하기도 한

표 4-2 금융기관의 개인대출상품

대출용도	주요 대출기관
학자금대출	국가장학기금(정부학자금대출), 은행
신용대출	은행, 보험회사, 신용카드사(현금서비스)
자동차할부금융	할부금융회사
주택임차	은행
주택구입	은행, 보험회사, 할부금융사, 한국주택금융공사(모기지론)

다. 물론 신청한 대출규모에 비해 신청자의 신용도가 높으면 담보나 보증 없이 신용대출을 받을 수도 있다. 앞의 〈표 4-2〉는 대출용도별로 금융기관이 제공하는 개인대출상품의 예를 든 것이다.

한편, 일부 소액의 신용대출일 경우 금융기관의 홈페이지를 통하여 신청 즉시 대출을 받을 수 있으며 신용카드인 경우 현금서비스를 통하여 한도 내에서 즉시 대출을 받을 수 있다. 대출의 금리는 일반적으로 주택담보대출, 예금담보대출, 신용보증서담보대출, 신용대출, 현금서비스 순으로 증가한다.

3) 사금융거래 시 유의할 점

사채업자란 은행, 보험 등 제도권 금융회사와는 달리 금융관련 법률에 의해 정부의 인·허가를 받지 않고 높은 이자를 받으면서 돈을 빌려주는 영업을 하는 상법상의 회사 또는 개인사업자를 말한다. 특히, 2002년 10월 27일 '대부업법'이 시행된 후 각 시도에 등록을 하고 영업을 하는 사채업자를 '대부업자'라 부른다. 돈을 대출받을 경우 되도록이면 은행 등 제도권 금융기관을 이용하는 것이 이자면에서 유리하지만 부득이하게 사채를 이용하게 될 경우 사채의 제공업자가 각 시도에 대부업자로 등록된 업체를 이용하는 것이 피해를 예방할 수 있다. 대부업 등록 대상인 업체는 연 이자율이 44%를 초과할 수 없고 이를 위반 시 관계법령에 의해 처벌받을 수 있기 때문이다. 채무자는 돈을 빌릴 때 맺은 계약서나 약정서를 반드시 받아 두도록 하고, 돈을 상환하였을 경우에는 대표이사 명의로 된 영수증을 잘 보관하여야 한다. 특히, 백지어음의 제공은 과다한 어음금액을 기재하여 청구함으로써 피해를 보는 사례가 있으므로 백지어음의 제공은 피해야 한다.

2 개인신용정보의 관리

현대는 신용사회이다. 다시 말해 개인의 신용상태가 양호하면 금융회사 이용 시 대출금리, 한도, 각종 수수료 등의 적용에 있어 우대를 받을 수 있지만 신용상태가 좋지 않으면 상품의 할부구매, 신용카드의 발급 및 사용, 신규대출이 금지되고 심지어는 취업과 해외여행 시 불이익을 받을 수 있다. 개인의 신용상태는 개인신용정보를 조회함으로써 알 수 있다. 따라서 개인신용정보가 누구에 의해서,

카드깡, 핸드폰깡 등 불법 금융광고 주의

신용카드 연체대금을 대신 내주거나 휴대전화 소액결제기능으로 돈을 빌려준다는 불법 금융광고가 만연하고 있어 소비자들의 주의가 요구된다.

11일 금융감독원은 지난 4~6월 동안 인터넷 홈페이지, 포털사이트, 생활정보지 등을 중점 점검해 불법 금융광고를 내보낸 268개 업체를 적발, 수사기관과 방송통신위원회 등 관계기관에 통보했다고 밝혔다.

카드깡(물품판매 없이 신용카드로 거래한 것처럼 가장해 자금을 융통하는 것)과 휴대폰깡(휴대전화 소액결제기능을 이용해 자금을 융통하는 것) 광고와 미등록 대부업자, 금융투자업자, 금융자문업자, 보험모집인 등의 고객유치 광고가 주요 적발사례들이었다. 대표적인 카드깡 수법은 인터넷 생활정보지에 '연체대납, 결제·연체·대납' 등의 광고를 내고 카드연체대금을 대납하는 방식으로 자금을 융통하는 것이다. 여신전문금융업법에 따르면 카드연체대금을 대납하는 방식의 자금융통행위도 불법카드깡 행위이다. 3년 이하의 징역 또는 2천만원 이하의 벌금형을 받을 수 있다.

지방자치단체에 등록을 하지 않고 인터넷 생활정보지 등에 폐업했거나 등록이 취소된 대부업체의 등록번호를 도용해 대출광고를 게재한 불법 대부업체들도 73곳에 달했다. 무인가·미등록 금융투자업자와 투자자문업자 15개 업체와 무등록 보험모집업체 10곳도 이번 점검에서 적발됐다. 불법 예금통장과 개인신용정보 매매광고를 낸 64곳에 대해서도 방통위에 통보하고 삭제조치 했다.

금감원은 급전이 필요한 경우 카드깡이나 휴대폰깡과 같은 불법 금융거래를 이용하지 말고 금감원의 '서민금융119서비스'(s119.fss.or.kr)를 방문해 본인의 신용도에 맞는 대출상품이 있는지 먼저 찾아볼 것을 권고했다. 또 인터넷상에서 불법금융광고를 발견하는 경우 금감원 홈페이지(www.fss.or.kr) '사이버 불법금융행위 제보 코너'에 신고해 줄 것을 당부했다.

(이데일리, 2010.7.11)

어떠한 정보가, 어디에 기록되고, 누구에게 제공되며, 어떻게 활용되는지를 정확히 이해하는 것은 매우 중요하다.

개인의 신용정보 관리 대상에는 연체정보, 부도정보 등의 신용불량정보 외에 거래정보, 능력정보, 공공기록정보 등이 있다. 이러한 개인신용정보는 '신용정보의 이용 및 보호에 관한 법률'에 따라 종합신용정보집중기관으로 등록된 전국은행연합회와 금융위원회로부터 신용정보업 허가를 받은 신용보증기금, 한국신용정보(주), 한국신용평가(주), 한국기업평가(주), 서울신용평가정보(주) 등 신용정보업자에 의해 집중하여 관리된다.[5] 따라서 신용불량정보가 일단 등록되면 금융기관 또는 이동통신회사 등 상거래업자들은 신용정보집중기관 및 신용정보업자를 통해 개인신용정보의 조회가 가능하기 때문에 신용거래에 제한을 받게 된다. 신용불량으로 등록되었다가 등록사유가 해소되면 신용불량거래처로 등록한 금융회사는 신용불량정보 등록을 해제하게 되지만, 이 기록은 그 사유의 경중에 따라 해제 후 최장 5년까지 보존·관리되므로 애초에 신용불량으로 등록되는 일이 없도록 신용관리에 주의를 해야 한다.

한편, 신용정보업자는 개인신용정보 조회서비스를 이용하는 회원에 대해 개인신용정보 조회 시 과거 조회기록을 제공한다. 이때 과거의 조회기록이 많거나, 사금융업체의 신용조회기록이 나타나는 경우 금융회사에 따라서는 대출을 제한하는 경우가 있다. 따라서 제3자가 함부로 본인의 신용정보를 조회하지 않도록 조회기록의 관리에 주의를 기울일 필요가 있다.

3 신용회복 지원제도

우리나라에서는 2006년 12월 말 기준으로 신용불량자의 수가 280만 명을 기록하였는데 이는 전체 경제활동인구의 8%에 해당하는 수치로서 국민경제뿐 아니라 사회적으로도 많은 문제를 야기하고 있다.[6] 개인적 입장에서도 부득이하게 신용불량의 상태에 처하게 되었다면 하루 빨리 신용을 회복하기 위한 노력을 기

5) 개별 업종별로 신용정보를 집중하는 개별 신용정보집중기관이 있는데, 한국정보통신산업협회, 생명보험협회, 대한손해보험협회, 여신전문금융업협회 등도 각 회원사들로부터 가입자 또는 계약자의 정보 및 연체정보 등을 집중하여 회원사에게 이들 정보를 제공한다. 한편, 신용정보업자는 전국은행연합회로부터 집중된 신용정보를 제공받는 이외에 통신사업자, 유통업자, 중소기업 등으로부터도 이동통신요금 체납정보, 백화점카드대금 연체정보, 상거래채권 연체정보 등의 신용정보를 수집하여 DB를 구축하고, 금융회사 등 회원사들에게 제공하고 있다.

6) 2005년 4월부터 '신용불량자'라는 법률적 용어는 사라지게 되나 신용불량정보제도는 사라지지 않는다. 다시 말해 신용불량정보의 기록이 삭제되는 것은 아니다.

울여야 경제적인 불이익을 면할 수 있다. 신용불량자가 취할 수 있는 방편으로는 첫째, 빚을 조속한 시일 내에 탕감하는 방법, 둘째, 신용회복위원회의 지원제도(개인워크아웃제도)를 이용하는 방법, 셋째, 법원의 개인회생제를 이용하는 방법, 넷째, 법원에 파산을 신청, 선고받고 빚으로부터 면책되는 방법이다. 이 밖에 개별 금융회사의 '자체 신용회복지원절차'를 이용할 수 있다. 여기에서는 신용회복위원회의 지원제도와 법원의 개인회생제만 간단히 설명한다.

1) 신용회복위원회의 지원제도

신용회복위원회의 지원제도는 개인워크아웃제도로서 2002년 11월 1일부터 시행됐으며 금융기관들의 자율협약에 따라 신용불량자를 구제하는 것으로 일종의 사적 화의라고 볼 수 있다. 이 제도는 일정요건을 갖춘 채무자를 대상으로 상환기간의 연장, 분할상환, 이자율 조정, 채무상환 유예, 채무감면 등의 채무조정을 통하여 경제적으로 재기할 수 있도록 지원한다. 신용회복지원을 신청할 수 있는 사람은 최저생계비 이상의 수입이 있으며 2개 이상 협약 가입 금융기관에 대한 총채무액이 3억원 이하인 신용불량자에 한하여 가능하다. 그러나 최저생계비를 초과하는 수입이 없는 경우라도 현실적으로 채무상환이 가능한 자(배우자 및 직계 존비속 등 제3자가 소득의 일부를 채무자의 부채상환을 위하여 지원한 경우)들은 신청할 수 있다.

2) 개인회생제

개인회생제도는 장래 계속적으로 또는 반복하여 수입을 얻을 가능성이 있는 개인채무자에 대하여 채권자 등 이해관계인의 법률관계를 조정하기 위하여 2004년 9월 23일부터 시행하게 된 제도로서 법원을 통하여 신청할 수 있다. 즉, 개인회생제도란 총채무액이 무담보채무의 경우에는 5억원, 담보부채무의 경우에는 10억원 이하인 개인채무자로서 장래 계속적으로 또는 반복하여 수입을 얻을 가능성이 있는 자가 3년 내지 5년간 일정한 금액을 변제하면 나머지 채무의 면제를 받을 수 있는 절차이다. 개인회생절차를 이용할 수 있는 채무자는 일정한 수입이 있는 급여소득자와 영업소득자로서 현재 과다한 채무로 인하여 지급불능의 상태에 빠져 있거나 지급불능의 상태가 발생할 염려가 있는 개인만이 신청할 수 있다. 이 제도의 장점은 첫째, 원금까지 탕감받을 수 있으며, 둘째, 금융기관 부채뿐 아니라 보증, 사채 등 모든 부채를 포괄하며, 셋째, 부채경감액에 뚜렷한 한도가 없고, 신용불량자가 아니라도 신청할 수 있으며, 넷째, 정해진 기간에 빚을 다 갚지 못해도 귀책사유가 없으며, 다섯째, 채무자가 전문자격을 유지하면서 빚을 갚을 수 있는 점을 꼽을 수 있다. 반면 신청절차가 까다롭고 신청 후에도 확정되기까지 걸리는 시간이 길며 초기신청비용이 많이 든다. 또 회생절차가 끝난 뒤에도 일정기간 기록이 남고 소득이 없거나 불확실한 채무자는 이용할 수 없다는 점이 단점으로 지적된다.

제 4 절 주택 및 노후설계와 세금

1 주택관련 금융상품

우리나라에서 주택의 가격이 그 어떤 자산의 가격보다도 상승률이 매우 컸기 때문에 '내집마련'은 최고의 재테크 수단으로서 가정을 꾸린 후 제일 먼저 달성하려는 목표로 인식되어 왔다. 하지만 이것이 지나쳐 일부의 투자자들이 주택을 거주의 수단이 아닌 투기의 대상으로 삼는 바람에 주택가격에 과도한 거품이 들어가 정작 거주용 주택을 원하는 자들에게 내집마련의 꿈을 요원하게 만들고 또한 경제적으로 부담을 주게 되었다. 정부에서는 주택가격을 안정시키기 위해 그동안 여러 가지 주택관련정책을 내놓는 등 많은 노력을 하고는 있지만 내집마련이 서민들에게는 아직까지도 요원한 일이 되고 있다.

주택은 개인 또는 가족이라는 최소의 사회단위가 일상적 생활을 영위하게 되는 물리적인 공간인데 이것을 마련하는 데 있어서 고려해야 하는 의사결정내용으로서 주택의 보유형태, 주택의 종류, 주택의 형태와 자금조달원천이 있다. 우선 주택의 보유형태로는 자가 소유와 전·월세라 불리는 임차의 형태가 있다. 주택의 종류로는 기존에 지어진 주택과 분양 또는 재개발 등에 의해 새로 지어지는 주택이 있으며, 주택의 형태에 있어서도 아파트, 연립 및 다세대주택, 주상복합, 오피

스텔, 단독주택 등 다양한 종류로 나누어 볼 수 있다. 마지막으로 주택을 보유하기 위한 자금조달원천으로서는 본인 등 가족의 저축, 금융기관 등 제3자로부터의 대출 등으로 나누어 볼 수 있다.

1) 주택청약통장

일반적으로 서민들에게 내집마련을 위한 첫걸음은 청약통장의 가입이다. 왜냐하면 일반적으로 새로 지어지는 주택을 분양받기 위한 자격요건으로서 청약통장이 필요하기 때문이다. 청약통장은 청약예금, 청약부금, 청약저축, 청약종합저축 등 4가지로 구분된다. 청약예금은 민영주택(85㎡ 이하 가입자는 민간건설 중형국민주택 포함)을 분양받고자 하는 자에 대하여 분야 우선순위를 부여하기 위해 주택건설촉진법 및 주택공급에 관한 규칙 등에 의거하여 만들어진 예금이다. 또 이 청약예금은 거주지역별 희망주택 면적에 따른 예치금액을 가입 시 일시에 예치하고, 일정기간이 경과하면 민영주택청약 우선권이 부여되는 정기예금이다. 예금가입 후 6개월이 지나면 2순위, 2년이 경과하면 1순위 청약자격이 생기며, 20세가 넘는 사람이면 1인 1계좌 가입이 가능하다. 청약부금은 85㎡ 이하의 민영주택 또는 민간건설 중형국민주택을 분양받기 위한 목적으로 가입하는 저축으로서 한꺼번에 일정금액의 목돈을 넣어야 하는 청약예금과 달리 매월 5만원 이상 50만원 이내에서 자유롭게 낼 수 있으며 유주택자, 세대주가 아닌 사람도 가입할 수 있다. 청약저축은 정부의 국민주택기금 지원을 받아 건설되는 국민주택, 국가, 지방자치단체 또는 한국토지주택공사가 사업주체가 되어 건설, 공급하는 전용면적 $85m^2$ 이하의 주택을 분양받거나 임대할 수 있는 저축이다. 2009년 5월 출시된 청약종합저축은 무주택 여부, 세대주 여부, 가입연령(미성년자도 가입)에 제한없이 1인 1계좌에 한해 가입 가능한 상품이다.

2) 주택임차 및 구입자금의 조달

주택을 구입하기 위한 자금조달방법으로는 금융기관을 통한 주택담보대출, 영세민 또는 서민을 위한 국민주택기금대출, 그리고 한국주택금융공사가 제공하는 부동산담보대출을 이용할 수 있다. 특히, 2004년 3월부터 시행된 모기지론은 부동산을 담보로 주택저당증권(mortgage backed securities : MBS)을 발행하여 장기주택자금을 대출해 주는 제도로서 주택구입뿐 아니라 아파트 분양계약자가 중

년부터 시행된 현금영수증에 대해서 근로자의 경우 사용금액 총액이 총급여액의 25%를 초과할 때 그 초과금액의 20%를 300만원 한도 내에서 공제받을 수 있다.

스위스 비밀의 문 열었다…. 해외탈세 꼼짝마

미로 끝에 굳게 채워져 있던 빗장이 마침내 열렸다. 교묘하고도 복잡한 해외자금도피와 돈세탁과정을 추적한 끝에, 결국 국세청이 결코 열리지 않을 것 같던 스위스 비밀계좌에 숨은 돈까지 찾아낸 것이다.

우리나라 세정사상 최대규모인 6,224억원의 해외탈루소득을 적발한 국세청은 3,392억원의 세금추징과 함께 해당 4개 기업 및 오너들을 의법 조치키로 했다. 조사기간만 6개월이 넘었으며, '수사'를 방불케 할 만큼 외국 세무당국과 치밀한 공조가 이뤄졌다는 후문이다.

촘촘해진 국제공조

이번 국세청의 해외탈세적발에서 가장 주목할 점은 스위스, 홍콩, 싱가포르 등에 있는 비밀계좌의 은닉자금을 확인했다는 점이다. 워낙 철저한 비밀주의 때문에 소문만 무성했던 '스위스 비밀금고'의 문을 마침내 뚫은 것이다.

그동안 스위스와 싱가포르는 우리나라와 조세협약을 체결했지만 금융정보는 제공하지 않았고, 홍콩은 조세협약 자체가 체결되지 않아 대표적 해외재산도피처로 지목됐었다. 국세청은 계좌 확인과정에 대해서는 조사기밀을 이유로 구체적인 설명을 하지 않았지만 "세정당국 간 국제 공조가 그만큼 강화된 결과"라고 말했다.

실제로 국제사회에서는 해외재산도피에 대해 철퇴를 가해야 한다는 공감대가 확산되고 있는 상황이다. 금융기관의 고객비밀보호도 중요하지만, 범죄자금이나 부도덕한 자금에 대한 추적과 과세가 더 중요하다는 인식이 각국 세무당국 간에 확산되고 있다. 때문에 지난해 4월 주요 20개국(G20) 정상들이 역외탈세 근절에 적극 나서자는 데 합의하고, 6월 경제협력개발기구(OECD) 회원국 대표들이 조세피난처 국가들에 제재를 가하겠다고 입장을 밝히면서 해외탈세에 대한 국제공조는 본격화되고 있다. 급기야 지난해 8월에는 스위스 대형은행인 UBS가 '고객비밀보호'의 원칙을 깨고, 미국 국세청(IRS)에 탈세혐의 고객명단을 일부 공개하기도 했다. 국세청 관계자는 "최근 들어 각국 정부 간 해외탈세자에 대한 정보공유를 통해 해외은닉재산의 이동경로를 확보하면서 해외탈세 추적환경이 상당히 개선됐다."고 밝혔다.

정교해진 탈세수법

해외탈세에 대한 국제 공조가 강화되는 것은 그만큼 탈세수법이 지능화되기 때문이다. 이번에 적발된 모기업 사주는 해외에 페이퍼 컴퍼니(유령회사)를 만들어 놓고 이를 통해 비자금을 조성한 다음 수차례의 자금세탁까지 거쳐 스위스 비밀계좌에 숨겼다. 게다가 은닉한 자금을 다시 영국령 버진아일랜드, 말레이시아의 라부안 등에 설립한 페이퍼 컴퍼니를 통해 국내로 반입해 골프장과 부동산을 매입하기도 했다.

해외에 특수목적회사(SPC)를 차려놓고 재산을 빼돌린 경우도 있었다. 모기업 사주는 해외 SPC에 투자하는 형식으로 기업자금을 해외로 빼돌리고, 그 자금을 다시 미국 페이퍼 컴퍼니의 신탁계좌에 송금해 해외고급주택을 구입했다. 한 도매 · 무역업체 사주는 홍콩에 차명으로 만든 SPC를 통해 국내법인이 발행한 주식예탁증서(DR)을 인수하는 방식으로 탈세를 저질렀다.

국세청은 이처럼 해외탈세의 규모가 커지고, 수법도 갈수록 교묘해짐에 따라 그동안 태스크포스(TF)로 꾸려온 '역외탈세추적전담센터'를 상설조직으로 전환키로 했다. 또 역외탈세 정보수집을 강화하기 위해 '해외금융계좌신고제' 도입, '해외정보수집요원파견제' 신설 등을 관계기관과 협의를 거쳐 추진할 방침이다.

(한국일보, 2010.5.25)

연습문제

1. 수익증권과 뮤추얼펀드(mutual funds)의 공통점과 차이점을 설명하시오.

2. 지수연동형 펀드인 상장지수펀드(ETF)와 주가지수연계상품인 ELS의 차이점을 설명하시오.

3. 리츠(REITs)와 부동산펀드의 공통점과 차이점을 설명하시오.

4. 전자금융거래의 장·단점을 설명하시오.

5. 대출금 상환방식의 종류와 특징에 대해 설명하시오.

6. 유사금융거래와 사금융거래의 차이점을 설명하시오.

7. 개인신용정보는 어떠한 방법으로 관리되는지에 대해 설명하시오.

8. 신용회복위원회의 지원제도(워크아웃제도)와 법원의 개인회생제의 차이점을 설명하시오.

9. 모기지론과 역모기지론의 차이점을 설명하시오.

10. 절세와 탈세의 차이점을 설명하시오.

PART 02

가치평가의 기초

제5장

화폐의 시간가치

Financial Management

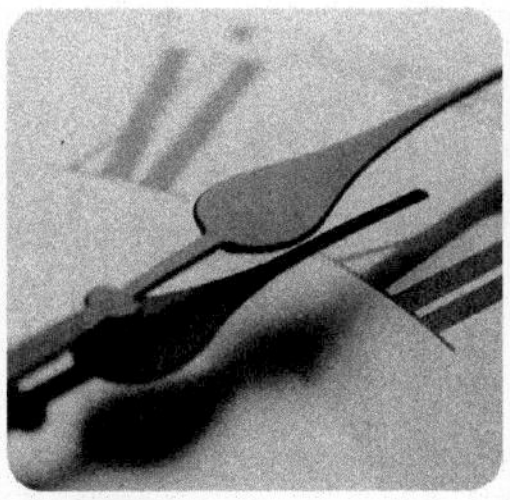

Financial Management

이 장에서는 · · ·

합리적으로 판단을 하는 투자자는 내일 받게 될 1원보다는 오늘 받는 1원을 더 가치 있게 생각할 것이다. 왜냐하면 시간이 흐르면서 돈이 돈을 벌어들일 수 있는 가치, 즉 화폐의 시간가치(time value of money) 때문이다.

화폐의 시간가치는 이자율이 높고 낮음에 따라서 미래가치가 크게 달라질 수 있고 또한 할인율의 높고 낮음에 따라 현재가치가 크게 달라질 수 있다는 점에서 시사성이 있다. 화폐의 시간가치는 위험과 수익의 상반관계와 함께 재무관리에서 다루는 가장 중요한 기본개념 중의 하나이다.

본 장에서는 화폐의 미래가치와 현재가치의 개념을 파악하고 일정한 기간 동안 동일한 금액이 연속적으로 들어오게 되는 연금의 가치와 실효이자율 등을 상세하게 알아보도록 한다.

제6장

위험과 수익률

제 1 절　수익률과 위험의 측정

제 2 절　위험과 수익률 간의 상충관계

제 3 절　분산효과와 포트폴리오 위험

제 4 절　현대 포트폴리오 이론과 자본시장선

제 5 절　체계적 위험과 베타

제 6 절　자본자산가격결정모형(CAPM)

Financial Management

이 장에서는 · · ·

우리는 어떤 투자대상을 평가할 때 수익률이 몇 %인지를 물어본다. 예를 들어, 정기예금에 가입하고자 하는 투자가들은 정기예금의 이자율이 얼마인지를 알아보고 투자를 결정한다. 그런데 만약 여러분들이 주식에 투자를 한다면 이때도 수익률만을 보고 투자를 할 것인가? 주식에 투자했을 때 정기예금보다 위험이 훨씬 크다는 것은 누구나 다 아는 사실이다. 위험이 큰 주식에 투자할 때 우리는 얼마의 수익률을 더 요구해야만 할까? 이와 같이 위험과 수익률 간의 관계를 살펴보려고 하는 것이 본 장의 주요 주제이다.

제 1 절 수익률과 위험의 측정

1 수익률의 측정

우리가 보통 이야기하는 수익률은 어떤 의미인가? 우리는 수익률을 일정기간 동안 투자한 자금이 얼마나 불어났는지를 의미하는 것으로 사용한다. 즉, 수익률(return)은 어떤 주어진 투자기간 동안의 투자수익률(return on investment)을 의미하는데, 이는 보유기간수익률(holding period return : HPR)이라고도 한다. 예를 들어, 삼성전자주식을 20만원에 10주를 구입해서 1달 만에 22만원에 모두 매도하였다면 1달간 투자함으로써 발생한 수익률(즉, 1달 보유기간수익률)은 10%가 된다.[1)] 이를 단순히 연으로 환산하면 10%×12=120%가 되는데 모든 투자대상의 수익률을 비교하기 위해서는 보유기간수익률이 아닌 연간 투자수익률로 환산하여 비교하여야만 동일한 기준에서 비교할 수가 있게 된다.

이제 보유기간수익률을 식으로 나타내보자. 다음 식 (6.1)에서 볼 수 있듯이 보유기간수익률은 자본이득수익률과 배당수익률[2)]의 합으로 나타난다.

$$HPR_{t,t+1} = \frac{P_{t+1} - P_t + D_{t+1}}{P_t} = \frac{P_{t+1} - P_t}{P_t} + \frac{D_{t+1}}{P_t} \tag{6.1}$$

여기서 $HPR_{t,t+1}$ = t시점에 사서 $t+1$시점까지 보유할 경우의 보유기간수익률,
P_t, P_{t+1} = t시점과 $t+1$시점의 주가,
D_{t+1} = $t+1$시점에 지불될 주당 배당을 의미한다.

---

1) 이때 2만원을 금액수익률(dollar return)이라 하고 10%를 퍼센트수익률(percentage return)이라 구분하기도 한다. 앞으로 수익률은 모두 퍼센트수익률을 의미한다.

2) 배당수익률(dividend yield)은 배당금을 주가로 나눠준 것을 의미하며, 배당금을 액면가로 나눠준 배당률(dividend rate)과는 다르다.

예제 6-1 수익률의 측정

갑돌이는 올해 연초에 삼송기업 주식을 한 주당 25,000원에 매입하였다. 6개월 후 주가는 35,000원으로 상승하였고 주당 2,000원의 배당을 아울러 수령하였다. 이때 갑돌이의 6개월간의 자본이득수익률, 배당수익률 그리고 보유기간수익률은 각각 얼마인가? 또한 연간수익률은 얼마인가?

풀이

6개월간 자본이득수익률=(35,000−25,000)/25,000=40%,
6개월간 배당수익률=2,000/25,000=8%,
따라서 6개월간 보유기간수익률=40%+8%=48%가 된다. 또한 연간수익률은 48%×2=96%이다.

예제 6-2 수익률의 측정

을순이는 3년 전에 비송기업 주식을 한 주당 10,000원에 매입하여 3년간 보유하였는데, 현재 주가는 20,000이고 3년간 배당은 전혀 없었다. 이때 을순이의 보유기간수익률과 연간수익률은 각각 얼마인가?

풀이

보유기간수익률=(20,000−10,000)/10,000=100%이다. 3년 보유수익률이 100%이므로 연간수익률은 33.3%(=100%/3)라고 할 수 있는가? 이것은 정확한 연간수익률이 아니다. 왜냐하면 복리효과를 고려하여야 하기 때문이다. 다시 말해 r%의 수익률로 3년간 투자하여 2배가 되었다면(10,000원이 20,000원으로) r은 다음 식에 의해 구하여야 한다.

$$10{,}000 \times (1+r)^3 = 20{,}000$$

따라서 $r = \sqrt[3]{\dfrac{20{,}000}{10{,}000}} - 1 = 26.0\%$이고 연간수익률은 26.0%라 할 수 있다.

2 위험의 측정

보유기간수익률을 구하기 위해서는 미래 시점의 주가와 배당을 예상하여야 하므로 보유기간수익률은 확정치가 될 수 없다. 따라서 앞의 수익률은 미래 예상주가와 예상배당을 어떻게 가정하느냐에 따라 달라진다.[3] 즉, 수익률은 많은 불확실성, 즉 위험을 내포하고 있다고 할 수 있다. 이러한 미래의 불확실성(uncertainty)을 해결하는 한 가지 방법은 미래 전망에 대한 시나리오를 여러 개 고려해서 각 경우의 개별수익률을 구한 다음, 이들의 표준편차(standard deviation)를 구하는 것이다. 표준편차는 각 개별수익률이 기대수익률(평균값)로부터 얼마나 넓게 퍼져 있는지를 측정하는 통계치인데, 수익률의 분포가 넓을수록 결과가 불확실한 것이 되기 때문에 표준편차가 클수록 위험하다고 한다. [그림 6-1]은 표준편차가 큰 분포와 작은 분포를 보여주고 있다.

그림 6-1 표준편차가 다른 수익률분포의 비교

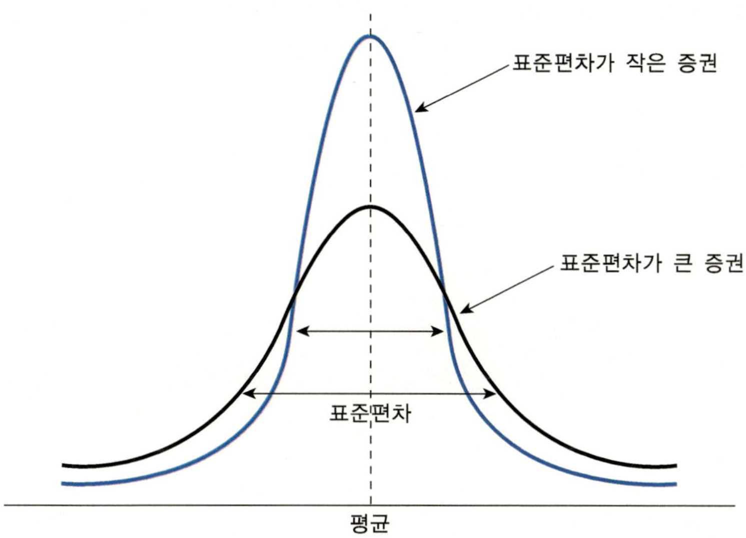

3) 앞으로 별다른 가정이 없으면 보유기간은 1년으로 가정한다. 다시 말해, 보유기간수익률이 곧 연수익률과 같다고 가정하고 편의상 수익률이라 부르도록 하자.

그러면 수익률의 평균값과 표준편차는 어떻게 측정할 수 있을까? 수익률의 평균값과 표준편차는 식 (6.2)에 의해 구할 수 있다.

$$E(r) = \sum_{s=1}^{n} p_s r_s \tag{6.2}$$

$$\sigma = \sqrt{\sum_{s=1}^{n} p_s (r_s - E(r))^2}$$

여기서 n은 경우의 수를 말하며 p_s는 s사건이 일어날 확률이다. 만약 모든 사건이 발생할 확률이 동일하다고 가정하면 $p_s = \frac{1}{n}$이 된다.

예제 6-3 기대수익률과 표준편차의 계산

삼성전자주식의 수익률은 미래 경제에 대한 세 가지 시나리오별로 다음 표와 같이 예상이 된다고 하자. 이때 삼성전자주식에 투자할 경우 기대되는 수익률은 몇 %이며 위험은 얼마나 되는가?

표 6-1 기대수익률과 표준편차의 계산

미래경제상황 예상	확 률	예상수익률
호 황	.25	44%
현상 유지	.50	14%
불 황	.25	−16%

풀이

식 (6.2)에 주어진 정보를 대입하면, $E(r) = .25\times44\% + .50\times14\% + .25\times(-16\%) = 14\%$가 되고, 수익률의 분산은 $\sigma^2 = .25(44-14)^2 + .5(14-14)^2 + .25(-16-14)^2 = 450\%^2$이므로 수익률의 표준편차는 $\sigma = \sqrt{450} = 21.21\%$이다.4)

4) 표준편차의 제곱을 분산(variance)이라고 한다.

그림 6-2 정규분포

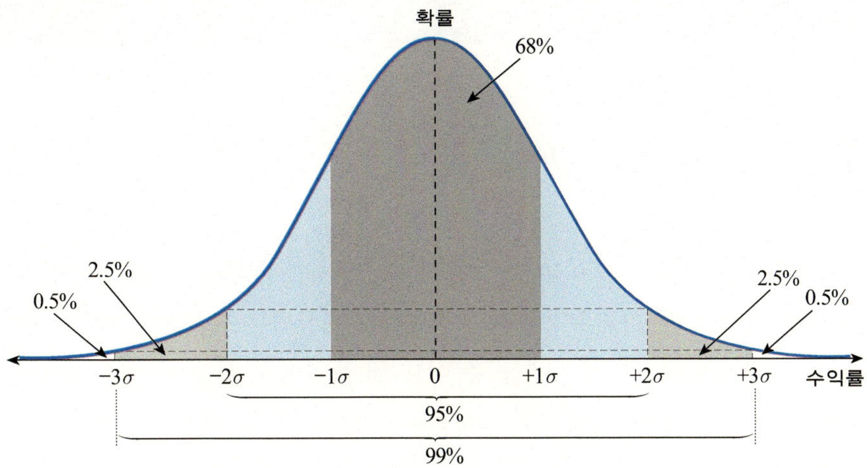

그런데 여기서 하나 주의할 점은 표준편차나 분산은 손해볼 가능성은 물론 이익볼 가능성조차도 똑같이 취급한다는 것이다. 즉, 표준편차는 이들을 평균으로부터의 떨어짐으로 동일하게 취급하기 때문에 문제가 될 수 있다는 것이다. 그러나 확률분포가 정규분포(normal distribution)와 같이 평균을 중심으로 좌우 대칭인 경우에는 이러한 문제는 해결될 수 있다. 왜냐하면 이 경우 표준편차로부터 분포의 좌측편(손실값)의 확률값을 정확히 찾아낼 수 있기 때문이다.[5)]

〈예제 6-3〉에서 우리는 삼성전자주식에 1년간 투자했을 때 기대되는 연간수익률이 14%이고 그로 인한 수익률의 표준편차가 21%라는 것을 알았는데, 만약 수익률이 정규분포를 갖는다면 다음과 같이 말할 수 있다. 정규분포에서 수익률이 평균으로부터 2×표준편차 이상 떨어질 확률이 약 2.5%(=(100%−95%)/2)이기 때문에 우리는 삼성전자주식에 1년간 투자했을 때 −28%(=(14%−2×21%)) 이상의 수익률 손실이 날 가능성이 2.5%라는 것을 알 수 있다. 마찬가지의 논리로 삼성전자주식에 1년간 투자했을 때 −49% 이상의 손실이 날 가능성은 0.5%에 불과하다.

5) 물론 수익률의 분포가 정규분포가 아닌 경우에는 손해 볼 가능성만을 따로 구하여야 하는데 손실금액을 측정하는 방법에는 VaR(Value at Risk)라는 방법이 있다. VaR는 주어진 확률(신뢰수준)에서 입을 수 있는 최대손실금액을 의미한다.

제 2 절 위험과 수익률 간의 상충관계

1 위험프리미엄의 개념

이제 우리는 금융자산의 기대수익률과 표준편차를 계산할 수 있게 되었다. 다음 문제는 위와 같은 기대수익률과 표준편차가 예상되는 삼성전자주식과 위험이 없는(즉, 표준편차가 0인) 정기예금 중 어느 것을 과연 선택할까 하는 것이다. 만약 여러분이 좀 더 높은 수익률을 원한다면 주식을 선택하여야 하는데 주식은 분명 위험이 크다.

이와 같이 수익률을 높이려면 위험도 따라서 커지게 되는데, 이를 위험과 수익률 간의 상충관계(risk-return tradeoff)라고 한다.[6] 앞의 문제를 달리 표현하면 삼성전자주식에 투자함으로써 여러분이 추가적으로 부담하게 되는 위험에 대해 얼마만큼의 수익률이 더 주어지면 만족하겠는가라는 것이다. 즉, 추가적인 위험부담에 대한 대가로서 얼마의 수익률을 요구하는가 하는 질문이다.

위험을 추가로 부담함으로써 더 요구하는 수익률은 위험에 대한 대가 또는 위험프리미엄(risk premium)으로 불린다. 따라서 위험프리미엄은 주식이나 회사채와 같은 위험자산(risky asset)에 투자할 때 기대하는 수익률($E(r_i)$)과 은행 정기예금이나 국공채와 같이 위험이 없는 자산(risk free asset)으로부터 얻는 수익률, 즉 무위험이자율(risk free rate) r_f의 차이를 의미한다. 예를 들어, 무위험이자율이 연 6%이고 삼성전자주식으로부터 연간 기대하는 수익률이 20%라고 한다면, 삼성전자주식의 연간 위험프리미엄은 14%가 된다. 이를 일반적으로 나타내면 다음 식 (6.3)과 같다.

$$E(r_i) = r_f + \text{위험프리미엄} \tag{6.3}$$

그런데 사람마다 위험에 대해 요구하는 수익률이 모두 다른 것으로 나타나는데 이는 위험에 대한 선호도(risk aversion)[7]가 사람마다 다르기 때문이다. 즉, 어

6) 이를 "공짜 점심은 없다(there is no free lunch)"라고도 표현한다.

떤 투자자는 삼성전자주식에 대한 위험프리미엄으로 14%를 요구하는 사람도 있지만 어떤 투자자의 경우에는 10%만을 요구하는 사람도 있는 것이다. 극단적으로 도박꾼들의 경우에는 위험을 즐기는 사람들이기 때문에 위험프리미엄이 전혀 없어도 베팅을 할 것이다.

이와 같이 상품별로 각 사람이 요구하는 수익률은 모두 다르다. 그러나 과거 우리나라 자본시장에서 거래되어온 대표적인 금융자산들의 평균수익률과 무위험이자율로 볼 수 있는 CD(양도성예금증서)의 평균수익률을 비교함으로써 개별자산에 대한 시장 전체의 위험프리미엄을 구할 수 있다.

2 역사적 위험프리미엄

우리나라 금융시장의 대표적인 금융자산으로는 주식, 회사채, CD 등을 들 수 있다. 주식은 종합주가지수(KOSPI)를 대상으로 수익률을 계산하였으며 회사채는 3년만기 채권을 대상으로 수익률을 계산하였다. 여기서 수익률이라 함은 연간 보유수익률(holding period return)을 의미하며 다음과 같은 방식으로 계산하였다. CD의 경우에는 유통수익률을 사용하였다.[8)]

1) 주식수익률

주식수익률은 연초 종합주가지수에 매입해서 연말 종합주가지수에 매도하는 것을 가정하여 계산하였다. 배당은 무시하였으며 자료기간은 1980년부터 2010년까지이다. 자본금 규모에 따라 위험프리미엄의 차이를 보기 위해 대형주, 중형주, 소형주에 대해 따로 수익률을 계산하였다. 이들 자료기간은 1991년부터 2010년까지이다.

$$\text{KOSPI 수익률} = \frac{KOSPI_{t+1} - KOSPI_t}{KOSPI_t} \times 100(\%) \qquad (6.4)$$

---

7) 위험에 대한 회피도라고도 한다.

8) 1991년 이전에는 CD거래가 많지 않았기 때문에 1991년 이전 수익률은 사용하지 않았다.

2) 회사채수익률

회사채수익률은 연초가격에 사서 연말가격에 매도함으로써 발생하는 자본이득률에 연초 유통수익률을 더해서 계산하였다.[9] 1980년부터 2010년까지 자료를 사용하였다.[10]

$$회사채수익률 = \frac{CB_{t+1} - CB_t}{CB_t} + Y_t(\%) \tag{6.5}$$

CB_t: t시점의 회사채 가격, Y_t: t시점의 회사채 유통수익률

아울러 연간 인플레이션율을 구하기 위해 소비자물가지수(CPI)의 연간 변화율을 계산하였다. 〈표 6-2〉는 주식, 3년만기 회사채를 1년 단위로 보유했을 때의 연간수익률과 CD의 유통수익률을 연도별로 보여주고 있으며 평균치와 표준편차도 아울러 주어져 있다. 이들은 인플레이션율을 차감하지 않은 명목수익률(nominal returns)이다.

과거 수익률의 평균치와 표준편차는 다음과 같이 구할 수 있다. T는 표본기간을 의미한다.

$$평균수익률(\bar{r}) = \frac{1}{T}\sum_{t=1}^{T} r_t \tag{6.6}$$

$$표준편차 = \sqrt{\frac{1}{T-1}\sum_{t=1}^{T}(r_t - \bar{r})^2}$$

---

9) 물론 정확하게 수익률을 계산하기 위해서는 자본이득률에 이표율을 더해야 하지만 편의상 연초 유통수익률을 사용하였다. 또한 채권가격은 매콜리 듀레이션식을 사용하여 근사치로 계산하였다.

10) 1998년 3월 이전은 은행보증채, 1998년 4월부터 8월까지는 보증보험보증채, 1998년 9월부터 2000년 9월까지는 무보증 A+ 회사채, 그리고 이 이후에는 무보증 AA- 회사채를 대상으로 한다.

표 6-2 연도별 주식, 회사채 및 CD수익률과 인플레이션율

연 도	주식수익률	회사채수익률	CD수익률	CPI증감률
1980	7.00%	28.5%		26.7%
1981	33.70%	24.1%		11.9%
1982	2.40%	38.0%		4.3%
1983	−1.60%	17.2%		1.2%
1984	21.40%	12.6%		1.8%
1985	16.40%	17.3%		2.7%
1986	69.60%	14.2%		0.5%
1987	98.10%	12.6%		5.6%
1988	70.50%	10.6%		6.6%
1989	−1.10%	8.8%		4.9%
1990	−23.40%	8.8%		6.9%
1991	−10.10%	17.4%	18.3%	7.0%
1992	8.70%	28.4%	17.7%	3.7%
1993	24.20%	15.9%	13.8%	5.0%
1994	16.80%	6.7%	12.2%	4.2%
1995	−12.90%	22.4%	14.6%	3.8%
1996	−26.80%	10.6%	12.0%	3.9%
1997	−42.50%	−16.9%	10.2%	3.8%
1998	46.00%	72.9%	21.5%	1.5%
1999	74.80%	3.1%	7.2%	1.4%
2000	−52.40%	14.4%	7.3%	2.3%
2001	33.20%	10.8%	5.3%	2.1%
2002	−13.40%	11.1%	4.9%	3.1%
2003	27.60%	5.8%	4.3%	2.8%
2004	10.51%	−9.3%	3.9%	3.6%
2005	53.96%	3.2%	3.7%	2.8%
2006	3.99%	15.4%	4.5%	2.2%
2007	32.25%	16.7%	5.2%	2.5%
2008	−40.73%	4.8%	5.8%	4.7%
2009	49.65%	13.3%	3.9%	2.8%
2010	21.88%	8.9%	2.9%	2.9%
평균	16.06%	14.5%	9.0%	4.5%
표준편차	35.98%	15.0%	5.7%	4.7%

예제 6-4 **과거 수익률자료를 이용한 평균수익률과 표준편차의 계산**

우리나라 KOSPI의 과거 3년간(2001~2003) 수익률이 33.2%, −13.4% 및 27.6%로 주어졌다고 하였을 때 평균수익률과 표준편차를 계산해보시오.

풀이

식 (6.6)에 주어진 자료를 대입하면,

$$\text{평균수익률} = \frac{(33.2 + (-13.4) + 27.6)}{3} = 15.8\%$$

$$\text{표준편차} = \sqrt{\frac{1}{3-1}[(33.2-15.8)^2 + (-13.4-15.8)^2 + (27.6-15.8)^2]}$$

$$= \sqrt{\frac{1}{2}(302.8 + 852.6 + 139.2)} = 25.44\%$$

〈표 6-2〉와 [그림 6-3]을 통해 우리나라 사람들이 각 금융자산에 대해 역사적으로 얼마만큼의 위험프리미엄을 요구했는지를 살펴보기로 하자. 주식의 평균보유기간수익률은 16.1%, 회사채는 14.5%, CD는 9.0%로 나타났는데, CD수익률을 무위험이자율로 간주한다면 우리나라의 경우 평균 위험프리미엄은 주식의 경우 7.1%(=16.1%−9.0%), 회사채의 경우 5.5%(=14.5%−9.0%)임을 알 수 있다. 또한 각 자산의 표준편차는 주식이 36.0%, 회사채가 15.0%, 그리고 CD는 5.7%로 나타났다. [그림 6-3]에는 위험프리미엄과 함께 수익률의 돗수분포도 표시되어 있다.

이로부터 우리는 다음과 같은 중요한 사실을 발견할 수 있다.

① 우리나라 주식의 큰 위험과 회사채의 높은 수익률

표준편차를 비교해보면 주식(36.0%)은 회사채(15.0%)의 2배 이상으로 나타나고 있다. 돗수분포표를 보더라도 주식의 분포가 회사채에 비해 훨씬 넓게 퍼져 있음을 확인할 수 있다. 그럼에도 불구하고 평균수익률은 주식이 회사채에 비해 1.6% 포인트 높은 데 그치고 있다.[11] 이는 주식의 위험이 자체 수익률에 비해

11) 물론 이 수치는 표본기간에 따라 달라진다. 그러나 기본적으로 주식이 큰 위험에 비해 평균수익률이 낮은 것과 회사채가 작은 위험에 비해 평균수익률이 높았다는 사실은 변함이 없다.

그림 6-3 평균수익률, 표준편차, 위험프리미엄과 돗수분포

자산	평균	표준편차	위험 프리미엄
KOSPI	16.1%	36.0%	7.1%

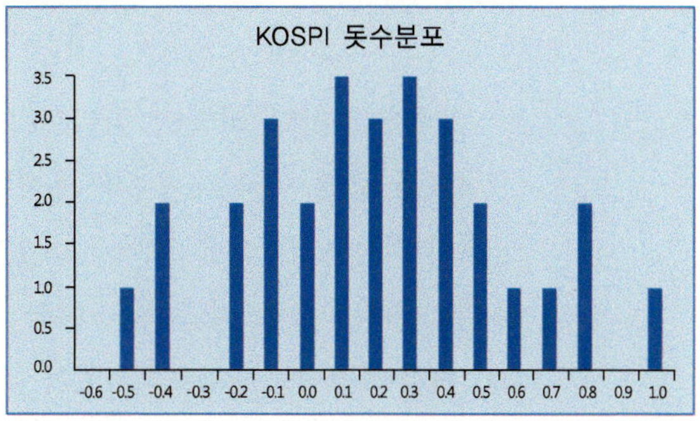

자산	평균	표준편차	위험 프리미엄
회사채	14.5%	15.0%	5.5%

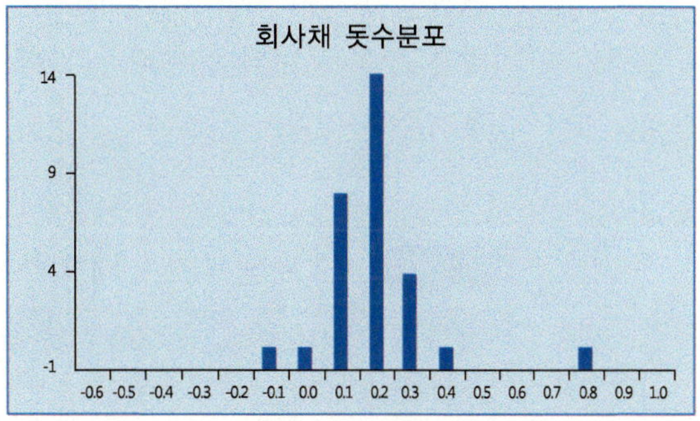

자산	평균	표준편차	위험 프리미엄
CD	9.0%	5.7%	–

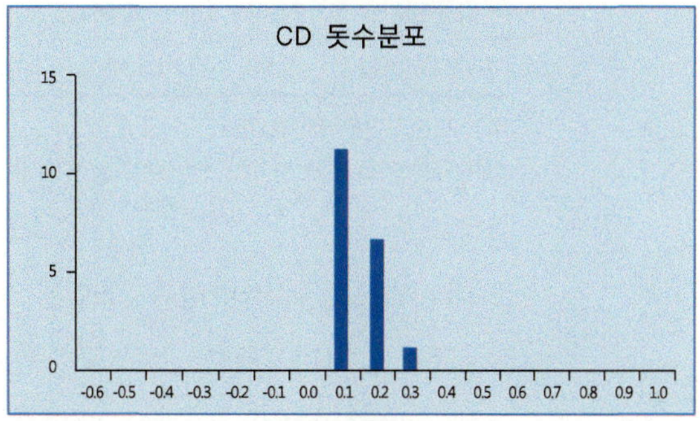

자산	평균	표준편차
인플레이션율	4.5%	4.7%

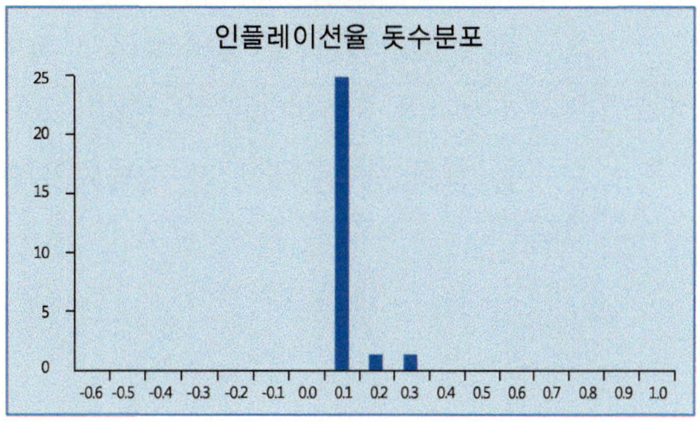

과도하게 컸다는 것과 회사채수익률이 자체 위험에 비해 지나치게 높았다는 것을 의미하는 것으로 해석할 수 있다.

② 우리나라와 미국의 위험프리미엄 비교

〈표 6-3〉은 미국 대형주와 소형주 주식의 위험프리미엄과 장기회사채와 장기국채의 위험프리미엄을 보여주고 있다. 미국의 경우에는 단기재무성채권(T-bills)을 무위험자산으로 취급한다. 미국 주식의 위험프리미엄(미국의 경우 1926년부터 2007년까지 연평균 위험프리미엄이 대형주는 8.5%, 소형주는 13.3%)과 비교해볼 때 우리나라 주식의 위험프리미엄(7.1%)은 약간 낮은 반면, 미국 회사채의 위험프리미엄은 2.4%로 나타나 우리나라 회사채의 위험프리미엄(5.5%)이 반대로 매우 높음을 알 수 있다.

표 6-3 미국 주식, 회사채, 국채의 위험프리미엄

항 목	대형주	소형주	장기회사채	장기국채	단기재무성채권	인플레이션
연평균수익률	12.3%	17.1%	6.2%	5.8%	3.8%	3.1%
표준편차	20.0%	32.6%	8.4%	9.2%	3.1%	4.2%
위험프리미엄	8.5%	13.3%	2.4%	2.0%	0.0%	

주 : 자료기간은 1926~2007.
자료 : *Stocks, Bonds, and Inflation 2008 Yearbook*, Ibbotson Associates, Inc., Chicago.

마지막으로 우리나라 거래소에 상장되어 있는 주식을 2001~2010년에 걸쳐 자본금크기에 따라 대·중·소로 구분한 경우의 결과를 보면, 대형주의 평균수익률은 17.6%, 표준편차가 27.3%, 중형주는 22.9%, 37.2% 그리고 소형주는 16.4%, 48.3%로 나타나고 있다(표 6-4 참조). 여기서 특이한 것은 표준편차가 제일 큰 소형주가 오히려 평균수익률은 제일 낮다는 것이다. 소형주의 경우 위험과 수익률 간의 상충관계가 잘 설명되지 않음을 알 수 있다.

표 6-4 자본금 크기에 따른 주식수익률

연도	KOSPI	대형주	중형주	소형주
2001	33.2%	31.9%	47.9%	0.0%
2002	−13.4%	−9.4%	−19.1%	−35.1%
2003	27.6%	29.6%	26.1%	4.9%
2004	9.1%	8.2%	17.4%	9.6%
2005	54.3%	52.6%	89.4%	126.2%
2006	3.3%	3.7%	4.5%	−3.0%
2007	32.2%	29.9%	48.7%	38.7%
2008	−39.3%	−38.7%	−41.6%	−44.4%
2009	45.4%	45.2%	42.0%	52.0%
2010	20.9%	23.1%	13.6%	15.3%
평균	17.3%	17.6%	22.9%	16.4%
표준편차	28.2%	27.3%	37.2%	48.3%

제 3 절 분산효과와 포트폴리오 위험

지금까지는 주식이나 회사채 등 개별자산(individual asset)의 관점에서 수익률과 위험을 논하였다. 그러나 실제 투자자들은 여러 자산들로 이루어진 포트폴리오(portfolio)를 보유하는 것이 일반적이다. 포트폴리오는 하나의 자산이 아닌 여러 자산으로 이루어진 자산들의 집합체라고 보면 된다. 이제 포트폴리오의 관점에서 위험을 살펴보자.

만약 여러분의 포트폴리오가 오직 하나의 주식, 예를 들어 삼성전자 한 종목만으로 구성되어 있다고 하자. 이때 이 포트폴리오에 영향을 미치는 위험의 원천은 무엇일까? 이 포트폴리오에 영향을 미치는 위험은 두 가지로 구분할 수 있다.

첫째, 경기순환, 인플레이션율, 금리, 환율 등과 같은 일반적인 경제 여건의 불확실성으로 인해 발생하는 위험이 있다.

둘째, 삼성전자만의 요인들, 즉 삼성전자의 R&D 성공 여부, 경영 스타일, 철학 등과 관련된 해당 종목 특유의 위험이 있다. 이때 시장 전체에 미치는 위험을 시장위험(market risk)이라 하며, 개별종목에만 미치는 위험을 개별위험(firm-specific risk)이라 한다.

만약 위의 포트폴리오에 또 한 종목, 예를 들어 SK텔레콤을 추가하여 반반씩 투자한다면 포트폴리오의 위험은 어떻게 될까? 포트폴리오 내의 두 종목이 완전히 같은 방향으로 움직이지 않는 한 개별위험은 서로 상쇄될 수 있기 때문에 전체 포트폴리오의 위험은 줄어든다. 여기에 그치지 않고 계속 종목수를 늘려가면 어떻게 될까? 종목수를 증가시키면 개별위험들이 서로 상쇄되기 때문에 포트폴리오의 전체 위험은 계속 줄어들게 된다. 이와 같이 포트폴리오에 포함되는 종목수를 늘릴 때 포트폴리오 위험이 감소하는 현상을 분산효과(diversification effect)라고 한다.

그러나 포트폴리오의 종목수를 아무리 늘려도 모든 위험을 제거할 수 있는 것은 아니다. 왜냐하면 포트폴리오 전체에 공통적으로 영향을 미치는 시장위험은 사라지지 않기 때문이다. 이와 같이 종목수를 늘려도 제거되지 않는 위험을 분산불능위험(nondiversifiable risk) 또는 체계적 위험(systematic risk)이라 하고, 종목수를 늘림에 따라 줄어드는 위험을 분산가능위험(diversifiable risk) 또는 비체계적 위험(unsystematic risk)이라 한다. 분산효과와 체계적 위험, 비체계적 위험을 표시하면 [그림 6-4]와 같다.

이제 앞의 내용을 정리하면 다음과 같다. 표준편차로 표시된 포트폴리오의 전체 위험(total risk)은 체계적 위험(systematic risk)과 비체계적 위험(unsystematic risk)의 합으로 정의된다. 그런데 분산효과에 의해 잘 분산된 포트폴리오의 경우에는 비체계적 위험은 제거되며 체계적 위험만이 남게 된다. 다시 말해, 포트폴리오의 위험을 고려할 때 총위험을 다 고려할 필요가 있는 것이 아니라 체계적 위험만을 고려하면 된다는 뜻이 된다. 왜냐하면 분산효과에 의해 비체계적 위험은 언제나 제거할 수 있기 때문이다.

그림 6-4 분산효과

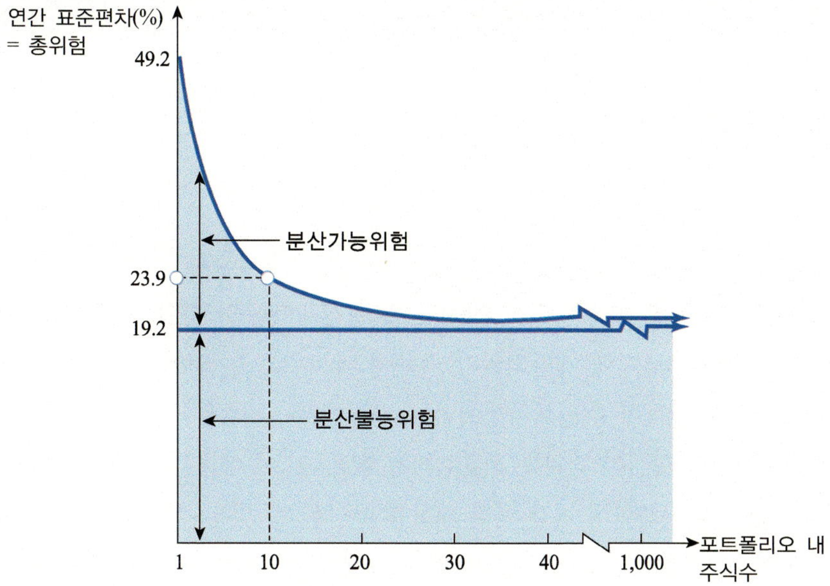

자료 : M. Statman, "How Many Stocks Make a Diversified Portfolio?," *Journal of Financial and Quantitative Analysis* 22(Sept. 1987), pp. 353-364.

투자격언 : 달걀을 한 바구니에 담지 말라

달걀을 한 바구니에 모두 담으면 서로 부딪쳐 깨지는 경우가 있다. 이와 마찬가지로 주식도 한 종목에 투자하면 예상이 빗나갈 경우 크게 손해를 보게 된다. 달걀을 몇몇 바구니에 분산해서 담는 지혜가 주식투자의 경우에도 필요하다. 분산투자의 중요성을 일깨워주는 투자격언이다.

제 4 절 현대 포트폴리오 이론과 자본시장선

1 현대 포트폴리오 이론

현대 포트폴리오 이론은 여러 주식에 투자하면 수익률과 위험에 어떤 현상이 발생하는가를 밝힌 이론으로서 1990년 노벨경제학상을 받은 마코위츠(Markowitz)에 의해 1950년대에 개발되었기 때문에 마코위츠 이론이라고도 한다. 이 이론은 모든 투자자들이 위험회피형이라는 가정에서 출발한다. 즉, 사람들은 높은 수익률을 원하고 확실한 결과를 선호한다는 것이다. 이 이론은 투자자들이 원하는 목표수익률을 달성하면서 가장 적은 위험을 부담할 수 있는 주식결합을 어떻게 구성하는지를 알려준다. 포트폴리오의 기대수익률과 위험은 개별증권의 기대수익률 및 위험과 다음과 같은 관계를 갖는다. 자산 1에 대한 투자비중을 w_1이라 하면 나머지 $1-w_1$, 즉 w_2는 자산 2에 대한 투자비중이 된다. 이제 자산 1과 자산 2로 구성된 포트폴리오의 수익률과 기대수익률, 분산은 다음과 같이 계산된다.

$$r_p = w_1 r_1 + w_2 r_2 \tag{6.7}$$
$$E(r_p) = w_1 E(r_1) + w_2 E(r_2)$$
$$\sigma_p^2 = (w_1\sigma_1)^2 + (w_2\sigma_2)^2 + 2(w_1\sigma_1)(w_2\sigma_2)\rho_{12}$$

여기서, w_1, w_2: 투자비율, ρ_{12}: 두 자산 간의 상관계수

식 (6.7)에서 볼 수 있듯이 포트폴리오의 기대수익률은 각 개별자산의 기대수익률을 투자비중에 따라 가중평균한 것이다. 그러나 포트폴리오의 위험을 측정하는 분산의 경우에는 단순히 각 개별자산 분산을 가중평균한 것이 아니라 두 자산 간의 상관관계도 아울러 고려해야 함을 나타내고 있다. 즉, 상관계수의 크기에 따라 포트폴리오의 위험은 크게 달라지게 되고 가장 적은 위험을 지닌 개별자산보다 더 적은 위험의 포트폴리오를 만들어 낼 수 있는 것이다. 두 자산 i, j 간의 상관계수는 두 자산 간의 공분산을 각각의 표준편차로 나눠준 것으로서 −1

그림 6-5 다양한 상관계수에 따른 포트폴리오의 기대수익률과 위험 조합

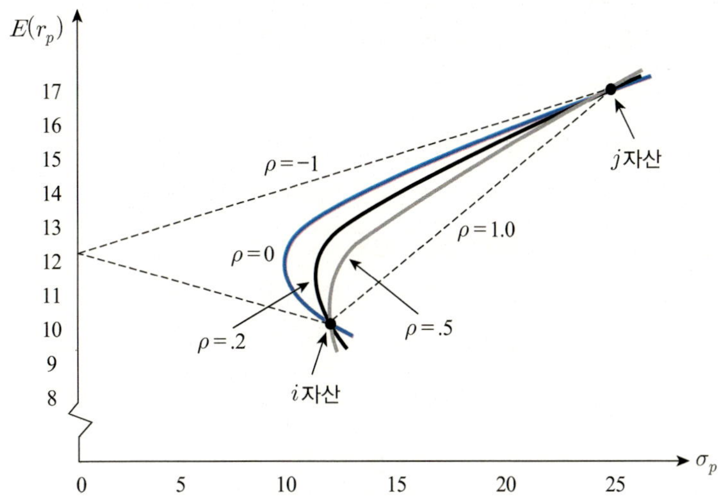

과 +1 사이에 값을 가지며 다음과 같이 표시된다.

$$\rho_{ij} = \frac{\sigma_{ij}}{\sigma_i \sigma_j} \tag{6.8}$$

$$\sigma_{ij} = \sum_{s=1}^{n} p_s (r_{si} - E(r_i))(r_{sj} - E(r_j))$$

n: 시나리오 경우의 수, p_s: s사건이 일어날 확률

상관계수가 +1이면 두 자산은 완전히 같이 움직이는 것이고, −1이면 완전히 서로 반대로 움직이는 것이며, 0이면 두 자산은 서로 상관없이 움직이는 것을 뜻한다.

[그림 6-5]는 각 상관계수별로 자산 i와 자산 j에 대한 투자비중(w의 값)을 변화시킬 때 투자가능한 (기대수익률, 표준편차)의 기회조합을 표시하는 그림이다. 따라서 각 곡선은 각 상관계수에 따라 주어지는 투자기회집합(investment opportunity set)이라 부른다. 그림에서도 확인할 수 있듯이 두 자산 간의 상관계수가 1.0보다 작기만 하면 투자기회집합선은 왼쪽으로 휘기 때문에 분산효과가 발생함을 알 수 있다. 아울러 상관계수값이 작아지면 작아질수록 왼쪽으로 더욱

더 많이 휘는 것을 보여주고 있다.

투자기회집합선상의 각 점은 자산 i와 자산 j에 대한 투자비중을 변화시킬 때마다 하나씩 생성이 되는데, 기대수익률과 표준편차가 각각 17%와 25%인 주식과 기대수익률과 표준편차가 각각 10%와 12%인 채권의 상관계수가 0이라 할 때 포트폴리오의 투자기회집합을 구한 것이 〈표 6-5〉와 [그림 6-6]에 나타나 있다. 투자기회집합 중에 분산이 가장 작은 포트폴리오를 최소분산 포트폴리오(Minimum Variance Portfolio: MVP)라고 한다.

투자기회집합은 말 그대로 투자자들이 투자할 수 있는 모든 가능한 포트폴리오 조합이다. 합리적인 투자자들이라면 이 중에서 과연 어떤 포트폴리오를 어떻게 선택할까? 우선 우리는 위험회피형의 투자자를 가정하였기 때문에 투자자들은 같은 위험이라면 보다 많은 수익률을 원하고, 같은 수익률이라면 적은 위험을 선호할 것이라는 것을 알고 있다. 즉, 같은 기대수익률이라면 위험이 적은 포트폴리오를 선호하고, 같은 위험이라면 더 높은 기대수익률이 예상되는 포트폴리오를 선호할 것이다.

이러한 원리를 지배원리(dominance principle)라고 하는데, 이러한 지배원리를 위험자산만으로 이루어진 투자기회조합에 적용하면 다음과 같이 투자기회조합의 윗부분만 의미가 있게 된다. 이러한 투자기회조합의 남는 윗부분을 특별히 효율적 경계선(efficient frontier)이라 한다.

표 6-5 주식과 채권으로 이루어진 투자기회집합

투자비율		기대수익률(%)	표준편차(%)
w_B	w_S	$E(r_p)$	σ_p
0.	1.0	17.0	25.0
.2	.8	15.6	20.1
.4	.6	14.2	15.7
.5	.5	13.5	13.8
.6	.4	12.8	12.3
.8	.2	11.4	10.8
.8127*	.1837*	11.3	10.8
1.0	0.0	10.0	12.0

투입자료 : $E(r_B)=10\%$, $E(r_S)=17\%$, $\sigma_B=12\%$, $\sigma_S=25\%$, $\rho_{BS}=0$

* 최소분산 포트폴리오

그림 6-6 주식과 채권으로 이루어진 투자기회집합과 최소분산포트폴리오

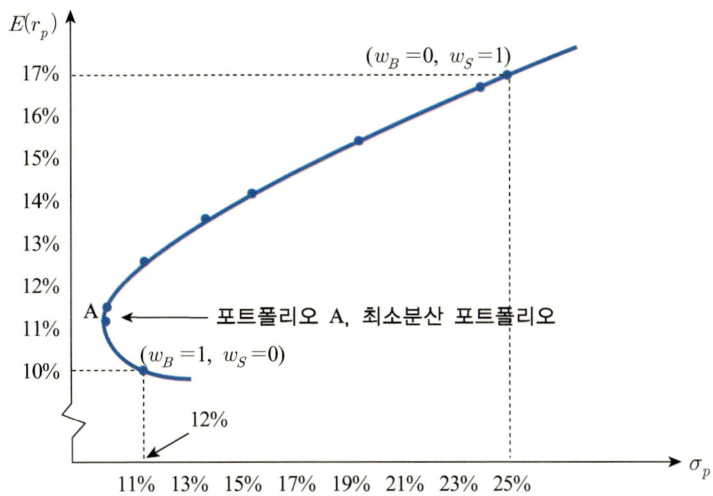

2 자본시장선

[그림 6-7]은 위험자산들로만 구성된 위험 포트폴리오의 효율적 경계선을 보여주고 있다. 만약 시장에 무위험자산이 존재한다면 위의 효율적 경계선은 어떻게 변할까? 만약 [그림 6-7]에 무위험자산이 추가된다면 투자자들은 오목형 형태의 위험자산만으로 구성된 포트폴리오와 함께 무위험자산의 결합으로 이루어지는 또 다른 포트폴리오를 구성할 수 있다. 예를 들어, [그림 6-8]에서와 같이 무위험자산 r_f와 위험 포트폴리오 A를 결합하는 새로운 투자기회선을 만들 수 있고, 또 무위험자산 r_f와 위험 포트폴리오 B를 결합하는 투자기회선도 가능하다. 아울러 무위험자산 r_f와 위험 포트폴리오 M(접점)을 결합하는 투자기회선도 가능하다. 이때 앞에서 설명한 지배원리에 의해 r_f와 M을 연결하는 투자기회선이 다른 모든 투자기회선을 지배하므로 무위험자산이 존재할 경우 해당 접선(tangent line)이 효율적 경계선이 됨을 알 수 있다.

이제 r_f와 M을 연결하는 효율적 경계선을 직선으로 나타내면 다음과 같다.

그림 6-7 효율적 경계선(efficient frontier)

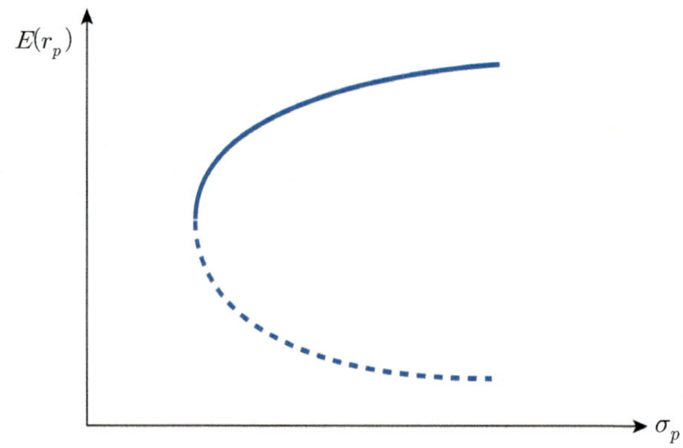

$$E(r_p) = r_f + \left[\frac{E(r_M) - r_f}{\sigma_M}\right]\sigma_p \tag{6.9}$$

여기서, $E(r_M)$: 포트폴리오 M의 기대수익률
σ_M : 포트폴리오 M의 표준편차
σ_p : 포트폴리오 p의 표준편차
r_f : 무위험이자율

만약 시장의 모든 투자자들이 위험자산들에 대해서 동일한 기대(homogeneous expectations)를 갖는다고 가정하면, 단 하나의 효율적 경계선이 모든 투자자들에게 적용되고 위의 포트폴리오 M은 모든 투자자들에게 동일한 시장포트폴리오(market portfolio)가 된다. 시장포트폴리오는 시장에 존재하는 모든 위험자산들을 해당 위험자산이 전체 시장가치에서 차지하는 비중으로 가중치를 매겨 합산한 포트폴리오를 의미한다. 따라서 시장이 균형을 이루면, 모든 효율적 포트폴리오는 무위험자산 r_f와 시장포트폴리오 M의 결합으로 구성된다는 것이다. 또한, 포트폴리오 M이 시장포트폴리오가 되면 식 (6.9)를 특별히 자본시장선(Capital Market Line : CML)이라 하며, 이는 시장이 균형(market equilibrium)을 이룰 때 효율적 포트폴리오의 적정수익률(가격)에 대한 답을 주는 식이다.

자본시장선(CML)의 기울기는 포트폴리오 위험에 대한 균형가격으로 해석할 수 있는데, 시장위험 한 단위(σ_M)에 대한 균형가격이 $[E(r_M) - r_f]$임을 의미한다.

그림 6-8 무위험자산이 존재할 경우 효율적 경계선

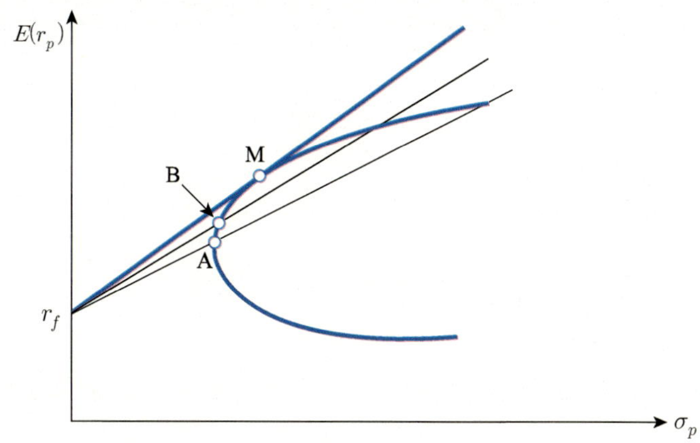

따라서 포트폴리오의 위험을 한 단위 증가시키면 $\dfrac{E(r_M)-r_f}{\sigma_M}$ 만큼 포트폴리오의 기대수익률이 증가해야 적정함을 알 수 있다. 자본시장선에 따르면 효율적 포트폴리오의 위험척도는 포트폴리오의 표준편차(σ_p)가 되며 이들 위험과 기대수익률 사이에는 식 (6.9)와 같은 선형관계가 성립함을 보이고 있다. 그러나 자본시장선은 해당 선상에 존재하지 않는 비효율적인 포트폴리오나 개별자산들에 대해서는 이러한 위험과 수익률 사이의 상충관계를 설명하지 못한다는 단점이 있다. 제 6절에서 배울 증권시장선(Security Market Line : SML)은 이에 대한 답을 제시하는데, 그에 앞서 체계적 위험인 베타에 대해 알아보도록 하자.

제 5 절 체계적 위험과 베타

1 체계적 위험 원칙

우리는 앞 절에서 위험은 체계적 위험과 비체계적 위험으로 구분되며 비체계적 위험의 경우에는 분산투자를 통해서 언제든지 제거할 수 있는 위험이기 때문에 문제가 안 된다고 배웠다. 다시 말해 비체계적 위험은 비용을 들이지 않고 제거할 수 있는 위험이기 때문에 기대수익률, 즉 위험프리미엄에 영향을 미쳐서는 안 된다는 것이다. 따라서 우리는 다음과 같은 중요한 원칙을 발견하게 되었다.

체계적 위험 원칙(systematic risk principle)

개별자산의 기대수익률은 그 자산의 체계적 위험에 비례한다.

2 체계적 위험의 측정 : 베타

개별자산의 체계적 위험은 어떻게 측정할 수 있을까? 체계적 위험은 시장위험이라고 했는데 금리의 변화나 GDP성장률의 변화와 같이 시장 전체에 미치는 위험이다. 따라서 개별자산의 체계적 위험은 시장 전체의 변화에 대해 개별자산이 얼마나 민감한가를 의미하는 것인데, 이는 베타계수(beta coefficient)로 측정된다. 개별자산의 체계적 위험이 그리스 문자인 베타(β)로 측정되는 것은 회귀분석(regression analysis)에서 시장움직임을 나타내는 변수를 독립변수로 하고 개별자산의 움직임을 종속변수로 삼으면 기울기인 베타값이 결국 시장움직임에 대한 개별자산의 민감도를 나타내기 때문이다.[12)]

표 6-6 시가총액 상위 종목 베타계수

종 목	베타계수	종 목	베타계수
신한금융지주	1.6	LG필립스LCD	1.1
LG전자	1.4	현대차	0.9
삼성전자	1.3	SK텔레콤	0.8
국민은행	1.2	한국전력	0.5
포스코	1.1	KT	0.4

주: 베타는 주간수익률 기준으로 2004년 1년간 자료를 사용하여 계산
자료: 굿모닝신한증권

KOSPI와 같은 시장 인덱스(또는 시장 포트폴리오)의 경우에는 베타가 1이다. 만약 베타가 2인 주식이 있다면 그 주식은 평균적으로 시장 움직임의 두 배의 크기로 움직인다고 할 수 있는데, 예를 들어 시장이 10% 오른다면(내린다면) 그 주식은 20% 오른다고(내린다고) 할 수 있다. 만약 베타가 0.5인 주식이 있다면 그 주식은 시장의 움직임에 비해 절반 정도 움직임을 의미한다. 전문가들은 1보다 큰 베타 값을 갖는 주식을 공격적인 주식(aggressive stock)이라 하고, 1보다 작은 베타 값을 갖는 주식을 방어적인 주식(defensive stock)이라 한다.

〈표 6-6〉을 보면 시가총액이 가장 큰 종목 중에는 신한지주, LG전자, 삼성전자 등이 베타가 높은 주식이고, 한국전력, SK텔레콤, KT 등이 베타가 낮은 주식으로 나타났다.

이러한 주식의 베타는 회귀식으로부터 직접 계산할 수도 있고, 또 증권회사나 증권유관기관으로부터 쉽게 구할 수 있다. 그러나 한 가지 주의할 점은 베타값은 시간의 흐름에 따라 변하고 또한 추정기간에 따라 큰 차이가 나기 때문에 값의 안정성 문제가 있다는 것이다. 따라서 베타값을 사용할 때에는 추정기간(과거 자료)과 사용기간(미래 기간)을 잘 고려해서 사용하여야 한다. 예를 들어,

---

12) 이 회귀식은 $r_{it} = \alpha_i + \beta_i r_{mt} + \epsilon_{it}$으로 주어지는데 이를 시장모형(market model)이라고도 한다. 이때 r_{it}는 t시점의 i자산 수익률을 의미하고 r_{mt}는 t시점의 시장포트폴리오 수익률을 의미한다. 시장포트폴리오는 시장 전체자산으로 구성된 포트폴리오를 의미하지만 보통 종합주가지수(KOSPI)로 대용된다. 베타는 이 회귀식의 기울기를 의미하기 때문에 $\beta_i = \frac{COV(r_{it}, r_{mt})}{\sigma_m^2}$로 계산된다.

IMF기간 동안의 자료를 사용하여 구한 베타값과 최근 자료를 사용하여 베타값은 상당히 다를 수 있다는 것이고, 어떤 베타값을 사용할 것인지는 사용목적에 따라 달라진다.

3 총위험과 체계적 위험: 복습

다음과 같은 표준편차와 베타를 갖는 증권 A와 증권 B가 있다고 하자(표 6-7). 어떤 증권의 총위험이 큰가? 어떤 증권의 체계적 위험이 큰가? 어떤 증권의 위험프리미엄이 높을까?

표 6-7 증권 A와 증권 B의 표준편차와 베타

	표준편차	베 타
증 권 A	40%	0.5
증 권 B	20%	1.5

총위험은 표준편차로 측정되기 때문에 증권 A의 총위험이 더 크다. 그리고 체계적 위험은 베타로 측정되기 때문에 증권 B의 체계적 위험이 더 크다. 증권 A의 총위험은 큰데 체계적 위험이 작다는 것은 증권 A의 비체계적 위험이 매우 크다는 것을 의미한다. 왜냐하면 총위험은 체계적 위험과 비체계적 위험의 합이기 때문이다. 마지막으로 체계적 위험 원칙(systematic risk principle)에 의해 개별증권의 위험프리미엄은 베타에 비례하기 때문에, 베타가 큰(비록 총위험은 작지만) 증권 B의 위험프리미엄이 더 높다.

제 6 절 자본자산가격결정모형(CAPM)

우리는 지난 절에서 분산효과에 대해서 공부했는데, 포트폴리오에 포함된 종목 수를 아무리 늘려도 모든 위험이 제거되지 않는다는 사실을 살펴보았다. 마코위츠의 제자로서 그와 함께 1990년에 노벨 경제학상을 수상한 샤프는 이미 작고한 린트너, 블랙과 함께 위험 중 어떤 부분이 분산으로 제거될 수 있으며 어떤 부분이 제거될 수 없는지를 연구하게 되었는데, 이의 결과를 자본자산가격결정모형(Capital Asset Pricing Model : CAPM)이라 한다.

CAPM의 기본적인 논리는 분산으로 인하여 제거될 수 있는 위험을 부담하는 것에 대해서는 위험프리미엄이 존재하지 않는다는 것이다. 앞에서 우리는 위험과 수익률 간에는 상충관계(risk-return tradeoff)가 있어서 수익률을 높이기 위해서는 위험을 추가적으로 부담하여야 한다고 하였는데, CAPM에 의하면 이때 포트폴리오의 수익률을 높이기 위해서는 분산으로 제거될 수 없는 위험, 즉 체계적 위험을 증가시켜야 한다는 것이다.

추가적인 위험부담에 대하여 투자자들이 보다 많은 수익률을 요구한다는 것은 새로운 사실이 아니다. 그러나 과거에는 수익률이 증권에 내재된 총위험(total risk)과 관련된 것으로 여겨졌으나 새로운 이론에 의하면 수익률이 총위험이 아닌 체계적 위험(systematic risk)과 관련된다는 것이다.

이를 보다 쉽게 이해하기 위해 각각 20개의 종목으로 구성된 두 개의 포트폴리오, 즉 포트폴리오 A와 포트폴리오 B가 있다고 하자. 포트폴리오를 구성하고 있는 각 증권의 베타가 1이라고 하면 두 포트폴리오 모두 베타가 1이 된다. 그런데 포트폴리오 A에 포함된 종목들의 개별위험이 포트폴리오 B에 포함된 종목들의 개별위험보다 훨씬 높다고 가정한다면, 포트폴리오 A의 총위험이 포트폴리오 B의 총위험보다 훨씬 커질 것이다.

CAPM 이전 이론에 의하면 포트폴리오 A의 위험이 포트폴리오 B의 위험보다 크기 때문에 포트폴리오 A에 대한 수익률이 더 높아야 할 것으로 보이나, CAPM에 의하면 분산효과에 의해 제거가 가능한 개별위험은 문제가 되지 않으므로 두 포트폴리오의 수익률은 같아야 한다는 것이다(20개의 종목만 포함시켜도 개별위험

그림 6-9 증권시장선과 CAPM

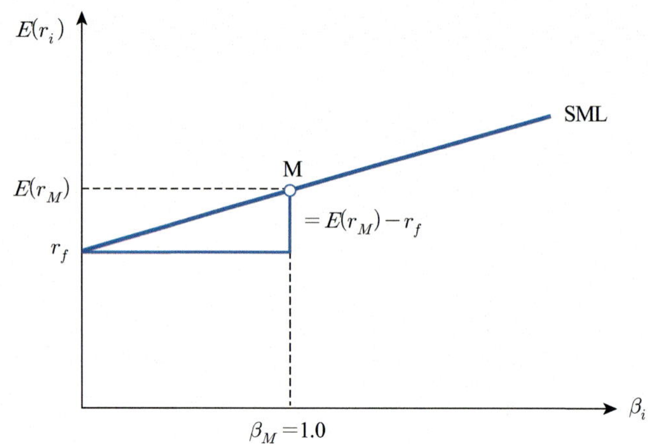

은 모두 사라짐을 앞에서 배웠다).

만약 두 포트폴리오의 위험이 같은데 포트폴리오 A의 수익률이 포트폴리오 B보다 높다면 어떤 일이 벌어질까? 사람들은 포트폴리오 B를 처분하고 포트폴리오 A를 사려고 할 것이다. 이렇게 되면 포트폴리오 A의 가격은 오르고 포트폴리오 B의 가격은 하락하게 될 것이며, 따라서 포트폴리오 A의 수익률은 떨어지고 포트폴리오 B의 수익률은 오르게 되는데[13] 두 수익률이 같아질 때까지(균형에 이를 때까지) 이러한 과정이 진행될 것이다. 다시 말해, 시장이 균형상태(market equilibrium)를 이루려면 모든 자산들이 [그림 6-9]의 직선상에 위치하여야 한다는 것이다. 이 직선을 증권시장선(Security Market Line : SML)이라 하고 이를 식으로 표시한 것을 CAPM이라 한다.

CAPM이론의 핵심적 관계는 위 그림에 잘 나타나 있다. 개별증권의 베타위험이 커지면 투자자들이 그 증권에 대해서 기대하는 수익률도 증가한다는 것이다. 만약 투자자의 포트폴리오가 0의 베타값을 갖는다면(정부보증채권에 투자하듯이), 그 투자자는 무위험이자율에 해당하는 수익률을 기대하게 된다. 그러나 투자자가 보다 많은 위험을 부담한다면 기대수익률은 증가하게 된다. 예를 들어, 베타값이 1인 뮤추얼펀드에 가입한다면 그 투자자는 종합주가지수와 같은 수익률을

---

13) 가격과 수익률은 서로 반대로 움직인다. 즉, 비싸게 구입하면 수익률이 낮아질 것이고 싸게 구입하면 같은 가격상승에 대해서도 수익률이 높아지기 때문이다.

얻게 될 것이다. 마찬가지로 포트폴리오의 베타값을 적절히 조정함으로써 원하는 기대수익률을 달성할 수 있다.

한편, [그림 6-9]의 증권시장선은 무위험이자율을 절편으로 하고 시장 기대수익률에서 무위험이자율을 뺀 시장위험프리미엄을 기울기[14]로 하는 직선이므로 이를 식으로 나타내면 다음과 같고 이를 자본자산가격결정모형(CAPM)이라 한다.

$$E(r_i) = r_f + \beta_i \times [E(r_M) - r_f] \tag{6.10}$$

즉, 개별증권의 기대수익률은 무위험이자율과 해당 증권의 위험프리미엄의 합계로 구해지는데, 해당 증권의 위험프리미엄은 시장위험프리미엄($= E(r_M) - r_f$)에 해당 증권의 시장에 대한 민감도를 의미하는 베타를 곱함으로써 구할 수 있다는 것을 의미한다.

예제 6-5 **개별자산에 대한 기대수익률의 계산**

시장포트폴리오의 위험프리미엄이 9%이고 무위험이자율이 5%라고 가정하고, 삼정기업 주식의 베타값이 1.3으로 추정되었다고 하자. 이 주식에 대한 요구수익률[15]은 얼마인가?

풀이

식 (6.10)에 주어진 정보를 대입하면, $E(r_i) = r_f + \beta_i \times$[시장위험프리미엄] = 5%+1.3×9%=16.7%이다. CAPM에 의하면 베타가 1.3인 삼정기업의 주식에 대해서 16.7%의 수익률을 요구하는 것이 적정하다는 것이다.

---

14) 증권시장선의 기울기는 $\frac{E(r_M) - r_f}{1-0} = E(r_M) - r_f$이다.

15) CAPM에 의해 계산된 기대수익률은 요구수익률(required return)이라 부르기도 한다. 이는 시장에서 예상하는 수익률이 아니라 시장이 균형일 때 해당 자산이 제공해야 하는 적정수익률의 의미이다.

예제 6-6 **증권시장선과 알파**

시장포트폴리오에 대한 기대수익률이 14%이고 무위험이자율이 6%라고 하자. 그리고 베타값이 1.2인 주식이 있다고 하자. 증권시장선에 의하면 이 종목에 대한 기대수익률은 $E(r_i)=r_f+\beta_i[E(r_M)-r_f]=6\%+1.2[14\%-6\%]=15.6\%$로 예측된다.

그런데 [그림 6-10]에서 보듯이 만약 어떤 투자자가 이 주식에 대해 17%의 수익률을 예상하고 있다면 이 주식의 알파값[16]은 1.4%가 될 것이다. 알파값이 양인 주식은 사람들이 예상하고 있는 수익률이 시장이 적정하다고 생각하는 수익률보다 높은 것을 의미하며 해당 종목이 저평가(undervalue)되었다는 것을 의미한다. 따라서 사람들은 해당 종목을 매입할 것이고 가격이 상승하여 수익률이 하락함으로써 시장이 균형상태인 증권시장선상으로 이동하게 된다. 마찬가지로 알파값이 음인 주식은 고평가(overvalue)된 종목이라 할 수 있다.

그림 6-10 증권시장선과 알파

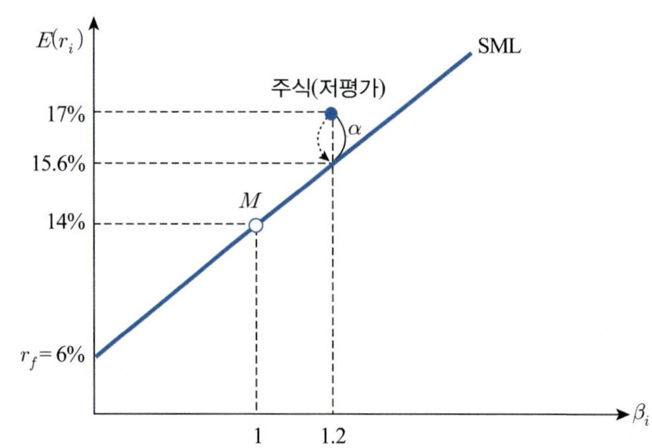

16) 알파(α)는 어떤 개별종목에 대한 개인의 기대수익률과 시장의 기대수익률의 차이를 말한다.

또한 CAPM은 자본예산 의사결정에도 유용하게 사용될 수 있다. 만약 어떤 기업이 새로운 프로젝트를 구상하고 있다면 투자자들이 이 프로젝트에 대해 요구하는 수익률을 계산하는 데 CAPM을 활용할 수 있다. 경영자들은 프로젝트의 자본비용(cost of capital) 또는 장애율(hurdle rate)을 구하는 데 CAPM을 사용한다.

예제 6-7 CAPM과 자본예산

파워기업은 신제품을 구상하고 있는데 이 신제품의 사업전망은 14%의 내부수익률(IRR)이 예상된다. 조사 결과 이와 유사한 사업의 경우 베타값이 1.3으로 추정되었다. 만약 무위험이자율이 4%이고 시장위험프리미엄이 8%라면 이 프로젝트의 자본비용은 얼마가 될까? 또한 이 사업은 사업성이 있는가? 파워기업은 이 사업추진을 위해 주식으로만 자금을 조달한다고 가정한다.

풀이

이 프로젝트의 주식으로만 자금을 조달하므로 주식의 자본비용을 내부수익률과 비교하면 된다. 자본비용, 즉 장애율은 $4\% + 1.3 \times 8\% = 14.4\%$이다. 내부수익률이 장애율을 넘지 못하므로(NPV값이 0보다 작으므로) 이 프로젝트는 추진하지 말아야 한다.

연습문제

1. 다음 용어를 설명하시오.
   (1) 보유기간수익률
   (2) 분산효과
   (3) 자본이득수익률
   (4) 배당수익률
   (5) 위험프리미엄
   (6) 명목수익률
   (7) 체계적 위험
   (8) 비체계적 위험
   (9) 총위험
   (10) 베타

2. 금액수익률과 퍼센트수익률의 차이점을 설명하시오.

3. 위험과 수익률의 상충관계(risk-return tradeoff)를 설명하시오.

4. 우리나라의 경우 위험과 수익률의 상충관계가 잘 설명되지 않는 이유는 무엇이라 생각되는가?

5. 체계적 위험 원칙이란 무엇인가?

6. A기업의 현재 주가는 20,000원이다. 만약 1년 후 주가가 25,000원이고 배당이 주당 2,000원이 지불될 것으로 예상된다고 하자. 연간 자본이득수익률과 연간 배당수익률은 얼마인가? 또한 보유기간수익률은 얼마인가?

7. 안철수연구소(주) 주식의 연간수익률은 다음과 같이 예상되고 있다. 안철수연구소(주) 주식에 투자할 때 예상되는 연간수익률과 표준편차는 얼마로 예상되는가?

미래상황	연간수익률	확 률
호 황	50%	0.5
불 황	-10%	0.5

8. 7번 문제에서 정규분포를 가정할 때 안철수연구소(주) 주식에 투자할 때 연간수익률이 -40% 이하가 될 가능성은 몇 %인가?

9. 어떤 증권의 연간 기대수익률이 25%이고 무위험이자율이 5%라 한다면 이 증권의 연간 위험프리미엄은 얼마인가?

10. CAPM에 의하면 어떤 자산의 기대수익률은 3가지 요소에 의해 결정된다. 이때 3가지 요소가 무엇인지 설명하시오.

11. 어떤 증권의 베타가 0.7이고 무위험이자율과 기대시장수익률이 각각 5%와 15%라 할 때 CAPM에 의하면 이 증권에 대한 적정기대수익률은 얼마인가?

12. 11번 문제에서 만약 그 증권에 대해 전문가들이 예상하고 있는 연간수익률이 16%라 한다면 그 증권의 가격은 어떻게 될 것으로 예상되는가?

13. 무위험자산이 존재할 때와 존재하지 않을 때 효율적 경계선을 각각 설명하시오.

14. 자본시장선(CML)과 증권시장선(SML)을 비교하여 설명하시오.

제 7 장

자본비용

제 1 절 자본비용의 개념과 기능

제 2 절 원천별 자본비용

제 3 절 가중평균자본비용(WACC)

이 장 에 서 는 · · ·

일반적으로 기업에서 필요한 자금을 조달하는 방법에는 여러 가지가 있다. 부채를 사용하는 방법, 보통주를 발행하여 자기자본을 사용하는 방법, 우선주를 발행하는 방법, 그리고 내부 유보된 자금을 직접 사용하는 방법 등이다.

이렇게 여러 가지 방법으로 자금을 조달할 수 있지만 자금을 조달하는 데는 반드시 비용이 발생하게 된다. 즉, 자본조달비용을 생각해야 한다는 것이다. 부채를 사용하려면, 다시 말해 기업에서 돈을 빌리려면 돈을 빌려주는 채권자에게 이자를 내야 하는데 기업에서 지불한 그 이자에 대해서는 법인세가 감면되고 이것을 고려한 것이 부채의 자본비용이 된다. 역시 자기자본을 사용하는 데 지불해야 하는 자기자본에 대한 자본비용, 그리고 우선주의 자본비용 등이 발생하게 되는 것이다.

본 장에서는 기업이 자본을 조달할 때 지불해야 하는 원천별 자본비용의 개념을 설명하고 이것들을 가중 평균한 개념인 가중평균자본비용에 대하여 상세히 알아보도록 한다.

제1절 자본비용의 개념과 기능

1 자본비용의 개념

자본비용(cost of capital)은 기업이 사용하는 자본에 대한 대가로 투자자에게 지불해야 하는 비용의 개념, 또는 투자자의 입장에서는 어떤 자산으로부터 얻어져야 할 최소의 기대수익률, 즉 최저의 요구수익률(minimum required rate of return)로 정의된다. 따라서 이러한 자본비용의 개념에 입각해서 생각해보면 어떤 자산으로부터 실제로 얻어지리라고 예상되는 기대수익률이 자본비용보다 낮다면 그 자산에 투자하는 것이 정당화될 수 없다는 것이 바로 합리적인 재무적 사고일 것이다.

자본비용의 또 다른 중요한 개념 중의 하나는 기회비용(opportunity cost)이다. 여기에서 기회비용이라 함은 동일한 크기의 투자액을 자본시장에서 동일한 위험도를 갖고 있는 자산에 투자할 경우 얻어지리라고 예상되는 기대수익률이다. 예를 들어, 어떤 기업가가 새로운 업종에 투자하고자 하는데 그 새로운 업종과 동일한 정도의 위험을 갖고 있는 기업의 주식수익률이 12%의 기대수익률로 예상된다면 이것은 기업가가 새로운 업종에 투자하여 적어도 12% 이상의 기대수익률을 얻어야만 한다는 것을 의미한다. 다시 말하면 새로운 업종에 투자하는 기업가는 새로운 업종에 투자함으로써 동일한 위험도를 가지면서 적어도 12% 이상의 기대수익률을 보장하는 다른 투자기회를 포기하였음을 의미한다는 것이다. 즉, 자본시장에서 조달된 자본을 기업활동에 사용하는 것은 또 다른 투자안으로부터 얻을 수 있는 수익률만큼을 얻지 못하는 암묵적 비용을 지불해야 함을 동시에 의미한다는 것이다. 따라서 자본비용은 이자나 배당처럼 조달된 자본에 지불되는 명시적 비용(explicit cost)뿐만 아니라 암묵적 비용(implicit cost)까지 포함하는 것으로 이해하여야 한다.

만일 어떤 기업이 자본비용보다 낮은 기대수익률을 얻을 것으로 예상된다면, 그 기업의 주식가치는 현재의 수준보다 하락하게 될 것이다. 왜냐하면 그 회사의 주식으로부터 얻게 될 기대수익률이 투자자가 요구하는 기대수익률보다 낮다면, 투자자들은 그 주식을 팔려고 할 것이고 그 결과 그 주가는 하락하며 주주의 부는 감소할 것이기 때문이다. 그런 의미에서 기업의 자본비용은 주주들의 부를 유지하도록 하는 최소의 기대수익률이라는 의미를 가지고 있다고 해석할 수 있다.

자본비용은 기업에 조달된 자본에 대하여 자본의 제공자들, 즉 채권자와 주주들이 요구하는 최소의 기대수익률이다. 따라서 자본비용은 기업자산에 투자된 자본의 기회비용이다. 자본비용은 또한 어떤 투자안을 정당화하기 위한 절사율(cutoff rate 또는 hurdle rate)로 이용된다. 앞에서 설명한 바 있는 순현재가치법에 의하여 투자안을 평가할 경우, 미래의 순현금흐름을 그 투자안의 자본비용으로 할인하여 투자안의 순현재가치를 계산한다. 그리고 내부수익률로 투자안의 가치를 평가할 경우 그 투자안의 내부수익률이 자본비용보다 높을 경우에만 그 투자안은 채택될 수 있다.

일반적으로 자본비용을 측정하고자 하는 자산의 범주에 따라 기업의 총자본비용, 사업부의 자본비용, 투자안의 자본비용 등으로 구분한다. 기업의 총자본비용은 기업의 자산 전체로부터 얻어져야 할 최소의 기대수익률이다. 기업자산 전체의 가치는 기업의 미래 기대이익흐름을 이 총자본비용으로 할인하여 구해진 현재가치이다. 따라서 적절한 총자본비용을 측정하는 과제는 기업가치의 결정에 있어 매우 중요한 의미를 갖는다.

사업부의 자본비용은 기업의 일부를 구성하는 특정 사업부문의 자산으로부터 얻어져야 할 최소의 기대수익률이다. 사업부의 자본비용은 사업부의 성과를 평가할 때 최저기준으로 사용한다.

투자안의 자본비용은 어떤 투자안으로부터 얻어져야 할 최소의 기대수익률로서, 그 투자안의 미래 현금흐름을 할인하여 현재가치를 계산하는 데 할인율로 사용된다. 따라서 적절한 투자안의 자본비용을 측정하는 과제는 특히 앞에서 설명한 자본예산결정에서 중요한 의미를 갖는다.

2 자본비용의 기능

재무관리에서 자본비용은 기업의 투자결정과 자본조달결정에 중요한 영향을 미친다. 자본비용의 중요한 기능 중 몇 가지를 들면 다음과 같다.

1) 투자결정의 기준

자본비용은 투자안의 가치를 평가하기 위하여 현재가치를 구할 때 할인율로 사용되어 투자결정의 기준이 된다. 예를 들면, 만약 어떤 투자안의 내부수익률이 할인율보다 크면 순현재가치가 0보다 크게 되어 투자가치가 있으며 이와는 반대로 어떤 투자안의 내부수익률이 할인율보다 작으면 순현재가치가 0보다 작게 되어 투자가치가 없게 된다. 다시 말하면 자본비용은 어떤 투자안을 정당화하기 위한 절사율로 이용될 수 있다는 것이다.

2) 자본구조 결정기준

자본비용은 기업의 최적자본구조를 결정하는 요인으로 작용한다. 일반적으로 기업가치를 극대화하는 최적자본구조는 기업의 자본비용이 가장 낮은 점에서 결정된다. 따라서 자본구조의 여러 가지 대안을 검토할 경우, 자본비용을 가장 낮게 하는 자본구조를 선택하여 기업가치를 극대화하여야 하며, 이때 자본비용은 자본구조를 결정하는 요인으로 작용하는 것이다.

3) 경영성과 평가기준

자본비용은 기업 전체 또는 사업부의 경영 성과평가의 기준으로 사용할 수 있다. 기업 전체 또는 특정 사업부의 경영성과가 과연 양호한 것인지를 판단하고자 할 경우 기업자산의 운용으로 얻어진 경영성과를 투자된 자본의 기회비용과 비교하여 그 경영성과가 양호한 것인지 아니면 불량한 것인지 판단을 내려야 한다. 이처럼 자본비용은 기업의 경영성과를 평가하는 중요한 기준이 된다.

4) 효율적 자본배분의 기준

자본비용은 국민경제에서의 효율적 자본배분의 기준이 될 수 있다. 자본비용이 일정한 수준보다 높을 경우에 투자가치를 갖는 투자안이 상대적으로 작게 되어 투자가 위축이 되고 기업의 성장이 둔화될 수 있다. 이와는 반대로 자본비용이 너무 낮을 때에는 투자가치를 갖는 투자안이 상대적으로 많아지게 되어 과잉투자가 생겨날 수 있으며 불필요한 부분에까지 투자가 이루어질 수 있다. 이에 따라 균형적인 경제발전을 위해서는 자본이 효율적으로 배분되어야 하는데 이를 위해서는 특히 국민경제의 잠재적인 성장력에 맞는 적절한 자본비용이 설정되어야 한다. 이처럼 자본비용은 효율적인 자본배분의 기준이 될 수 있다.

제 2 절 원천별 자본비용

앞 절에서는 자본비용의 개념과 기능에 대하여 간단하게 설명하였다. 본 절에서는 가중평균자본비용(weighted average cost of capital : WACC)이 각 자본조달 원천별 자본비용을 어떻게 가중평균하는지에 대하여 소상하게 설명하고자 한다. 일반적으로 기업의 총자본비용을 구하기 위해서는 먼저 원천별 자본비용을 추정하고 다음으로 원천별 자본비용을 가중평균하는 과정을 밟는다. 본 절에서는 기업의 주된 자본조달원천인 부채, 우선주, 자기자본 및 유보이익의 원천별 자본비용을 계산하는 방법을 설명하기로 한다.

1 부채비용

부채는 만기일까지 약정된 시기에 일정한 이자를 지급하고 만기일에 원금을 상환하여야 하는 자금조달원천이다. 부채비용(cost of debt)은 부채로 조달한 자본에 대한 대가로 기업이 채권자에게 지불하여야 하는 비용이며 동시에 채권자의 입장에서는 기업에 자금을 제공하는 채권자의 요구수익률이다. 부채의 자본비용 계산 시 유의하여야 할 중요한 점은 부채에 대한 이자지급액과 할인금액이 법인세 계산에서 손금으로 처리되기 때문에 법인세절약효과를 갖는다는 점이다. 이 부채의 법인세절약효과 때문에 부채의 자본비용은 이자율보다 낮다.

만약 어떤 회사가 1,000만원의 부채를 사용하고 있고 이자율이 10%이며 법인세율이 30%라고 하면 이 회사는 매년 100만원의 이자지급액을 부담하여야 하지만, 이 지급이자가 법인세 계산에서 손금으로 처리되기 때문에 매년 30만원(=100만원×0.3)의 법인세절약효과가 얻어진다. 따라서 이 회사의 주주들이 부담하는 법인세지급 후의 지급이자는 70만원(=100만원×(1−0.3))이다. 즉, 주주의 입장에서 볼 때 1,000만원의 부채에 대한 이자율은 법인세지급 전의 10%가 아니라 법인세지급 후 기준인 7%(=10%×(1−0.3))이다. 이를 정리하면 식 (7.1)과 같다. 즉, 법인세가 있는 부채의 자본비용은 다음과 같이 이자율에 (1−법인세율)을 곱하여 구해진다.

법인세가 있는 경우의 부채비용

$$k_D = (1 - T_C)R_D \tag{7.1}$$

단, k_D: 부채비용, T_C: 법인세율, R_D: 표면금리

한편, 이자를 기간에 한정없이 지급하는 영구채권(perpetuity)으로 자금을 조달할 경우 부채비용은 연간 이자지급액을 영구채권의 발행액으로 나누어서 계산할 수 있다. 예를 들어, 연간 이자지급액이 100만원인 영구채권을 5,000만원에 발행하여 자금을 조달한다면 부채비용은 0.02가 된다. 물론 법인세가 존재한다면 법인세절약효과(0.02×(1−T_C))도 고려하여 계산해야 한다.

2 우선주의 자본비용

우선주(preferred stock)는 매기 일정한 우선주배당액을 우선적으로 지급하는 주식이다. 기업소유자인 보통주주의 입장에서 볼 때, 우선주는 주식이라는 명칭만 주어졌을 뿐이지 부채와 유사한 성격을 갖고 있다. 즉, 부채의 지급이자와 마

찬가지로 우선주배당이라는 고정재무비용을 부담하는 자본조달원천이 우선주이다. 그러나 우선주가 부채와 다른 중요한 점은 우선주배당이 법인세 계산에서 손금으로 처리되지 않는 관계로 법인세절약효과를 갖지 않는다는 점이다. 따라서 우선주배당의 지급이 영속적으로 약속되어 있는 우선주의 자본비용(cost of preferred stock)은 다음과 같이 계산된다.

우선주의 자본비용

$$R_P = \frac{D}{P_0} \tag{7.2}$$

단, R_P: 우선주의 자본비용
D : 1주당 우선주 배당액
P_0 : 우선주 1주당 현재 시장가치

만약 어떤 회사가 발행한 우선주가 현재 1주당 10,000원의 주가로 거래되고 있고 이 우선주에 대하여 매기 1,200원의 우선주배당을 지급하여야 한다면 이 우선주의 자본비용은 식 (7.2)의 방법에 의하여 다음과 같이 12%로 계산된다.

$$R_P = \frac{1,200}{10,000} = 0.12$$

우선주는 법인세절약효과를 갖고 있지 않기 때문에, 우선주의 자본비용은 일반적으로 부채의 자본비용보다 높다. 따라서 우선주는 기업의 자본조달원천으로서 부채나 보통주에 비해 널리 사용되고 있지 않다. 더욱이 영속적인 우선주배당의 지급이 약속되어 있는 우선주는 거의 찾아보기 어려우며 대부분 수년 후에 보통주로 전환할 수 있는 전환우선주가 일반적인 형태이다.

우리나라의 증권시장에서 발행된 우선주의 경우 대부분 확정적으로 배당을 하는 경우는 상당히 드문 것이 보통이다. 대체적으로 액면가를 기준으로 하여 보통주에 지급되는 배당률에 1% 정도를 추가하여 배당을 지급하도록 되어 있어서 우리나라의 경우에는 우선주의 고유성격에서 크게 벗어나 있는 특수한 형태의 증권이라는 것이 정설이다. 따라서 우리나라의 경우에는 기업에서 순이익이 많이 발생하였더라도 순이익의 대부분은 내부적으로 유보시키고 보통주에 대한 배당을 매우 작게 책정함으로써 우선주에 대한 배당을 줄이고 이에 따라 우선주 주주에게는 불이익이 돌아갈 수 있게 되는 경우가 많다. 일반적으로 우리나라에서는 우선주에게 확정배당도 주어지지 않음과 동시에 의결권까지 주어져 있지 않으므로 본래 우선주가 갖는 가치보다 훨씬 낮은 가치를 갖는 증권으로 생각될 수 있으며 이를 기업의 입장에서 생각하여 보면 원래의 우선주보다 훨씬 더 낮은 자본비용을 가지고 있다고 해석될 수 있을 것이다.

3 자기자본비용

자기자본(equity)은 보통주에 나타나 있는 기업소유자의 청구권을 말한다. 주식회사의 경우 자기자본은 주주의 청구권을 의미한다. 재무상태표에서 자기자본은 자본금, 이익잉여금, 자본준비금과 같은 여러 항목으로 이루어져 있다. 그러나 중요한 의미를 갖는 것은 주주의 부의 크기를 나타내는 자기자본의 시장가치이며, 이는 (발행주식수)×(1주당 주가)로 계산된다.

자기자본비용(cost of equity)은 보통주를 소유하고 있는 기업소유자 또는 주주가 요구하는 최소한의 기대수익률 또는 요구수익률로서 경영위험 및 재무위험에 대한 대가를 반영한다. 보통주에 지불되는 배당액은 이자액과 같이 비용으로 인정되지 않는 관계로 법인세 절감효과는 없다. 자기자본비용을 계산하는 데 사용할 수 있는 이론적 모형으로서는 자본자산 가격결정모형(CAPM)과 배당의 일정성장모형이 있다. 여기에서는 이 두 가지 모형을 이용하여 자기자본비용을 추정하는 방법을 설명한다.

1) CAPM을 이용한 자기자본비용 추정

제6장에서 설명한 자본자산 가격결정모형(CAPM)에 의하면 균형하에서 주식의 기대수익률은 체계적 위험 베타와 선형적 관계를 갖는다. 이에 따라 CAPM에 의해 결정되는 기대수익률은 자본시장에서 투자자들이 요구하는 최소의 기대수익률을 의미하므로 자기자본비용 R_E와 동일한 의미를 갖는다고 해석할 수 있을 것이다. 다시 말하면 CAPM으로 구한 기대수익률은 보통주를 발행하여 조달한 자본의 기회비용으로서 식 (7.3)과 같은 증권시장선을 이용하여 추정할 수 있다.

CAPM을 이용한 자기자본비용

$$E(R_E) = R_f + [E(R_M) - R_f]\beta_E \tag{7.3}$$

$E(R_E)$: 특정 주식의 기대수익률

R_f: 무위험자산의 수익률

$E(R_M)$: 시장기대수익률

β_E: 특정 주식의 베타계수

식 (7.3)에 의하면 어떤 특정 기업이 보통주를 발행하여 조달한 자본의 기회비용은 무위험자산의 수익률에 위험보상수익률을 합한 개념임을 쉽게 알 수 있다. 예를 들면, 증권시장에 상장되어 있는 '건우'주식회사의 베타계수가 1.5이고 종합주가지수에 대한 기대수익률이 10% 그리고 현재 국고채와 같은 무위험자산의 수익률이 4% 정도라고 하면 '건우'주식회사의 보통주 위험보상수익률은 (10% −4%)×(1.5)=9%가 될 것이다. 이에 따라 '건우'주식회사가 보통주를 발행하여 조달한 자본의 기회비용, 즉 자기자본비용은 무위험자산의 수익률 4%에 위험보상수익률 9%을 합한 기대수익률인 13%가 될 것이다.

일반적으로 CAPM은 자본시장의 모든 위험자산의 균형가격이 어떻게 결정될 것인가를 설명하는 일반균형모형이므로 어떤 주식의 주가가 다른 주식에 비하여 상대적으로 과대 또는 과소평가되어 있다 하더라도 그것이 자기자본비용의 추정에 영향을 미치지 않는다. 앞에서는 상장된 회사의 경우를 예로 들었지만 많은 기업들의 주식은 자본시장에서 거래되고 있지 않는 비상장회사이다. 비상장회사의 자기자본비용을 계산하기 위해서는 그 회사와 유사한 사업을 하고 있는 상장회사의 자기자본비용을 이용할 수 있다. 그러나 이때 두 회사의 사업내용은 유사하지만 부채비율이 다를 경우 자기자본비용도 다르게 나타나므로 성격이 비슷한 회사의 자기자본비용을 이용할 때에는 부채비율의 차이가 미치는 영향을 적절하게 고려하는 작업이 필요하게 된다.

예제 7-1

CAPM을 이용한 한국전력의 자기자본비용 추정사례

본 예제에서는 실무환경에서 가장 폭넓게 사용되고 있는 Excel에 기반하여 CAPM접근법을 적용한 자기자본비용 계산방법을 한국전력을 대상으로 한 실제 추정하는 과정을 소개하고자 한다. 다만, 실제 자기자본비용을 추정하기 위해서는 과거로부터 얻은 시계열자료와 베타를 이용하기 때문에 미래의 수익률 변동이 과거와 크게 다르지 않을 것이라는 전제가 필요하다. 표본기간은 2009년 12월 1일부터 2010년 11월 30일까지 1년으로 가정한다.

1. 시장기대수익률 : $E(R_m)$

이론적으로 완전한 시장포트폴리오는 현실적으로 존재하지 않기 때문에, 학계나 실무에서는 일반적으로 종합주가지수(KOSPI)를 대용치(proxy)로 사용하여 기대수익률을 계산한다. 한편, 종합주가지수의 일별 가격자료(현재지수)는 한국거래소(www.krx.or.kr) 홈페이지에서 확인할 수 있으며, 수익률은 가격자료를 다운로드한 후에 Excel을 이용하여 계산한다. 구체적인 절차는 다음과 같다.

※ 홈페이지에서 자료를 다운로드할 경우 가격 이외에 거래량, 거래대금 등의 자료도 같이 확보되므로, Excel을 이용하여 가격자료만 시계열형태로 편집해야 함을 일러둔다.

① 표본기간 동안의 종합주가지수 가격을 A1셀부터 세로로 나열한다.

② 수익률 계산식인 $\frac{P_1 - P_0}{P_0}$를 이용하기 위해 B2셀에 "=(A2－A1)/A1"이라고 입력한다.

③ Excel의 "자동계산" 기능을 이용하여 B3셀부터 나머지 수익률도 계산한다.

④ "수식"기능 중에서 평균(AVERAGE)을 이용하여 기대수익률을 계산한다.

이상의 과정을 통해 표본기간 중의 시장기대수익률은 0.0822%로 나타났다.

2. 무위험자산의 수익률 : R_f

무위험자산은 수익률의 변동성이 없어 안정적인 수익을 보장받을 수 있는 자산인데, 수익률의 표준편차가 0인 조건을 완벽하게 충족하는 자산은 현실 자본시장에서 존재하지 않으므로 국·공채, CD(양도성 예금증서), 정기예금 등을 활용한다. 여기서는 한국거래소에서 손쉽게 자료를 구할 수 있는 5년만기 국채의 수익률 자료를 이용한다. 다운로드 방법은 시장수익률과 동일하며, 다만 국채는 가격자료뿐만 아니라 수익률 자료도 공시되어 있다.

한국거래소에서 얻은 표본기간 중의 무위험자산 수익률은 4.08%로 나타났다.

3. 한국전력의 베타 : β

베타를 계산하기 위한 방법은 여러 가지가 있겠지만 3가지 방법을 소개하면 다음과 같다.

① 한국전력의 주가수익률 자료를 구한 다음, 앞서 계산한 시장기대수익률 자료를 함께 활용하여 Excel의 통계 데이터분석 기능 중에서 회귀분석을 이용한다. 회귀분석은 독립변수(KOSPI 수익률)와 종속변수(한국전력 주가수익률)의 관계를 가장 잘 설명해 주는 직선을 도출할 수 있는 기법으로, 이러한 선을 증권특성선(Security Characteristic Line)이라고 한다. 그리고 증권특성선의 기울기를 통해 해당 주식(한국전력)의 베타를 계산할 수 있다. 다만 이 방법의 문제점은 대용치를 이용하기 때문에 회귀분석에 의해 추정된 기울기, 즉 베타가 편의(bias)를 갖게 된다.

② 베타는 시장기대수익률과 개별 주식수익률 간의 공분산을 시장기대수익률의 분산으로 나눈 값이며, 계산식은 다음과 같다.

$$\text{개별 주식의 베타} = \frac{Cov(R_i, R_m)}{Var(R_m)}$$

따라서 베타를 계산하기 위해서는 한국전력의 주가수익률 자료를 구한 다음, 시장기대수익률 자료와 함께 Excel의 수식기능에서 공분산(COVAR)을 이용하여 $Cov(R_i, R_m)$를 계산한다. 그리고 $Var(R_m)$도 동일한 방법으로 Excel의 수식기능에서 분산(VAR)을 활용하여 쉽게 구할 수 있다.

③ finance.naver.com에서 한국전력을 검색하여 "기업분석" 메뉴를 이용하면, 52주간의 베타를 비롯하여 거래량, 시가총액, 유통주식비율 등의 유용한 자료를 쉽게 확인할 수 있다.

여기서 52주는 연평균 거래기간을 주단위(weekly)로 표시할 때 1년이 약 52주가 되기 때문에 이러한 표현방법을 사용한 것으로 이해하면 된다. 2010년 12월 현재 한국전력의 52주베타는 1.21로 확인되었다.

※ 한국전력은 세계최대의 증권거래시장인 NYSE(New York Stock Exchange)에도 상장된 대표적인 국내기업으로, finance.yahoo.com에서 KEP(영문기업명)로 검색하면 쉽게

NYSE 시장에서의 베타도 확인할 수 있다.

이상의 3가지 방법 중에서 ①, ②의 방법은 한국전력의 주가정보가 필요한데, 그 자료는 기업신용평가정보 검색서비스(KIS-VALUE), 증권사의 HTS(Home Trading System)와 같은 상업용 소프트웨어를 이용해야 한다는 단점이 있다. 물론 설정기간에 관계없이 스스로 베타를 계산해 본다는 의의와 많은 학술적 연구에서 검증되었듯이 베타의 시간가변적(Time-Varying)인 특성을 반영하여 좀 더 정교한 계량통계기법에 근거한 정확한 베타를 계산하기 위해서는 기초자료(raw data)를 이용하는 것이 바람직할 것이다. 다만 여기서는 설명의 편의상 ③의 자료를 이용한다.

지금까지 계산한 시장기대수익률, 무위험자산의 수익률, 베타를 바탕으로 CAPM에 적용하여 한국전력의 자기자본비용을 산출하면 다음과 같다.

$$R_e = 0.0408 + (0.00082 - 0.0408) \times 0.69 = 0.0132$$

2) 일정성장모형의 이용

식 (7.4)와 같은 배당의 일정성장모형에 의하면 미래 배당이 일정한 성장률로 영속적으로 증가할 때 주식의 가치는 다음과 같다.

$$P_0 = \frac{D_1}{R_E - g} \tag{7.4}$$

P_0 : 현재의 주식가치
R_E : 주주들의 요구수익률, 즉 자기자본비용
D_1 : 당기(=제1기)의 기대주당배당액
g : 주당배당의 성장률

위의 식을 정리하면 자기자본비용은 다음과 같이 구해진다.

일정성장모형에 의한 자기자본비용

$$R_E = \frac{D_1}{P_0} + g \tag{7.5}$$

예를 들면, 증권시장에 상장되어 있는 '건우'주식회사의 주당 시장가격이 현재 10,000원이고 다음 기에 예상되는 주당 배당액이 1,000원이며 연평균 배당성장률이 4%로 예상된다면 식 (7.5)에 의한 '건우'주식회사의 자기자본비용은 다음과 같이 14%가 될 것이다.

$$R_E = \frac{1,000}{10,000} + 0.04 = 0.14$$

그러나 일반적으로 배당의 일정성장모형을 이용하여 자기자본비용을 계산하는 방법은 그렇게 바람직한 방법은 아닌 것으로 평가된다. 왜냐하면 배당의 일정성장모형은 일종의 부분균형모형이여서 어떤 주식이 다른 주식에 비하여 상대적으로 과대 또는 과소평가되어 있을 경우 자기자본비용 역시 과소 또는 과대 추정될 수 있기 때문이다.

또한 비슷한 논리로 끊임없이 계속해서 변동하는 주식가격의 경우 때로는 주가가 정상적 가격 수준에서 크게 벗어나 이례적으로 높거나 낮은 수준에서 결정될 수 있는데 이런 경우 배당의 일정성장모형은 자기자본비용을 과도하게 낮거나 높게 추정할 수 있다는 문제가 있다.

일반적으로 고정성장모형을 이용하는 경우 다음기의 기대배당액은 다음기의 순이익과 배당성향을 예측하여 구하게 되는데 예측이라는 것이 분석하는 사람에 따라서 상당히 주관적일 수 있다는 문제가 있으며, 특히 배당성장률을 추정하는 문제는 분석자에 따라 자의적으로 결정될 수 있는 소지가 커서 이들 추정변수들에 의하여 결정되는 자기자본비용은 정확성이 떨어질 수 있는 소지가 크다고 할 수 있다.

4 유보이익의 자본비용

유보이익 또는 잉여금은 순이익 중에서 배당으로 지급하지 않고 사내에 유보한 자금을 말한다. 만일 기업이 미래의 투자를 위해서 유보해 놓은 유보이익을 곧바로 투자에 활용한다면 이 유보이익의 자본비용은 얼마나 될까? 물론 유보이익은 본래 주주의 몫이므로 주주들에게 배당으로 지불되어야 했으나 더 나은 투자기회를 위해 사내에 유보시킨 것이다. 따라서 이를 사용함에 있어서 기준으로 삼아야 할 것은 주주들에게 이 돈을 지급하였더라면 그들이 동일한 위험을 갖는 다른 곳에 투자하여 얼마나 수익을 올릴 수 있겠는가 하는 기회비용의 문제이다. 따라서 순이익 중에서 배당으로 지급하지 않고 사내에 유보한 자금의 자본비용은 바로 그 기업의 보통주에 투자하는 투자자들의 기회비용과 같다는 것을 쉽게 유추할 수 있다. 그러므로 유보이익의 경우에도 자본비용은 다음과 같이 보통주의 자본비용과 동일하게 처리하면 된다. 다만 현실 자본시장에서는 보통주 발행을 통해 자금을 조달할 경우 인수기관 수수료와 같은 제반비용이 발생하지만, 유보이익으로 자금을 조달한다면 별도의 비용이 발생하지 않는 차이점이 있다.

유보이익의 자본비용

$$R_R = R_E \tag{7.6}$$

R_R: 유보이익의 자본비용, R_E: 보통주의 자본비용

제 3 절 가중평균자본비용(WACC)

1 가중평균자본비용의 정의

가중평균자본비용(weighted average cost of capital : WACC)은 기업의 자본구조를 반영한 기업 전체의 자본비용이라고 할 수 있다. 부채의 자본비용, 우선주의 자본비용, 자기자본비용 등과 같은 원천별 자본비용이 우선적으로 측정되면 기업의 총자본비용은 쉽게 얻어질 수 있다. 즉, 이들 원천별 자본비용을 각 자본조달원천 구성비로 가중평균하여 계산한 가중평균자본비용이 바로 기업 전체의 총자본비용인 것이다.

일반적으로 가중평균자본비용은 다음과 같이 계산된다.

가중평균자본비용

$$WACC = \frac{E}{V}R_E + \frac{P}{V}R_P + \frac{D}{V}R_D(1 - T_C) \tag{7.7}$$

R_E: 자기자본비용 $\frac{E}{V}$: 자기자본 구성비

R_P: 우선주의 자본비용 $\frac{P}{V}$: 우선주 구성비

R_D: 부채의 자본비용(세전) $\frac{D}{V}$: 부채구성비

T_C: 법인세율 $V = E + P + D$: 기업가치

이제 식 (7.7)을 이용하여 '건우'주식회사의 가중평균자본비용을 구해보자. 만약 '건우'의 총자산이 부채 50%, 우선주 20%, 자기자본 30%로 이루어져 있고 세전 부채비용이 10%, 법인세 30%, 우선주비용이 14%, 그리고 자기자본비용이 18%로 주어져 있다면 이 회사의 가중평균자본비용은 다음과 같이 11.7%로 계산된다.

$$WACC = (0.3)(0.18) + (0.2)(0.14) + (0.5)(0.1)(1 - 0.3) = 0.117$$

그러나 '건우'주식회사의 예에서는 가중치를 주어진 것으로 가정하였지만 현실에서는 장부가치나 시장가치를 이용하여 각각 원천별 가중치를 구하게 되며 실제적으로 시장가치와 장부가치 중 어느 것을 기준으로 하느냐에 따라 가중평균자본비용이 다르게 구해지게 된다. 이렇게 두 가지 방법에 의한 결과가 서로 상충될 때에는 일반적으로 시장가치를 기준으로 하는 것이 더 합리적일 것으로 판단된다. 왜냐하면 장부가치는 역사적 원가에 기초한 가치로서 의사결정시점의 청구권의 가치와 무관하지만 시장가치는 자본시장에서 평가된 청구권의 가치를 보여주고 있기 때문이다. 그러나 시장가치는 일반적으로 자본시장의 경기변동에 따라 그 크기가 달라질 수 있으므로 어떤 수준의 시장가치가 정상적인 균형가치인지 판단하기가 어렵다는 문제점이 있을 수 있다.

이에 반하여 최적자본구조에 기초한 가중평균자본비용의 계산은 분석담당자가 향후 기업이 목표로 하는 최적자본구조를 결정하여 이를 기준으로 가중치를 구하는 방법이다. 즉, 최적자본구조에 상응하는 부채, 우선주, 자기자본 등의 구성비를 가중치로 하여 가중평균자본비용을 계산하는 것이다. 여기서 최적자본구조란 기업가치를 극대화하는 자본구조를 의미한다. 따라서 최적자본구조를 사용

하는 방법이 미래의 기업가치를 극대화하기 때문에 재무이론상 가장 합리적인 방법으로 평가되지만 최적자본구조가 쉽게 얻어질 수 없는 경우라면 시장가치를 기준으로 차선책을 찾는 것이 더 현실적일 것으로 판단된다.

2 CAPM을 이용한 WACC 계산

가중평균자본비용은 앞에서 다룬 자본자산가격결정모형, 즉 CAPM을 이용하여 구할 수 있다. 우선 기업 전체자산의 베타계수를 구하고 이를 이용하여 기업 전체의 기대수익률을 구하게 되는데, 이것이 바로 그 전체기업의 가중평균자본비용(WACC)이라는 것이다. 우선 자기자본과 부채, 즉 회사채로 구성되어 있는 기업을 생각해보자. 그러면 이 기업 전체자산의 체계적 위험인 베타계수는 식 (7.8)과 같이 기업을 구성하고 있는 각 원천별 자본들 베타계수의 가중평균으로 나타낼 수 있다. 따라서 전체자산의 베타계수는 재무위험과 영업위험 모두를 반영하게 된다.

자산의 베타계수

$$\beta_A = \beta_E \frac{E}{V} + \beta_D \frac{D}{V} (1 - T_C) \tag{7.8}$$

β_A : 전체자산의 베타계수 β_E : 자기자본의 베타계수
β_D : 부채의 베타계수 T_C : 법인세율
$\frac{E}{V}$: 자기자본 구성비 $\frac{D}{V}$: 부채구성비

식 (7.8)에서 구한 자산의 베타계수를 자본자산가격결정식에 대입하면 식 (7.9)와 같이 전체기업의 가중평균자본비용(WACC)을 구할 수 있게 된다.

CAPM을 이용한 WACC

$$E(R_A) = R_f + [E(R_M) - R_f]\beta_A \tag{7.9}$$

$E(R_A)$: 전체자산의 기대수익률 R_f: 무위험자산의 수익률
$E(R_M)$: 시장기대수익률 β_A : 전체자산의 베타계수

예를 들면, 증권시장에 상장되어 있는 '건우'주식회사의 자본구조는 부채와 자기자본이 각각 30%와 70%로 구성되어 있고 자기자본의 베타계수는 1.5, 부채(회사채)의 베타계수가 0.8, 그리고 법인세율은 30%, 종합주가지수에 대한 기대수익률이 10%, 그리고 현재 국고채와 같은 무위험자산의 수익률이 4% 정도라고 하자. 그러면 '건우'주식회사의 전체자산 베타계수는 다음과 같이 1.218이 된다.

$$\beta_{건우} = 1.5(0.7) + 0.8(0.3)(1 - 0.3) = 1.218$$

다음 '건우'주식회사의 시장위험보상수익률은 (10%−4%)×(1.218)=7.3%가 될 것이다. 따라서 '건우'주식회사의 가중평균자본비용은 아래와 같이 11.3%가 된다.

$$WACC_{건우} = E(R_{건우}) = 4 + (10 - 4)(1.218) = 11.3\%$$

3 자금조달비용을 고려한 WACC 계산

기업이 회사채나 주식을 통해 자금을 조달할 경우 발행에 따른 제반경비가 발생하며, 이를 자금조달비용(flotation cost)이라고 한다. 자금조달비용이 발생할 경우 부채비용과 자본비용에 적절히 반영하여야 기업가치나 투자안의 경제성 판단에 필요한 정확한 가중평균자본비용을 계산할 수 있다.

발생비용을 고려하는 구체적인 방법은 원천별 자본비용을 계산할 때 조달규모에서 직접 차감하는 것이다. 예를 들어, 현재 주당 10,000원에 거래되고 있는 주식발행기업이 연말에 주당 1,000원의 배당금 지급을 계획하고 있으며, 배당은 매년 5%씩 성장할 것으로 예상되는 상황에서 보통주를 추가로 발행하여 자금조달을 계획하고 있다고 가정하자. 그리고 보통주 발행에 주당 1,500원의 신주발행비(f)가 발생할 경우의 자본비용을 일정성장모형을 통해 계산하면 다음과 같다.

$$R_E = \frac{D_1}{P_0 - f} + g = \frac{1,000}{10,000 - 1,500} + 0.05 = 0.1676$$

만약 기업이 회사채와 보통주를 동시에 발행하여 자금을 조달한다면 최적자

유럽은행의 자본비용 상승으로 인한 영향과 전망

Merrill Lynch의 애널리스트들은 2007년 12월 결산보고서에서 유럽은행들의 자본비용이 신용경색으로 인해 2000년 이후 처음으로 고객인 일반기업들의 자본비용보다 높게 형성되었음을 보고하였는데, 이러한 자본비용의 역전현상은 엄격한 규제하에 상당한 자본과 높은 신용등급을 가진 은행이 비금융기관인 일반기업보다 낮은 자본비용을 지불하는 시장관례를 고려할 때 보기 드문 사례라 할 수 있다.

또한 Merrill Lynch의 유럽주식시장 전략가는 이 현상을 은행이 자본비용에 대한 벤치마크 수준을 결정하고, 비금융기관은 이 수준에 프리미엄을 부가해서 자본을 조달하는 정상적인 "Pricing Paradigm"을 역전시킨 것이라고 평가하였다. 그리고 은행권의 자본비용 상승으로 인해 은행의 자산건전성이 악화되고, 기업이 자본조달의 어려움을 겪게 되는 등의 경제적 부작용이 초래될 것으로 예상하였다. 즉, 은행들은 자본비용의 상승분을 고객인 기업에게 전가하거나 대출 자체를 거절할 수밖에 없는 상황에 직면하게 되며, 특히 은행대출의 거부성향은 소규모 기업들에게 파산상황까지 몰고갈 수 있는 심각한 시나리오가 될 수 있음을 지적하고 있다.

한편, BNP Paribas의 유럽금융시장 애널리스트는 이러한 은행권의 자본비용 상승과 더불어 경기침체가 동반된다면 은행의 자산건전성과 사업수익성이 더욱 나빠지는 악순환이 초래될 것이라고 분석하였다. 그리고 합리적인 자본비용으로 자금을 조달하지 못한다면, 은행들은 재무상태표(Statement of Financial Position)상의 자산부분을 조정할 개연성이 있는데, 은행이 선택할 수 있는 수단 중 하나는 대출 혹은 주식참여나 소규모 자회사와 같은 비주력(Non-Core) 자산을 처분하는 것이다. 또는 국부펀드와 같은 외국금융기관으로부터 자본을 유치할 수도 있고, 전환사채 발행과 같은 방법을 찾을 수도 있음을 예상하였다.

(출처 : 자본시장연구원의 『자본시장 Weekly(2008-07호)』에서 발췌)

본구조의 비율로 가중평균하여 자금조달비용을 도출할 수 있다. 예를 들어, 주식회사 '건우'가 부채 30%, 자기자본 70%의 자본구조로 구성되어 있으며, 회사채와 보통주를 발행하여 새로운 투자안에 대한 자금 500만원을 조달할 계획중이라고 하자. 회사채와 보통주의 발행비용이 각각 5%, 10%라고 하면, 자금조달비용은 다음과 같이 계산할 수 있다.

자금조달비용 = 부채비율×회사채 발행비용+자기자본비율×보통주 발행비용

$$= 0.3 \times 0.05 + 0.7 \times 0.1 = 0.015 + 0.07 = 0.085$$

따라서 자금조달비용을 고려하지 않을 경우 새로운 투자안의 비용은 500만원이지만, 자금조달비용을 고려할 경우 투자수행에 필요한 비용은 5,464,480원[500만원/(1−0.085)]이다.

연습문제

1. 다음의 용어를 설명하시오.
   (1) 자본비용의 기능
   (2) 법인세가 있는 경우의 부채비용
   (3) CAPM을 이용한 자기자본비용의 추정
   (4) WACC
   (5) CAPM을 이용한 WACC 계산

2. 갑회사의 자본구조는 액면가 시장가격이 12,000원인 보통주 50,000주와 액면가 및 시장가격이 4억원, 이표이율이 13%인 회사채로 구성되어 있다. 갑회사의 전기말 당기순이익은 1억 4,400만원인데 이 중 50%가 배당되었다. 유보이익의 재투자수익률은 20%이며, 이러한 배당성향과 재투자수익률은 앞으로도 계속될 것으로 예상된다. 법인세율이 40%일 경우 다음을 구하시오.
   (1) 갑회사의 자기자본비용을 계산하시오.
   (2) 부채의 자본비용을 구하시오.
   (3) 갑회사의 가중평균자본비용을 구하시오.

3. 을회사의 부채는 기업가치의 40% 수준이며 보통주의 베타계수는 1.2이다. 이 회사의 경영진은 현재 연리 12%의 이자율 수준에서 보다 많은 부채를 이용할 수 있으므로, 목표자본구조를 수정하여 기업가치의 60%를 부채로 조달하기로 결정하였다. 법인세율은 40%이며, 시장포트폴리오의 기대수익률은 18%이고 무위험수익률이 10%일 경우 다음을 구하시오.
   (1) 을회사의 자본구조가 모두 자기자본만으로 구성될 경우 주식의 베타계수를 구하시오.
   (2) 새로운 목표자본구조에서 예상되는 을회사 주식의 베타계수를 구하시오.
   (3) 새로운 목표자본구조하에서 을회사의 자기자본비용을 구하시오.
   (4) 새로운 목표자본구조하에서 을회사의 가중평균자본비용을 구하시오.

4. 자기자본비용을 구할 때 CAPM을 이용하는 방법과 일정성장모형을 이용하는 방법을 비교·설명하시오.

제 8 장

채권과 주식의 가치평가

제 1 절 채권과 채권가치평가

제 2 절 금리위험

제 3 절 만기수익률과 금리기간구조

제 4 절 주식가치평가

이 장에서는 · · ·

채권과 주식은 기업의 장기자금조달을 위한 주요 상품이다. 매일매일 뉴스나 신문을 보면 채권가격과 주식가격이 상승하거나 하락한다는 기사가 많이 등장한다. 이들의 가격은 왜 시시각각으로 변할까? 다시 말해 채권가격과 주식가격에 영향을 미치는 요소들은 무엇일까? 그리고 이들의 가격은 어떻게 구할 수 있을까? 이러한 질문에 대한 답을 이번 장에서 살펴보기로 하자.

제1절 채권과 채권가치평가

1 채권의 특성

채권은 기업, 정부, 공공기관이 투자자들로부터 자금을 차입하면서 원금과 이자의 지급조건을 명확하게 하기 위하여 발행하는 유가증권으로서 일종의 차용증서이다. 채권은 일반적으로 정해진 시점마다 이자를 지급하다가 마지막 시점에 가서 원금을 상환하는 형태이다. 예를 들어, 고려기업이 3년간 100억원을 10%에 채권을 발행하여 차입하고자 한다고 하자. 이 기업은 매년 100억×0.1=10억원의 이자를 세 번 납부하고 3년 말에 100억원을 갚으면 된다. 이와 같이 채권은 매우 간단한 형태의 현금흐름을 갖는 증권이다. 이제 채권과 관련된 중요 용어들을 정리해보자.

위의 예에서 고려기업이 매년 지급하기로 약정한 10억원을 채권의 이표(coupons)라 부른다. 시장금리가 변한다 할지라고 발행시점에 한 번 정해진 이표는 채권이 존재하는 동안 변하지 않는다. 채권의 마지막 시점에 상환하기로 한 금액은 액면가(par value 또는 face value) 또는 원금(principal)이라 한다. 원금이 상환될 때까지의 기간을 만기(maturity)라 하며 우리나라의 회사채는 보통 3년의 만기를 갖는다. 채권의 만기는 시간이 지남에 따라 지속적으로 줄어든다. 마지막으로 연간 이표를 액면가로 나눈 것을 이표율(coupon rate)[1]이라 하는데 위의 예에서는 10%이다.

2 채권가치와 만기수익률

1) 이표채의 가치평가

시간이 지남에 따라 시장금리는 변한다. 그러나 채권으로부터의 현금흐름은 변치 않는다. 그렇기 때문에 채권의 가치는 변하게 된다. 시장금리가 상승하면

1) 이는 표면금리 또는 액면금리라고도 한다.

채권의 만기까지 남아있는 현금흐름의 현가가 감소하기 때문에 채권의 가치는 감소하게 된다. 반대로 시장금리가 하락하면 채권의 가치는 상승하게 된다.

특정 시점에서 채권의 가치를 결정하기 위해서는 만기까지의 남은 기간(잔존만기), 액면가, 이표 및 해당 채권의 시장금리를 알아야 한다. 이때 해당 채권의 시장금리를 알 수 없기 때문에[2] 해당 채권과 유사한 특징을 갖는 채권의 시장금리를 사용하게 된다. 여기서 채권의 시장금리는 그 채권에 대해 시장에서 요구하는 이자율(interest rate required in the market on a bond)을 의미하며, 이를 그 채권의 만기수익률(yield to maturity) 또는 단순히 줄여서 채권의 수익률(yield)이라 부른다. 다시 한 번 정리하면 채권의 잔존만기, 액면가, 이표 및 만기수익률 네 가지를 알면 채권의 가치를 평가할 수 있다.

이제 예를 들어보자. 신라기업은 이표율 8%에 액면가 1억원인 3년만기 회사채를 발행하려고 한다. 이 기업이 발행하는 채권의 이표는 800만원임을 알 수 있다. 이 채권과 유사한 채권의 만기수익률이 8%라 할 때 이 채권의 현재가격은 얼마가 되어야 적정한가? 이 채권으로부터 발생하는 현금흐름은 [그림 8-1]에 도시되어 있다. 이 그림에서 볼 수 있는 바와 같이 신라기업 채권의 현금흐름은 연금부분(annuity component)과 원금부분(principal component)으로 구성되어 있다. 따라서 채권의 시장가치는 두 부분의 현가를 각각 따로 계산한 다음 둘을 더함으로써 계산한다.

① 연금부분의 현가 $= 800\text{만원} \times PVIFA(8,3)$

$$= 800\text{만원} \times \frac{1 - \frac{1}{1.08^3}}{0.08}$$

그림 8-1 신라기업 채권의 현금흐름

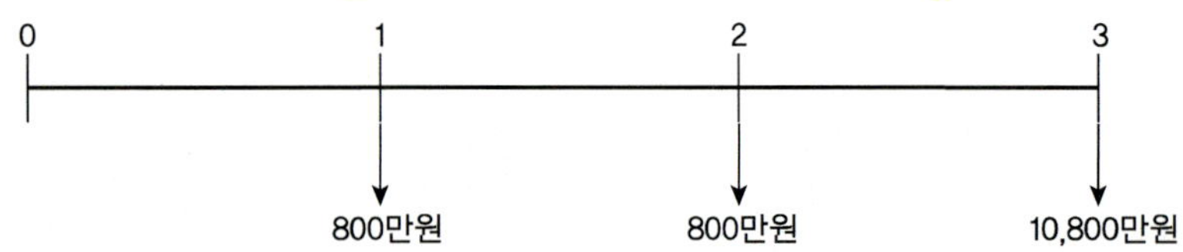

2) 해당 채권의 시장금리를 안다는 것은 결국 해당 채권의 가치를 안다는 것과 같기 때문이다.

$$= 800\text{만원} \times 2.5771$$
$$= 2{,}061.7\text{만원}$$

② 원금부분의 현가$=\dfrac{10{,}000}{1.08^3}=7{,}938.3$만원

그러므로 채권가치=2,061.7만원+7,938.3만원=10,000만원

이 채권은 정확히 액면가로 팔리게 됨을 알 수 있는데, 이는 우연히 그렇게 된 것이 아니라 이 채권에 대한 시장금리가 8%인 상황에서 이 채권의 이표율이 8%이기 때문에 이 채권은 액면가에 거래가 되어야 하는 것이다.

금리가 변할 때 신라기업의 채권가격이 어떻게 되는지를 살펴보기 위해 이 채권이 발행된 후 1년이 지났다고 해보자. 당연히 이 채권의 잔존만기는 2년이 남아있을 것이다. 만약 시장금리가 10%로 올랐다면 이 채권의 가치는 어떻게 될까? 이 경우에는 3년 대신에 2년을 사용하고 8% 수익률 대신 10%의 수익률을 위의 계산식에 대입함으로써 구할 수 있다.

① 연금부분의 현가 $= 800\text{만원} \times PVIFA(10,2)$

$$= 800\text{만원} \times \frac{1-\dfrac{1}{1.10^2}}{0.10}$$
$$= 800\text{만원} \times 1.7355$$
$$= 1{,}388.4\text{만원}$$

② 원금부분의 현가 $= \dfrac{10{,}000}{1.1^2} = 8{,}264.5$만원

그러므로 채권가치=1,388.4만원+8,264.5만원=9,652.9만원

8%의 이표율을 가진 이 채권은 만기수익률(또는 시장금리)이 10%일 때 9,652.9만원에 팔리게 된다. 시장금리가 10%인 상황에서 8%의 이표만을 지급하기 때문에 이 채권은 당연히 액면가(1억원)보다 싸게 팔리게 되는 것이다. 이와 같이 액면가보다 싸게 팔리는 채권을 할인채(discount bond)라 부른다.

만약 시장금리가 2% 포인트 오르는 대신에 반대로 2% 포인트 내린다면 신라

기업 채권은 얼마에 팔리게 될까? 아마 여러분들이 짐작할 수 있겠지만 이 채권은 이 경우 1억원 이상에 팔릴 것인데 이와 같이 액면가 이상에 팔리는 채권을 할증채(premium bond)라 부른다.

① 연금부분의 현가 $= 800\text{만원} \times PVIFA(6,2)$

$$= 800\text{만원} \times \frac{1 - \frac{1}{1.06^2}}{0.06}$$

$$= 800\text{만원} \times 1.8334$$

$$= 1{,}467.5\text{만원}$$

② 원금부분의 현가 $= \dfrac{10{,}000\text{원}}{1.06^2} = 8{,}900.0\text{만원}$

그러므로 채권가치 $= 1{,}467.5\text{만원} + 8{,}900.0\text{만원} = 10{,}367.5\text{만원}$

예상한 것처럼 시장금리가 하락하는 경우 이 채권은 액면가보다 367.5만원이 많은 가격에 팔린다.

만기수익률, 이표율과 채권가격의 관계 정리

(1) 만기수익률 > 이표율 ⇔ 할인부 거래
(2) 만기수익률 < 이표율 ⇔ 할증부 거래
(3) 만기수익률 = 이표율 ⇔ 액면가 거래

앞의 예제들을 근거로 해서 채권가치에 대한 일반적인 식을 써보면 다음과 같다. 채권의 ① 액면가 금액이 F이고, ② 매기마다 지급되는 이표가 C이고, ③ 잔존만기가 t이며, ④ 기간마다 만기수익률이 R이라 하자.

$$\text{채권가치} = \text{이표의 현가} + \text{원금의 현가} \tag{8.1}$$

$$= C \times PVIFA(R,t) + \frac{F}{(1+R)^t}$$

$$= C \times \frac{1 - \frac{1}{(1+R)^t}}{R} + \frac{F}{(1+R)^t}$$

예제 8-1 **분기마다 이표를 지급하는 채권의 가치평가**

우리나라의 회사채는 실제로 분기(3개월)마다 이자를 지급하기 때문에 일년에 4번 이표가 지급된다. 이 경우 채권가치는 어떻게 구할까? 이때도 앞의 채권가치식 (8.1)을 사용하여 구할 수 있는데 단지 이표 지급 횟수의 변화에 따른 조정을 해주어야 한다. 즉, 연간 이표를 4로 나눈 분기별 이표를 C에 대입해야 하고, 만기수익률도 연간 수익률을 4로 나눈 분기별 수익률을 R에 대입해야 하며, 마지막으로 기간은 t에다 4를 곱한 값을 대입하여야 한다.

만약 회사채의 연간 이표율이 8%, 액면가가 1억원, 만기가 3년이며, 해당 채권과 유사한 채권의 만기수익률이 10%라 할 때, 분기마다 이자를 지급하는 채권의 가치를 구하여 보자.

풀이

$$\text{채권가치} = (800\text{만원}/4) \times \frac{1 - \frac{1}{(1+0.1/4)^{3\times4}}}{0.1/4} + \frac{10{,}000\text{만원}}{(1+0.1/4)^{3\times4}}$$

$$= 200\text{만원} \times \frac{1 - \frac{1}{(1+0.025)^{12}}}{0.025} + \frac{10{,}000\text{만원}}{(1+0.025)^{12}}$$

$$= 200\text{만원} \times 10.2578^{3)} + 7{,}435.6\text{만원}$$

$$= 2{,}051.6\text{만원} + 7{,}435.6\text{만원} = 9{,}487.1\text{만원}$$

2) 순수할인채의 가치평가

순수할인채(pure discount bond) 또는 무이표채(zero coupon bond)는 만기까지 이자지급이 전혀 없지만 만기에 액면금액을 한꺼번에 지급하는 채권으로서 순수할인채의 현재가치는 다음과 같이 구할 수 있다. 즉, 만기까지의 기간이 t인 순수할인채의 현재가치는 만기에 받는 액면가 F를 이 채권의 만기수익률 R로

3) 물론 $PVIFA(2.5\%, 12) = 10.2578$임을 확인할 수 있다.

할인한 값이 된다. 순수할인채는 이자는 없지만 할인한 값을 구입해서 만기 시 액면가를 받게 되므로 그 차액을 수령하는 셈이 된다.

$$\text{순수할인채가치} = \frac{F}{(1+R)^t} \tag{8.2}$$

예제 8-2 **순수할인채의 가치평가**

순수할인채인 산업금융채권의 만기가 5년이며 액면금액이 5천만원이고, 채권의 만기수익률이 10%라 할 경우 이 채권의 가치는 얼마인가?

풀이

식 (8.2)에 주어진 정보를 대입하면 다음과 같다.

$$\text{순수할인채가치} = \frac{5{,}000\text{만원}}{(1+0.1)^5} = 3{,}104.6\text{만원}$$

3) 영구채의 가치평가

영구채(perpetual bond)는 consol이라고도 하는데 이표의 지급이 무한정 계속되는 채권을 말한다. 즉, 영구채는 만기가 없이 동일한 금액을 계속 지급하는 채권이다. 매기마다 지급되는 이표를 C라 하고 이 채권의 만기수익률을 R이라 하면 영구채의 현재가치는 다음과 같이 주어진다.

$$\text{영구채가치} = \frac{C}{R} \tag{8.3}$$

예를 들어, 매년 100만원씩 이자를 무한정 지급하는 영구채가 있다고 하자. 이 채권의 만기수익률이 10%라 한다면 이 채권의 가치는 식 (8.3)에 의해 100만원/0.1=1,000만원이 된다.

제 2 절 금리위험

1 채권가격과 금리

앞에서 우리는 금리가 오르면 채권가격이 하락하고 반대로 금리가 내리면 채권가격이 상승하는 것을 보았다. 이와 같이 금리의 움직임에 따라 채권가격이 변하는 위험을 금리위험(interest rate risk)이라 한다.[4] 채권의 금리위험이 어느 정도인가는 채권가격이 금리변화에 대해 얼마나 민감한가에 달려있는데, 채권의 금리민감도는 잔존만기(time to maturity)와 이표율(coupon rate)에 의해 결정된다.[5]

2 채권가격과 잔존만기

① 잔존만기가 길수록 채권가격은 크게 변한다

채권의 이표율이 같을 때 잔존만기가 길수록 채권가격은 금리변화에 더 큰 영향을 받는다. 즉, 장기채권이 단기채권보다 채권의 가격변동률이 크다. 이는 [그림 8-2]에서 확인할 수 있다. [그림 8-2]는 이표율이 10%이고 잔존만기가 1년인 채권과 이표율이 10%이고 잔존만기가 30년인 채권의 가격을 여러 가지 금리에 대해 도시한 것이다. 그림에서 확인할 수 있듯이 30년만기 채권가격곡선이 1년만기 채권가격곡선보다 훨씬 더 기울기가 가파른 것을 볼 수 있다. 기울기가 가파르다는 것은 똑같은 금리의 변화에 대해서 채권가격의 변화 정도가 크다는 것을 말한다. 잔존만기가 길수록 채권가격이 크게 변하는 이유는 간단하다. 이는 채권가치의 대부분은 원금의 현가부분에서 발생하는데 1년 후에 상환되는 원금의 현가는 금리가 변해도 별로 변하지 않는 데 반해 30년 후에 상환되는 원금의 현가

---

4) 좁은 의미의 금리위험은 이와 같이 가격위험(price risk)을 의미하나 넓은 의미의 금리위험은 재투자 시 발생하는 위험인 재투자율위험(reinvestment rate risk)을 포함하기도 한다.

5) 좀 더 자세히 말하면 채권의 금리민감도는 채권의 듀레이션(duration)에 비례한다.

그림 8-2 잔존만기와 금리위험(10% 이표율 채권 가정)

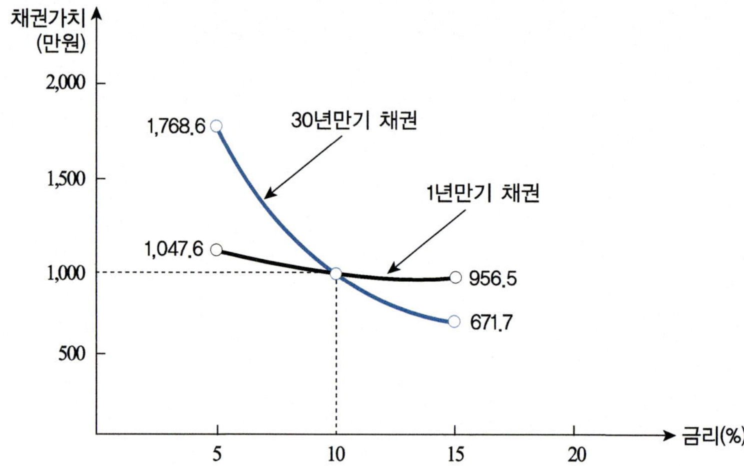

는 금리가 조금만 변해도 크게 영향을 받기 때문이다.

② 금리가 상승할 때보다 금리가 하락할 때 채권가격이 크게 변한다

이는 [그림 8-2]에서 쉽게 확인할 수 있다. 30년만기 채권의 경우를 예로 들어 보자. 금리가 10%에서 5%로 하락할 경우(5%포인트 하락) 채권가격은 1,000만원에서 1,768.6만원으로 768.6만원 상승하지만 금리가 10%에서 15%로 상승할 경우(5%포인트 상승) 채권가격은 1,000만원에서 671.7만원으로 328.3만원 하락하는 것을 알 수 있다. 이와 같이 금리상승 시와 금리하락 시 채권가격이 비대칭적으로 변하는 이유는 채권가격곡선이 원점을 향해 볼록한 형태(convex to the origin)를 가지기 때문이다.

3 채권가격과 이표율

① 이표율이 낮을수록 채권가격은 크게 변한다

만기가 같을 때 이표율이 낮은 채권이 이표율이 높은 채권보다 같은 금리변화에 대해 채권가격이 많이 변하는 이유는 채권가치가 이표의 현가와 원금의 현가

의 합이라는 사실로부터 발견할 수 있다. 만기는 같은데 이표가 작다는 것은 채권의 가치가 원금부분에 보다 더 의존한다는 말이고, 일찍 상환되는 이표부분보다는 가장 늦게 상환되는 원금부분이 금리변화에 더 큰 영향을 받기 때문에 이표율이 낮은 채권이 금리에 더 민감함을 알 수 있다.

제 3 절 만기수익률과 금리기간구조

1 만기수익률

우리는 앞서 채권의 시장금리, 즉 만기수익률(Yield to Maturity : YTM)이 주어졌을 때 채권의 가치를 구하는 방법을 살펴보았다. 만약 해당 채권이 유통시장에서 거래되는 채권이라면 채권의 시장가격이 공시된다. 따라서 공시된 채권가격과 식 (8.1)을 사용하면 거꾸로 만기수익률을 구할 수 있다. 그렇기 때문에 만기수익률을 채권의 시장수익률 또는 시장금리라 하는 것이다. 즉, 만기수익률은 해당 채권에 대해서 시장에서 요구하는 수익률이라 할 수 있다. 만기수익률은 채권을 만기까지 보유할 경우 투자자가 얻을 수 있는 평균수익률이기 때문에 만기수익률이라는 이름으로 불린다.

만기수익률(YTM)의 여러 이름

만기수익률
=채권의 시장금리
=채권의 유통수익률
=채권에 대한 시장의 요구수익률
=채권을 만기까지 보유할 경우 얻게 되는 평균수익률
=채권의 시장가격과 채권의 현재가치를 일치시키는 할인율

예제 8-3 만기수익률의 계산

만기까지의 기간이 3년, 이표율이 10%, 액면금액이 1,000만원인 회사채가 현재 시장에서 950만원에 거래되고 있다. 이 회사채의 만기수익률은 얼마일까?

풀이

① 방정식에 의한 방법

$$950 = \frac{100}{1+R} + \frac{100}{(1+R)^2} + \frac{100+1,000}{(1+R)^3}$$

위의 방정식을 만족하는 할인율이 만기수익률이므로 이 식을 R에 대해 풀어 보면 만기수익률 $R=0.12$, 즉 12%임을 알 수 있다.

② 간이법

그러나 위의 방정식을 푸는 것이 쉽지 않기 때문에 실무계에서는 다음과 같은 간이법을 이용하여 만기수익률을 간편하게 구하고 있다.

$$R = \frac{C+(F-P)/N}{(P+F)/2} \tag{8.4}$$

식 (8.4)에 주어진 정보를 대입하면 $R = \frac{100+(1,000-950)/3}{(950+1,000)/2} = 0.12$, 즉 12%가 된다(식에서 N은 채권의 잔존만기를 나타냄).

③ 재무계산기의 이용

만기수익률을 쉽게 구하는 또 하나의 방법은 재무계산기(financial calculator)를 이용하는 것이다. 재무계산기는 채권가치의 계산은 물론 NPV, IRR, 복리계산 등 복잡한 재무상의 계산을 간단히 해결해주는 유용한 계산기이다.[6] 채권가치나 만기수익률을 계산할 때 입력해야 하는 key는 다음과 같다. 이때 N은 잔존만기를, $\%i$는 만기수익률을, PMT는 이표를, PV는 현재 채권가격을, FV는 액면금액을 의미한다. 앞의 예에 적용하면,

	N	$\%i$	PMT	PV	FV
입력 ☞	3		100	−950	1,000
결과 ☞		12			

이때 PV값에 음의 부호를 붙인 이유는 재무계산기가 현금유출을 음으로, 현금유입은 양으로 구분하기 때문이다. 다시 말해 재무계산기는 950만원을 지불하여(현금유출) 채권을 매입한 다음 이표를 100만원씩 3년간 받고(현금유입) 만기 때 1,000만원을 받는 것(현금유입)으로 인식하기 때문이다.

2 금리의 기간구조

어떤 특정 시점의 단기금리와 장기금리는 보통 다르다. 때때로 단기금리가 장기금리보다 높기도 하고 거꾸로 장기금리가 단기금리보다 높을 때도 있다. 단기금리와 장기금리 사이에 존재하는 관계를 금리의 기간구조(term structure of interest rates)라 한다. 다시 말해, 채권의 만기별로 만기수익률이 어떻게 다른가를 보이는 것이다.[7] 채권의 잔존만기를 X축에 표시하고 그 채권의 만기수익률을 Y축에 표시한 것을 만기수익률곡선(yield curve)[8]이라 하며, 보통 [그림 8-3]과 같은 형태를 갖는다.[9]

금리의 기간구조는 세 가지 형태를 갖는다. 보통 우상향곡선 형태를 보이는데 이는 장기금리가 단기금리보다 높다는 것이다(장고단저 형태). 둘째로 우하향곡선의 형태를 보이는 경우인데 이는 단기금리가 장기금리보다 높을 때이다(단고장

그림 8-3 금리의 기간구조(채무불이행위험이 없는 국채를 가정)

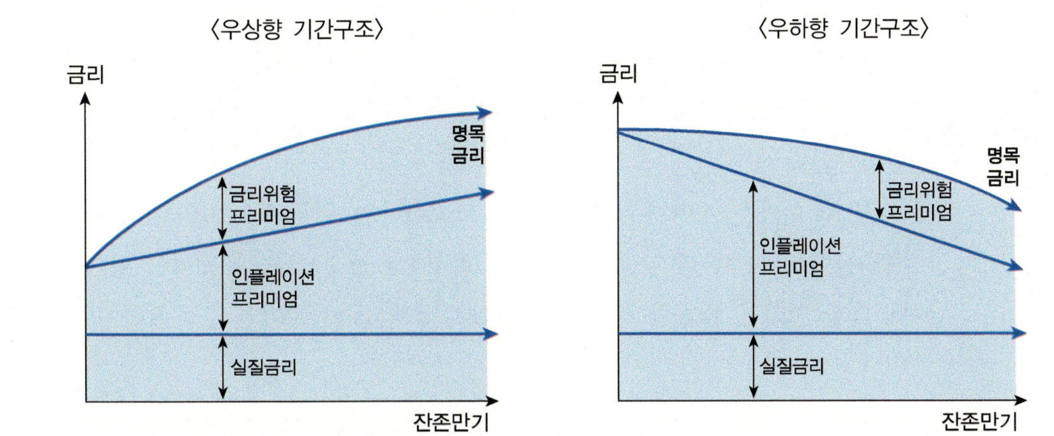

---

6) NPV와 IRR에 대해서는 제9장에서 배우게 될 것이다.
7) 금리의 기간구조는 채무불이행위험이 없는 순수할인국채를 대상으로 한다.
8) 금리의 기간구조와 만기수익률곡선의 유일한 차이는 금리의 기간구조는 순수할인채를 대상으로 하는 반면, 만기수익률곡선은 이표채를 대상으로 한다는 것이다.
9) 우리가 보통 말하는 금리 또는 수익률은 모두 명목금리(nominal interest rates)와 명목수익률(nominal yield)을 의미한다.

저 형태). 마지막으로 곱사등 형태(humped shape)인데 이는 단기적으로는 금리가 상승하다가 장기로 갈수록 하락한다는 것을 의미한다. 금리의 기간구조, 즉 만기수익률곡선은 일정한 것이 아니라 시점에 따라 형태가 변하게 된다.

이러한 금리의 기간구조 형태를 결정하는 요소들은 무엇일까? 다음 세 가지를 들 수 있다.

첫 번째 요소는 실질금리(real interest rates)로서 이는 현재의 소비를 미래의 소비로 늦추는 대가로 요구하는 투자자의 보상을 말하는데 이는 잔존만기에 관계없이 일정하다.

두 번째 요소는 인플레이션율(inflation rate)로서 이는 투자자들이 인플레이션으로 인해 미래의 화폐가치가 떨어질 것을 염려하기 때문에 인플레이션 프리미엄을 요구하기 때문에 명목금리(nominal interest rates)가 더 높아지게 만든다. 그러나 미래의 인플레이션율이 상승할 수도 하락할 수도 있기 때문에 우상향 또는 우하향 어떤 형태도 가능하다.

마지막 세 번째 요소는 금리위험이다. 이는 앞에서 설명한 바와 같이 채권의 잔존만기가 길수록 채권가격의 변화가 크기 때문에 투자자들은 장기채권에 대해 보다 높은 금리위험 프리미엄을 요구한다.

요약하면 금리의 기간구조는 실질금리+인플레이션 프리미엄+금리위험 프리미엄으로 결정되는데, 이 중 특히 인플레이션 프리미엄에 의해 형태가 결정된다고 할 수 있다.

만일 회사채의 만기수익률곡선을 고려한다면 위의 프리미엄 이외에 당연히 채무불이행위험에 따른 프리미엄(default risk premium)과 유동성이 떨어지는 것에 대한 대가인 유동성 프리미엄(liquidity premium)을 아울러 고려하여야 할 것이다.

제 4 절 주식가치평가

1 주식의 현금흐름

삼팔이는 철수기업의 주식을 사려고 생각중이다. 분석가들의 리포트에 의하면 철수기업의 1년 후 주가는 7만원이 될 것으로 기대되며 1년 후 배당을 주당 만원 지급할 것으로 예상된다고 하자. 만약 삼팔이의 주식투자 시 기대하는 수익률이 25%라 한다면(1년 후 주가와 배당이 확실하지 않으므로) 현재 얼마를 주고 사는 것이 적정할까?

$$\text{철수기업의 주식가치} = \frac{10,000 + 70,000}{1.25} = 64,000\text{원}$$

그러므로 현재 삼팔이가 가지고 있는 정보하에서 64,000원이 적정주가라고 할 수 있다. 이를 일반화해서 현재 주가를 P_0라 하고 1년 후 주가와 배당을 각각 P_1과 D_1이라 한다면, 해당 주식에 대한 시장의 요구수익률을 R이라 할 때 현재 주가는 다음과 같이 표현된다.

$$P_0 = \frac{D_1 + P_1}{1 + R} \tag{8.5}$$

같은 식으로 생각해서 내년도 주가 P_1을 2년 후 주가 P_2와 2년 후 배당 D_2로 나타내면 다음과 같다.

$$P_1 = \frac{D_2 + P_2}{1 + R} \tag{8.6}$$

이제 식 (8.6)을 식 (8.5)에 대입하면,

$$P_0 = \frac{D_1 + \frac{D_2 + P_2}{1 + R}}{1 + R} = \frac{D_1}{1 + R} + \frac{D_2}{(1 + R)^2} + \frac{P_2}{(1 + R)^2}$$ 이 된다.

이제 이와 같은 과정을 P_2, P_3, … 등에 대해 반복적으로 진행하면 결국 현재 주가는 미래 배당들만으로 표시됨을 알 수 있다.[10)]

$$P_0 = \frac{D_1}{1+R} + \frac{D_2}{(1+R)^2} + \frac{D_3}{(1+R)^3} + \cdots \tag{8.7}$$

2 주식가치평가모형

1) 일정배당모형

일정배당모형(constant dividend model) 또는 무성장모형(zero growth model)에서는 기업이 성장하지 않고 항상 현상유지만 하는 것으로 가정하는데 이 경우 배당은 일정하여 $D_1 = D_2 = \cdots = D_\infty = D$이 된다. 우선주(preferred stock)의 경우 기업이 존재하는 한 일정한 배당을 영구적으로 지급하기 때문에 이 모형에 해당한다. 일정배당모형에서의 이론적 주가는 일정한 배당을 무한정 지급하는 영구연금(perpetuity)의 경우에 해당하므로 영구채와 같이 일정한 배당을 할인율로 나눠서 구한다. 이때 할인율은 이 주식에 대한 투자자의 요구수익률 R을 사용하여야 한다.

$$P_0 = \frac{D}{R} \tag{8.8}$$

예제 8-4 **우선주의 가치계산**

주당 1,800원의 배당을 영구히 지급하는 우선주가 있다. 이 우선주에 대한 주주의 요구수익률이 12%일 때 이 주식의 가치는 얼마인가?

풀이

식 (8.8)을 이용하면, $P_0 = \frac{1,800}{0.12} = 15,000$원이 된다.

---

10) $\frac{P_\infty}{(1+R)^\infty} = 0$이기 때문이다.

2) 일정성장모형

일정성장모형(constant growth model)에서는 기업이 일정하게 성장하고 그에 따라 배당도 일정하게 성장한다고 가정한다. 즉, 이 모형은 성숙기에 접어든 안정적인 기업의 주가 설명에 적합한 모형이라 할 수 있다. 배당이 전기보다 g%만큼 성장한다고 가정하면 각 기의 배당은 다음과 같이 된다.

$$D_1 = D_0 \times (1+g),\ D_2 = D_1 \times (1+g) = D_0 \times (1+g)^2,\ \cdots$$

이제 위의 각 기의 배당을 식 (8.7)에 대입하면,

$$P_0 = \frac{D_0(1+g)}{1+R} + \frac{D_0(1+g)^2}{(1+R)^2} + \frac{D_0(1+g)^3}{(1+R)^3} + \cdots$$

배당의 성장률 g가 할인율 R보다 작다면($g < R$) 위의 식은 다음 식 (8.9)와 같은 간단한 형태로 정리되는데, 이를 배당성장모형(dividend growth model) 또는 고든모형(Gordon model)이라고도 한다.

예제 8-5 배당성장모형의 적용

고든기업의 올해 말 배당이 한 주당 1,000원으로 예상되고, 향후 연평균 배당성장률이 8%로 영원히 계속될 것으로 예상된다. 이 기업에 대한 주주의 요구수익률이 12%라 할 때 고든기업의 주가는 얼마가 적정한가?

풀이

식 (8.9)에 주어진 정보를 대입하면,

$$P_0 = \frac{D_1}{R-g} = \frac{1{,}000}{0.12-0.08} = 25{,}000\text{원이 된다.}$$

식 (8.9)를 보면 현재 주가는 다음기의 배당, 배당성장률 그리고 할인율 등 세 가지에 의해 결정되는 것을 알 수 있는데, 배당성장률과 할인율의 미묘한 변화에도 주식가치가 크게 변하기 때문에 이 모형의 사용에 있어서 배당성장률과 할인율의 추정이 대단히 중요하다. 특히, 낮은 수준의 할인율과 높은 수준의 배당성장률을 사용할 경우에는 주의를 요한다.

$$P_0 = \frac{D_0 \times (1+g)}{R-g} = \frac{D_1}{R-g} \tag{8.9}$$

3) 변동성장모형

기업은 보통 성숙단계에 진입하기 전 빠른 성장을 보이는 것이 일반적이다. 따라서 처음 몇 년간의 배당성장률은 일정하지 않은 것이 일반적이다. 이 모형은 배당성장률이 일정하지 않은 구간(처음 구간)과 배당성장률이 일정한 구간(나중 구간)으로 구분하여, 일정하지 않은 구간에 대해서는 배당을 하나씩 따로 고려하고 일정한 구간에 대해서는 배당성장모형을 적용한다.

예제 8-6 변동성장모형의 적용

조선기업은 향후 3년간 다음과 같이 배당을 지불할 것으로 계획하고 있다. 즉, D_1 = 1,000원, D_2 = 2,000원, D_3 = 2,500원이다. 3년이 지난 다음에는 매년 배당을 계속 5%씩 증가시킬 예정이다. 만약 이 기업에 대한 주주의 요구수익률이 10%라면 조선기업 주식의 가치는 얼마인가?

풀이

변동성장모형을 다루는 데 있어서 다음과 같은 배당흐름의 시간축을 고려하면 많은 도움이 된다.

그림 8-4 배당흐름의 시간축

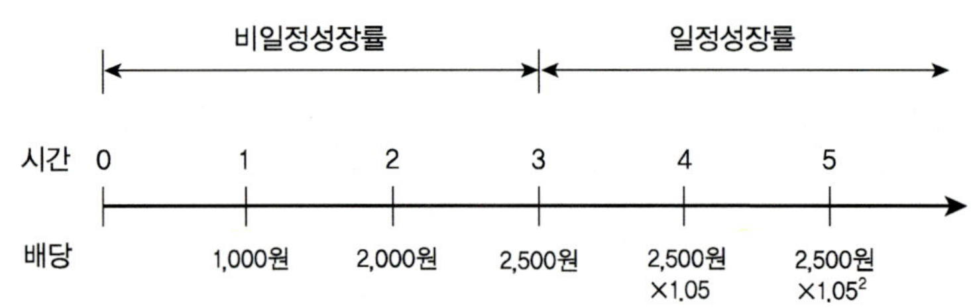

이 문제를 푸는 데 있어서 핵심적인 것은 일정성장률이 어디서 시작하느냐 하는 것이다. 3년 이후에는 배당성장률이 5%로 일정한 일정성장모형에 해당하기 때문에 식 (8.9)를 적용하여 P_3를 구할 수 있다.

$$P_3 = \frac{D_4}{R-g} = \frac{2{,}500 \times (1.05)}{0.1-0.05} = 52{,}500$$

3년 이후에 발생하는 모든 배당현금흐름의 3년째 시점에서의 가치는 P_3가 되고 P_3의 현가와 나머지 배당 $D_1 = 1{,}000$원, $D_2 = 2{,}000$원, $D_3 = 2{,}500$원의 현가를 더하면 결국 현재 주식가치인 P_0가 된다.

$$\begin{aligned} P_0 &= \frac{D_1}{1+R} + \frac{D_2}{(1+R)^2} + \frac{D_3}{(1+R)^3} + \frac{P_3}{(1+R)^3} \\ &= \frac{1,000}{1.1} + \frac{2,000}{1.1^2} + \frac{2,500}{1.1^3} + \frac{52,500}{1.1^3} \\ &= 910 + 1{,}650 + 1{,}880 + 39{,}440 = 43{,}880\text{원} \end{aligned}$$

연습문제

1. 다음 용어를 설명하시오.

(1) 이표율　(2) 만기수익률　(3) 액면가
(4) 할인채 또는 할증채　(5) 무이표채　(6) 영구채
(7) 금리위험　(8) 수익률곡선　(9) 금리위험 프리미엄
(10) 고든모형

2. 다음 괄호에 적절한 단어를 고르시오.

(1) 잔존만기가 (길수록, 짧을수록) 채권가격은 크게 변한다.
(2) 금리가 (상승할 때, 하락할 때) 채권가격은 크게 변한다.
(3) 이표율이 (낮을수록, 높을수록) 채권가격은 크게 변한다.

3. 금리의 기간구조를 설명하는 세 가지 요소를 설명하시오.

4. 채권에서 만기수익률이 이표율과 같으면 그 채권은 시장에서 액면가로 거래된다. 왜 그런지 설명하시오.

5. 만기가 3년인 순수할인채가 있다. 이 채권의 액면금액이 1,000만원이고 이 채권의 만기수익률이 10%라 한다면, 이 채권의 가치는 얼마인가?

6. 매년 100만원씩 이자를 영속적으로 지급하는 영구채가 있다. 이 영구채의 현재 시장이자율이 5%라 한다면, 이 영구채의 가치는 얼마인가?

7. A는 액면가가 $1,000인 3년만기 채권을 보유하고 있다. 이 채권의 연 이자지급액은 $75이고, 현재 채권가격은 $975.48이다. 적정할인율이 10%일 때, 이 채권을 계속 보유하는 것과 매도하는 것 중 어느 것이 유리한가?

8. 액면가가 $1,000이고 이표율이 8%이며 위험 정도가 엇비슷하게 나타난 채권 A와 채권 B가 있다. 한 채권은 만기가 5년이고, 다른 채권은 만기가 10년이다. 적정할인율은 두 채권 모두 8%이다. 만일 할인율이 2% 상승한다면 두 채권의 가격은 각각 얼마인가? 어느 채권의 가격이 더 많이 변할까? 왜 그런가?

9. 어떤 기업은 최근 매년 $4의 배당금을 지불하였다. 이 기업에 대한 주주의 요구수익률이 11%이고 배당은 연간 6%씩 무기한으로 성장한다고 가정한다. 이 기업의 주가는 얼마가 적정한가?

10. 현재 주가가 $20이고, 배당의 예상성장률이 8%이며, 내년도 예상배당금이 $0.6인 기업이 있다. 배당성장모형에 의하면 이 기업에 대한 주주의 요구수익률은 얼마로 예상되는가?

11. 삼일기업은 주당 $1의 배당금을 방금 지불하였다. 향후 3년간 배당금을 25%씩 증가할 것으로 예상되며 그 이후에는 5%로 성장률이 줄어들 것으로 예상하고 있다. 이 기업의 주주 요구수익률이 20%라 할 때 이 기업의 적정주가를 구하시오.

PART 03 자본의 운용 및 조달

제 9 장

자본예산기법

Financial Management

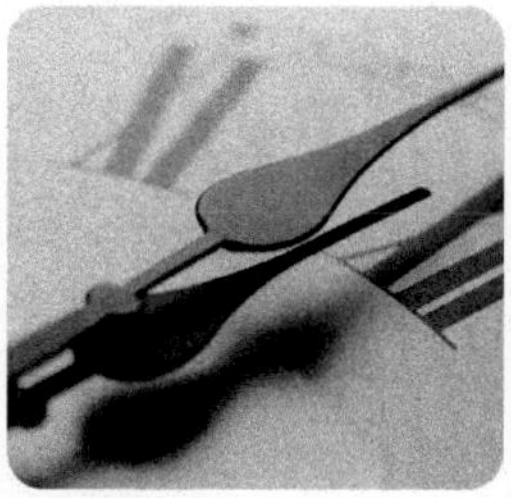

Financial Management

이 장에서는 · · ·

자본예산(capital budgeting)이란 투자안에 대한 타당성을 분석하고 자본의 투입 여부를 결정하는 재무의사결정의 한 분야이다. 운전자본 관리는 유동자산의 취득과 유동부채의 조달에 관한 의사결정으로서 투자지출의 규모가 비교적 작고 그 효과가 단기에 그치는 반면, 자본예산은 투자지출의 규모가 크고 그 효과가 장기에 걸쳐 발생하는 자산의 취득에 관한 투자의사결정을 뜻한다.

제 1 절 자본예산의 정의

자본예산(capital budgeting)이란 투자안에 대한 타당성을 분석하고 자본의 투입 여부를 결정하는 재무의사결정의 한 분야이다. 운전자본관리는 유동자산의 취득과 유동부채의 조달에 관한 의사결정으로서 투자지출의 규모가 비교적 작고 그 효과가 단기에 그치는 반면, 자본예산은 투자지출의 규모가 크고 그 효과가 장기에 걸쳐 발생하는 자산의 취득에 관한 투자의사결정을 뜻한다.

일단 투자안이 선택되면 투자 초기에 많은 액수의 투자금이 소요됨은 물론, 투자기간 동안 지속적인 인력과 노력이 투입되어, 일단 투자안이 선택된 이후에는 이를 번복하거나 수정하는 데 막대한 금액의 손실이 초래되기 때문에 투자안 선정은 매우 신중해야 한다. 투자안의 경제성을 평가하는 데 있어서 가장 어려운 점은 투자안으로부터 발생하는 현재 및 미래의 현금흐름을 추정하는 과정이다. 미래에 발생하는 현금흐름의 규모와 시기를 정확히 예측하는 일은 자본예산의 가장 중요한 단계일 뿐 아니라 기업의 성패를 좌우하는 작업이다.

일반적으로 자본예산과정은 다음의 절차를 거쳐 수행된다.

첫째, 투자안을 수행함에 따라 수반되는 현재시점의 투자비용과 미래시점의 기대현금흐름을 추정하는 단계이다.

둘째, 추정현금흐름의 위험도를 추정하는 단계이다. 미래에 발생하는 현금흐름은 확정적인 액수가 아니라 확률분포를 갖는 불확실한 수치이기 때문이다.

셋째, 추정현금흐름의 위험도를 토대로 미래현금흐름의 할인율을 결정한다. 즉, 투자안의 자본비용을 결정하는 단계이다.

넷째, 추정현금흐름과 투자안의 자본비용을 토대로 적절한 자본예산기법을 이용하여 투자안의 경제성을 분석하고 최종적으로 투자안에 대한 채택 여부를 결정한다.

다음 절에서는 투자안의 현금흐름을 추정하는 기법과 자본예산기법에 대해 자세히 알아보자.

제 2 절 현금흐름의 추정방법

1 현금흐름 추정의 원칙

투자안의 가치평가는 회계적 이익이 아닌 현금흐름을 토대로 이루어져야 한다. 회계적 이익은 회계처리방법의 임의성과 경영자의 자의성 등에 의해 영향을 받기 때문에 경제성 평가를 위한 변수로서 적절하지 못하다. 현금흐름의 계산방법은 회계적 이익의 계산방법과 차이가 있는데, 예를 들어 감가상각비는 실제 현금유출이 발생하지 않는 회계적 비용인 것이다. 적절한 현금흐름을 추정하기 위한 원칙을 정리하면 다음과 같다.

1) 증분현금흐름기준

투자안의 현금흐름을 추정할 경우 투자안을 채택함으로 인해 추가적으로 얻어지는 증분현금흐름을 기준으로 해야 한다. 여기서 증분현금흐름이란 투자안을 채택함으로 인해 얻어지는 기업의 총현금흐름에서 투자안을 기각함으로써 얻어지는 기업의 총현금흐름을 차감한 금액으로 이해할 수 있다. 따라서 투자안의 채택 여부와 관계없이 발생하는 기업의 현금흐름은 증분현금흐름이 아니며 투자안의 평가 시 전혀 고려할 필요가 없다.

2) 매몰원가는 무시한다

매몰원가(sunk costs)는 과거의 의사결정에 의하여 이루어진 회수 불가능한 역사적 원가이다. 따라서 매몰원가는 투자안의 채택 여부와 관계없이 이미 지출된 비용이기 때문에 투자안의 경제성 평가 시 전혀 고려할 필요가 없다. 예를 들어, 기업이 토지를 과거에 이미 구입한 후, 그 부지에 공장을 지을지 또는 창고를 지을지 여부를 결정하려 할 때 토지구입비는 이미 지출된 항목이므로 다시 고려할 필요가 없다.

3) 기회비용을 고려해야 한다

어떤 투자안의 기회비용(opportunity costs)이란 그 투자안을 채택함으로써 잃게 되는 금전적 가치라고 정의할 수 있다. 예를 들어, 대학원 학위를 취득하기 위한 기회비용은 취직을 했을 경우 얻게 되는 소득의 가치가 될 것이다. 대학원 진학으로 인해 취업을 통한 근로소득을 잃게 되기 때문이다. 대학원 진학과 취업 중에서 진로를 경제적 측면에서만 고려할 경우 기회비용을 포함시키지 않을 경우 타당한 평가가 이루어질 수 없음은 자명하다. 따라서 투자안의 경제성을 평가할 경우 투자안의 채택으로 인해 발생하는 기회비용을 반드시 포함시켜야 한다.

또 다른 예를 들어 보자. 기업에서 과거에 구입한 토지에 사무실을 지을지 또는 임차를 할 것인지 두 가지 대안에 대해 경제성 평가를 할 경우 토지비용은 어떻게 처리해야 할 것인지에 대해 고려해 보자. 앞서 지적했듯이 토지비용은 과거에 지불한 매몰비용이므로 고려하지 말아야 할 것인가? 결론적으로 토지비용은 어떤 투자안을 선택하든 관계없이 발생하는 비용이므로 고려하지 말아야 한다. 하지만 토지를 사무실 용도로 사용함에 따라 다른 용도로 사용할 경우 얻을 수 있는 금전적 이득, 즉 토지사용에 대한 기회비용은 반드시 포함시켜야 한다. 참고로 앞서 제시한 토지 부지에 공장 또는 창고를 짓는 투자안의 평가에서는 기회비용조차도 고려하지 않아도 된다. 왜냐하면 두 투자안에 대한 토지의 기회비용이 동일하기 때문이다.

4) 순운전자본의 증감을 고려한다

순운전자본(net working capital)이란 유동자산에서 유동부채를 뺀 금액이다. 유동자산의 예로서 현금, 매출채권, 원재료 또는 완제품 재고 등을 들 수 있으며, 유동부채의 대표적인 예로서 외상매입금이 있다. 투자를 수행함에 따라서 고정자산뿐 아니라 이러한 순운전자본이 부수적으로 증감되는데 현금흐름의 계산 시 이 항목을 빼놓지 말고 포함시켜야 한다.

5) 투자안 채택에 따른 부수적 효과(side effects)를 무시하지 않는다

일반적으로 투자안을 채택함에 따라 좋든 나쁘든 부수적 경제적 효과가 수반되기 마련이다. 예를 들어, 전국에 걸쳐 체인점을 갖고 있는 백화점이 어떤 지역에 체인점을 신설할 것을 고려하는 경우 놓치지 말아야 할 사항은 인근 지역에 위치한 자사 체인점의 매출액에 미치는 경제적 영향을 평가해야 한다는 점이다.

6) 자본조달비용은 현금흐름에 포함하지 않는다

이자비용과 배당금 등의 자본조달비용(financing costs)은 기업으로부터 채무자 또는 채권자에게 유출되는 현금이기는 하지만 투자안의 경제성 평가 시 고려할 필요가 없다. 왜냐하면 투자안의 순현재가치를 계산할 경우 이미 이자비용과 배당금 등 자본조달비용을 자본비용이라는 할인율을 이용하여 할인하기 때문이다. 또한 내부수익률법에서는 투자안의 내부수익률이 자본비용과 큰지 여부를 평가하며 이에 따라 투자 여부를 결정하기 때문이다.

7) 법인세 납부 후 현금흐름을 기준으로 한다

기업에 있어서 법인세는 현금흐름의 중요한 부분이다. 따라서 매 시기에 현금흐름을 계산할 경우 법인세를 반드시 현금유출로 처리해야 한다. 또 하나 유념해야 할 사항은 현금흐름추정과 관련하여 법인세를 계산할 때 이자비용을 차감시켜서는 안 된다는 점이다. 앞에서도 지적했듯이 이자비용 등 자금조달비용은 할인율에 반영되기 때문이다.

2 추정 재무제표의 작성

투자안에 대한 현금흐름을 추정하기 위하여 제일 먼저 해야 할 사항은 추정 재무제표(pro forma financial statements)를 작성하는 것이다.

어떤 투자안에 대한 추정 손익계산서가 〈표 9-1〉과 같으며, 또한 투자회수기

표 9-1 추정 손익계산서

매 출 액	영업비용	감가상각비	영업이익 (EBIT)	법인세 (법인세율=40%)	순이익 (net income)
500억원	370억원	60억원	70억원	28억원	42억원

주: 1) EBIT: Earnings Before Interests and Taxes
2) 여기서 법인세를 계산할 때 이자비용은 고려하지 않음에 주의할 것.

간 동안 동일하게 나타난다고 추정하자(증분현금흐름 기준).

추정 손익계산서를 작성할 때 주의할 점은 앞서 현금흐름의 추정원칙에서 언급했듯이 자본조달을 위한 이자비용은 고려하지 않는다는 것이다. 따라서 위의 표에서도 이자비용은 포함시키지 않았다. 한편, 시설투자에 대한 감가상각이 3년 동안 정액법으로 이루어지며 투자회수기간을 3년이라고 가정하자. 〈표 9-2〉는 순운전자본이 투자 초기에 40억원, 1년 후 50억원, 2년 후 40억원, 3년 후 40억원으로 나타난다고 가정했을 때 시설투자비에 대한 감가상각을 고려하여 작성한 기업의 총투자 규모를 나타낸 것이다.

표 9-2 추정 재무상태표(자산부분)

	0	1년	2년	3년
순운전자본	40억원	50억원	40억원	40억원
순고정자산	180억원	120억원	60억원	0억원
총투자	220억원	170억원	100억원	40억원

3 현금흐름의 추정

투자안의 현금흐름은 영업현금흐름, 자본지출, 순운전자본의 변화, 이 세 가지에 의해 결정되는데 구체적으로 다음의 식 (9.1)에 의해 계산한다.

$$\text{현금흐름} = \text{영업현금흐름} + \text{순운전자본의 변화} - \text{자본지출} \qquad (9.1)$$

이제 세 가지 각각의 요소에 대해 현금흐름을 추정해 보자.

1) 영업현금흐름의 추정

영업현금흐름(operating cash flow)이란 회계상의 이익 변화가 아니라 실제 영업상의 현금흐름을 말한다. 회계이익과 현금흐름이 다른 점은 다음 예를 통해 확인할 수 있다. 만약 어느 기업이 2억원의 구입비가 소요되는 기계를 구입하였을 경우, 실제 현금유출은 2억원이지만 이 기계를 4년간에 걸쳐 감가상각을 한다면

(잔존가치가 없다면), 매년 5,000만원씩 4년간 회계적 비용으로 처리하게 된다. 따라서 감가상각비는 실제 현금유출이 발생하지 않는 회계적 비용이다. 이와 같이 현금유출이 없는 비용으로는 감가상각비 이외에도 퇴직급여와 같은 부채성 충당금의 증가비용 등이 있다. 한편, 현금유입이 없는 회계적 수익으로는 유가증권 평가이익, 외화환산이익 등이 있다.

문제를 단순화하기 위해 기업의 재무활동에서 현금유입이 없는 회계적 수익은 없다고 가정하고 현금유출이 없는 회계적 비용으로 감가상각비만을 고려한다면 영업현금흐름은 다음과 같이 계산한다.

방법 1 : (9.2)

$$\begin{aligned}\text{영업현금흐름} &= \text{영업이익} + \text{감가상각비} - \text{법인세} \\ &= \text{영업이익}(1-\text{법인세율}) + \text{감가상각비}\end{aligned}$$

위의 식 (9.2)에서 감가상각비를 더해주는 이유는 감가상각비가 실제 발생한 현금흐름이 아니기 때문이다. 한편, 영업이익은 추정손익계산서상의 매출액에서 영업비용과 감가상각비를 차감한 금액이므로 이를 다시 정리하면 다음 식과 같다.

방법 2 : (9.3)

$$\begin{aligned}\text{영업현금흐름} &= (\text{매출액} - \text{영업비용} - \text{감가상각비})(1-\text{법인세율}) + \text{감가상각비} \\ &= (\text{매출액} - \text{영업비용})(1-\text{법인세율}) + \text{감가상각비} \times \text{법인세율}\end{aligned}$$

위의 식 (9.3)에서 두 번째 항 (감가상각비×법인세율)을 감가상각비의 법인세절약효과(tax shield)라고 부른다. 그 이유는 감가상각비가 실제로 현금의 유출을 수반하지 않지만 법인세 계산에서 비용으로 처리되어 법인세를 절약하고 따라서 현금의 유출을 감소시키기 때문이다.

두 방법을 각각 이용하여 1년 후부터 3년 후까지 매년 발생하는 영업현금흐름을 계산하면 다음과 같다.

방법 1 : 70억원(1−0.4)+60억원 = 102억원

방법 2 : (500억원−370억원)(1−0.4)+60억원×(0.4) = 102억원

즉, 두 가지의 방법 모두 동일한 결과를 제시한다.

2) 순운전자본의 변화에 따른 현금흐름의 추정

새로운 투자에 따른 순운전자본의 변동 또한 현금흐름의 일종이므로 투자안 평가 시 반드시 고려를 해주어야 한다. 여기서 주의해야 할 사항은 외상매출금이나 재고자산 등의 운전자본에 대한 투자는 고정자산에 대한 투자와 달리 1년을 주기로 반복된다고 가정하며, 따라서 매해 말에 전액이 회수되고 이듬해 재투자된다는 가정을 한다는 점이다. 앞서 작성한 추정 재무제표에 의하면 40억원의 순운전자본이 투자 초기 시점에 추가로 소요됨을 알 수 있다. 따라서 투자 초기에 −40억원이라는 현금흐름(유출)이 발생한다. 한편, 1년 후 순운전자본이 50억원이 되므로 추가적으로 −10억원의 현금흐름(유출)이 발생하며, 2년 후에는 순운전자본이 40억원으로 감소하여 10억원의 현금이 유입됨을 알 수 있다. 끝으로 3년째 말에는 순운전자본 40억원이 전액 회수되므로 40억원의 현금유입이 발생한다. 이를 정리한 것이 〈표 9-3〉이다.

표 9-3 순운전자본의 변화에 따른 현금흐름

	0	1	2	3
순운전자본	40억원	50억원	40억원	40억원
순운전자본의 증감	40억원	10억원	−10억원	0억원
순운전자본의 현금흐름	−40억원	−10억원	10억원	40억원

결론적으로 순운전자본의 변동액만큼 현금의 유입과 유출을 추가적으로 발생시켜 현금흐름에 영향을 준다.

3) 자본지출과 총현금흐름의 추정

자본지출이 투자 초기에 180억원 소요되므로 이를 반영하여 매 시기마다 총현금흐름의 양을 식 (9.1)을 이용하여 추정하면 〈표 9-4〉와 같다.

결론적으로, 본 투자안에 대한 추정 손익계산서와 추정 재무상태표를 토대로 총현금흐름을 추정해본 결과, 초기에 220억원의 투자가 이루어지고 1년 후 92억원, 2년 후 112억원, 마지막으로 3년 후 142억원의 현금유입이 발생함을 알 수 있다.

표 9-4 총현금흐름

	0	1	2	3
영업현금흐름(A)		102억원	102억원	102억원
순운전자본의 현금흐름(B)	−40억원	−10억원	10억원	40억원
자본지출(C)	−180억원			
총현금흐름(A+B−C)	−220억원	92억원	112억원	142억원

제 3 절 자본예산기법

투자안을 평가하기 위한 기법으로서 여기에서 소개할 방법은 순현재가치법과 내부수익률법, 회수기간법, 수익성지수법, 회계적 이익률법이다. 이 중에서 순현재가치법과 내부수익률이 가장 많이 사용되며 나머지 방법들은 이 앞의 두 방법을 보완하기 위한 방법으로 사용되고 있다.

1 순현재가치법

투자안의 순현재가치(net present value : NPV)란 투자안을 채택함으로 인해 발생하는 현재 및 미래의 모든 현금흐름을 적절한 할인율을 이용하여 현재가치로 할인한 금액을 말한다. 즉, 투자안의 순현재가치는 다음과 같이 나타낼 수 있다.

$$NPV = \sum_{t=0}^{T} \frac{C_t}{(1+R)^t} \tag{9.4}$$

단, C_t : t기의 순현금흐름(net cash flows)

R : 할인율

순현재가치를 계산하는 과정에서 유의해야 할 점은 현금흐름의 종류에는 현금유입과 현금유출의 두 가지가 있는데, 현금유입일 경우 양의 부호를 사용하며 현금유출일 경우 음의 부호를 사용함에 유의하여야 한다. 일반적으로 초기투자비용은 현금유출이므로 음의 부호를 사용하고 투자안으로부터 회수되는 수익은 현금유입이므로 양의 부호를 사용하지만 일부 투자안의 경우 투자비용이 투자기간 중간에 발생하는 경우가 있으며 이때는 현금유출이므로 음의 부호를 사용해야 한다.

순현재가치는 현금흐름 이외에도 할인율의 크기에 의해서도 결정되는데 만약 할인율이 증가하면 순현재가치는 감소하고 할인율이 감소하면 순현재가치는 증가하므로 순현재가치와 할인율 사이에는 반비례의 관계가 있음을 알 수 있다. 따라서 어떠한 수치의 할인율을 사용하느냐에 따라서 투자안의 순현재가치의 부호와 크기가 달라질 수 있으므로 할인율의 설정에 특히 주의를 요하여야 한다. 일반적으로 투자안의 평가에 사용되는 할인율로서 앞 장에서 다룬 기업의 자본비용을 사용하므로 본 장에서는 자본비용과 할인율을 혼용하여 사용한다.

순현재가치는 기업이 투자안을 채택함으로써 발생하는 기업가치의 순변화를 의미하는데, 만약 순현재가치가 양수로 나타나면 이 투자안을 통하여 기업가치가 증가하게 되며, 순현재가치가 음수 또는 0으로 나타나면 기업가치가 감소하거나 또는 기업가치의 변화가 없음을 알 수 있다. 따라서 독립 투자안에 대한 채택 또는 기각 여부와 상호 배타적인 투자안들 중 우선순위를 정하는 의사결정문제에서 순현재가치법은 다음과 같은 기준을 제시한다.

(i) 독립투자안의 경우 :

투자안의 순현재가치가 양수이면 투자안을 채택하고, 음수 또는 0이면 투자안을 기각한다.

(ii) 상호 배타적 투자안들의 우선순위를 결정하는 경우 :

투자안의 순현재가치가 큰 순서대로 투자 우선순위를 결정한다.

예제 9-1

아래 제시된 세 투자안의 NPV를 계산한 후 순현재가치법에 의하여 투자안을 평가해 보시오. 이때 할인율로 사용되는 투자안의 자본비용은 8%라고 가정하시오.

표 9-5 투자안 A, B, C의 현금흐름

연도	투자안 A	투자안 B	투자안 C
0	−100만원	−100만원	−50만원
1	40만원	0	−40만원
2	50만원	0	0
3	70만원	150만원	100만원

풀이

우선 투자안 A의 NPV는 식 (9.4)에서 정의한 바와 같이 다음과 같다.

$$NPV(A) = C_0 + \frac{C_1}{(1+r)} + \frac{C_2}{(1+r)^2} + \frac{C_3}{(1+r)^3}$$

$$= -100 + \frac{40}{(1+0.08)} + \frac{50}{(1+0.08)^2} + \frac{70}{(1+0.08)^3} = 35.5\text{만원}$$

따라서 투자안 A의 NPV는 35.5만원이다. 동일한 요령으로 투자안 B, C의 NPV를 구하면 다음과 같다.

$$NPV(B) = -100 + \frac{150}{(1+0.08)^3} = 19.1\text{만원}$$

$$NPV(C) = -50 - \frac{40}{(1+0.08)} + \frac{100}{(1+0.08)^3} = -7.7\text{만원}$$

만일 세 투자안이 서로 독립적인 투자안이라면 NPV가 0보다 큰 투자안 A와 B는 채택하고 NPV가 0보다 작은 투자안 C는 기각한다. 반면 세 투자안이 상호 배타적이라면, 즉 어느 한 개의 투자안만 선정해야 한다면 NPV가 가장 큰 투자안 A를 선택한다.

2 내부수익률법

투자안의 내부수익률(internal rate of return : IRR)이란 투자안 채택으로 인해 발생하는 모든 현금흐름의 순현재가치가 0이 되는 할인율을 말한다. 다시 말하면 내부수익률이란 투자안의 NPV를 0으로 만드는 할인율을 의미한다. 이를 수식으로 나타내면 다음과 같다.

$$NPV = \sum_{t=0}^{T} \frac{C_t}{(1+IRR)^t} = 0 \tag{9.5}$$

단, C_t : t기의 순현금흐름, IRR: 내부수익률

순현재가치를 계산하는 과정과 동일하게 내부수익률을 계산할 경우 현금흐름은 현금유입과 현금유출의 두 가지 종류가 있는데 현금유입일 경우 양의 부호를 사용하며 현금유출일 경우 음의 부호를 사용함에 유의하여야 한다.

내부수익률이란 투자안을 채택할 경우 기업이 얻게 되는 수익률이므로 내부수익률이 투자비용을 조달하기 위한 자본비용보다 클 경우 투자안은 기업가치를 증가시키며 반대로 내부수익률이 자본비용보다 작을 경우 기업가치를 감소시킨다. 따라서 독립투자안에 대한 채택 또는 기각 여부와 상호 배타적인 투자안들 중 우선순위를 정하는 의사결정문제에서 내부수익률법은 다음과 같은 기준을 제시한다.

(i) 독립투자안의 경우 :

투자안의 내부수익률이 자본비용보다 클 경우 투자안을 채택하고, 작거나 같으면 투자안을 기각한다.

(ii) 상호 배타적 투자안들의 우선순위를 결정하는 경우 :

투자안의 내부수익률이 큰 순서대로 투자 우선순위를 결정한다.

간단한 예를 통하여 IRR을 설명해 보도록 하자. 초기투자비용이 100만원이고 1년 후에 120만원의 현금이 회수되는 투자안의 IRR을 구해보자. 이때 $C_0 = -100$이고 $C_1 = 120$이므로 이 투자안의 IRR은 다음 식을 만족해야 한다.

$$NPV = C_0 + \frac{C_1}{1+IRR} = -100 + \frac{120}{1+IRR} = 0$$

윗 식을 풀면 IRR은 다음과 같이 얻어진다.

$$IRR = \frac{120}{100} - 1 = 0.2 \text{ 또는 } 20\%$$

1기간으로 이루어진 이 투자안의 IRR은 투자수익률(rate of return on investment)과 같다고 볼 수 있다. 이제 앞의 〈예제 9-1〉에서 제시된 투자안 A의 IRR을 계산해 보자. 투자안 A의 모든 현금흐름을 IRR로 할인하여 현재가치로 환산한 후 모두 더한 값, 즉 순현재가치는 0이 되어야 하므로 다음 식을 만족해야 한다.

$$NPV = -100 + \frac{40}{(1+IRR)} + \frac{50}{(1+IRR)^2} + \frac{70}{(1+IRR)^3} = 0$$

이때 미지수 IRR은 복잡한 3차 방정식의 해를 계산해야 구할 수 있는데 앞의 예에서 살펴본 것보다 간단치 않음을 알 수 있다. 현금흐름이 여러 시점에 걸쳐 발생하는 투자안의 내부수익률은 간단한 수작업으로 계산하기 어렵기 때문에 현재 널리 사용되는 방법은 마이크로소프트사(Microsoft Co.)에서 제공하는 엑셀(Excel)의 '함수마법사' 중 'IRR' 함수를 이용하거나 IRR을 계산할 수 있는 기능이 탑재된 계산기를 이용하는 것이다. 과거에 수작업의 일환으로 사용되었던 시행착오법(trial and error method)은 보조방법으로 사용할 수 있다. 엑셀을 이용하여 투자안 A의 IRR을 구하면 25%가 얻어지게 되는데 이는 다음 [그림 9-1]에서 투자안 A의 NPV를 0으로 만드는 할인율인 25%와 동일하다.

내부수익률법은 투자안의 내부수익률이 기업의 자본비용보다 클 경우 투자안을 채택하는 방법인데 [그림 9-1]은 이러한 원칙이 왜 타당한 것인지를 잘 보여주고 있다. 투자안의 NPV 곡선이 우하향하는 조건에서 만약 기업의 자본비용이 투자안의 IRR인 25%보다 작으면 투자안의 NPV는 항상 양수가 되어 이 투자안은 채택된다. 반면 기업의 자본비용이 IRR보다 크면 투자안의 NPV는 항상 음수가 되어 이 투자안은 기각된다. 따라서 투자안의 NPV곡선이 항상 우하향하는 조건에서 독립적 투자안에 대한 경제성평가 시 순현재가치법과 내부수익률법은 동일한 결과를 보여준다.

그림 9-1 투자안 A의 NPV 곡선과 내부수익률(IRR)

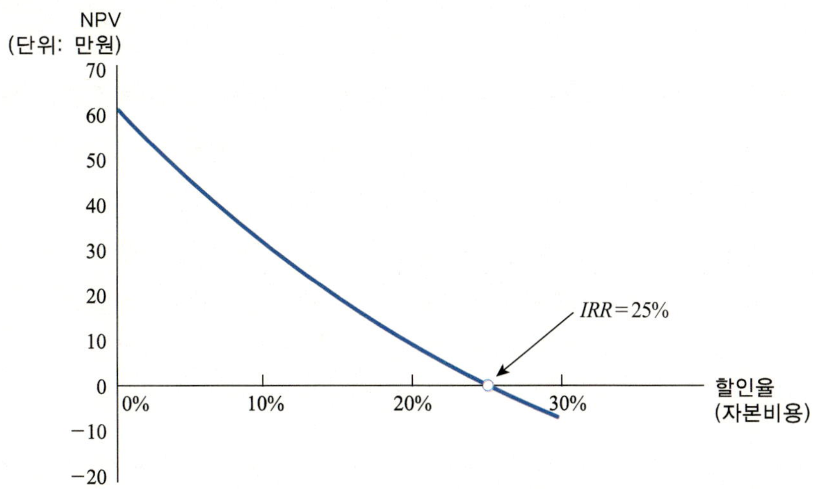

예제 9-2

앞의 예에서 제시된 세 투자안의 IRR을 계산하고 내부수익률법에 의해서 투자안을 평가해보시오. 이때 투자안의 자본비용은 8%라고 가정하시오.

풀이

•투자안 A :

$$-100+\frac{40}{(1+IRR)}+\frac{50}{(1+IRR)^2}+\frac{70}{(1+IRR)^3}=0,\ \text{IRR}=25\%$$

•투자안 B :

$$-100+\frac{150}{(1+IRR)^3}=0,\ \text{IRR}=14\%$$

•투자안 C :

$$-50-\frac{40}{(1+IRR)}+\frac{100}{(1+IRR)^3}=0,\ \text{IRR}=4\%$$

만일 세 투자안이 서로 독립적인 투자안이라면 IRR이 자본비용 8%보다 큰 투자안 A와 B가 채택하고 IRR이 8%보다 작은 투자안 C는 기각한다. 반면 세 투자안이 상호 배타적이라면 IRR이 가장 큰 투자안 A를 선택한다.

3 회수기간법

투자자들은 때로는 투자안을 평가할 때 얼마나 빨리 초기투자원금을 회수할 수 있는지에 대해 관심을 갖는 경우가 많다. 어떤 투자안에 대해 초기투자원금을 회수하는 기간을 회수기간(payback period)이라고 정의한다면, 회수기간법은 투자안의 회수기간이 사전에 정해진 목표회수기간보다 빠를 경우 채택하게 되는 평가방법이라 할 수 있다. 회수기간을 계산할 때 주의할 점은 현금흐름이 매 기간 말에 이루어지는 것이 아니라 기간 중에 균등하게 발생한다고 가정해야 한다는 점이다. 다음 두 투자안의 현금흐름이 다음과 같을 때 회수기간을 계산해 보자.

표 9-6 투자안 D, E의 현금흐름

연도	투자안 D	투자안 E
0	-100만원	-100만원
1	40만원	60만원
2	40만원	50만원
3	40만원	0

먼저 투자안 D의 경우 2년도까지 총 80만원의 현금유입이 발생하여 20만원의 현금유입만 충족하면 초기투자비용을 전액 회수할 수 있다. 그런데 3년도 중에 총 40만원의 현금유입이 발생하지만 기간 중에 균등하게 들어온다고 가정하면 20만원이 유입되려면 20만원/40만원=0.5년이 소요된다. 따라서 투자안 D의 회수기간은 2.5년(=2년+20/40년)이 된다. 동일한 방법으로 투자안 E의 회수기간을 계산하면 1.8년(=1년+40/50년)이 소요됨을 간단히 확인할 수 있다. 따라서 기업의 목표회수기간이 2년으로 정해져 있을 때 회수기간법을 사용할 경우 회수기간이 2년보다 짧은 투자안 E를 선택하게 된다.

회수기간법은 순현재가치법과 내부수익률법에 비해 손쉽게 계산할 수 있다는 장점이 있는 반면, 화폐의 시간가치를 무시하고, 회수기간 이후의 현금흐름을 전혀 고려하지 않는다는 단점이 있다. 화폐의 시간가치를 고려하기 위한 보완책으로 할인회수기간법(discounted paypack period method)을 사용할 수도 있다. 이 수정된 방법은 미래의 현금흐름을 적정한 할인율로 할인한 후 회수기간을 계산하는 방법이다. 하지만 이 방법 역시 회수기간 이후의 현금을 고려하지 않는다는 약점을 극복하지 못한 방법이기 때문에 일반적으로 널리 사용되는 순현재가치법 또는 내부수익률법을 보완하는 수단으로만 사용하는 것이 바람직하다.

4 수익성지수법

수익성지수법은 수익성지수(profitability index : PI)의 크기를 고려하여 투자안을 분석하는 방법이다. 수익성지수란 투자 이후에 발생하는 모든 현금유입의 현재가치를 모든 현금유출의 현재가치로 나눈 비율을 말하는데 식으로 표현하면 다음과 같다.

$$PI = \frac{\text{모든 현금유입의 현재가치}}{\text{모든 현금유출의 현재가치}} \tag{9.6}$$

투자안의 NPV가 현금유입의 현재가치에서 현금유출의 현재가치를 뺀 값이므로 투자안의 NPV가 양수이면 PI는 1보다 크며, 반면 NPV가 음수이면 PI는 1보다 작게 된다.

예제 9-3

다음 세 개의 투자안의 현금흐름이 다음과 같을 때 세 투자안의 수익성지수를 구해 보시오. 이때 할인율은 8%로 가정하시오.

표 9-7 투자안 F, G, H의 현금흐름

연도	투자안 F	투자안 G	투자안 H
0	−100만원	−10만원	−10만원
1	70만원	10만원	5만원
2	70만원	10만원	5만원

풀이

투자안 F의 PI는 식 (9.6)에 의해 다음과 같이 구할 수 있다.

$$PI(F)=\left(\frac{C_1}{(1+R)}+\frac{C_2}{(1+R)^2}\right)\div(-C_0)$$
$$=\left(\frac{70}{1.08}+\frac{70}{(1.08)^2}\right)\div 100=1.25$$

같은 요령으로 투자안 G와 H의 PI는 다음과 같다.

$$PI(G)=\left(\frac{10}{1.08}+\frac{10}{(1.08)^2}\right)\div 10=1.78$$
$$PI(H)=\left(\frac{5}{1.08}+\frac{5}{(1.08)^2}\right)\div 10=0.89$$

한편, 위의 〈예제 9-3〉에서 세 투자안의 NPV를 구하면 다음과 같다.

$$NPV(F)=-100+\frac{70}{1.08}+\frac{70}{(1.08)^2}=24.8\text{만원}$$

$$NPV(G)=-10+\frac{10}{1.08}+\frac{10}{(1.08)^2}=7.8\text{만원}$$

$$NPV(H)=-10+\frac{5}{1.08}+\frac{5}{(1.08)^2}=-1.1\text{만원}$$

따라서 투자안 F와 G의 PI가 1보다 크므로 NPV가 양수로 나타났고, 반면 투자안 H의 PI가 1보다 작으므로 NPV가 음수로 나타남을 알 수 있다. 한편, 투자안 F는 투자안 G보다 PI는 작지만 투자규모가 크기 때문에 NPV는 크게 나타남을 알 수 있다.

순현재가치법이 미래에 유입되는 현금흐름의 현재가 총액에서 초기투자비용을 차감한 NPV를 기준으로 투자안을 평가하기 때문에 투자규모가 클수록 유리하게 평가되는 경향이 있다. 비록 NPV는 작지만 적은 투자비용으로 상대적으로 높은 비율의 현금유입이 보장되는 투자안을 선별하기 위한 동기가 바로 수익성지수법이 도입된 배경이라고 할 수 있다. 이러한 특징으로 인해 수익성지수법은 일반적으로 다수의 독립적 투자안들 가운데 이들의 투자 우선순위를 결정할 때 주로 사용되는 방법이다. 수익성지수법의 구체적인 활용방법은 다음 장의 자본배분에서 다루도록 하겠다.

5 회계적 이익률법

앞 장에서 설명한 순현재가치법과 내부수익률법은 현금흐름의 양과 현금할인율인 기업의 자본비용 두 개의 요인에 의해 투자안을 평가하는 방법이다. 하지만 기업의 주주는 단순한 현금흐름의 양보다는 투자안의 채택으로 인해 나타난 기업의 회계적 이익이나 자산의 가치증감에 더 관심을 갖는다. 회계적 이익률법은 투자로부터 발생되는 실제 현금흐름보다는 회계장부상의 가치변화를 고려한 경제성평가방법이라고 할 수 있다.

회계적 이익률(accounting rate of return)이란 투자안을 채택하여 나타나는 연평균 장부상의 순이익(book income)을 연평균 장부상의 자산가치(book assets)로 나눈 값으로 정의하는데 이러한 이유로 회계적 이익률을 평균회계이익률이라고도 부른다.

회계적 이익률법을 투자안 분석에 사용할 경우 다음의 기준을 적용한다. 독립적 투자안의 회계적 이익률이 사전에 설정된 기준회계적 이익률보다 크면 그 투자안은 채택하고 작으면 기각한다. 복수의 상호 배타적 투자안들을 분석하는 경우에는 회계적 이익률이 큰 투자안을 채택한다. 회계적 이익률법은 회계장부상의 자료를 토대로 투자안을 분석하기 때문에 간단하고 적용하기 쉽다는 장점이 있는 반면, 화폐의 시간적 가치를 고려하지 않는다는 점과 실제 현금흐름을 고려하지 않는다는 단점이 있다.

예제 9-4

앞의 제2절 현금흐름 추정에서 제시한 투자안에 대해 회계적 이익률을 계산해 보시오. 또한 수익성지수와 자본회수기간은 각각 얼마인지도 계산해 보시오.

풀이

① 회계적 이익률

회계적 이익률은 앞 장에서 정의한 바와 같이 연평균 장부상의 순이익을 연평균 장부상의 자산가치로 나눈 값이므로 실제의 현금흐름보다는 추정 재무제표를 이용하여 구한다. 연평균 장부상의 순이익은 〈표 9-1〉의 추정 손익계산서로부터 42억원이며, 연평균 장부상의 자산가치는 〈표 9-2〉의 추정 대차대조표로부터 (220억원+170억원+100억원+40억원)/4=132.5억원이다. 따라서 회계적 이익률은 다음과 같이 31.7%이다.

$$\text{회계적 이익률}=\frac{\text{연평균 장부상의 순이익}}{\text{연평균 장부상의 자산가치}}=\frac{42\text{억원}}{132.5\text{억원}}=31.7\%$$

② 수익성지수

앞의 식 (9.6)을 이용하여 수익성지수(PI)를 구하면 다음과 같다.

$$PI=\left(\frac{92}{1.15}+\frac{112}{(1.15)^2}+\frac{142}{(1.15)^3}\right)\div 220=1.24$$

투자안의 수익성지수가 1보다 큰 1.24이므로 수익성지수법에 의하면 이 투자안은 경제성이 있는 것으로 판단된다.

③ 자본회수기간

2년도 말까지 회수하는 현금은 92억원+112억원=204억원이므로 초기투자비용 220억원에 비해 16억원이 부족하다. 한편, 3년도에 142억원이 회수되므로 총회수기간은 2년+16억원/142억원=2.11년이다.

예제 9-5

투자안의 자본비용이 15%라고 할 때 앞의 예제에서 다룬 투자안의 경제성을 순현재가치법을 이용하여 평가해 보시오.

풀이

앞에서 추정한 총현금흐름을 토대로 순현재가치를 구하면 다음과 같다.

$$NPV = -220 + \frac{92}{1.15} + \frac{112}{(1.15)^2} + \frac{142}{(1.15)^3} = 38.1 \text{ 억원}$$

따라서 순현재가치가 양수이므로 본 투자안은 채택하는 것이 바람직하다. 한편, 투자안의 내부수익률을 구해보면 24%가 구해지는데 이 역시 자본비용 15%보다 크므로 내부수익률법에 의해서도 본 투자안은 경제성이 있는 것으로 평가된다.

연습문제

1. 투자안의 경제성을 평가할 때 회계적 이익보다 현금흐름을 사용해야 하는 이유는 무엇인가?

2. 투자안의 현금흐름을 추정할 때 이자비용 등 자본조달비용을 현금유출이라고 간주하면 안 되는 이유는 무엇인가?

3. 어느 투자안에 대한 회계상의 자료가 다음과 같을 때 이 투자안의 영업현금흐름을 계산하시오.

매출액	영업비용	감가상각비	이자비용	법인세율
200억원	80억원	30억원	20억원	30%

4. 자본예산에서 사용되는 다섯 가지 투자분석기법을 설명하고, 각 기법의 장·단점을 설명하시오.

5. 투자안을 내부수익률법으로 분석할 경우 발생할 수 있는 문제점을 나열하고 대안을 제시하시오.

6. 〈표 9-6〉에 제시된 투자안 D와 E의 할인회수기간을 각각 구하시오. 이때 할인율은 5%를 사용하시오.

7. 어떤 투자안의 초기투자비용이 200만원이고 1년 후 20만원, 2년 후 30만원, 3년 후 40만원, 4년 후 50만원, 5년 후 50만원, 6년 후 50만원, 7년 후 60만원을 회수할 것으로 추정된다. 이 투자안의 내부수익률을 구하시오. 이때 반드시 엑셀을 이용하시오.

8. 세 투자안의 현금흐름이 다음과 같이 추정될 경우 다음 질문에 답하시오. 투자안의 자본비용은 12%라고 가정하시오. (단위 : 만원)

투자안	0	1년	2년	3년
A	−5,000	1,500	1,700	3,000
B	−1,000	600	500	200
C	−3,000	800	1,700	1,000

(1) 허용 가능한 회수기간이 2년일 경우 채택 가능한 투자안은 어느 것인가?

(2) 각 투자안의 우선순위를 수익성지수법에 의하여 결정하시오.

(3) 각 투자안의 우선순위를 순현재가치법에 의하여 결정하시오.

(4) 각 투자안의 우선순위를 내부수익률법에 의하여 결정하시오.

제10장

자본예산의 특수문제

이 장에서는···

자본예산의 특수문제로서 내부수익률법을 적용할 때 발생할 수 있는 문제들과 이에 대한 해결방안을 제시한다. 이와 함께 인플레이션의 영향을 파악하고, 감가상각법에 따라 현금흐름이 어떻게 변화되는지를 설명한다. 또한 내용연수가 다른 투자안을 분석하는 방법에 대해 기술하고 끝으로 기업이 처하게 되는 자본배분 문제가 무엇인지 알아본다.

제1절 내부수익률법의 문제

본 절에서는 내부수익률법을 적용하여 투자안을 평가할 때 발생 가능한 문제점을 지적함으로써 내부수익률법의 잘못된 적용으로 인해 그릇된 결론을 내리는 상황을 방지하고자 한다. 내부수익률법은 자본예산 시 널리 사용되는 매우 우수한 투자안에 대한 경제성 평가방법임에도 불구하고 다음과 같은 단점을 갖고 있다. 첫째, 투자안에 현금흐름 양상에 따라 복수의 내부수익률이 존재하거나, 둘째 내부수익률이 존재하지 않는 경우가 발생한다. 마지막으로 상호 배타적인 복수의 투자안을 대상으로 분석할 경우 순현재가치법과 상이한 결론을 제시하는 경우가 종종 발생한다.

1 복수의 내부수익률

일반적으로 초기에만 투자가 이루어지고 그 이후 투자회수가 이루어지는 대다수 투자안의 경우 내부수익률은 하나만 존재한다. 하지만 투자가 여러 기간에 걸쳐 이루어지는 경우, 즉 현금유출이 여러 기간에 걸쳐 일어나는 경우 내부수익률이 복수로 존재하는 경우가 있다. 예를 들어, 〈표 10-1〉에 제시된 바와 같이 현금흐름이 발생하는 투자안 J를 고려하자.

표 10-1 복수의 내부수익률이 존재하는 투자안

연 도	0	1	2
투자안 J	−100만원	255만원	−160만원

투자안의 내부수익률을 IRR로 놓으면 IRR은 다음 방정식의 해가 된다.

$$NPV = -100 + \frac{255}{(1+IRR)} - \frac{160}{(1+IRR)^2} = 0$$

그림 10-1 복수의 IRR이 발생하는 경우

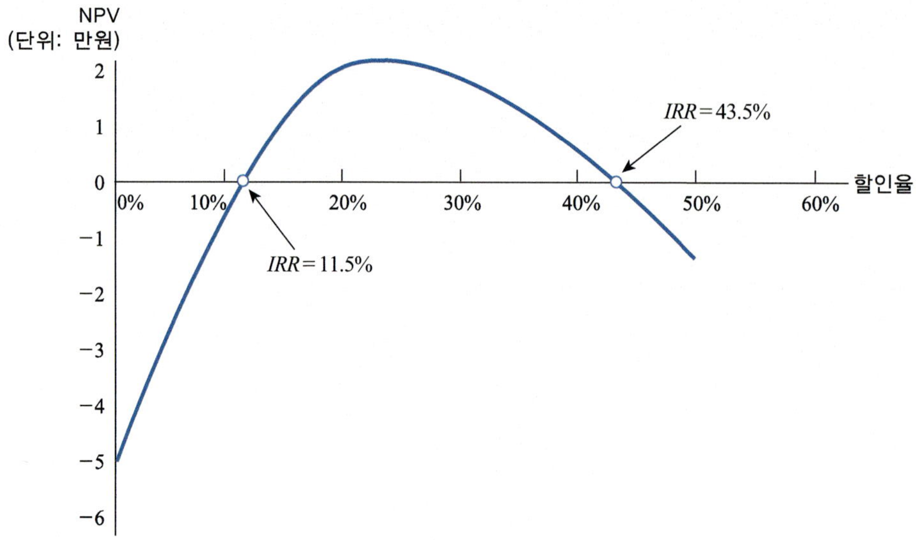

이 방정식의 해를 구하면 IRR=0.115(11.5%)와 0.435(43.5%) 두 개가 얻어지게 된다. 이를 그림으로 나타낸 것이 [그림 10-1]이다.

여기서 주의해야 할 점은 복수의 내부수익률이 존재할 경우 엑셀 또는 전자계산기로 계산하려고 시도해도 복수의 내부수익률 중 작은 내부수익률만 제시하는 경우가 종종 발생한다는 점이다. 따라서 사전에 내부수익률이 복수로 나타날지 여부를 감지하고 있어야 한다. 일반적으로 투자안의 내부수익률의 개수는 투자안의 현금흐름 중 현금유입과 현금유출이 바뀌는 횟수만큼 나타난다고 알려져 있다.[1)] 위의 예에서 알 수 있듯이 현금유입과 유출의 변화가 두 번 발생했기 때문에 내부수익률의 개수가 2개로 나타났다.

한편, 복수의 내부수익률이 존재하는 경우 어떤 내부수익률을 사용하여야 할 것인가를 생각해 보자. [그림 10-1]에서 나타나듯이 만약 기업의 자본비용이 20%라고 할 때 순현재가치법으로 평가하면 이 투자안의 NPV는 양수가 되어 채택될

1) 좀 더 구체적으로 임의의 투자안에서 −100%보다 큰 IRR의 개수는 바뀌는 부호의 개수만큼이거나 또는 이 개수에서 2를 차감한 개수만큼이다. 만일 부호의 개수가 5이면 IRR의 개수는 5개, 3개, 또는 1개가 되며. 만일 부호의 개수가 4이면 IRR의 개수는 4개, 2개 또는 존재하지 않을 수 있다.

수 있음을 알 수 있다. 하지만 내부수익률법으로 평가할 때 채택될 수 있는지 여부를 알아보자. 내부수익률 중 작은 값인 11.5%를 투자안의 내부수익률이라 한다면 이 값이 기업의 자본비용보다 작으므로 이 투자안은 기각되지만 내부수익률을 큰 값인 43.5%를 사용하면 이 값이 자본비용보다 크므로 투자안은 채택된다. 따라서 독립적 투자안의 경우 복수의 내부수익률이 존재할 경우 내부수익률법은 내부수익률에 따라 투자안 평가에 대해 상반된 결과를 초래하므로 사용될 수 없다. 참고로 투자안 J의 현금흐름의 구조가 투자의 마지막 기간인 2차 년도에도 자본투자가 이루어지는 특이한 형태로 되어 있음에 주의하자.

2 내부수익률의 부재

투자안의 내부수익률을 계산하려면 현금흐름이 발생하는 최대기간에 해당하는 수치만큼의 다차방정식을 풀어야 한다. 일반적으로 다차방정식의 해는 방정식의 형태에 따라서 존재하지 않는 경우가 발생하는데, 이때 투자안의 내부수익률이 존재하지 않을 수 있다.

간단한 예로서 〈표 10-2〉와 같이 현금흐름이 발생하는 투자안 K를 고려하자.

표 10-2 내부수익률이 존재하지 않는 투자안

연 도	0	1	2
투자안 K	100만원	-100만원	50만원

이 투자안의 내부수익률은 NPV를 0으로 만드는 할인율이므로 다음의 식을 만족해야 한다.

$$NPV = 100 - \frac{100}{(1+IRR)} + \frac{50}{(1+IRR)^2} = 0$$

이때 윗 식을 만족하는 IRR은 존재하지 않는다. 이럴 경우 내부수익률법은 투자안 K에 대해 효과적인 경제성 평가법으로서 적용될 수 없을 것이다. 참고로 앞 장과 마찬가지로 여기서도 투자안 채택에 따른 현금흐름의 구조가 현금이 회수되고 1차 년도에 자본투자가 이루어지는 특이한 형태로 형성되어 있음에 주의하자.

3 순현재가치법과 내부수익률법의 상이한 결론

상호 배타적인 다수의 투자안을 놓고 그 중 한 개만을 선정할 경우 순현재가치법과 내부수익률법이 종종 다른 결론을 제시하는 경우가 발생한다. 상호 배타적인 투자안이란 예를 들어 두 개의 투자안 A, B 중 하나의 투자안만을 선정한다고 했을 때 다른 투자안은 자동 폐기되는 투자안을 말한다. 구체적으로 예를 든다면 어느 빈 부지에 공장을 지을 것인지 또는 사무실을 지을 것인지를 결정하는 경우 어느 투자안이 채택되면 다른 투자안은 채택될 수 없기 때문에 두 투자안은 상호 배타적이다. 상호 배타적이지 않은 투자안을 독립적 투자안이라 부르며 독립적 투자안의 채택 여부를 평가할 경우 순현재가치법과 내부수익률법은 동일한 결론을 제시한다.[2)]

상호 배타적인 투자안의 경우 순현재가치법과 내부수익률법이 서로 다른 결론을 제시하는 경우는 다음 세 가지의 상황에서 발생하는데, 첫째 다수의 투자안의 투자규모가 서로 크게 다르거나, 둘째 투자수명이 다른 경우, 마지막으로 투자안의 현금흐름의 형태가 크게 다른 경우이다.

예를 들어, 〈표 10-3〉에 제시된 바와 같이 투자수명이 각각 1년과 4년으로 서로 다른 두 개의 상호 배타적 투자안을 고려하자. 두 개의 투자안 중 어느 것이 더 경제성이 있는 투자안인지 순현재가치법과 내부수익률법 각각의 방법을 사용하여 평가해보자. 먼저 두 투자안의 내부수익률을 구해보면 다음과 같다.

---

2) 극단적인 형태의 독립적 투자안의 경우 순현재가치법과 내부수익률법은 상이한 결론을 제시하기도 한다. 예를 들면, 현재시점에서 10억원을 회수(현금유입)하고 1년 후 12억원을 투자(현금유출)하는 경우이다. 이런 투자안의 경우 자본비용이 클수록 순현재가치는 커지게 되는 특징을 가지고 있기 때문에 순현재가치법과 내부수익률법은 상이한 결론을 제공한다. 하지만 이 예는 극단적인 형태이기 때문에 현실에서는 발생하지 않는다고 가정하여 본문의 논의에서 제외하자. 연습문제의 1번 문제는 이러한 특수한 투자안의 경제성 평가문제를 다룬다.

표 10-3 상호 배타적 투자안 A, B의 현금흐름

연　도	0	1	2	3	4
투자안 A	−100만원	120만원	0	0	0
투자안 B	−100만원	0	0	0	150만원

$$IRR(\text{투자안 A}) = 20.0\%$$
$$IRR(\text{투자안 B}) = 10.7\%$$

따라서 투자안 A의 내부수익률이 투자안 B의 내부수익률보다 더 크므로 내부수익률법에 의하면 투자안 A가 더 우월한 투자안이다. 한편, 두 투자안의 순현재가를 계산해 보자. 우선 기업의 자본비용을 12%라고 가정해서 계산해 보자.

$$NPV(\text{투자안 A}) = -100 + \frac{120}{(1+0.12)} = 7.14\text{만원}$$
$$NPV(\text{투자안 B}) = -100 + \frac{150}{(1+0.12)^4} = -4.67\text{만원}$$

투자안 A의 순현재가치가 투자안 B의 순현재가치보다 크므로 순현재가치법에 의하면 투자안 A가 더 경제성이 있는 투자안이 된다. 따라서 내부수익률법과 순현재가치법이 투자안 선택에 있어서 동일한 결론을 제시함을 알 수 있다. 하지만 기업의 자본비용이 6%라고 가정해서 두 투자안의 순현재가치를 다시 계산해 보자.

$$NPV(\text{투자안 A}) = -100 + \frac{120}{(1+0.06)} = 13.21\text{만원}$$
$$NPV(\text{투자안 B}) = -100 + \frac{150}{(1+0.06)^4} = 18.8\text{만원}$$

이 경우 투자안 B의 순현재가치가 더 크게 산출되므로 순현재가치법에 의할 경우 투자안 B가 투자안 A보다 우월한 투자안이 된다. [그림 10-2]는 기업의 자본비용의 변화에 따라 투자안의 순현재가치를 나타낸 것이다. 참고로 투자안의 내부수익률은 각 투자안의 순현재가치가 0이 되는 자본비용이므로 앞에서 계산한 바와 같이 [그림 10-2]에서도 각각 20%, 10.7%로 나타남을 확인할 수 있다.

그림 10-2 상호 배타적 투자안의 비교

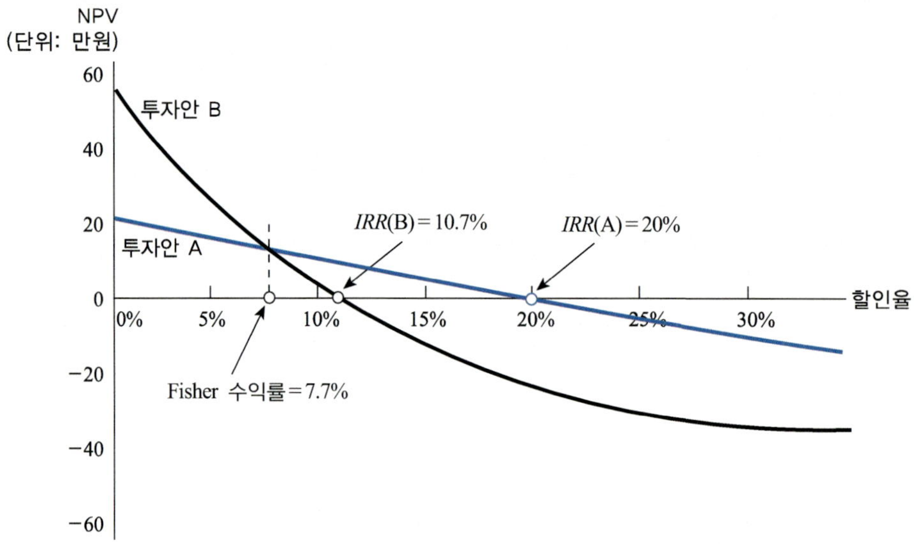

구체적으로 투자안 A, B의 순현재가치가 동일하게 되는 할인율은 7.7%인데 이는 [그림 10-2]에서 두 개의 선이 만나는 지점의 할인율이다. 이때 두 개의 선이 교차하는 지점의 할인율을 Fisher 수익률이라고도 부른다.3) 결론적으로 순현재가치법에 의해 투자안을 평가할 경우 기업의 자본비용이 7.7%보다 작으면 투자안 B를 선택하고, 이보다 크면 투자안 A를 선택하게 된다.

상호 배타적 투자안을 평가하는 경우 내부수익률법이 위의 예에서처럼 기업의 자본비용이 Fisher 수익률보다 작은 경우 순현재가치법에 의한 분석결과와 다른 결과를 제시하게 된다. 따라서 상호 배타적 투자안을 내부수익률법으로 분석할 경우 반드시 두 투자안의 NPV곡선이 상호 교차하는지 여부를 검토하는 것이 바람직하다.

다음 〈표 10-4〉는 1997년 현재 우리나라 기업들이 사용하는 자본예산기법의 사용비율을 정리한 것이다.

3) Fisher 수익률은 두 투자안의 증분현금흐름의 내부수익률이다. 다시 말하면 위의 예에서 투자안 A의 현금흐름으로부터 투자안 B의 현금흐름을 차감한 증분현금흐름을 대상으로 내부수익률을 계산하면 Fisher 수익률을 얻을 수 있다.

표 10-4 우리나라 기업의 자본예산기법의 사용비율

자본예산기법	순현재가치법	내부수익률법	회수기간법	회계적 이익률법	비재무적 방법
기법이용률	32.4%	45.1%	25.3%	2.8%	32.4%

주 : 1) 기업에 따라서 자본예산기법을 복수로 사용하는 경우가 있음.
2) 1997년 국내 71개 제조업체를 대상으로 조사한 결과임.
출처 : 주현오, "자본예산기법에 사용에 관한 실증연구: 위험과 성과변수를 중심으로", 건국대 석사학위논문(1998.2).

예제 10-1

투자규모가 서로 다른 두 개의 상호 배타적 투자안 C와 D의 현금흐름이 <표 10-5>와 같이 나타날 것으로 추정된다. 이때 다음 물음에 답하시오.

표 10-5 상호 배타적 투자안 C, D의 현금흐름

연 도	투자안 C	투자안 D
0	−100만원	−300만원
1	130만원	350만원

(1) 투자안의 우선순위를 순현재가치법과 내부수익률법에 따라 각각 평가하시오. 이때 기업의 자본비용은 7%이다.

(2) 두 투자안의 Fisher 수익률을 계산하고 기업의 자본비용이 Fisher 수익률보다 작거나 클 경우 각각의 경우에 투자 우선순위를 결정하시오.

풀이

(1) 두 투자안의 NPV를 구하면 다음과 같다.

$$NPV(\text{투자안 C}) = -100 + \frac{130}{(1+0.07)} = 21.5\text{ 만원}$$

$$NPV(\text{투자안 D}) = -300 + \frac{350}{(1+0.07)} = 27.1\text{ 만원}$$

투자안 D의 NPV가 투자안 C의 NPV보다 크므로 투자안 D를 선택한다. 또한, 두 투자안의 $IRR(IRR_C, IRR_D)$은 다음 식을 통하여 구할 수 있다.

$$-100 + \frac{130}{(1+IRR_C)} = 0, \quad -300 + \frac{350}{(1+IRR_D)} = 0$$

위의 두 식을 풀면 IRR_C=30%, IRR_D=16.7%이다. 투자안 C의 내부수익률이 투자안 D의 내부수익률보다 크므로 투자안 C를 선택한다.

(2) 두 투자안의 우선순위를 정할 때 순현재가치법과 내부수익률법은 서로 다른 결론을 제시하므로 Fisher 수익률이 존재하게 된다. 먼저 투자안 D에서 투자안 C를 차감한 증분현금흐름을 구하면 초기에 −200만원, 1년도에 220만원이다. Fisher 수익률은 두 투자안 C와 D에 대한 증분현금흐름의 NPV를 0으로 만드는 할인율이므로 다음 식을 만족해야 한다.

$$-200+\frac{220}{(1+R)}=0$$

위의 식을 만족하려면 R=10%이므로 Fisher 수익률은 10%이다. 따라서 기업의 자본비용이 10%보다 작으면 투자안 D를 선택하고, 10%보다 크면 투자안 C를 선택한다.

제 2 절 투자안 평가의 특수문제

1 인플레이션의 고려

투자안의 현재가치를 구할 때 명목현금흐름은 명목이자율로 할인해야 하고, 실질현금흐름은 실질이자율로 할인해야 일관성이 있게 되며 두 방법 모두 동일한 결과를 보여준다.[4] 명목현금흐름을 실질이자율로 할인하거나 또는 그 반대로

4) 일반적으로 우리가 사용하는 이자율은 명목이자율이다. 따라서 만약 은행의 예금이자율이 연간 7%일 경우 고객이 연초에 100만원을 예금하면 은행은 연말에 고객에게 107만원을 지급할 뿐 107만원의 상품구매력에 대해서는 어떠한 보장도 하지 않는다. 107만원의 상품구매력과 연관된 은행예금의 실질이자율은 인플레이션율에 영향을 받는다. 예를 들어, 인플레이션율이 2%라면 대략 107만원의 구매력은 105만원이 될 것이고, 만약 인플레이션율이 10%라면 107만원의 상품구매력은 1년 전의 100만원보다 낮을 것이다. 구체적으로 명목이자율과 실질이자율, 인플레이션율은 다음과 같은 관계를 성립한다.

계산하는 오류를 범해서는 안 된다.

간단한 예를 통하여 두 방법 모두 동일한 현재가를 제시하게 됨을 살펴보자. 어느 중소기업에서 복사기를 구입하는 대신 3년 동안 리스(lease)하여 사용하게 되는 비용의 현재가를 평가하고자 한다. 이때 복사기 리스비용은 첫해에 200만원이며 인플레이션율을 반영하여 매년 5%씩 인상된다고 한다. 이때 명목현금흐름과 실질현금흐름을 각각의 기준을 사용하여 3년 동안 지출되는 리스비용의 현재가를 계산해 보자. 여기서 할인율은 10%라고 가정한다.

먼저 명목현금흐름을 기준으로 리스비용의 현재가치를 구하면 〈표 10-6〉과 같다.

표 10-6 명목현금흐름기준 리스비용의 현재가치

연도	명목현금흐름	현재가
1년	200만원	200/1.1 = 182만원
2년	200 × 1.05 = 210만원	$210/1.1^2$ = 174만원
3년	210 × 1.05 = 220.5만원	$220.5/1.1^3$ = 166만원
		총현재가 = 522만원

이제 실질현금흐름을 기준으로 리스비용의 현재가치를 구하면 〈표 10-7〉과 같다. 이때 실질할인율은 (1+명목할인율)/(1+인플레이션율)−1이므로 1.1/1.05−1=0.048(4.8%)이다.

표 10-7 실질현금흐름기준 리스비용의 현재가치

연도	실질현금흐름	현재가
1년	200/1.05 =190.5만원	190.5/1.048 = 182만원
2년	$210/1.05^2$ =190.5만원	$190.5/1.048^2$ = 174만원
3년	$220.5/1.05^3$ =190.5만원	$190.5/1.048^3$ = 166만원
		총현재가 = 522만원

1+명목이자율 = (1+실질이자율) × (1+인플레이션율)

이상의 결과 두 방법 모두 동일한 현재가치를 산출하게 됨을 알 수 있었다. 참고로 실질현금이 동일하게 나타나는 이유는 리스비용의 인상률이 인플레이션율과 동일하기 때문이다.

2 감가상각법의 차이에 따른 현금흐름의 변화

앞서 감가상각비의 법인세절약효과로 인해 투자안의 현금흐름에 영향을 미치게 됨을 지적하였다. 감가상각법에는 정액법 이외에 정률법, 연수합계법, 이중상각법 등의 방법이 있는데 사용되는 방법에 따라서 연도별로 현금흐름에 차이가 발생할 수 있다. 여기서는 간단하게 정액법과 정률법을 예로 들어 감가상각법에 따라 현금흐름에 어떠한 영향을 주는지 살펴보자.

내용연수가 3년이고 구입원가가 14억원이며 잔존가치가 2억원인 장비를 대상으로 정액법과 정률법으로 각각 감가상각을 하였을 경우 현금흐름의 차이를 살펴보자. 우선 정액법과 정률법에서 연도별 감가상각액은 각각 다음과 같이 결정한다.

(정액법) 매년의 감가상각비=(취득원가−잔존가치)/내용연수

(정률법) 매년의 감가상각비=(취득원가−누적감가상각비)×정률

$$\text{정률} = 1-\left(\frac{\text{잔존가치}}{\text{취득원가}}\right)^{\frac{1}{\text{내용연수}}} \qquad (10.1)$$

위의 식을 이용하여 정액법으로 계산한 매년의 감가상각비는 다음과 같다.

$$\text{매년의 감가상각비} = \frac{14-2}{3} = 4\text{억원}$$

한편, 정률법으로 계산한 기간별 감가상각비는 다음과 같다.

$$\text{정률} = 1-\left(\frac{2}{14}\right)^{\frac{1}{3}} = 0.477$$

$$\text{1년도 감가상각비} = (14-0)\times(0.477) = 6.7\text{ 억원}$$

$$\text{2년도 감가상각비} = (14-6.7)\times(0.477) = 3.5\text{ 억원}$$

$$3\text{년도 감가상각비} = (14 - 6.7 - 3.5) \times (0.477) = 1.8\text{억원}$$

감가상각법의 차이에 따른 연도별 감가상각액과 자본비용이 10%라고 가정하였을 때 법인세절약효과의 총현재가는 〈표 10-8〉과 같다. 여기서 법인세율은 40%로 가정하였고 매년도 법인세절약효과는 앞서 언급했듯이 감가상각비×법인세율이다.

표 10-8 감가상각법의 차이에 따른 법인세절약효과

		1년	2년	3년
정액법	감가상각비	4억원	4억원	4억원
	법인세절약효과	1.6	1.6	1.6
	법인세절약효과의 총현재가	$\frac{1.6}{1.1} + \frac{1.6}{(1.1)^2} + \frac{1.6}{(1.1)^3} = 3.98$억원		
정률법	감가상각비	6.7	3.5	1.8
	법인세절약효과	2.68	1.4	0.72
	법인세절약효과의 총현재가	$\frac{2.68}{1.1} + \frac{1.4}{(1.1)^2} + \frac{0.72}{(1.1)^3} = 4.13$억원		

정액법보다는 정률법에 의해 감가상각을 할 경우 법인세절약효과의 총현재가가 커지는 이유는 정률법이 투자장비에 대한 감가상각을 초기에 많이 하기 때문이다. 따라서 투자안의 경제성을 분석할 때 감가상각의 방법에 따라 투자안의 현금흐름이 달라져서 투자안 평가에 영향을 끼칠 수 있다는 점을 유의해야 한다.

3 내용연수가 다른 투자안의 분석

비교하려는 두 투자안의 내용연수가 다를 경우 순현재가치법 등 기존의 투자안 분석법을 이용하여 비교하는 것만으로 적합지 않은 상황이 종종 발생할 수 있다. 예를 들어, 어느 전자회사에서 반도체 조립장비를 구입하려고 한다. 장비 A의 구입원가는 10억원이고 매년 1억원의 운영비가 소요되며 2년 주기로 교체하여야 한다. 한편, 장비 B의 구입원가는 14억원이고 매년 7천만원의 운영비가 소요되며 3년 주기로 교체해야 한다. 두 장비의 생산용량과 품질은 동일하다고 가정했을 때(즉, 장비의 구입으로 인해 야기되는 현금유입액은 동일하다.), 어느 장비를 구입하는 것이 경제적인지 살펴보자. 우선 고려해 볼 수 있는 것은 각각의 장비를 설치하였을 경우 소요되는 총비용의 현재가를 계산해 보는 것이다. 이때 기업의 자본비용은 10%라고 가정하자.

$$\text{장비 A: 총비용의 현재가} = 10 + \frac{1}{1.1} + \frac{1}{(1.1)^2} = 11.74 \text{ 억원}$$

$$\text{장비 B: 총비용의 현재가} = 14 + \frac{0.7}{1.1} + \frac{0.7}{(1.1)^2} + \frac{0.7}{(1.1)^3} = 15.74 \text{ 억원}$$

장비 A를 설치하면 총비용의 현재가가 11.74억원에 불과하지만 장비 B를 설치할 경우 총비용의 현재가는 이보다 큰 15.74억원이다. 이러한 결과를 근거로 장비 A의 구입이 경제적이라고 판단할 수 있는가? 그렇지 않다면 어느 부분에서 잘못된 분석이 이루어졌는가? 순현재가치법에 의하면 두 투자안의 NPV는 순현금유입의 현재가에서 순현금유출의 현재가를 차감한 것인데, 순현금유입의 현재가는 동일하므로 순현금유출의 현재가만을 계산하면 충분하다. 이때 유의해야 할 사항은 순현금유출의 현재가로서 장비구입에 따른 총비용의 현재가를 그대로 사용하면 안 된다는 점이다. 왜냐하면 두 투자안의 순현재가치를 계산하는 과정에서 장비 A의 경우 3년도의 시점에서 결과적으로 현금유입만을 고려하고 현금유출은 누락시키는 결과를 초래하기 때문이다.

이러한 문제를 해결하기 위한 하나의 방법은 두 장비의 총사용연수를 동일하게 만드는 공통연수를 찾아 이 기간 동안 장비의 수명주기에 맞추어 새 장비로 지속적으로 교체를 한다고 가정해서 평가를 하는 것이다. 이러한 평가방법을 연속대체법(replacement chain methods)이라고 부른다. 이 방법 이외에도 널리 사용되는 방법이 등가연금비용법이다. 등가연금비용(equivalent annual cost : EAC)이란 일종의 '연간 평균비용'의 개념이다. 기본 아이디어는 장비의 내용연수가 다르므로 연평균비용으로 비교하자는 것이다. 등가연금비용을 엄밀하게 정의하면 다음 식과 같이 투자안에 소요되는 총비용의 현재가치를 연금의 현재가치계수($PVIFA(R, T)$)로 나눈 값으로 정의된다.

$$\text{등가연금비용}\,(EAC) = \frac{\text{총비용의 현재가치}}{PVIFA\,(R,\,T)} \tag{10.2}$$

참고로 위의 식으로부터 알 수 있듯이 만일 등가연금비용만큼의 현금흐름이 n년 동안 발생한다면 이 현금흐름의 NPV는 총비용의 현재가치가 된다.

이제 등가연금비용의 개념을 앞에서 다룬 두 장비의 투자안에 적용해 보자.

$$\text{장비 A}: \ EAC(A) = \frac{11.74}{PVIFA(10\%,2)} = \frac{11.74}{1.7355} = 6.76\,\text{억원}$$

$$\text{장비 B}: \ EAC(B) = \frac{15.74}{PVIFA(10\%,3)} = \frac{15.74}{2.4869} = 6.33\,\text{억원}$$

장비 B의 등가연금비용이 6.33억원으로 장비 A의 등가연금비용인 6.76억원보다 작으므로 장비 B를 구입하는 것이 더 경제적이라고 판단한다.

4 자본배분

기업이 서로 독립적이며 또한 수익성을 갖는 (즉, NPV가 양수인) 복수의 투자안 가운데 기업의 재무적 또는 물리적 제약조건으로 인하여 전부의 투자안을 모두 선택할 수 없는 상황에 놓이게 된다. 기업이 처한 제약조건 범위 내에서 기업의 가치를 극대화시킬 수 있는 최적의 투자안들을 선택하는 의사결정을 자본배분(capital rationing) 또는 자본할당이라고 부른다.

예를 들어, 기업이 조달할 수 있는 자금은 18억원이 전부인데 수익성을 갖는 네 개의 복수 투자안들의 총투자비용이 34억원이라면 이들 투자안 중 일부만을 선택해야 문제에 직면하게 된다. 어떠한 방식으로 투자안을 선별하는 것이 자본의 제약 내에서 NPV를 최대로 만들 수 있을까?

우선 고려할 수 있는 손쉬운 방법은 투자안의 수익성지수(PI)가 높은 순서로 투자안의 순위를 정한 후 예산범위 내에서 투자안을 선택하는 것이다. 〈표 10-9〉에 제시한 바와 같이 투자안 A의 PI가 제일 높으므로 투자안 A를 우선 선택한다. 하지만 투자안 A의 초기투자비용이 16억원이고 나머지 예산이 2억원이므로 예산범위 내에서 또 다른 투자안을 더 이상 선택할 수 없다. 따라서 이 방법에 따를 경우 투자안 A만을 선택한다.

표 10-9 자본배분 문제(예산: 18억원)

투자안	초기투자비용	NPV	PI
A	16억원	10억원	1.63
B	10억원	6억원	1.60
C	5억원	3억원	1.60
D	3억원	1.5억원	1.50

하지만 가능한 모든 투자안 조합안을 대상으로 NPV를 구할 경우 투자안 (B, C, D)를 선택하는 것이 최적의 선택이 된다. 따라서 수익성지수의 크기에 의해서 투자안을 선택하는 방법이 비교적 손쉽게 사용할 수는 있지만 항상 최적의 투자안 조합을 결정하는 방법이 아님에 유의해야 한다. 여기서 제시한 예의 경우 단순하기 때문에 비교적 간단한 계산으로 최적투자안의 조합을 찾을 수 있었지만 실제 문제에서는 이보다 투자안의 수가 많아 분석이 수월하지 않다. 투자안의 수가 많은 복잡한 문제에서는 선형계획법(linear programming method)이라는 계량분석기법을 통하여 자본배분의 문제를 해결할 수 있다.

연습문제

1. 현금흐름이 다음과 같이 추정되는 투자안의 경제성을 평가하고자 한다. 아래의 질문에 답하시오. (단위 : 만원)

연 도	0	1	2
투자안	99(유입)	−200(유출)	100(유입)

(1) 자본비용이 8%일 경우 순현재가치법에 의하여 투자안을 평가하시오.
(2) 자본비용이 8%일 경우 내부수익률법에 의하여 투자안을 평가하시오.
(3) 위와 같은 독립 투자안에 대한 평가 시 두 방법이 상이한 결론을 제시하는 이유가 무엇인지 설명하시오.

2. 상호 배타적인 두 개의 투자안의 현금흐름이 다음과 같을 때 아래의 질문에 답하시오. 참고로 기업의 자본비용은 10%이다. (단위 : 만원)

투자안	초기	1년	2년
A	−4,000	5,000	0
B	−3,000	0	4,500

(1) 투자안의 우선순위를 순현재가치법에 의하여 결정하시오.
(2) 투자안의 우선순위를 내부수익률법에 의하여 결정하시오.
(3) 순현재가치법과 내부수익률법에 의하여 두 투자안의 투자우선순위를 결정할 때 두 방법이 상반된 결과를 제시하게 되는 할인율의 범위를 구하시오.
(4) 할인율을 0%에서 30%까지 1%씩 증가시켜 갈 때 두 투자안의 NPV가 어떻게 변하는지 엑셀을 이용하여 그림을 그리시오.

3. 어느 기업의 당기 매출액은 4,500만원이고 영업비용은 2,200만원이다. 또한 다음과 같은 자료가 주어졌을 때 이 기업의 현금흐름을 계산하시오. 단 법인세는 없다고 가정하시오.

	기 초	기 말
매출채권	2,600만원	2,450만원
재고자산	3,250만원	3,440만원
외상매입금	4,740만원	5,200만원

4. 화양유업에서는 18억원의 장비설치가 요구되는 신규 투자안을 고려하고 있다. 이 장비는 3년간에 걸쳐 정액법으로 감가상각되며 잔존가치는 없다. 신규 투자안을 채택할 경우 매년 14억원의 매출액 증가가 예상되고 연간 영업비용은 6억원이 소요될 것으로 추정된다. 만약 법인세율이 30%라고 가정한다면 이 투자안으로부터 예상되는 영업현금흐름을 추정하시오.

5. 앞의 문제에서 기업의 자본비용이 10%라면 신규 투자안의 NPV는 얼마인가?

6. 앞의 문제에서 신규 투자 초기에 2억원의 순운전자본이 소요되며 향후 순운전자본의 크기에 변화가 없다고 가정하자. 또한 장비의 잔존가치가 3억원이라고 가정하자. 이때 신규 투자안의 현금흐름을 추정하고 NPV를 계산하시오.

7. 앞의 문제에서 감가상각을 정률법으로 변경할 경우 신규투자안의 현금흐름과 NPV를 각각 구하시오.

8. 본문 2절의 <표 10-6>과 <표 10-7>에서 리스비용이 인플레이션을 반영하여 매년 7%씩 인상된다고 가정할 경우 리스비용의 총현재가를 명목현금흐름기준과 실질현금흐름기준별로 각각 계산하시오.

9. 내용연수가 2년이고 구입원가가 20억원이며 잔존가치가 2억원인 장비를 대상으로 정액법과 정률법으로 각각 감가상각을 하였을 경우 법인세절약효과의 총현재가는 각각 얼마인지 밝히시오. 단, 법인세율은 40%이다. (힌트 : <표 10-8>을 참조 바람.)

10. 어느 장비의 구입원가가 20억원이고 매년 3억원의 장비운영비가 발생하며 3년 주기로 장비를 교체해 주어야 한다고 했을 때, 이 장비의 등가연금비용(EAC)은 얼마인가? 단, 장비를 사용하는 기업의 자본비용은 10%라고 가정하시오.

제 11 장

자본조달

Financial Management

이 장 에 서 는 · · ·

기업에게는 다양한 자금조달수단이 있지만 그렇다고 모든 기업에게 다 이용 가능한 것은 아니다. 또한 금융시장과 금융상품이 발달하면서 자금을 조달할 수 있는 방법의 선택폭이 더욱 확대되고 있다.

심지어 과거와는 달리 국내시장뿐만 아니라 국제금융시장에서도 얼마든지 증권을 발행할 수 있는 상황이다. 이번 장에서는 기업의 다양한 자금조달수단에 대해서 공부할 것인데, 각 자금조달수단의 기본적인 개념과 특징을 이해함으로써 '자금조달의 달인'이 되기 위한 첫걸음을 내딛어 보자.

제 1 절 창업자금의 조달

1 엔 젤

엔젤(angel)이란 창업 또는 성장 초기단계의 벤처기업에 대한 지분투자를 목적으로 설립되는 펀드로서 초창기 기업의 입장에서는 천사와 같은 존재라는 의미에서 유래되었다. 창업 초기에 사업가는 담보나 신용이 부족하기 때문에 자금조달의 어려움이 크다. 이때 엔젤의 존재는 사업가의 입장에서는 대단히 고마운 존재가 아닐 수 없다. 엔젤은 물론 자금을 제공하는 것이 일차 목적이기는 하지만 자신들의 경험을 활용해서 여러 가지 경영상의 자문역할도 수행한다. 오늘날의 야후, 애플컴퓨터, 마이크로소프트 등 미국의 성공한 벤처기업의 뒤에는 엔젤의 숨은 역할이 있었다.

엔젤에는 여러 가지 유형이 있는데 대부분의 엔젤은 재테크 차원에서 투자하는 포트폴리오 엔젤(portfolio angels)이라 할 수 있으나, 같은 직업의 전문직업인이 투자하는 전문가 엔젤(professional angels), 성공한 기업가 출신으로 소유기업의 사업다각화와 시너지효과를 위하여 투자하는 기업가 엔젤(entrepreneur angels), 은퇴한 부자로서 경영참여에는 무관심한 취미성 엔젤(enthusiast angels) 등 다양하다.

우리나라에서는 1997년부터 엔젤이 결성되기 시작하는데, 초기에는 개인투자자들의 모임인 엔젤클럽 형태로 출범하였으나 1999년부터는 개인투자조합인 엔젤펀드 형태로 발전하였다. 2010년 말 현재 엔젤펀드는 71개가 활동 중이며 406억원 규모의 펀드를 운영하고 있다. 엔젤수는 2002년 34,040명으로 증가하였으나 2009년 1,243명으로 감소하였고, 투자건수도 2000년 1,291개사를 정점으로 계속 감소하여 2009년 87개사로 감소하였다. 또한 투자금액도 2000년 5,493억원을 기록한 후 점차 감소하여 2009년 346억원으로 최소치를 기록하였다.

이와 같이 우리나라의 경우 엔젤의 존재가 미약한 편이나 벤처부문에서의 엔젤의 중요성은 벤처캐피탈보다 훨씬 크다. 미국의 경우 벤처캐피탈이 투자하는 기업의 수는 1년에 2천 개, 투자금액도 100억달러에 불과한 반면, 엔젤에 의한 투자기업 수는 25배에 달하는 5만 건, 투자금액은 3배에 달하는 300억달러에 이른다. 한 해 미국에서는 80만 개의 회사가 설립되므로 약 6%의 기업이 엔젤투자를 받는 것으로 추산된다.[1)]

2 벤처캐피탈

벤처캐피탈(venture capital)은 벤처기업에 대한 지분투자를 목적으로 설립되는 펀드로서 고위험을 부담하는 대가로 고수익을 추구한다. 엔젤이 매우 초창기 벤처기업에 투자하는 데 반해 벤처캐피탈은 일반적으로 엔젤보다는 조금 늦게, 즉 벤처기업이 좀 더 성장한 상태에서 투자한다.[2)] 벤처캐피탈이 단계별로 투자하는 금액과 기대하는 수익배수는 다음과 같이 단계별로 매우 다르다. 벤처기업

그림 11-1 단계별 투자규모와 기대수익

투자규모[주1)]	< $250K	< $500K	< $5M	< $25M	< $50M
조달단계	Seed 사업계획 단계	Start-up 제품개발 및 마케팅단계	First 제품생산 및 판매단계	Second 확장단계	Mezzanine 손익분기 후 확장단계
기대수익[주2)]	10X ≤	5-10X	3-5X	2-3X	2X

주 1) K : 천달러, M : 백만달러
2) X : 배수를 의미
자료 : 삼성벤처투자

1) 한정화, 『벤처창업과 경영전략』(서울: 홍문사, 2004), pp. 236~237.

2) 2004년 12월에 개정된 간접투자자산운용법에 의해 우리나라에도 사모펀드(Private Equity Fund: PEF)가 도입되었는데, 사모펀드에는 벤처캐피탈펀드(venture capital fund)와 인수펀드(buyout fund)가 포함된다. 인수펀드는 성장한 기업 중 부실하거나 경영권이 취약한 기업을 인수하여 사업재구축을 통하여 기업가치를 증대한 후 매도를 통한 이익실현을 목적으로 하는 펀드이다.

표 11-1 미국 벤처캐피탈의 전형적인 시간배분

활 동	배분비율	활 동	배분비율
투자기회 포착	10%	컨설턴트 활동	15%
투자기회 선별	5%	투자기업 경영진 채용	20%
사업계획서 분석	5%	외부관계형성 지원	10%
투자협상	5%	투자회수	5%
이사 및 감독관 임무 수행	25%		

자료: *Harvard Business Review*, 1998년 11~12월호.

의 초기단계로 갈수록 건당 투자규모는 작고 기대수익배수는 커지며, 후기단계로 갈수록 건당 투자규모가 커지고 기대수익배수는 작아짐을 알 수 있다.

벤처캐피탈은 자금지원과 함께 성장지원과 공개지원 등 세 가지 지원기능을 한다. 국내 벤처캐피탈은 성장지원보다는 단순한 자금지원기능에 머물고 있으나 선진 벤처캐피탈은 주로 성장지원에 치중하는 것으로 조사되고 있다(표 11-1 참조). 이는 벤처캐피탈의 속성상 기업의 초기단계에 주로 지분투자(equity investment)를 하기 때문에 불확실성과 정보의 비대칭성(information asymmetry)이 매우 심한 구조인데, 이러한 상황에서 투자기업에 전략적 네트워킹이나 컨설팅을 제공하고 모니터링을 강화할 필요가 있기 때문이다. 이와 같은 차이는 우리나라의 벤처캐피탈산업의 발전을 위해 시사하는 바가 크다.

우리나라에는 현재 여신전문금융업법에 의해 설립된 신기술금융사와 중소기업창업지원법에 의해 설립된 중소기업창업투자회사 두 종류의 벤처캐피탈이 있다. 신기술금융사에는 삼성벤처투자 등 4개가 현재 활동하고 있으며 이들은 벤처기업에 대한 지분투자보다는 융자에 치중하기 때문에 진정한 의미의 벤처캐피탈이라고는 할 수 없다. 반면, 중소기업창업투자회사는 벤처기업에 대한 지분투자를 주목적으로 설립된 주식회사로서 투자조합의 결성을 통해서 투자자금을 모은다.

〈표 11-2〉에서 볼 수 있는 바와 같이 2010년 말 현재 창업투자회사는 103개사로서 2000년 이후 감소하는 추세를 보이고 있으나, 조합은 2010년 한해 동안만 67개사가 새로 결성되어 393개로 증가하였다. 2010년도 창업투자회사의 총투자재원은 조합분을 포함하여 8조 7,998억원으로 역대 최고치를 기록했다. 2003년을 기점으로 투자재원 구성에서 조합계정이 차지하는 비중이 회사계정보다 더 높아

표 11-2 중소기업창업투자회사 및 조합 현황

구 분	2000	2001	2002	2003	2004	2005	2006	2007	2008	2009	2010
창업투자회사수(개)	147	145	128	117	105	102	104	101	97	100	103
자본금(억원)	21,391	22,194	19,651	18,651	16,528	15,368	15,537	15,558	14,758	13,608	13,838
운영조합수(개) (결성조합수)	326 (194)	396 (90)	412 (61)	430 (39)	424 (40)	400 (45)	350 (48)	332 (66)	336 (52)	366 (74)	393 (67)
결성총액(억원)	24,087	30,535	33,789	38,908	42,974	47,576	49,195	49,527	56,899	66,091	76,525
투자재원(억원)	76,978	75,760	67,613	60,857	62,845	65,072	66,228	68,352	71,611	79,183	87,998
투자건수(건)	1,980	3,085	3,090	2,881	2,668	2,414	2,093	2,179	2,165	2,093	2,171
투자잔액(억원)	28,827	30,154	30,448	27,627	26,271	22,675	21,957	24,781	26,613	27,628	31,010

자료 : 벤처캐피탈 뉴스 레터, Vol. 73(2011년 1/4분기).

졌으며 2010년 말 기준으로 85.9%에 이르고 있다. 2010년 말 현재 투자잔액은 3조 1,010억원으로 최근 들어 꾸준히 늘고 있으나, 투자건수는 2,171건으로 정체 수준을 보이고 있다

제 2 절 중장기자금의 조달 : 보통주

1 보통주의 발행방식

1) 발행목적에 따른 분류

기업은 주식회사 설립 시와 기업공개[3] 시 또한 유무상 증자 시에 보통주를 발행하게 된다. 주식회사 설립 시 보통주를 발행하는 방식에는 발기인이 발행주식 모두를 인수하는 발기설립방식과 발기인이 일부만 인수하고 나머지는 일반인

3) 보통의 기업공개는 당해 법인의 주식을 유가증권시장 또는 코스닥시장 등에서 거래될 수 있도록 시장의 요건을 갖춰 상장하는 것을 의미하지만, 여기에서의 기업공개는 주식을 발행해서 주식을 분산시킨다는 넓은 의미의 기업공개를 의미한다.

에게 공모하는 모집설립방식의 두 가지가 있다.

기업공개 시 보통주를 발행하는 방식에는 주식회사가 새로 발행하는 주식을 일반투자자에게 모집하는 신주모집방식과 이미 발행되어 대주주가 소유하고 있는 주식의 일부를 매출하여 일반투자자에게 모집하는 구주매출방식 그리고 이를 결합한 모집·매출의 병행방식의 세 가지가 있다. 신주모집의 경우에는 발행자금 모두가 회사자금으로 투입되나 구주매출의 경우에는 기존 대주주에게 자금이 돌아가며 회사자금으로 기업에 투입되는 것은 아니다.

유상증자의 경우에는 신주가 발행되면서 자본금의 증가가 이루어지지만 무상증자의 경우에는 신주는 발행되어도 신규자금의 투입은 없는 경우이다. 즉, 무상증자는 형식적으로는 자본금을 증가시켜 발행주식수가 늘어나지만 실질적으로는 자기자본 총액에 변화가 없는 증자형식이다. 유상증자 시 신주인수권의 배정방식에는 주주배정방식, 주주우선공모방식, 일반공모방식, 제3자배정방식 등이 있다.

주주배정방식은 주주와 우리사주조합에게 신주를 배정하고 실권주가 발생하면 이사회의 결의에 따라 그 처리방침을 결정하는 것을 말하며, 주주우선공모방

그림 11-2 발행목적에 따른 보통주 발행방식의 분류

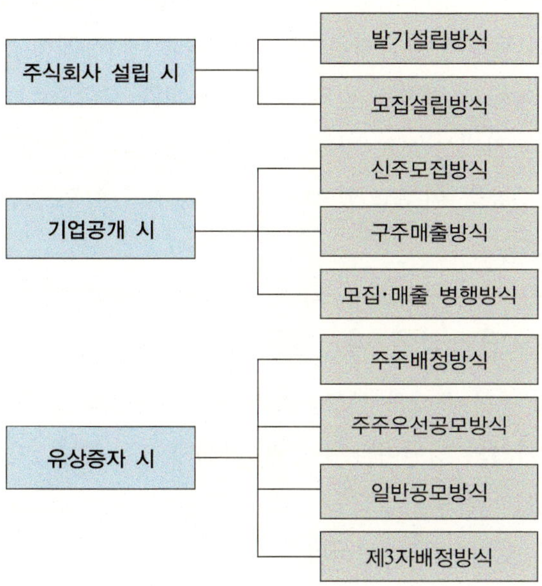

그림 11-3 발행형태별 유상증자 추이

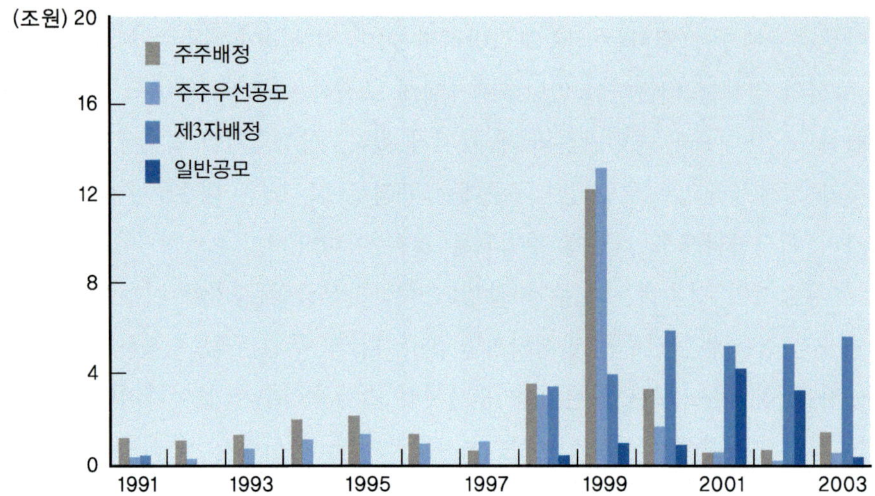

자료 : 금융감독원.

식은 주주배정방식과 동일한 방식이나 실권주가 발생할 경우에 일반투자자를 대상으로 청약을 받고 만일 청약이 미달하면 이사회의 결의에 따라 그 처리방침을 결정한다는 점에서 주주배정방식과 차이가 있다. 일반공모방식은 주주에게 신주인수권을 주지 않고 일반투자자를 대상으로 청약을 받는 것을 말하며, 제3자배정방식은 주주 대신 관계회사나 채권은행 등 특정의 제3자에게 신주인수권을 주는 방식이다. 이제 이를 요약하면 앞의 [그림 11-2]와 같다.

한편, [그림 11-3]에서 보는 바와 같이 우리나라의 경우 주주우선공모방식과 주주배정방식이 주류를 이루고 있으나 IMF 외환위기 이후 일반공모방식도 늘고 있음을 알 수 있다.

2) 투자자 모집방식에 따른 분류

투자자의 모집방식에 따라 사모(private placement)와 공모(public issue)로 구분된다. 사모는 기업의 임원이나 종업원, 거래처 또는 일부 기관투자가 등 자기와 특수관계에 있는 자에게 주식을 인수시키는 방법이며, 공모는 일반대중을 대상으로 인수자를 모집하는 방법이다.

공모는 다시 구주주할당(rights offer)과 일반공모(general cash offer)로 나누어

그림 11-4 투자자 모집방식에 따른 보통주 발행방식의 분류

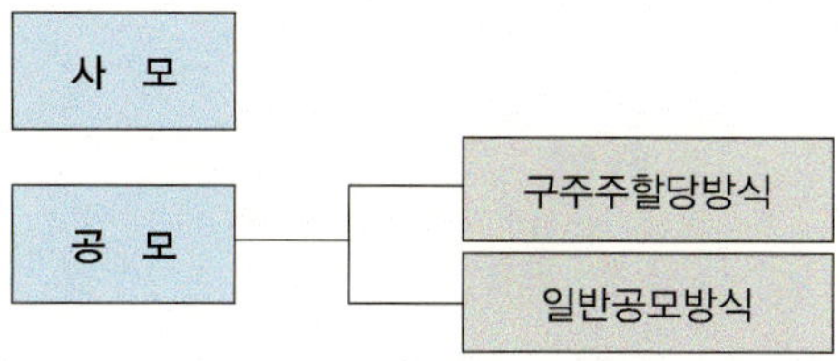

지는데, 구주주할당은 신규발행주식을 기존의 구주주에게 보유중인 주식비율로 인수시키는 방법이고, 일반공모는 말 그대로 불특정 다수의 투자자를 공개모집하여 그들에게 발행주식을 인수시키는 방법이다. 구주주할당의 경우에는 기존 주주의 지분율이 유지될 수 있는 반면에, 신규주식 발행규모에 제약을 많이 받게 된다. 일반공모의 경우에는 일반인을 대상으로 발행하기 때문에 대규모의 발행을 유리한 가격으로 할 수 있는 반면, 기존 주주의 지분율이 하락하는 이른바 지분희석화(ownership dilution)가 일어난다.

구주주할당방식의 수수께끼

우리나라 기업들도 주식공모 시 차츰 일반공모방식을 사용하는 경우가 늘고는 있지만 아직까지 구주주할당방식을 많이 사용한다. 그러나 미국기업들은 대부분이 일반공모방식을 사용한다. 일반공모방식은 구주주할당방식에 비해 주식발행비용이 많이 드는 데도 불구하고 왜 미국기업들은 일반공모를 선호할까? 알려진 바에 의하면 일반공모가 비록 발행비용은 많이 들지만 구주주할당공모에 비해 훨씬 더 넓은 투자자층을 대상으로 할 수 있기 때문에 발행가격을 높여 발행비용을 커버하고도 남기 때문이라고 한다.

2 최초공모주 발행

1) 인수회사와 인수방법

주식을 일반투자자들에게 최초로 발행하는 경우를 최초공모주 발행(Initial Public Offering : IPO)이라 한다. 기업이 IPO를 하는 이유는 직접 금융을 통한 대규모 자금조달이 지속적으로 가능하기 때문이다. 즉, 기업이 공개됨으로써 일반주주들로부터 유상증자나 사채발행 등을 통해 대규모의 장기자본을 원활하게 조달할 수 있게 된다. 그러나 일반인들을 대상으로 공모형태를 취하기 때문에 재무자료의 보고 등 회사 중요내용에 대한 공시의 의무가 있고, 지분이 희석될 경우 기업지배권에 도전을 받을 수도 있다.

최초공모주 발행의 경우 인수회사 또는 간사회사(underwriter)의 역할이 매우 중요한데, 인수회사는 최초공모주 발행 시 증권발행가격의 결정, 증권의 판매, 가격안정 등의 핵심적인 기능을 담당한다. 우리나라에서는 주로 증권회사가 이 역할을 수행한다(그림 11-5 참조).

인수방법에는 세 가지가 있는데 인수회사가 증권발행과 관련된 모든 책임을 부담하는 총액인수법(firm commitment underwriting)과 인수회사의 역할이 증권발행과 관련된 업무에 있어서 도우미 역할에 그치는 모집주선법(best efforts underwriting), 그리고 인수회사가 발행업무를 돕다가 매각하지 못한 잔량에 대해

그림 11-5 주식 발행시장의 구조

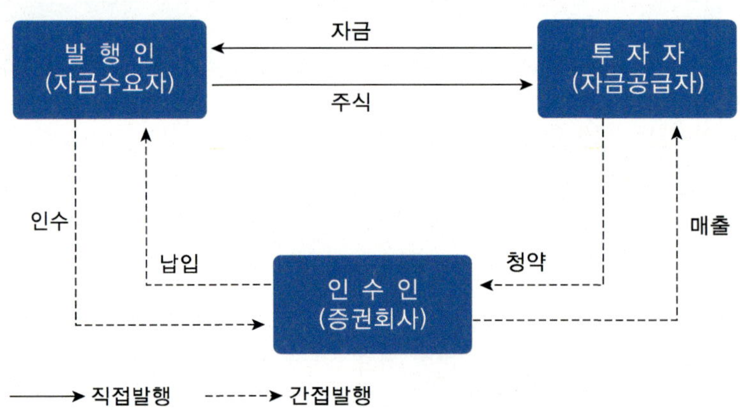

그림 11-6 인수방법의 분류

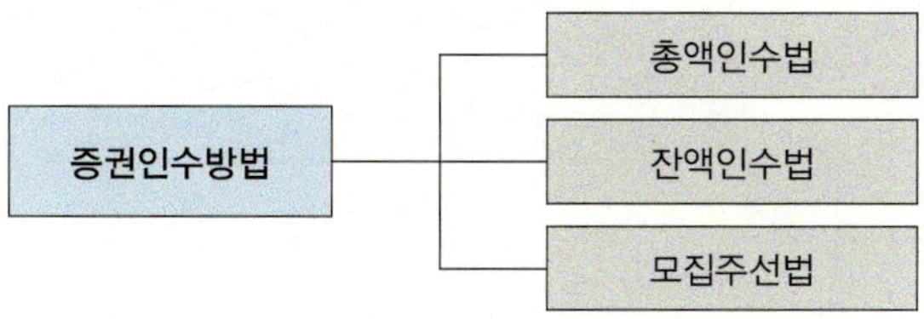

서만 미리 약정된 인수가격에 인수하는 잔액인수법(standby underwriting)이 있다.

총액인수법은 여러 증권회사들로 구성된 인수단(syndicate)이 발행기업으로부터 발행물량 전체를 합의가격에 인수하고(인수가격) 시장에서 결정된 발행가격(공모가격)에 투자자들에게 매도하는 방법이다. 이때 시장에서 모든 발행물량이 소화되는 것과 관계없이 발행기업은 합의된 인수가격에 모든 물량을 인수단에게 넘기기 때문에 발행에 따른 모든 위험은 인수단이 부담하게 된다. 인수단은 이러한 위험부담의 대가로 공모가격과 인수가격의 차이, 즉 총스프레드(gross spread)를 그들의 이익으로 삼게 된다.[4] 일반공모 시에는 총액인수법을 사용하지만 구주주할당공모 시에는 잔액인수법을 주로 사용한다. 왜냐하면 구주주할당공모 시에는 실권주에 대해서만 인수회사가 책임을 지면 되기 때문이다.

2) 저가발행현상

인수회사는 발행기업에 의해 선정되기는 하지만 투자자들의 눈치를 보아야 하는 이중적인 입장에 처하게 된다. 발행기업만을 생각한다면 공모가격을 될 수 있는 대로 높게 하는 것이 좋겠지만 투자자들의 입장을 고려한다면 공모가격을 될 수 있는 한 낮춰야 한다. 인수회사는 증권발행에 있어서 발행기업에 대해 우월한 지위를 가지고 있고,[5] 또 투자자들에게 양호한 수익을 제공하여 좋은 평판을 유지하려는 유인이 강하기 때문에 공모가격을 낮게 책정하는 경향이 있는데, 이를 발행주식의 저가발행현상(underpricing)이라 한다. 이러한 발행주식의 저가

4) 외국의 경우에는 인수수수료로 지불되는 이러한 스프레드가 발행금액의 5~9% 정도 되며 우리나라의 경우에는 발행금액의 2~13% 정도 된다.

5) 인수회사는 발행시장에 대한 정보를 거의 독점하고 있고 발행업무를 전문으로 하기 때문이다.

그림 11-7 인수가격, 공모가격 및 첫날 종가의 관계

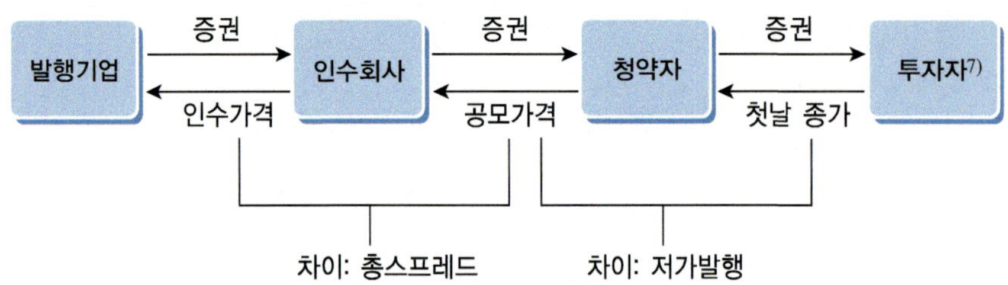

발행현상은 국가마다 다소 차이가 있기는 하지만 전 세계적으로 일어나는 현상이다. 전 세계적으로 발행가격은 상장 후 첫날 종가에 비해 낮게 결정됨을 보이는데, 리터(Ritter)의 연구결과에 따르면 상장 후 첫날 평균수익률이 미국은 18.4%, 영국은 17.5%, 일본은 26.4%, 우리나라는 74.3%, 중국은 256.9%로 나타났다.[6)]

이제 최초공모주 발행 시 발생하는 총스프레드와 저가발행현상을 함께 설명하면 [그림 11-7]과 같다.

3) 공모가격의 결정

우리나라 공모가격의 결정방식은 2002년 7월 이후 완전히 자율화되어 시장에 의해 결정되도록 되어 있다. 그러나 시장이 발행기업에 대한 충분한 정보를 가지고 있지 않기 때문에 발행기업에 대해 제일 잘 알고 있는 주간사회사[8)]가 산정하는 공모 기준가격이 절대적인 가격결정의 기준을 제공한다.

주간사회사는 주로 PER(Price Earnings Ratio)방법에 의해 공모기준가격을 산정하는데, 이는 다음과 같이 계산된다.

$$P = \frac{P}{EPS} \times EPS = PER(\text{비교회사}) \times EPS(\text{해당 기업}) \qquad (11.1)$$

즉, 발행기업의 공모가격은 비교회사의 PER값과 해당 기업의 예상 주당이익

---

6) 미국은 1960~2000, 영국은 1959~2000, 일본은 1970~2000, 한국은 1980~1996, 중국은 1990~2000기간을 대상으로 하였다.

7) 투자자 중에 첫날 종가에 시장에서 매입한 투자자가 있다고 가정한다.

8) 인수단을 대표하고 발행기업에 의해 선정되는 간사회사를 주간사회사라 한다.

5천억 몰렸던 '손오공' 뜰까

내일 첫 거래 … 코스닥 투자열기로 시초가 관심

공모주 청약에 5,000억원 이상의 부동자금이 몰렸던 완구업체 손오공의 주가가 첫 거래일을 앞두고 관심을 끌고 있다.

5일 코스닥위원회에서 정식으로 신규등록 승인을 받은 손오공의 첫 거래일은 7일이다. 지난 4일 신규 등록한 액정표시장치(LCD) 장비업체인 미래컴퍼니가 등록 첫날 상한가를 기록하면서 공모가 대비 약 40%나 올라 손오공이 새내기주 상승세를 이어갈지 투자자들이 주목하고 있다. 특히, 손오공은 완구캐릭터사업, 애니메이션사업과 올해 새로 매출이 발생하는 온라인게임 PC방 유통사업 등 다변화된 수입 구조와 성장세를 보일 것으로 예상돼 최근 불고 있는 코스닥시장의 열기를 이어갈 것으로 보인다.

업계 관계자들은 공모가 9,300원인 손오공의 시초가가 높게 형성될 경우 등록 초기에 미래컴퍼니 못지 않은 높은 주가를 형성할 것으로 예상하고 있다. 그러나 문제는 지나친 투자열기로 목표주가나 적정주가를 넘는 지나친 거품이 형성될 수도 있다는 점이다.

코스닥의 열기가 뜨겁게 달아오르고 있지만 결국 실적과 기업가치를 고려하지 않은 투자자들의 매수가 이어질 경우 주가는 단숨에 1만5,000원대를 훌쩍 넘으면서 오버슈팅할 가능성이 있다는 설명이다. 김창권 교보증권 연구원은 "손오공은 애니메이션 방영에 연동하는 완구를 개발하는 등 비봉제 완구업계 1위의 시장지배력을 유지하고 있다."고 설명했다.

교보증권에 따르면 지난해 매출 608억원과 영업이익 130억원, 순이익 69억원을 기록한 손오공은 올해 매출 745억원, 영업이익과 순이익은 각각 188원과 129억원을 기록할 전망이다.

손오공 목표주가 추정방법

- 완구·캐릭터업종 2005년 평균 PER 12.6배
- 온라인게임업종 2005년 평균 PER 12.9배
- 유통업종 2005년 평균 PER 10.3배

→

- 손오공의 사업부문별 가중치 적용 PER 11.5배
- 손오공 2005년 EPS 1,289원

→

- 공모가 9,300원
- 손오공 6개월 목표주가 14,800원

→

- 7일 시초가 16,000원
- 종가 17,900원[주] (공모가 대비 92.4%)

주 : 코스닥등록 후 실제 거래 첫날 종가를 기준으로 계산하였음.

(자료 : 2005.1.5 매일경제)

을 곱하여 구해진다. 이 방법에 있어서 가장 중요한 부분은 비교회사의 선정을 어떻게 하느냐 하는 것인데, 비교회사는 발행기업과 동일한 업종에 속하는 상장기업으로서 재무 및 영업이 유사한 기업 중에서 선택하는 것이 일반적이다. 비교회사가 여러 개 있는 경우에는 각 회사의 PER값의 산술평균값을 사용하면 된다.

이렇게 해서 결정된 공모기준가격을 기준으로 공모예정가격의 상하한 가격밴드를 정한 다음 수요예측(bookbuilding)을 실시하여 수요예측 평균가격을 산정하고, 이들을 참고로 하여 주간사회사가 최종적으로 공모가격을 결정하게 된다. 이와 같은 과정을 거쳐 결정된 공모가격은 상장 첫날 시초가가 되는데 보통 첫날 종가는 이보다 훨씬 높은 수준에서 마감되기 때문에 발행주식의 저가발행현상(underpricing)이 일어나게 된다.

3 보통주의 발행비용

보통주를 처음으로 일반인에게 공모할 때, 즉 IPO 시 발행비용은 매우 많이 들어간다. 앞서 설명한 인수회사에게 지급되는 인수수수료(총스프레드)와 법률 및 등록비용은 발행과 관련된 직접비용이다. 그러나 이외에도 최고경영자와 직원들의 시간과 노력, 발행주식의 저가발행으로 인한 손실, 인수단에게 추가발행물량을 부여할 경우의 비용[9] 등도 발행과 관련된 비용이다. 미국의 경우 IPO 시 직접비용은 발행금액 대비 평균 11%로 조사되어 유상증자(평균 7%)나 채권(평균 2%)에 비해 상당히 높음을 알 수 있다.

보통주 발행비용

보통주 발행비용 = 직접비용(인수수수료 + 등록비용 + 기타발행경비)
+ 간접비용(저가발행손실 + 최고경영자 시간 + 추가발행물량)

9) 이와 같이 인수단이 추가 발행물량을 받을 수 있는 권리를 Greenshoe option 또는 Over-allotment option이라 한다.

제3절 중장기자금의 조달: 우선주

1 우선주의 특징

기업은 우선주(preferred stocks)의 발행을 통해서도 중장기적으로 자금을 조달할 수 있다. 우선주는 보통주와 채권의 중간적인 성격을 보유한 상품이다. 우선주는 배당 여부를 이사회가 결정하며 배당에 대해서 개인소득세가 부여된다는 면에서 보통주와 유사하나, 이익배당이나 잔여재산의 청구에 있어서 보통주에 비해 우선적 지위를 가지지만 의결권이 주어지지 않는다는 점에서 보통주와 다르다. 한편, 우선주는 액면가에 일정률을 곱해서 매년 배당을 한다는 면에서는 채권과 유사하나, 배당을 설혹 하지 못할 경우에도 기업이 파산하지 않는다는 점에서 채권과 다르다.

기업의 입장에서 볼 때 우선주는 안전하면서도 부담이 적을 뿐만 아니라, 매우 싼 자금조달수단으로 인식될 수 있다. 배당을 하지 못할 경우에도 파산의 위험성이 없으므로 안전하고, 채권과 같이 원금을 상환할 필요가 없기 때문에 부담이 적으며, 일정액의 배당만 지급하면 되므로 성장과실을 우선주 주주에게 나눠 줄 필요가 없으므로 보통주에 비해 저렴하다. 그러나 한편으로는 매년 배당을 일정률로 맞춰 지급하는 대신 이자비용과 달리 배당에 대해 세금공제를 받을 수 없으므로 파산위험에 시달리지 않는 한 부채에 비해 큰 장점이 없다.

2 우선주의 종류

배당금이 미지급되는 경우 이후 배당금의 지급방법에 따라 누적식 우선주(cumulative preferred stocks)와 비누적식 우선주(non-cumulative preferred stocks)로 구분된다. 누적식 우선주는 이전의 미지급된 배당까지 포함하여 지급되는 우선주이고 비누적식 우선주는 이전의 미지급된 배당은 지급되지 않는 우선주를 말한

우선주 파동 사건

1990년대 초 주식시장이 붐을 이룰 때 대기업들은 부채비율을 증가시키지 않으면서 경영권보호를 위해 추가 현금납입이 필요하지 않은 우선주를 대량으로 발행하였다. 그 당시 우선주는 의결권이 없는 대신 1%의 배당을 보통주에 대해 우선적으로 더 받는 조건이었는데, 대주주의 보통주 지분율이 낮은 상황에서 의결권의 가치는 이보다는 훨씬 더 가치가 있었다고 할 수 있다. 따라서 우선주는 발행 후 대주주들에 의해 대거 처분되고 우선주 가격이 폭락하면서 선의의 개인투자자들이 많은 피해를 보게 된 사건이 발생하게 된 것이다. 이후 우선주제도의 개선을 위해 도입된 것이 신형우선주제도이다.

다. 또한 우선주가 일정률의 우선배당을 받은 다음에 남은 이익에 대하여 보통주와 같이 배당에 참가할 수 있느냐에 따라 참가적 우선주(participating preferred stock)와 비참가적 우선주(non-participating preferred stock)로 구분된다.

또한 우리나라에는 현재 구형우선주와 신형우선주의 두 종류가 존재하고 있는데, 구형우선주는 보통주보다 배당을 1% 더 우선적으로 받는 형태이고 신형우선주는 최저배당률을 정기예금 수준으로 보장하고 3년 내지 10년 후 보통주로 전환할 수 있는 전환권이 부여된 형태이다. 이러한 신형우선주는 1996년 10월 상법개정으로 도입되었는데, 신형우선주가 등장하게 된 것은 1995년에 국내에서 발생한 우선주 파동 때문이다.

제 4 절 중장기자금의 조달 : 회사채

기업은 중장기적으로 주식을 발행하는 것 이외에 대출을 받거나 회사채를 발행함으로써 자금을 조달할 수 있다. 대출(term loans)은 은행, 보험회사 등으로부터 직접 자금을 빌리는 것으로서 만기는 보통 3년이나 90% 이상은 만기 시 재대출된다. 회사채(corporate bonds)는 기업이 발행한 채권으로서 만기에 원금을 상환하고 그때까지는 정해진 날짜에 이자(coupons)를 지급하기로 약속한 지급증서(fixed income securities)이다. 만약 이 약속을 발행자가 채권보유자에게 지키지 못할 경우 기업은 부도처리가 된다.

1 회사채 발행방식

회사채 발행방식도 주식과 마찬가지로 공모발행과 사모발행으로 구분된다. 공모발행의 경우에는 인수기관인 증권회사가 총액을 인수하는 방식으로 발행되는 반면, 사모발행의 경우에는 발행기업이 최종매수자와 발행조건을 직접 협의하여 발행하게 된다.

공모발행 시 발행회사는 주간사회사(증권사)를 선정하고 주간사회사는 회사채를 총액인수한 후 매수자에게 매도한다. 이때 주간사회사는 인수부담을 줄이기 위해 발행계획 수립 시 미리 매수자를 물색하게 된다. 매수자는 거래은행에 매매체결내용을 통보하고 대금지급을 요청하면 발행기업은 매수자의 거래은행으로부터 발행자금을 수령한다. 그리고 채권의 인수도는 주간사회사가 매수자의 한국예탁결제원에 개설된 계좌에 등록함으로써 거래가 완료된다. 이를 요약하면 다음 그림과 같다.

그림 11-8 회사채의 발행구조

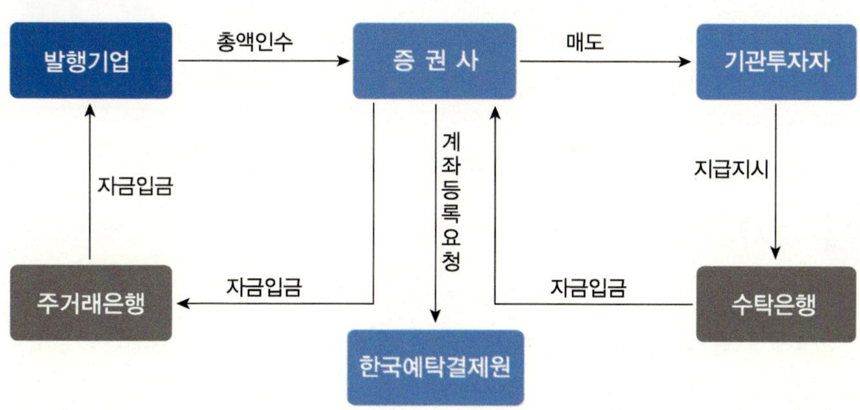

표 11-3 무보증 공모회사채의 발행절차

절 차	대상처	일 정
1. 인수기관 선정 및 발행조건 협의	주간사	D-40일
2. 이사회 결의	-	D-30일
3. 결의내용 증권거래소 통보(공시) *상장법인의 경우에만 해당	증권거래소	D-29일
4. 신용평가회사 사채 등급평가	신용평가사	D-7일
5. 사채모집위탁계약 및 원리금지급대행계약	수탁회사, 은행	D-3일
6. 사채총액인수 및 매출계약	인수단	D-1일
7. 유가증권신고서, 예비사업설명서 제출	금융위원회	D일
8. 채권상장 및 증권예탁원 등록 신청	한국거래소, 한국예탁결제원	D+1,2일
9. 사채청약안내 공고	신문	D+7일
10. 본 사업설명서 제출	금융감독원	D+8일
11. 유가증권신고서 효력발생	-	D+8일[1)]
12. 사채청약 및 납입	납입은행	D+9일
13. 사채납입대금 인출	납입은행	D+9일, 10일
14. 유가증권발행 실적보고	금융감독원	D+12일

주 1) 유가증권발행 신고수리에 1일이 소요되며 효력발생은 무보증사채의 경우 7일, 보증사채·담보부사채의 경우 5일이 소요

자료 : 한국은행, 『우리나라 금융시장』(2004.9).

무보증 공모회사채의 발행절차를 요약하면 〈표 11-3〉과 같다. 회사채의 발행에는 통상 50일 정도가 소요되기 때문에 그에 맞춰 주간사회사를 선정하여야 한다. 이사회의 결의를 득한 후 결의내용을 거래소에 공시하여야 하며 유가증권신고서와 예비사업설명서를 금융위원회에 제출하여야 한다. 그 후 사채청약안내 공고를 일간지에 게재하고 본 사업설명서를 금융감독원에 제출함으로써 완료된다.

2 회사채 발행비용

회사채를 발행하는 데 들어가는 비용은 인수수수료, 발행분담금, 상장수수료, 등록발행비용, 신용평가수수료 및 기타부대비용으로 되어 있다. 이 중 제일 큰

표 11-4 3년만기 무보증 회사채 100억원 발행비용 시산(예)

회사채 발행 관련 제비용

1. 인수수수료 : 주간사회사와 발행회사 간에 자율적으로 협의 (통상 발행금액의 2/1,000~5/1,000)
2. 발행분담금 : 만기에 따라 회사채 발행가액의 일정비율*을 금융감독원에 납부 *1년 이하 5/10,000, 1년 초과 2년 이하 7/10,000, 2년 초과 9/10,000 적용(다만, 연간발행액을 일괄신고 시 4/10,000)
3. 상장수수료 : 증권거래소에 납부(상장채권의 액면가에 비례하여 10억원 미만 10만원~5,000억원 이상 170만원)
4. 등록발행비용 : 한국예탁결제원에 납부(발행가액의 1/100,000, 단 최고한도금액은 50만원)
5. 신용평가수수료 : 기본수수료* 및 비례수수료** 합계액(최고한도 3,000만원 이내)을 신용평가회사(무보증의 경우 2개 이상)에 납부 *발행기업 자산규모에 따라 차등 **채권발행액에 비례
6. 기타부대비용 : 사업설명회 인쇄비, 발행공고비, 투자설명회(500억원 이상 발행시) 개최비용 등

〈예 제〉

발행비용 항목	시 산 내 용	
인수수수료[1]	100억원 × 0.3% =	3,000만원
발행분담금	100억원 × 0.09% =	900만원
상장수수료		100만원
등록발행비용	100억원 × 0.001% =	10만원
신용평가수수료	1,100만원[2] × 2개 기관 =	2,200만원
기타부대비용		100만원
합 계	6,310만원(발행금액의 약 0.6%)	

주 1) 0.03%로 가정
2) 기본수수료(1,000만원 : 총자산 5,000억원 가정) + 비례수수료(100만원)

자료 : 한국은행, 『우리나라의 금융시장』(2004), p. 181.

비용은 증권회사에 지불하는 인수수수료이고 그 다음으로는 신용평가수수료이다. 3년만기 무보증 회사채 100억원을 발행하는데 약 6,300만원(발행금액의 약 0.6%)으로서 주식의 발행비용보다는 상대적으로 저렴한 것을 알 수 있다. 〈표 11-4〉에 자세한 비용구조가 나와 있다.

3 은행대출, 주식발행, 회사채발행 규모의 비교

우리나라의 기업들은 IMF 외환위기 이전까지 대부분의 자금을 은행대출시장에 의존하고 있었다. 그러나 IMF 외환위기 이후에는 주식시장 및 채권시장, 즉 직접금융시장으로부터의 조달비중이 커지게 되었다. 〈표 11-5〉를 보면 이러한 추세가 잘 나타난다. 1997년에 직접금융 대 간접금융의 비중이 30% 대 70%의 비중이 보이던 것이 1998년에 은행대출이 대폭 줄면서 1999년부터는 직접금융의 비중이 간접금융의 비중을 초과하는 모습을 보이고 있다.

2003년 중 은행대출규모는 약 63조원(46%)이고, 회사채발행에 의한 자금조달액은 약 62조원(46%)에 달하며, 주식발행에 의한 자금조달액은 약 11조원에 불과한 것으로 나타났다(8%).

표 11-5 우리나라 기업의 자금조달 (단위: 조원)

구분	2001	2002	2003	2004	2005	2006	2007	2008	2009	2010
간접금융	−1.6	46	34.9	5.1	16.7	44.2	85	85.4	13.8	12.8
(비중)	−1.6%	34.6%	32.3%	8.0%	23.3%	47.8%	57.6%	51.9%	9.8%	9.4%
직접금융	99.4	86.8	73.1	58.8	54.9	48.2	62.5	79.2	126.5	123.2
(비중)	101.6%	65.4%	67.7%	92.0%	76.7%	52.2%	42.4%	48.1%	90.2%	90.6%
주 식	12.2	9.3	11.3	8.4	6.8	6.5	17.3	5.1	11.6	10.3
(비중)	12.5%	7.0%	10.5%	13.1%	9.5%	7.0%	11.7%	3.1%	8.3%	7.6%
회사채	87.2	77.5	61.8	50.4	48.1	41.7	45.2	74.1	114.9	112.9
(비중)	89.2%	58.4%	57.2%	78.9%	67.2%	45.1%	30.6%	45.0%	81.9%	83.0%
전 체	97.8	132.8	108	63.9	71.6	92.4	147.5	164.6	140.3	136

주: 직접금융=주식+회사채, 비중: 전체 대비 비중
자료: 금융감독원 통계월보, 한국은행 통화금융.

제 5 절 중장기자금의 조달: 옵션내재증권과 신증권

1 옵션내재증권의 발행

최근에는 기업의 새로운 자금조달수단으로서 채권에 옵션이 가미된(option-embedded) 옵션내재증권이 많이 사용되고 있다. 옵션내재증권은 투자자의 입장에서 주식과 채권의 장점을 모두 향유할 수 있는 새로운 투자수단이 될 뿐만 아니라 금융공학(financial engineering)의 발달로 여러 증권의 속성을 결합한 혼합증권의 개발이 용이해졌기 때문이다. 옵션내재증권 중에서 가장 많이 사용되고 있는 전환사채(Convertible Bond : CB), 신주인수권부사채(Bond with Warrants : BW) 및 교환사채(Exchangeable Bond : EB) 등에 대해서 살펴보자.

1) 전환사채

전환사채란 소유자가 만기 이전에 회사채를 미리 정해진 일정한 수의 보통주로 전환할 수 있는 권리(전환권 또는 전환옵션)가 부여된 회사채를 말한다. 전환사채는 그 소유자가 만기 이내에 전환권을 행사하면 주식이 되고 전환권을 행사하지 않으면 회사채로 남게 된다. 만약 전환사채 보유자가 전환권을 행사하면 채권이 주식으로 바뀌기 때문에 기업의 대차대조표상에서는 부채가 줄고 자본금이 증가하게 된다. 물론 총자본 및 부채금액과 자산상에는 아무런 변화가 없다.

전환사채는 전환권이라는 옵션을 투자자들에게 제공하기 때문에 발행기업의 입장에서는 일반 회사채보다 싸게 자금을 조달할 수 있을 뿐만 아니라, 증자나 보통사채의 발행이 어려울 경우에도 자금조달이 용이하다는 장점이 있다. 우리나라가 IMF 금융위기로 자본시장이 꽁꽁 얼어붙었을 경우에도 전환사채는 소화가 가능하였다.

전환사채의 표면금리는 전환가격(보통주 1주를 살 수 있는 가격)을 감안하여 결정되는데, 만약 전환가격을 높게 하면 표면금리를 높여야 하고, 전환가격을 높지 않게 정하면 표면금리를 매우 낮게 할 수 있다. 전환권으로 인해 보통 표면금리가 시중금리보다 낮게 설정되는데, 만약 해당 기업의 주가가 상승하지 않을 시에는 전환권이 아무런 의미가 없게 되어 투자자들이 손실을 보기 때문에 투자자들에게 풋옵션(일정기간 후 채권의 상환을 요구할 수 있는 권리)을 주는 것이 일반적이다.

2) 신주인수권부사채

신주인수권부사채는 신주인수권(warrants)을 지니고 있는 회사채로서 신주인수권은 일정기간 후 일정수 신주를 미리 정해진 가격으로 살 수 있는 권리이다. 신주인수권부사채의 가치는 일반 회사채의 가치와 신주인수권의 가치의 합으로 나타낼 수 있는데 신주인수권은 일종의 주식에 대한 콜옵션이다. 신주인수권은 채권과 분리되어 매매가 가능한데 이를 분리형 신주인수권이라 한다.

신주인수권의 행사 시 부채는 그대로 있고 자본금만 증가하기 때문에 기업은 추가자금을 조달할 수 있다. 따라서 프로젝트의 수행 시 추가적인 자금이 요구되는 경우 기업은 신주인수권부사채를 발행함으로써 사채 발행 시는 물론 이후 추가적인 자금수요에 대비할 수 있다. 신주인수권이라는 일종의 감미료를 붙임으로써 표면금리를 낮출 수 있는데, 전환사채와 마찬가지로 표면금리는 신주인수권의 행사가격과의 관계에 의해 결정된다. 즉, 행사가격을 높이면 표면금리도 따라서 높아지고 행사가격을 너무 높지 않게 하면 표면금리를 매우 낮게 설정할 수 있다.

3) 교환사채

사채권자에게 일정한 기간 내에 당해법인이 소유하고 있는 상장유가증권 또는 협회등록유가증권으로 교환을 청구할 수 있는 권리(교환청구권)가 부여된 사채로서 상장기업이나 협회등록법인이 발행할 수 있다. 교환권이 부여되고 교환권 행사 시 사채가 소멸되는 점에서는 전환사채와 유사하나 전환사채는 발행회사의 주식으로 전환되지만, 교환사채는 사채발행회사가 보유하고 있는 상장유가증권 또는 협회등록유가증권과 교환된다는 점이 다르다.

2 신증권의 발행

최근 우리나라 금융시장의 중요한 변화 중 하나는 자산유동화증권(Asset-Backed Securities : ABS)이 금융기관이나 기업의 새로운 자금조달수단으로서 크게 부각되고 있다는 점이다. ABS는 부동산, 매출채권, 유가증권, 주택저당채권(mortgage) 등과 같이 유동성이 낮은 자산을 기초로 하여 발행되는 증권을 의미한다. 즉, 기초자산으로부터 발생하는 현금흐름을 증권매입자에게 지불하기로 하고 발행하는 것이다.

ABS는 증권의 법적 성격과 기초자산에 따라 별도의 명칭을 붙이기도 한다. 기초자산이 주택저당채권인 경우 MBS(Mortgage-Backed Securities), 채권인 경우 CBO(Collateralized Bond Obligation), 자동차할부대출인 경우 auto-loan ABS 등으로 불린다.

자산유동화의 가장 중요한 장점 중의 하나는 기초자산 보유자(originator)의 재무상태를 개선할 수 있다는 점이다. 기업이 ABS를 발행하면 부채비율에는 변화가 없지만[10] 조달한 자금으로 부채를 상환한다면 부채비율을 낮출 수 있다. 한편, 투자자의 입장에서 볼 때 ABS는 양호한 투자대상이 될 수 있다. ABS는 신용평가기관의 엄밀한 평가와 신용보강(credit enhancement)을 거쳐 발행되기 때문에 상대적으로 안전하면서도 일반 회사채보다 수익률이 다소 높기 때문이다.

CBO는 신규 발행 채권을 기초로 하는 발행시장 CBO(primary CBO)와 이미 발행된 채권을 기초로 하는 유통시장 CBO(secondary CBO)로 구분되는데, 신용도가 낮아 채권시장에서 회사채를 직접 발행하기 어려운 기업의 회사채 차환발행 또는 신규발행을 지원하기 위해 2000년 7월에 발행시장 CBO가 도입되었다.

발행시장 CBO는 다수의 기업이 차환 또는 신규로 발행하는 회사채를 증권회사가 먼저 총액 사모방식으로 인수하여 이를 유동화전문회사(SPC)에 양도하면 SPC가 신용보강 후 발행시장 CBO를 발행하여 투자자에게 매각함으로써 인수자금을 조달하는 구조로 되어 있다. 신용보강은 주로 수탁은행의 신용공급에 의해 이루어지며 신용보증기금 등이 이 신용공급에 대해 지급보증을 한다.

10) 예를 들어, 매출채권을 근거로 하여 ABS를 발행한다면 매출채권이 줄고 현금이 느는 것이기 때문에 부채비율에 변화가 없다.

제 6 절 중장기자금의 조달 : 국제증권

1 주식예탁증서의 발행

기업들은 국내 자본시장에서만 자금을 조달할 수 있는 것이 아니라 국제증권의 발행을 통해서 외국 자본시장에서도 자금을 얼마든지 조달할 수 있다. 앞에서 살펴본 전환사채나 신주인수권부사채를 해외시장에서 외국인 투자자를 대상으로 발행할 수도 있지만 주식예탁증서(Depositary Receipts : DR)를 발행하여 해외로부터 주식자금을 조달할 수 있다.

국내 기업이 외국투자자들을 대상으로 유상증자를 할 때 유통편의를 위해 발행주식을 예탁기관에 맡기고 예탁기관이 발행주식(원주)을 근거로 발행하여 유통하는 주식대체증권을 주식예탁증서(DR)라 한다. DR은 보관된 주식과 동일한 권리를 가지고 국제금융시장에서 유통된다. 미국에서 미국투자자를 대상으로 발행되는 DR을 ADR(American Depositary Receipt)이라 하고 전 세계 투자자를 대상으로 뉴욕, 런던 또는 룩셈부르크에서 동시에 발행되는 DR을 GDR(Global Depositary Receipt)이라 한다.

우리나라 기업들도 DR을 발행하여 해외로부터 자금을 많이 조달하고 있다. 1990년대 초 삼성물산, 삼성전자, 현대자동차 등이 룩셈부르크에서 GDR을 발행하였고 이후 거래소기업으로는 Posco, Kemco, SKT, 국민은행 등이 뉴욕에서 ADR을, 코스닥기업으로는 미래산업, 하나로통신, 두루넷 등이 ADR을 발행하였다.

주식예탁증서는 증자와 동일한 효과를 가지기 때문에 부채비율을 낮추어 재무구조를 개선시키나 배당에 대한 압력을 받게 된다. 국내투자자들에게 발행되지 않고 해외투자자들에게 발행되기 때문에 국내투자자들 간의 주식소유비율에는 영향을 주지 않는다. 그리고 해외CB나 해외BW의 경우에는 투자자들이 옵션을 행사하지 않을 경우 부채를 상환해야 하기 때문에 환위험에 직면하게 되나 DR의 경우에는 부채가 아니라 자본금이기 때문에 상환해야 할 필요가 없고 따라서 환위험이 없다.

발전사 최초 유로본드 발행

한국서부발전(주)(사장 이영철)은 최근 발전회사 중 최초로 지난 13일 홍콩에서 리먼브라더스, ABN 암로은행 2개 기관을 공동주간사로 선정하여 1.5억달러 규모의 5년만기 유로본드를 표면금리 4.625%로 발행했으며 스왑시장을 통해 국내 원화차입보다 0.14% 이상 유리하게 금리를 줄이는 데 성공했다고 밝혔다.

서부발전에 따르면 우수한 해외신용등급(S&P, BBB^{+})과 건전한 재무구조를 바탕으로 발행할 이번 유로본드는 홍콩, 싱가포르, 런던 등 아시아 및 유럽 주요 도시에서 투자설명회(Roadshow)를 마쳤으며, 투자설명회 기간 중 이영철 사장이 직접 참석해 회사를 알리고 투자를 유인하는 등 적극적인 IR을 통해 세계 주요 기관투자자의 만족스러운 신뢰를 확보하여 어려운 시장여건에서 양호한 시장금리조건으로 발행했다.

(2002.12.26, 전기공업신문)

2 국제채

기업들은 해외시장에서 국제채(international bonds)를 발행해서 자금을 조달할 수도 있다. 국제채는 외국에서 유통되거나 외화로 표시된 채권으로서 외국채(foreign bond)와 유로채(euro bond)로 나누어진다. 외국채는 채권이 발행되는 국가와 발행하는 통화가 동일한 경우이고 유로채는 채권이 발행되는 국가와 발행하는 통화가 동일하지 않은 경우이다. 예를 들어, 우리나라 기업이 미국달러로 채권을 발행하는 경우, 미국에서 발행하여 미국투자자에게 판매하는 채권을 외국채[11]라 하고, 미국 이외의 나라에서 발행하여 전 세계의 투자자에게 판매하는 채권을 유로채라 부른다.

우리나라에서는 1992년에 한국전력과 삼성전자가 최초로 양키본드를 발행한

11) 외국채의 경우 발행되는 국가의 특징을 살려 채권의 이름을 부르고 있는데, 예를 들어 미국에서 발행되는 외국채를 양키본드라 하고, 일본에서 발행되는 외국채를 사무라이본드, 네덜란드에서 발행되는 외국채를 튤립본드, 영국에서 발행되는 외국채를 불독본드, 우리나라에서 발행되는 외국채를 아리랑본드라 한다.

표 11-6 김치본드와 아리랑본드 비교

구 분	발행통화	발행주체
김치본드	외국통화	국내기업
아리랑본드	원 화	외국기업

적이 있으며 1993년에 포항제철이 최초로 사무라이본드를 발행하였다. 또한 유로채의 발행으로는 1984년 당시 삼성반도체가 유로시장에서 3,000만달러의 변동금리채(FRN)를 발행한 것이 우리나라 최초이다.

또한 최근에는 김치본드를 통해 국내기업들이 국내에서 달러나 유로화자금을 조달할 수도 있는데, 외국기업들이 국내에서 원화로 채권을 발행하는 아리랑본드와 구별할 필요가 있다.

연습문제

1. 다음 용어를 설명하시오.

(1) IPO
(2) 인수회사(underwriter)
(3) 공모가격(offering price)
(4) 인수가격
(4) 총스프레드(gross spread)
(5) 옵션내재증권(option-embedded securities)
(6) ABS
(7) MBS
(8) CBO
(9) 유동화전문회사(SPC)
(10) DR
(11) 아리랑본드
(12) Greenshoe option
(13) 김치본드

2. 엔젤과 벤처캐피탈의 차이점을 설명하시오.

3. 벤처캐피탈의 세 가지 지원기능은 무엇인가?

4. 벤처캐피탈의 지원기능에 있어서 선진국 벤처캐피탈과 우리나라 벤처캐피탈의 가장 큰 차이점은 무엇인가?

5. 기업공개 시 보통주를 발행하는 방식에는 세 가지가 있다. 무엇인가?

6. 보통주를 투자자로부터 모집하는 방식에는 사모방식과 공모방식이 있다. 공모방식은 또한 어떻게 나눠지는가?

7. 증권의 인수방법 세 가지를 설명하시오.

8. IPO시 증권의 저가발행현상(underpricing)은 전 세계적으로 발생하는 현상이다. 이 현상은 왜 발생하는가?

9. 총액인수방식의 경우에는 증권발행에 따른 위험부담을 누가 부담하는가?

10. 우리나라의 경우 공모가격이 어떻게 결정되는지 설명하시오.

11. A기업의 내년도 주당순이익(EPS)은 1,500원으로 예상된다. 만약 A기업과 같은 산업에 속하면서 같은 위험을 지닌 B기업의 PER는 20배라 한다면, PER모형에 의한 A기업의 공모가격은 얼마로 예상되는가?

12. 보통주를 발행할 때 발생하는 비용에는 무엇이 있는지 설명하시오.

13. 우리나라에 신형우선주제도가 도입된 이유는 무엇인가?

14. 보통주 발행비용과 회사채 발행비용의 크기를 비교해 보시오.

15. 우리나라 기업들의 직접금융 조달비중과 간접금융 조달비중을 비교해 보시오.

16. 전환사채(CB)와 신주인수권부사채(BW)의 차이점은 무엇인가?

17. 외국채와 유로채의 차이점을 설명하시오.

18. 미국에서 발행되는 외국채를 무엇이라 하는가?

제 12 장

자본구조

제 1 절　자본구조의 의의

제 2 절　MM의 자본구조이론

제 3 절　현실적 요인을 고려한 자본구조이론

Financial Management

이 장에서는 · · ·

1990년대 후반에 우리나라를 반갑지 않게 찾아온 외환위기는 아직 준비되지 않은 우리나라의 기업들과 금융기관들에게 많은 것을 생각할 수 있는 기회를 제공하게 되었다. 시대적으로 볼 때, 1970년대와 80년대에는 고도성장이 가능한 상황이었고 이에 따라 기업들도 가능한 많은 부채를 끌어들여 사업성과를 올리려 하였다.

하지만 이처럼 높은 부채비율이 결국 IMF와 같은 위기상황에서는 기업들의 발목을 잡는 족쇄가 되어 많은 기업들이 도산하게 되는 원인을 제공하게 되었다. 본 장에서는 과연 기업에서 어느 만큼의 부채를 사용해야 기업의 가치가 극대화되고 가중평균자본비용이 극소화 될 수 있는지를 설명하고자 한다. 이를 위하여 고전적인 MM이론의 설명부터 시작하여 여러 가지 현실적인 요인들을 고려할 때 과연 최적자본구조가 존재할 수 있는 것인지에 대한 궁금증을 풀어보도록 한다.

제1절 자본구조의 의의

1 자본구조의 개념

1) 자본구조의 의의

자본구조(capital structure)에 관한 이론은 기업에서의 자기자본(equity)과 타인자본(debt), 즉 부채가 어떠한 비율로 기업의 전체 자본을 구성해야 하는가를 논의하는 재무이론의 분야이다. 자본구조라는 재무용어는 엄밀하게 따진다면 정확하게 일치하지는 않지만 재무구조 또는 레버리지(leverage)라는 용어들과 흔히 유사하게 사용되기도 한다. 기업의 자본구조는 일반적으로 다음과 같이 부채비율(debt to equity ratio)에 의해 측정된다.

$$\text{부채비율} = \frac{\text{총부채}}{\text{자기자본} } \tag{12.1}$$

부채비율은 기업이 부채에 비해서 자기자본을 얼마나 보유하고 있는지, 즉 부채를 자기자본의 몇 배만큼 사용하고 있는가를 나타낸다. 이 부채비율이 높으면 기업의 총자산 중에서 부채로 조달된 부분이 그만큼 높다는 것을 나타낸다(총자산=총부채+자기자본). 구체적으로 예를 들면 만약 총자산이 500억원인 회사의 자본구조가 300억원의 부채와 200억원의 자기자본으로 이루어져 있다면 부채비율은 150%이다.

2) 자본구조와 기업가치

자본구조이론이 재무이론에서 중요한 부분의 하나를 차지하고 있는 이유는 자본구조가 변함에 따라 개별 자본비용이 달라지게 되고 이에 따라 동일한 영업을 하는 기업이라도 자본구조의 차이에 따라 재무위험이 달라져 기업가치가 달라질 수 있게 되기 때문이다. 만약 기업에서 투자의사결정과는 독립적으로 재무의사결정만으로 기업가치를 변하게 할 수 있다면 기업의 자본구조는 자본시장과 경제구조의 결정에 중요한 요인이 될 수 있을 것이다. 앞에서 설명한 예시를 계속해서 이어가보자. 만약 앞에서 예를 든 회사의 자산의 투자수익률이 평균 20%일 것으로 예상되고 10%의 이자율로 부채를 이용할 수 있다 하자. 만일 총자산 500억원 모두를 자기자본으로 조달한다면 주주들의 기대수익률은 20%가 될 것이다. 그러나 300억원을 부채로 조달하고 200억원을 자기자본으로 조달한다면, 이 회사의 주주들은 기대영업이익 100억원(=500억원×0.2) 중 30억원을 부채의 이자로 지급하고 나머지 70억원을 순이익으로 얻을 것이므로, 주주들의 기대수익률은 35%(=70억원÷200억원)로 증가한다. 이와 같이 부채이용으로 주주들의 투자수익률이 증가하는 현상을 유리한 레버리지라고 한다. 그러나 이와 같은 부채이용이 항상 좋은 것만은 아니다. 부채를 많이 이용하게 되면 이에 따라 재무위험이 증가하게 된다.

재무위험(financial risk)이란 부채의 사용으로 자기자본 수익률의 변동성이 증가하고 기업의 파산 가능성이 증가하는 위험을 말한다. 특히, 영업이익이 고정적으로 지급해야 하는 이자비용을 감당하지 못할 정도로 부채비율이 늘어나게 되면 결국 그 회사는 파산의 위험에 당면하게 되어 엄청남 파산비용을 지불해야만 될 것이다. 따라서 정부에서는 국내 기업들이 일정한 부채비율을 넘지 않도록 권장하는 가이드라인을 제시하고 있다.

또한 자본구조의 결정은 기업가치에 영향을 미치며 최종적으로 주주의 이익 극대화와 밀접한 관련이 있다. 다시 말하면 자기자본으로만 기업을 경영할 것인지, 외부로부터 자금차입도 병행할 것인지(자기자본과 타인자본의 구성비율)의 결정은 단순히 자금조달방법에 대한 선택의 문제를 넘어 기업가치와 주주이익 극대화와 직결되는 중요한 전략수립과정이며, 이러한 측면에서 경영자는 기업가치 극대화에 초점을 맞춰 의사결정을 하게 된다. 예를 들면, 부채가 존재하지 않는 기업이 공장신설을 위해 은행으로부터 자금을 차입할 경우 자기자본으로만 경영할 때보다 전체적인 기업가치(부채+자기자본)가 증가하여야 주주들은 주가상승과 배당금 수익을 기대할 수 있기 때문에 자연스럽게 기업가치 극대화에 최우선 목표를 두게 된다. 즉, 경영자는 주주의 이익 자체보다는 기업가치를 가장 크게 만드는 자본구조를 선택하게 되며, 이상의 내용을 그림으로 나타내면 다음과 같다.

〈부채가 없는 기업〉

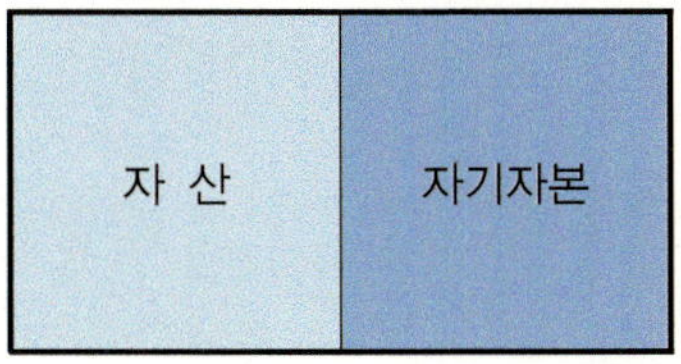

〈Case Ⅰ: 기업가치 불변〉

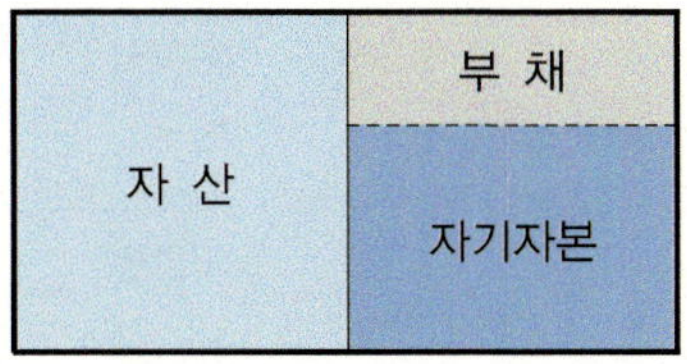

〈Case Ⅱ: 기업가치 증가〉

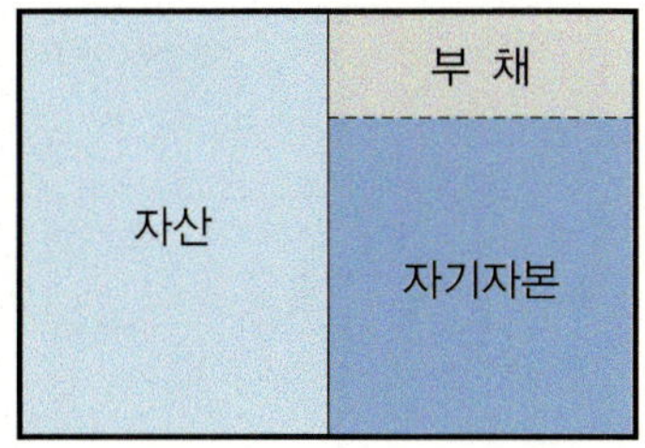

1. 부채가 없는 기업 : 기업가치(200억원)=자기자본(200억원=2만주×100만원)
2. 타인자본(부채)을 통한 자본조정
   ① Case Ⅰ : 기업가치(200억원)=부채(50억원)+자기자본(150억원=2만주×75만원)
   ② Case Ⅱ : 기업가치(300억원)=부채(50억원)+자기자본(250억원=2만주×125만원)

3) 자본구조와 재무레버리지

재무레버리지(financial leverage)는 기업이 부채를 사용함에 따라 발생하게 되는 비용의 정도를 의미하며, 영업이익(EBIT) 변화율에 대한 주당순이익(EPS) 변화율의 비율을 재무레버리지도(degree of financial leverage)라고 한다. 만약 기업이 부채를 전혀 사용하지 않는다면, 영업이익 변화에 따른 주당순이익의 변화율이 영업이익의 변화율과 동일하겠지만, 타인자본인 부채를 사용한다면 그에 따른 비용이 발생하게 되어 주당순이익의 변화율이 영업이익의 변화율보다 커지는 재무레버리지 효과가 발생하게 된다. 다음과 같은 예를 통해 구체적으로 설명하면, 부채가 없는 기업의 영업이익이 20% 증가(300만원→360만원)하면, 주당순이익도 동일하게 20% 증가(1,500원→1,800원)하게 된다. 하지만 이 기업이 유통되는 자사의 주식을 재매입하기 위해 자금을 차입하면 이자비용을 부담하게 되어, 20%의 영업이익 증가에 대해 주당순이익은 30% 증가(2,000원→2,600원)하게 된다. 즉, 부채사용에 따른 자본구조의 조정으로 영업이익 변화에 대해 주당순이익이 좀 더 민감하게 반응하는 재무레버리지 효과가 발생하게 된다.

〈부채가 없는 기업 〉

영업이익(EBIT)	300만원	360만원
이자비용	-	-
순이익	300만원	360만원
주식수	2,000주	2,000주
주당순이익(EPS)	1,500원	1,800원

$$\text{재무레버리지도} = \frac{\text{주당순이익 변화율}}{\text{영업이익 변화율}} = \frac{20\%}{20\%} = 1$$

〈부채를 사용하는 기업: 부채규모는 500만원이며, 이자율은 20%로 가정〉

영업이익(EBIT)	300만원	360만원
이자비용	100만원	100만원
순이익	200만원	260만원
주식수	1,000주*	1,000주*
주당순이익(EPS)	2,000원	2,600원

* 자사주식 매입에 따라 주식수 감소

$$\text{재무레버리지도} = \frac{\text{주당순이익 변화율}}{\text{영업이익 변화율}} = \frac{30\%}{20\%} = 1.5$$

하지만 여기서 주의할 사항은 부채를 무제한적으로 사용한다고 영업이익 변화율에 대한 주당순이익 변화율의 비율이 항상 커지는 것이 아니라는 점이다. 재무레버리지 효과가 발생하는 한계점은 영업이익을 기준으로 계산할 수 있으며, 자기자본이익률인 ROE(Return on Equity)가 부채의 이자율과 동일해지는 수준의 영업이익으로 측정된다. 즉, 부채사용에 따른 이자비용을 부담할 수 있을 정도로 영업이익의 성과를 달성해야 함을 의미하며, 이를 식으로 나타내면 다음과 같다.

$$ROE\left(=\frac{EBIT}{\text{자기자본}}\right) = \text{부채이자율} \rightarrow EBIT = \text{자기자본} \times \text{부채이자율}$$

그림 12-1 자본구조와 재무레버리지(영업이익과 주당순이익)

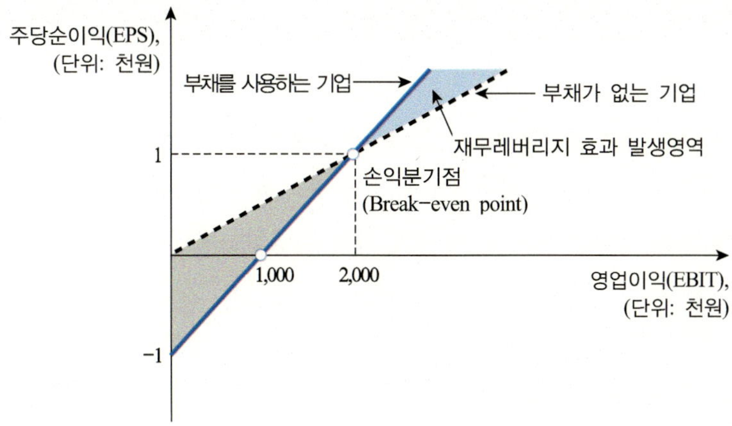

위의 식에서 자기자본은 부채를 사용하지 않을 경우의 자기자본으로, 사례에서 자기자본을 1,000만원으로 가정하여 레버리지효과가 발생하는 영업이익을 계산하면, 200만원(=1,000만원×20%)이 된다. 따라서 적정 EBIT 수준인 200만원보다 높은 구간에서는 레버리지효과가 발생하지만, 이 한계점 이하에서는 오히려 주당순이익 변화율이 영업이익 변화율보다 작게 될 것이다. 이러한 내용을 그림으로 나타내면 [그림 12-1]과 같다.

그림에서 알 수 있듯이, 자사주식 매입을 위해 부채를 사용하는 기업의 기울기(실선)가 자기자본만을 사용하는 기업의 기울기(점선)보다 크다. 즉, 영업성과로 발생된 동일한 이익을 주주에게 배분되는 몫을 보면, 부채사용 기업은 자사주식의 매입으로 부채가 없는 기업에 비해 상대적으로 유통주식수가 감소했기 때문에 주주들에게 보다 많은 이익을 지급하게 된다.

제 2 절 MM의 자본구조이론

자본구조이론은 기업가치를 극대화하는 최적자본구조가 존재할 수 있는가를 주요 주제로 삼는다. 즉, 자본구조에서 부채의 비율이 늘어나게 되면 그것이 기업가치에 어떤 영향을 미치게 될 것인가를 설명하고자 하는 것이 전통적인 자본구조이론인 것이다. 1958년 모디글리아니와 밀러(F. Modigliani & M. H. Miller : MM)가 자본구조 무관련이론을 주장한 이래, 기업의 자본구조결정은 재무관리이론의 중요한 주제로 다루어져 왔다. MM이론에 의하면 완전자본시장하에서 기업이 어떤 자본구조를 선택한다 하더라도 그것은 기업가치와 무관하다는 것이다. 따라서 완전자본시장의 가정하에서 기업가치를 극대화할 수 있는 최적자본구조가 존재할 수 없다는 것이 그들의 주장이다. 그러나 그들의 주장은 완전자본시장하에서만 성립하므로 현실적인 설명력은 다소 떨어진다고 할 수 있다. 사실 MM 이후에 MM이론의 비현실적인 가정을 완화하고 현실적인 문제를 반영하는 새로운 이론들이 많이 등장하게 되었다.

오늘날의 자본구조이론은 법인세, 재무적 곤경의 비용, 대리인비용, 정보비대칭, 개인소득세 등과 같은 여러 가지 현실적 요인을 고려하게 되었으며, 그 결과 전통적 자본구조이론의 주장과 같이 최적자본구조가 존재할 수 있다는 결론에 접근하게 되었다. 그러나 기업의 가치와 자본비용을 결정하는 자본구조에 관한 이론은 MM 이후 오랜 시간이 지난 지금까지도 현실을 적절하고 완벽하게 설명하는 통합이론의 정립이 완결되지 않고 있는 상황이며, 이에 따라 MM이론은 아직까지도 자본구조에 관한 매우 중요한 이론 중의 하나로 그 위치를 차지하고 있다.

1 MM의 자본구조이론 : 세금이 없는 경우

최적자본구조란 기업가치를 극대화하는 자본구조를 의미한다. 즉, 기업이 자기자본과 부채를 어떠한 비율로 유지할 때 기업의 가치가 극대화되느냐의 문제인 동시에 자본조달방법이라는 재무의사결정이 근본적으로 가치를 창조할 수 있겠느냐 하는 의미이기도 하다. 모디글리아니와 밀러(MM)는 법인세와 개인소득세 등이 없는 완전자본시장의 가정하에서 기업가치 및 주주의 부는 기업의 자본구조와 무관하다고 주장하였다. MM의 주장은 흔히 자본구조 무관련론(capital structure irrelevancy)이라고 칭한다.

1) 명제 I : 자본구조 무관련론

MM(1958)의 첫 번째 명제는 세금이 없는 경우라면 기업가치는 자본구조와 무관련하다는 것인데 이 이론은 MM명제 I(MM Proposition I)으로 알려져 있다.

❙ MM 명제 I ❙

완전자본시장 균형에서의 기업의 시장가치는 자본구조와는 무관하게 영업위험에 대한 적절한 할인율에 의하여 결정된다. 따라서 동일한 영업을 하는데 자기자본만을 사용하는 기업과 부채를 사용하는 기업은 동일한 기업가치를 갖는다.

기업가치(MM명제 I : 법인세가 없는 경우)

$$V_U = V_L \tag{12.2}$$

V_U : 100% 자기자본으로 구성된 기업가치

V_L : 100% 부채로 구성된 기업가치

이를 이해하기 위해 먼저 기업가치가 어떻게 결정되는가를 생각해 보자. 앞에서 설명한 대로 어떤 자산이든 그 자산의 가치는 그 자산의 미래소득을 적절한 할인율로 할인하여 평가한 현재가치와 같다. 기업가치(V)도 기업이 미래에 채권자와 주주에게 제공하게 될 총소득을 총자본비용으로 할인하여 평가한 현재가치이다.

여기에서 법인세나 개인소득세가 없을 때 기업이 채권자와 주주에게 제공하게 될 총소득은 영업이익과 같다. 즉, 영업이익이 얻어지면 먼저 채권자에게 이자가 지급되고 나머지 순이익이 주주에게 귀속된다. 그리고 총자본비용은 기업자산으로부터 얻어져야 할 최소한의 기대수익률로서 미래 영업이익의 위험도를

그림 12-2 자본구조와 기업가치(MM명제 I: 세금이 없는 경우)

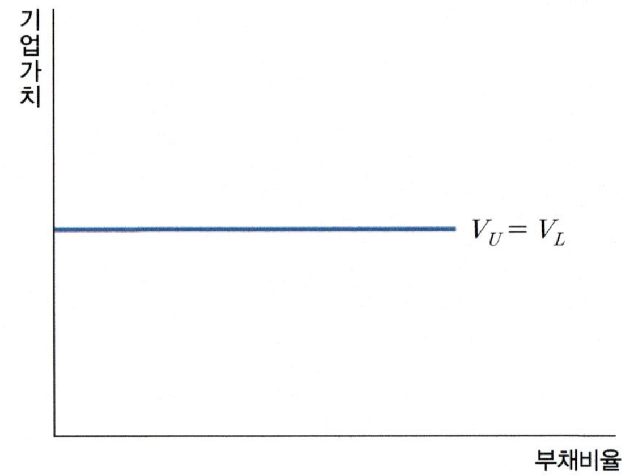

반영하여 결정된다. 따라서 기업가치는 다음과 같이 나타낼 수 있다. 기업의 모든 점이 동일하고 자본구조만이 다른 두 개의 기업이 있다 하자. 한 회사는 전혀 부채를 사용하지 않는 회사이고 다른 회사는 부채를 사용하는 회사이다. 이 두 회사의 자본구조가 다르다고 해서 두 회사의 기업가치가 다르게 평가될 수 있을까? 이 두 회사는 보유하고 있는 자산도 동일하고 경영전략과 능력도 동일하므로 미래에 얻게 될 영업이익도 동일할 것이며 그 위험도를 반영하고 있는 총자본비용도 동일할 것이다. 따라서 두 회사는 비록 서로 다른 자본구조를 갖고 있다 할지라도 동일한 기업가치로 평가되어야 한다.

MM명제 I에 의하면 기업이 어떤 자본구조를 선택하든 기업가치는 달라지지 않으므로 최적자본구조는 존재하지 않는다. 이런 관계를 그림으로 그린 것이 [그림 12-2]이다. 만일 자본구조만이 다른 두 회사의 기업가치가 자본시장에서 서로 다르게 평가되어 있다면 어떤 일이 벌어질까? MM에 의하면, 투자자들은 두 회사의 증권을 이용하여 차익거래를 행하게 될 것이며, 두 회사의 기업가치가 같아질 때 차익거래의 기회가 해소되고 균형이 성립한다.

한편, MM명제 I은 파이모형(Pie model)을 통해서도 쉽게 설명될 수 있다. 파이모형은 경영자가 기업가치로 비유되는 파이를 가장 크게 하기 위해 구성요소인 부채와 자기자본의 비율을 결정하는 방법에 관한 이론이다. 다음과 같은 [그림 12-3]을 통해 자산이 동일한 A기업과 B기업이 존재한다고 가정하자. 또는 모

그림 12-3 자본구조와 파이모형

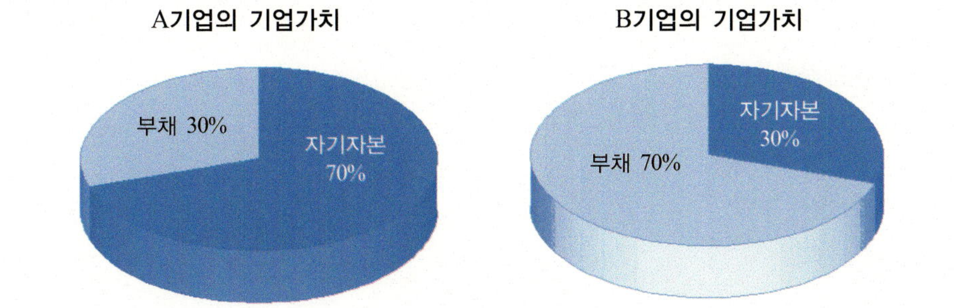

양을 고려하여 두 개의 파이가 있다고 생각해도 무방하다. A기업은 부채와 자기자본 비율이 3 : 7, B기업은 부채와 자기자본 비율이 7 : 3의 자본구조를 갖고 있다. 하지만 그림에서 알 수 있듯이 자본구조의 비율에 상관없이 두 기업의 가치(파이)는 동일하다. 따라서 이러한 파이모형을 통해서도 MM명제 I을 명확하게 이해할 수 있다.

2) 명제 II : 자기자본비용

MM명제 II는 MM명제 I의 결과로 얻어지게 된다. 즉, MM의 두 번째 명제는 자기자본비용이 부채비율의 증가함수라는 것이다. 만일 어떤 회사가 전혀 부채를 사용하고 있지 않다면 그 회사의 주주들이 요구하는 기대수익률은 기업 자산 전체로부터 얻어져야 할 총자본비용과 같을 것이다. 그러나 그 회사가 부채를 사용하게 되면 주주들은 재무위험을 부담하게 된다. 따라서 기업의 부채비율이 증가할수록 주주들이 부담하는 재무위험이 증가하므로 그들이 요구하는 최소의 기대수익률인 자기자본비용도 증가한다. 식 (12.3)은 자기자본비용이 부채비율의 증가함수라는 것을 나타내고 있다.

I MM 명제 II I

부채를 사용하는 기업의 자기자본비용은 부채 대 자기자본비율에 정비례하여야 한다.

자기자본비용(MM명제 II: 법인세가 없는 경우)

$$R_E = R_A + (R_A - R_D)\frac{D}{E} \tag{12.3}$$

R_E: 부채를 사용하는 기업의 자기자본비용
R_A: 자기자본만을 사용하는 기업의 자기자본비용
R_D: 부채비용
D: 부채가치
E: 자기자본가치

명제 II를 나타내는 식 (12.3)에서 부채를 사용하는 기업의 자기자본비용은 두 부분의 합계이다. 첫 번째 부분은 R_A, 즉 자기자본만을 사용하는 기업의 자기자본비용으로서 무위험수익률과 경영위험프리미엄을 반영하고 있는 기업의 총자본비용이다. 만일 어떤 회사가 전혀 부채를 사용하고 있지 않다면 주주들은 경영위험만을 부담할 것이므로 자기자본비용은 기업의 총자본비용인 R_A와 같다. 두 번째 부분은 재무위험프리미엄을 나타내는 $(R_A - R_D)\frac{D}{E}$ 부분이다. 어떤 기업에서나 총자본비용보다 부채의 이자율이 낮을 때에만 부채를 사용하려 할 것이므로 자기자본만을 사용하는 기업의 자기자본비용과 부채비용의 차이인 $(R_A - R_D)$는 0보다 클 것이다. 따라서 부채비율($\frac{D}{E}$)이 증가하면 두 번째 항도 증가하므로 부채를 사용하는 기업의 자기자본비용인 R_E도 따라서 증가하게 된다. 지금까지의

그림 12-4 자본구조와 자본비용(MM명제 II: 세금이 없는 경우)

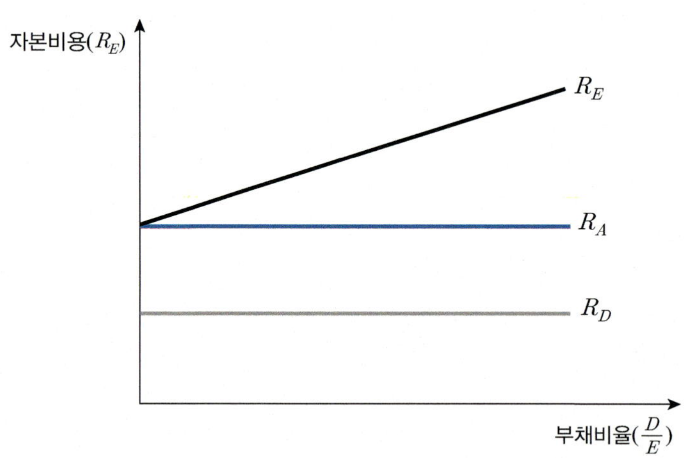

설명을 그림으로 나타내면 [그림 12-4]와 같다.

한편, 부채를 전혀 사용하지 않는 기업의 자기자본비용은 가중평균자본비용(WACC)과 동일하므로 식 (12.3)에서 R_A를 WACC 관점에서 해석하면 기업의 부채사용 여부에 따른 부채비율의 변화는 WACC에 영향을 미치지 않는다. 예를 들어, 새로운 투자안을 계획중인 자기자본으로만 구성된 기업이 4%의 이자율로 은행차입을 고려중이라고 가정하자. 그리고 가중평균자본비용은 10%이며, 차입규모는 부채와 자기자본이 4 : 6이 되는 비율에서 결정될 것이다. 기업이 실제 은행에서 자금을 차입할 경우 자기자본비용은 MM명제 II에 의해 다음과 같이 계산할 수 있다.

$$R_E = 10\% + (10\% - 4\%)\frac{4}{6} = 14\%$$

만약 이 기업이 차입규모를 결정하기 위한 자본구조비율을 5 : 5(부채 : 자기자본)로 변경한다면 자기자본비용 또한 변경될 것이며, 위와 동일와 방법으로 계산하면 다음과 같다.

$$R_E = 10\% + (10\% - 4\%)\frac{5}{5} = 16\%$$

한편, 위의 두 가지 경우에 대한 가중평균자본비용을 각각 계산하면 10%로 동일하다는 것을 알 수 있다.

1. 부채 : 자기자본 = 4 : 6

$$WACC = \frac{E}{V}R_E + \frac{D}{V}R_D = \frac{6}{10}\times 0.14 + \frac{4}{10}\times 0.04 = 0.1$$

2. 부채 : 자기자본 = 5 : 5

$$WACC = \frac{E}{V}R_E + \frac{D}{V}R_D = \frac{5}{10}\times 0.16 + \frac{5}{10}\times 0.04 = 0.1$$

이러한 결과는 자본구조가 기업가치와 무관하다는 MM명제 I과 관련지어 생각하면 쉽게 이해될 수 있으며, 식 (12.3) 측면에서 설명하면 부채의 사용이 재무위험에 따른 자기자본비용을 증가시키지만 그 증가효과는 부채 사용에 따라 WACC가 감소하는 부채비용의 감소효과에 의해 정확히 상쇄되기 때문에 가중평균자본비용은 자본구조의 가중치와 관계없이 동일해진다.

2 MM의 자본구조이론: 세금이 있는 경우

세금이 없는 경우 MM명제 I은 자본구조는 기업가치와 무관하다고 하였다. 그러나 현실적으로는 기업에서 법인세를 납부하고 있으며 이때 부채에 대한 이자지급액은 손익계산서상에서 비용으로 인정되므로 세금절감효과가 발생하게 된다. 따라서 세금이 없는 경우의 MM이론은 현실적인 설명력이 떨어질 수밖에 없다. 이에 따라 MM은 법인세가 있는 현실을 감안하여 수정된 자본구조이론을 제시하게 되었다. 세금이 있는 경우 MM명제 I은 부채를 사용하게 되면 기업의 가치 V_L은 자기자본만을 사용하는 기업의 가치 V_U에 부채의 세금절감효과 $T_C D$ 만큼 증가하게 됨을 보여주고 있다.

▌MM명제 I ▌

부채를 사용하는 기업의 가치는 자기자본만을 사용하는 기업의 가치에 부채의 세금절감효과의 현재가치를 합한 것과 같다.

기업가치(MM명제 I: 법인세가 있는 경우)

$$V_L = V_U + T_C D \tag{12.4}$$

V_U: 100% 자기자본으로 구성된 기업가치

V_L: 부채를 사용하는 기업가치

T_C: 법인세율

D: 부채가치

표 12-1 부채의 법인세절약효과 (단위: 백만원)

	U기업	L기업
기대영업이익	5,000	5,000
지급이자	–	1,000
납세 전 이익	5,000	4,000
법인세(30%)	1,500	1,200
기대순이익	3,500	2,800
채권자 및 주주에 대한 총소득흐름	3,500	3,800

부채의 법인세절약효과를 이해하기 위하여 구체적으로 예를 들어보자. 먼저 100% 자기자본으로 구성되어 있는 기업 U와 부채와 자기자본을 혼합하여 사용하고 있는 기업 L이 있는데 이 두 기업은 자본구조를 제외한 모든 점에서 동일하다고 가정해보자. 우선 두 회사의 기대영업이익은 모두 연간 50억원으로 예상되며 경영위험도 동일할 뿐만 아니라 모두 30%의 법인세율을 부담한다고 하자. U회사는 부채를 전혀 사용하지 않는 순수자기자본기업이고, L회사는 이자율이 10%인 100억원의 부채를 사용하고 있다면 두 회사에서 예상되는 이익흐름은 〈표 12-1〉과 같다.

〈표 12-1〉에서 법인세는 기대영업이이익에서 지급이자를 뺀 납세 전 이익에 법인세율을 곱하여 계산되다. 따라서 순이익은 납세 전 이익에 (1－법인세율)을 곱하여 얻어진다. 그리고 채권자 및 주주의 총소득흐름은 채권자의 소득인 지급이자와 주주의 소득인 순이익을 합계한 것이다.

〈표 12-1〉에서 부채를 사용하지 않은 기업 U의 주주들은 납세 후 기대영업이익인 35억원(＝50억원×(1－0.3))의 소득을 얻게 된다. 그러나 부채를 사용한 L회사가 청구권자 전체인 채권자와 주주에게 제공해 주는 소득은 U회사보다 3억원이 더 많은 38억원이다. 그 차이인 3억원은 두 회사의 법인세차이인 3억원으로서(15억원－12억원), 이것은 이자지급액 10억원에 법인세율 30%를 곱한 것과 같다. 즉, L회사는 부채를 이용함으로써 법인세절약효과가 얻어지고 그만큼 채권자와 주주들에게 더 많은 소득흐름을 제공해 준다.

이처럼 부채를 이용하는 L회사가 U회사보다 적은 세금을 부담하게 되는 것은 이자지급액이 법인세 계산에서 손금으로 처리되기 때문이다. 즉, 부채를 사용한 기업은 부채의 법인세절약효과(tax shield of debt)로 인하여 더 적은 법인세를 부담하게 되고 더 많은 소득흐름을 주주와 채권자들에게 제공해 주게 되는 것이다.

이제 법인세가 있는 경우 MM명제 I을 기업가치 측면에서 살펴보도록 하자. 기업가치는 기업이 채권자와 주주에게 제공하게 될 미래의 총소득의 현재가치로 평가된다. 그리고 이 기업가치에서 부채가치를 뺀 나머지가 주주의 몫인 자기자본가치가 된다. 부채를 사용하지 않은 기업 U의 주주들은 매기 35억원의 순이익을 가져간다. 따라서 순수자기자본기업 U의 기업가치는 이 35억원을 이 회사의 주주들이 요구하는 자기자본비용으로 할인하여 계산된다. 만일 기업 U의 자기자본비용이 20%라면 부채를 사용하지 않은 기업 U의 기업가치 V_U는 다음과 같이 175억원으로 계산될 것이다.

$$V_U = \frac{35}{0.2} = 175\text{억원}$$

한편, 부채사용기업 L의 채권자와 주주들은 기업 U가 받는 매기 35억원보다 3억원이 더 많은 38억원을 받게 된다. 따라서 기업 L의 기업가치는 기업 U의 기업가치에 매기 3억원을 현재가치로 평가한 금액을 합계한 것과 같아야 한다. 매기 없어지게 될 지급이자의 법인세절약액 3억원에 대한 현재가치는 어떻게 평가되어야 할까? 여기에서 주목할 필요가 있는 사실은 이 지급이자의 법인세절약액의 크기가 지급이자에 정비례하기 때문에 지급이자의 위험도와 동일한 위험도를 갖는다는 사실이다. 즉, 지급이자의 법인세절약액에 대한 현재가치를 구하기 위해 사용하여야 하는 할인율은 이자율과 같아야 한다. 따라서 지급이자의 법인세절약액에 대한 현재가치 G는 식 (12.5)와 같이 30억원으로 평가된다.

부채의 법인세절약효과

$$G = \frac{T_C \times R_D \times D}{R_D} = T_C D \tag{12.5}$$

G : 부채의 법인세절약효과

R_D: 부채의 이자율

D : 부채가치

T_C: 법인세율

그림 12-5 자본구조와 기업의 가치: 세금이 있는 경우

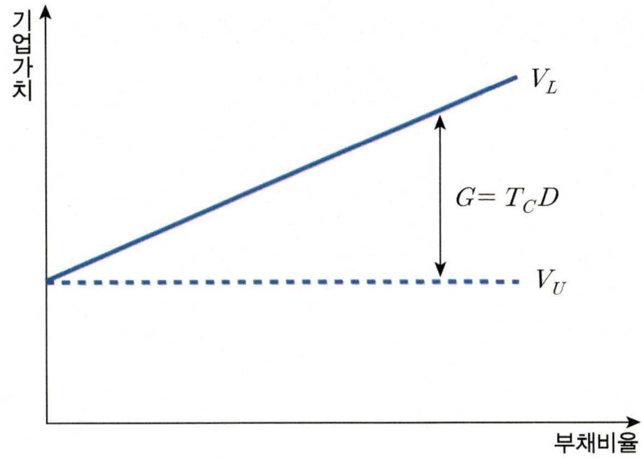

즉, G=3억원/0.1=30억원이다. 이때 지급이자의 법인세절약액에 대한 현재가치 G가 부채의 법인세절약효과이며 이것은 매기의 법인세절약액을 이자율로 나눈 것과 같다. 따라서 부채의 법인세절약효과는 식 (12.5)와 같이 단순히 부채가치에 법인세율을 곱한 것과 같다. 이것을 도식적으로 나타낸 것이 [그림 12-5]이다. [그림 12-5]에 의하면 더 많은 부채를 사용할수록 법인세절약효과가 더 크게 얻어지므로 기업가치는 더 증가하게 된다. 따라서 MM명제 I의 결과에 의하면 자본시장이 완전하고 균형상태를 이루고 있는 경우에는 극단적으로 100%에 가까운 부채비율을 유지하는 것이 기업가치를 극대화하는 최적의 자본구조임을 의미하는 것으로 해석할 수 있다.

I MM 명제 II I

부채를 사용하는 기업의 자기자본비용은 부채비율 증가에 따라 증가하지만 법인세절약효과 때문에 세금이 존재하지 않을 경우보다 작게 증가한다.

세금을 고려할 경우 MM의 두 번째 명제는 자기자본비용이 부채비율의 증가함수지만, 세금이 없을 경우의 명제 식 (12.3)과 비교할 때 그 증가율이 좀 더 작다는 것이다. 따라서 기업의 가중평균자본비용은 부채사용이 증가함에 따라 감

소하게 된다. 식 (12.6)은 세금을 고려할 경우 자기자본비용을 나타내고 있다.

자기자본비용(MM명제 II: 법인세가 있는 경우)

$$R_E = R_A + (R_A - R_D)(1 - T_C)\frac{D}{E} \tag{12.6}$$

R_E: 부채를 사용하는 기업의 자기자본비용
R_A: 자기자본만을 사용하는 기업의 자기자본비용
R_D: 부채비용
D: 부채가치
E: 자기자본가치
T_C: 법인세율

지금까지 배운 MM의 자본구조이론을 세금의 고려 여부에 따른 자기자본비용과 가중평균자본비용의 관점에서 구체적인 예를 통해 파악해보자. 부채를 사용하지 않을 경우 자본비용은 15%, 5%의 부채를 사용할 경우 부채와 자기자본 비율은 1 : 2로 변경되며, 30%의 세율을 적용받는 기업을 가정한다. 우선 법인세가 없고, 부채를 사용할 경우의 자기자본비용은 식 (12.3)에 의해 다음과 같이 계산된다.

$$R_E = 15\% + (15\% - 5\%)\frac{1}{2} = 20\%$$

따라서 가중평균자본비용을 계산하면 다음과 같다.

$$WACC = \frac{E}{V}R_E + \frac{D}{V}R_D = \frac{2}{3}\times 20\% + \frac{1}{3}\times 5\% = 15\%$$

하지만 30%의 법인세를 고려하여 식 (12.6)에 의해 자기자본비용과 가중평균자본비용을 계산하면 다음과 같다.

$$R_E = 15\% + (15\% - 5\%)(1 - 0.3)\frac{1}{2} = 18.5\%$$

$$WACC = \frac{E}{V}R_E + \frac{D}{V}R_D(1 - T_C) = \frac{2}{3}\times 18.5\% + \frac{1}{3}\times 5\%(1 - 30\%) = 13.5\%$$

그림 12-6 자기자본비용과 WACC: 세금이 있는 경우 MM명제 Ⅱ

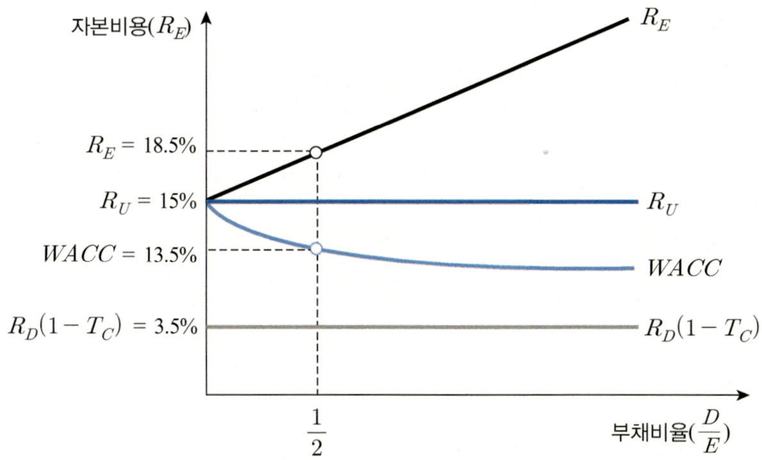

지금까지의 예를 통해 확인하였듯이, 세금이 존재하는 상황에서 부채와 자기자본을 병행하여 자본구조를 구성하면, 부채사용에 따른 재무위험의 증가로 자기자본비용이 상승(15% → 18.5%)하지만 그 수준이 세금이 없다는 가정하에서의 자기자본비용 상승분(15% → 20%)보다 낮기 때문에 가중평균자본비용은 자기자본으로만 자본구조를 구성할 경우의 WACC인 15%보다 작아지게 된다. 지금까지의 계산과정을 그림으로 나타내면 [그림 12-6]과 같다.

제 3 절 현실적 요인을 고려한 자본구조이론

지금까지는 세금이 없는 경우 MM이론에 의하면 자본구조와는 상관없이 기업의 가치가 동일하나 세금이 존재하는 경우에는 이자의 세금감면효과 때문에 부채를 사용하는 기업이 자기자본만으로 구성되어 있는 기업보다 그 가치가 크다는 것을 설명하였다. 본 절에서는 파산비용을 지불해야 하는 현실적 세계, 그리고 대리인비용이나 정보비대칭 및 개인소득세 등을 고려할 경우 최적자본구조는 어떻게 달라질 수 있는지에 대하여 간단하게 논의하기로 한다.

1 재무적 곤경의 비용과 최적자본구조

기업이 재무적인 곤경에 처하여 파산의 위험이 있더라도 그 파산비용, 즉 재무적 곤경의 비용을 고려하지 않는 경우에는 MM이론에서처럼 부채의 증가가 역시 세금절감효과를 가져와 기업의 가치를 증가시키게 된다. 그러나 재무적 곤경의 비용을 고려할 경우에는 부채의 증가에 따라 세금이 절감되는 긍정적 효과와 기대파산비용이 증가되는 부정적인 효과가 동시에 발생하게 된다.

MM의 완전자본시장의 가정하에서는 기업의 자본구조와는 상관없이 일정한 이자율로 무한정 차입할 수 있지만 현실적으로 부채비율이 일정수준을 넘어서면 기업이 재무적 곤경에 빠질 가능성을 채권자들이 의식하기 때문에 부채에 대한 이자율은 크게 상승하게 된다. 이것이 일정한 선을 넘게 되면 기업이 채무를 변제하지 못하는 상황으로까지 발전할 것이다. 이와 같은 재무적 곤경은 기업이 실제로 채무를 변제하지 못하는 상황뿐만 아니라 채무불이행의 가능성이 현저한 상황까지도 포함한다. 기업이 재무적 곤경에 처할 경우 기업의 청구권자들은 여러 가지 재무적 곤경의 비용(costs of financial distress) 또는 파산비용을 부담하게 된다.[1)]

따라서 재무적 곤경의 비용을 고려할 때 부채를 사용하는 기업의 가치는 식(12.7)과 같이 자기자본만을 사용하는 기업의 가치에 세금절감효과의 현재가치를 더하고 재무적 곤경의 현재가치, 즉 PVFD(present value of costs of financial distress)를 차감한 값으로 구해지게 된다. 여기서 재무적 곤경의 현재가치는 기업이 파산에 직면할 경우 발생이 예상되는 파산비용의 현재가치와 부채사용에 따라 추정된 파산 발생확률을 이용하여 계산할 수 있다. 따라서 PVFD는 일반적으로 부채사용 정도에 비례하게 된다.

$$V_L = V_U + T_C D - PVFD \qquad (12.7)$$

1) 아주 엄밀한 의미에서는 재무적 곤경의 비용과 파산비용이 조금 다를 수 있겠지만 여기에서는 재무적 곤경의 비용과 파산비용이라는 용어를 혼용해서 사용하기로 한다.

그림 12-7 재무적 곤경의 비용을 고려한 기업가치

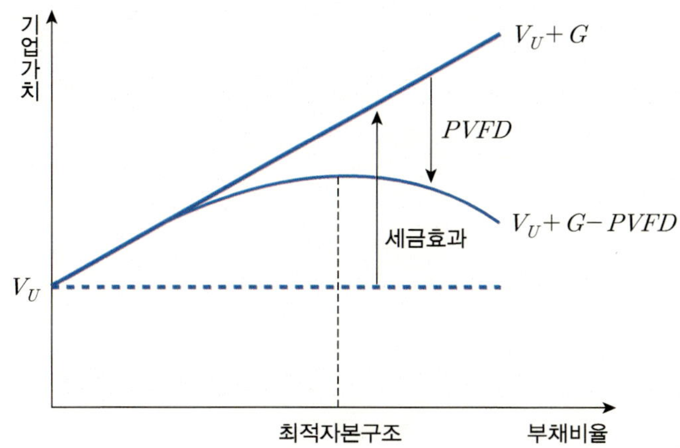

V_L: 부채를 사용하는 기업의 가치
V_U: 자기자본만을 사용하는 기업의 가치
$T_C D$: 세금절감효과의 현재가치
$PVFD$: 재무적 곤경의 현재가치

[그림 12-7]은 재무적 곤경의 비용을 고려한 경우의 기업가치를 나타내주고 있는데 이는 식 (12.7)을 도식적으로 그려본 것이다. [그림 12-7]이 의미하는 바는 기업에서 사용하는 부채가 일정한 위험수준을 넘게 되면 세금절감효과와 재무적 곤경의 기대비용이 서로 상쇄작용을 일으키게 되고 이에 따라 가중평균자본비용을 가장 낮게 하면서 기업의 가치를 가장 크게 하는 어떤 특정한 수준의 부채액이 존재하게 되는데 바로 이런 특정한 부채액과 자기자본으로 이루어진 자본구조가 최적자본구조라는 것이다. 따라서 재무적 곤경의 비용을 수반하는 위험한 부채를 기업에서 사용할 경우 가중평균자본비용을 최소화하고 기업가치를 극대화시키는 최적자본구조가 존재함을 알 수 있다.

이제 자본비용을 낮춰 기업가치를 극대화시키는 최적자본구조를 MM명제와 재무적 곤경비용의 관점에서 종합적으로 파악해보자.

[그림 12-8]은 기업가치와 자본비용의 관계를 설명하는 그림으로, Ⅰ은 세금이 없는 경우, Ⅱ는 세금을 고려하는 경우, Ⅲ은 세금과 재무적 곤경비용을 모두

그림 12-8 기업가치와 자본비용

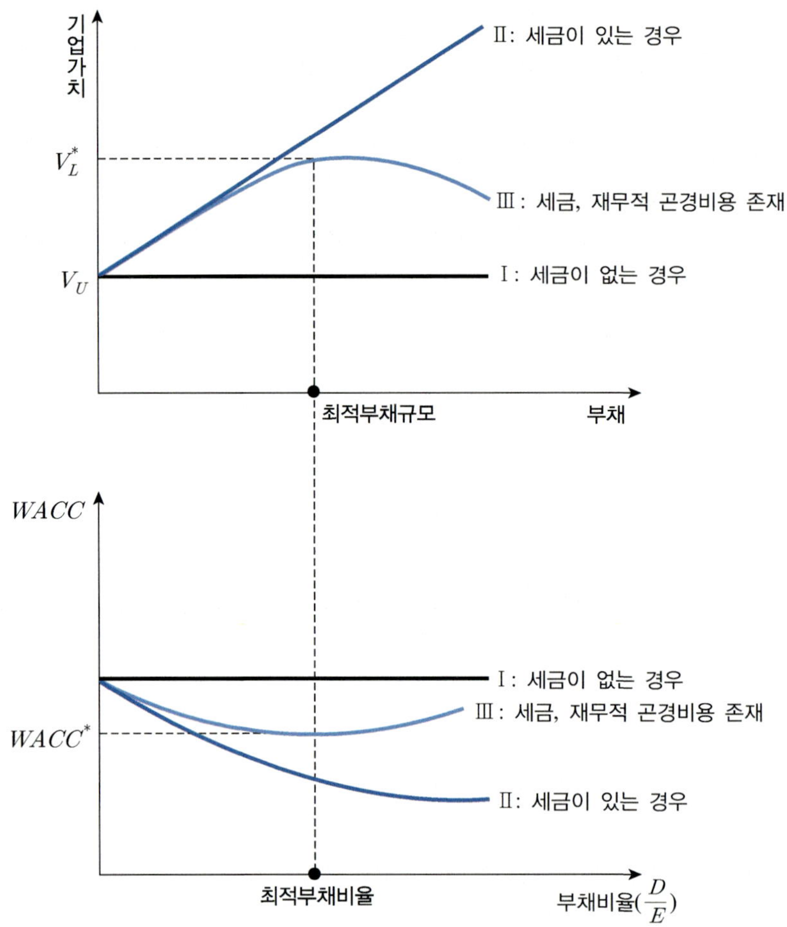

고려한 경우이다. Ⅰ의 경우는 세금과 재무적 곤경비용이 존재하지 않기 때문에 기업가치는 부채의 규모에 관계없이 일정하며, 가중평균자본비용(WACC) 또한 부채비율과 무관하게 일정함을 알 수 있다. Ⅱ의 경우는 재무적 곤경비용은 없지만 세금을 고려하기 때문에 법인세절감효과에 의해 기업가치는 부채규모에 비례하여 증가하고, 가중평균자본비용은 부채비율에 따라 감소한다. Ⅲ은 세금과 재무적 곤경비용을 모두 고려한 경우로, 기업가치는 법인세절감효과를 잠식하는 재무적 곤경비용의 현재가치만큼 감소하고, 가중평균자본비용은 Ⅰ과 Ⅱ 사이에 위치하면서 기업가치가 최대가 되는 최적자본구조에서 가장 낮은 값을 갖는다.

2 대리인비용

일반적으로 기업에서 일어나는 대리인문제(agency problem)는 주주와 경영자 사이에서 야기되는 자기자본의 대리인문제(agency problem of equity)와 주주와 채권자 사이에서 야기되는 부채의 대리인문제(agency problem of debt)로 크게 나누어서 설명할 수 있다.

우선 자기자본의 대리인문제에서는 소유주인 주주들을 대신하여 실질적인 경영과 관련된 의사결정을 내리는 경영자를 주주의 대리인으로 본다. 자기자본의 대리인비용은 대리인인 경영자가 주주의 이익보다는 자신의 이익을 위한 경영을 하는 것을 막기 위하여 주주들이 경영자를 감시하는 조직이나 기구를 도입하면서 발생하는 감시비용(monitoring cost)과 대리인(agent)격인 경영자가 원이해자(principal)인 주주의 이익을 위하여 제대로 경영하고 있는지를 확인하는 절차, 즉 재무보고나 회계감사 등에서 수반되는 확증비용(bonding cost) 등을 포함한다. 자기자본의 대리인문제는 대개 경영에 참여하는 내부주주(inside shareholder)와 경영에 참여하지 않고 있는 외부주주(outside share holder) 간에 종종 발생한다. 내부주주는 회사비용으로 과다한 소비지출이나 접대비, 승용차비, 호화로운 사무실비용 등을 지출하고 이 비용을 외부주주에게 부담시키려 하는 유인을 가지게 되기 때문이다. 이처럼 자기자본의 대리인비용은 자기자본비율이 높을수록 더 많이 발생하는데, 특히 자기자본의 내부주주 지분이 클수록 더 증가하게 된다.

부채의 대리인비용은 주주가 채권자의 이익을 침해하는 의사결정을 하는 것을 막기 위하여 채권자가 채권계약에 보호조항을 넣거나 감시기구를 설치하면서 수반되는 비용들이다. 일반적으로 주주들은 유한책임을 지기 때문에 고위험 투자안을 선택하고자 하는 유인을 갖고 있다. 이 경우 주주들은 채권자에게 위험을 전가시켜서 채권자로부터 주주에게로 부의 이전(wealth transfer)이 발생할 수 있다. 예를 들어, 만일 어떤 회사의 투자액이 100% 자기자본만으로 이루어져 있다면, 이 회사가 투자하여 이익을 보든 손실을 보든 그 결과는 모두 주주들에게 귀속될 것이다. 따라서 자기자본만으로 이루어진 회사는 주로 위험이 적은 투자안에 투자하려 할 것이다. 그러나 투자액의 99%가 부채로 조달되어 있고 1%만이

자기자본으로 조달되어 있는 경우를 생각해 보자. 이런 경우 위험이 적은 투자안을 채택하면 부채의 원리금을 상환하는 데는 유리하지만, 주주들에게 귀속되는 이익은 그리 크지 않을 것이다. 그러나 위험이 큰 투자안을 채택하면 성공할 경우 부채의 원리금을 상환함과 동시에 주주에게도 커다란 이익이 주어질 것이다. 사실 위험이 큰 투자안을 채택하게 되면 그 투자안이 실패하여 부채의 원리금을 상환하지 못하게 되더라도 주주들은 유한책임만을 지므로 주주들에게 돌아가는 손해는 그리 크지 않을 것이다. 따라서 채권자들은 주주들이 채권으로 조달한 자금으로 더욱 위험한 투자를 하지 못하도록 투자목적에 제한조항을 두거나 미래에 추가적으로 채권을 발행할 때 신규채권자들이 주주들 자신보다 후위의 청구권을 갖도록 하는 보호조항 등을 추가하기도 하는데 이런 것들이 모두 부채의 비용을 증가시키는 부채의 대리인비용이다.

앞에서 설명한 바와 같이 기업의 주주들이 부담하는 대리인비용은 자기자본의 대리인비용과 부채의 대리인비용이다. 자기자본의 대리인비용은 자기자본 비율이 높을수록 더 많이 발생하고, 특히 자기자본의 내부주주 지분이 클수록 더 증가하게 된다. 한편 부채의 대리인비용은 부채비율이 높을수록 더 많이 발생하게 된다. 따라서 기업은 [그림 12-9]에서 보여주고 있는 것처럼 자기자본의 대리인비용(AC_S)과 부채의 대리인비용(AC_D)의 합인 총대리인비용(TAC)이 최소화되

그림 12-9 대리인비용과 최적자본구조

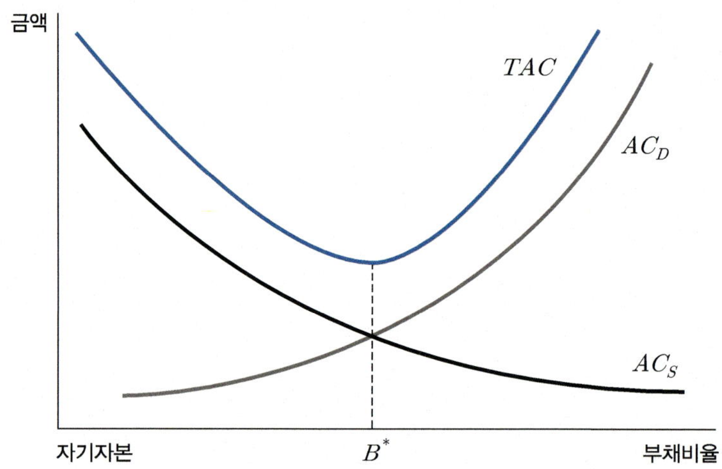

는 수준에서 최적자본구조를 결정하게 된다. [그림 12-9]에 의하면 기업의 총대리인비용은 낮은 부채비율에서는 감소하다가 부채비율이 일정수준 이상으로 오르게 되면 역시 증가하게 된다. 따라서 대리인비용에 의하면 총대리인비용이 극소화되는 특정 부채수준에서 자본비용이 극소화되고 기업가치가 극대화되며 바로 이 특정한 부채수준에서 최적자본구조가 결정되게 된다.

3 정보비대칭

지금까지의 재무관리이론이 가정하고 있는 것은 경영자가 가지고 있는 모든 정보를 자본시장의 투자자들도 함께 갖고 있는 상황, 즉 정보의 보유에 있어 경영자와 투자자들이 대칭적 관계에 있는 상황이었다. 그러나 현실적으로 경영자는 기업의 미래성과에 대하여 충분한 정보를 갖고 있지만 자본시장의 투자자(주주)들은 그렇지 못하기 때문에, 경영자와 투자자 사이에도 정보비대칭(information asymmetry)이 존재한다.

정보비대칭하에서의 자본구조이론으로서 로스(1977)의 신호이론과 마이어즈와 마즐루프(1984)의 자본조달순위이론이 있다. 로스의 신호이론은 기업의 미래성과에 대한 경영자의 정보를 투자자에게 알려주기 위한 신호로서 자본구조를 사용한다는 이론이다. 마이어즈와 마즐루프의 자본조달순이이론은 유리한 투자기회를 갖고 있을 경우 기존주주들의 부를 지키기 위하여 투자자금을 신주발행에 의하여 조달하지 않고 내부자금이나 부채발행에 의하여 조달하려 한다는 이론이다.

1) 신호이론

로스(S. A. Ross, 1977)는 경영자가 자본구조의 변화를 통해 기업의 미래성과에 대한 정보를 일반투자자들에게 전달한다고 주장하였다. 이러한 주장을 위해 기업의 내부관계자인 경영자가 일반투자자들보다 우월한 정보를 갖고 있는 정보비대칭(information asymmetry) 상황에서 기업가치가 경영자의 성과와 연관되어 있다고 가정하고 있다. 따라서 만약 경영자가 기업의 미래성과에 대한 잘못된 신호를 공시한 것이 판명되면, 그에 대한 불이익을 받게 된다.

신호이론의 구체적인 예를 들면, 경영자가 기업의 미래성과를 긍정적으로 예상한다면 새로운 사업분야의 진출을 위한 부채를 적극적으로 사용하려 할 것이고, 반대로 심각한 적자가 예상된다면 부채사용을 자제할 것이다. 즉, 부채비율의 높고 낮음의 수준으로 기업의 미래가치를 평가하여 최적자본구조의 존재를 주장하였다.

2) 자본조달순위이론

마이어즈와 마즐루프(Stewart C. Myers & Nicholas S. Majluf, 1984)는 기업이 보유하고 있는 유리한 투자기회에 관하여 경영자와 투자자(=주주)들 사이에 정보비대칭이 존재하는 경우, 기업은 일정한 우선순위에 실제의 자본조달원천의 선택이 이루어진다고 주장한다. 이러한 마이어즈와 마즐루프의 이론을 자본조달순위이론(pecking order theory)이라고 부른다.

마이어즈와 마즐루프의 자본조달순위이론에서도 정보비대칭이 존재한다고 가정하고 있다. 즉, 경영자는 기업이 유리한 투자기회를 갖고 있다는 것을 알고 있고, 투자자(주주)들은 그 정보를 모르고 있으므로 자본시장의 주가는 유리한 투자기회에 관한 정보를 반영하고 있지 못하다.

이런 경우 기존주주의 부를 극대화하기 위해서는 필요한 투자자금을 신주발행으로 조달하기보다는 내부금융 또는 부채에 의해 조달하는 것이 더 유리하다. 왜냐하면 신주를 발행할 경우 유리한 투자기회가 가져다 줄 기업가치 증가분을 구주주와 신주주가 함께 나누어 갖게 된다. 그러나 내부금융이나 부채로 조달할 경우에는 유리한 투자기회로부터 얻게 될 기업가치 증가분을 기존의 구주주가 모두 갖게 되기 때문이다. 그리고 내부금융과 부채 중에서는 내부금융이 적은 조달비용을 필요로 하기 때문에 부채보다는 내부금융이 선호된다.

이 자본조달순위이론에 의하면 목표자본구조는 존재할 수 없다. 왜냐하면 자기자본의 한 가지 형태인 내부자기자본(=내부금융)은 조달순위의 맨 앞에 있고, 자기자본의 다른 한 가지 형태인 외부자기자본(=신주발행)은 조달순위의 맨 마지막에 있으므로 부채와 자기자본의 구성비를 결정한다는 것은 무의미한 일이기 때문이다.

우리나라에서는 구주주들이 신주를 우선적으로 청약할 수 있는 권리, 즉 신주인수권(preemptive right)을 갖고 있다. 이 경우 투자자금을 신주발행에 의해 조달하고 이 신주를 구주주가 모두 인수할 경우 유리한 투자기회로부터 얻어지는 모든 기업가치 증가분이 구주주에게 귀속된다. 따라서 신주의 발행비용이 무시된다면, 위에서 설명한 자본조달순위이론에서 신주발행은 내부금융과 동일한 우선순위를 갖게 된다.

4 개인소득세

기업의 자본구조결정에서 법인세와 함께 중요하게 고려하여야 할 세금으로서 개인소득세가 있다. 기업의 채권자들은 부채로부터의 소득(=이자소득)에 대한 개인소득세를 부담하고, 주주들은 주식으로부터의 소득(=배당소득 및 자본이득)에 대한 개인소득세를 부담하여야 한다.

일반적으로 부채에 대한 개인소득세보다는 주식에 대한 개인소득세가 보다 낮다. 부채에 대한 개인소득세는 이자소득세의 형태로 부과된다. 우리나라에서는 금융자산소득이 4,000만원 미만인 경우 이자소득에 대하여 22%의 이자소득세가 부과된다.

주식에 대한 개인소득세는 배당소득세와 자본이득세의 두 가지 형태로 부과된다. 우리나라 상장회사 주식의 경우 배당소득세율은 이자소득세율과 동일하지만, 주식투자소득 중 배당소득이 차지하는 비중이 그리 크지 않기 때문에 주주가 부담하는 배당소득세는 거의 무시할 정도의 수준이다. 또 우리나라에서는 상장주식의 양도로 발생한 자본이득에 대해서는 자본이득세를 과세하지 않고 있다. 따라서 주식의 개인소득세율은 투자소득의 2.3% 수준에 불과하다.

이처럼 부채의 개인소득세율이 주식의 개인소득세율보다 높은 경우, 투자자들은 동일한 소득을 부채의 이자형태로 실현하기보다는 주식투자소득의 형태로 실현하는 것이 유리하다. 따라서 동일한 소득을 가져다 준다면 주식(자기자본)의 가치가 부채의 가치보다 높게 평가된다. 이것은 개인소득세만 고려하는 경우 자기자본에 의한 자본조달이 부채에 의한 자본조달보다 더 유리하다는 것을 의미한다.

일반적으로 개인소득세율은 더 많은 소득을 가진 사람이 더 높은 세율을 부담하는 누진세율 체계를 따르고 있다. 우리나라에서도 연간 4,000만원 이상의 금융자산소득은 종합소득에 합산되어 과세되기 때문에 누진세율의 적용을 받는다. 밀러(1977)는 부채이자에 대한 개인소득세율이 누진적이고 주식투자소득에 대한 개인소득세율이 0인 경우 원래의 MM명제 I에서와 같이 기업가치는 부채비율과 무관하다고 주장한다. 왜냐하면 부채의 법인세절약효과는 결국 부채의 높은 개인소득세 부담에 의해 완전하게 상쇄될 것이기 때문이다.

밀러의 주장대로 부채의 법인세절약효과가 높은 개인소득세 부담에 의해 완전하게 상쇄되고 있는지는 현실의 자료에 의해 충분히 확인되지 않는다. 일반적으로 부채의 개인소득세율은 주식의 개인소득세율보다 높기 때문에, 부채의 세금효과는 법인세만을 고려한 경우보다 작아지지만 여전히 (+)의 값을 갖는 것으로 생각되고 있다. 따라서 법인세와 개인소득세를 동시에 고려할 경우에도 부채를 이용함으로써 기업가치를 증가시킨다고 할 수 있다.

연습문제

1. 다음의 용어를 설명하시오.
   (1) 부채비율
   (2) 부채의 법인세절약효과
   (3) 세금이 있는 경우 MM명제 II
   (4) 최적자본구조
   (5) 정보신호효과

2. 갑회사는 매년 1,000만원의 기대 NOI를 예상하고 있으며, 100%의 부채비율(=D/E)을 유지하고 있다. 이 회사의 부채에 대한 이자율은 10%이며, 법인세율은 40%이다. 주식시장에서 추가적으로 얻은 정보가 아래와 같을 때 다음을 구하시오.
   ·시장포트폴리오의 기대수익률 = 16%
   ·시장포트폴리오 수익률의 표준편차 = 20%
   ·무위험수익률 = 8%
   ·갑회사의 주식의 베타계수 = 1.3
   (1) 갑회사의 자기자본비용을 구하시오.
   (2) 갑회사 부채의 자본비용을 구하시오.
   (3) 갑회사의 가중평균자본비용을 구하시오.
   (4) 갑회사의 기업가치를 구하시오.

3. 현재 자본시장에서 을회사의 부채는 5억원, 자기자본은 5억원으로 평가되고 있다. 현재 이 회사의 법인세지급 전 기대순영업이익은 2.5억원이다. 이 회사의 부채에 대한 이자율은 무위험이자율인 10%이며, 법인세율은 40%이고, 시장포트폴리오의 위험프리미엄은 10%이다. MM이론과 CAPM이 모두 타당하다는 전제하에서 다음을 구하시오.
   (1) 을회사가 부채를 사용함에 따라 얻는 레버리지이익을 구하시오.
   (2) 을회사가 모두 자기자본만으로 구성되어 있다면 기업가치는 얼마로 평가되는가?
   (3) 을회사가 모두 자기자본만으로 구성되어 있을 경우 베타계수를 구하시오.
   (4) 현재 을회사의 총자본비용을 구하시오.
   (5) 현재 을회사 주식의 베타계수를 구하시오.
   (6) 현재 을회사 주식의 자기자본비용을 구하시오.

제 13 장

운전자본관리

이 장에서는 · · ·

운전자본(working capital)이란 일반적으로 유동자산에서 유동부채를 뺀 순운전자본(net working capital)을 의미한다.

유동자산이란 현금과 비교적 단기간 내에 현금으로 전환될 수 있는 매출채권, 재고자산, 단기유가증권 등의 모든 단기자산을 말하며, 유동부채란 매입채무, 단기차입금, 미지급비용 등의 단기부채를 의미한다.

순운전자본은 현금으로 신속하게 전환할 수 있는 특성 때문에 기업의 단기채무지급능력 또는 유동성을 측정하는 지표로 많이 사용된다.

제 1 절 운전자본관리의 개요

1 운전자본의 구성

운전자본(working capital)이란 일반적으로 유동자산에서 유동부채를 뺀 순운전자본(net working capital)을 의미한다. 유동자산이란 현금과 비교적 단기간 내에 현금으로 전환될 수 있는 매출채권, 재고자산, 단기유가증권 등의 모든 단기자산을 말하며 유동부채란 매입채무, 단기차입금, 미지급비용 등의 단기부채를 의미한다. 순운전자본은 현금으로 신속하게 전환할 수 있는 특성 때문에 기업의 단기채무지급능력 또는 유동성을 측정하는 지표로 많이 사용된다. 〈표 13-1〉은 우리나라 제조업체의 유동자산과 유동부채의 현황을 정리한 것이다.

1) 유동자산

먼저 유동자산을 구성하는 요소들에 대해 간단히 살펴보자. 현금은 금고 속에 저장되어 있는 현금통화뿐 아니라 보통예금과 당좌예금 등의 요구불예금(demand deposit)과 단기적으로 인출 가능한 예금도 포함한다. 매출채권(accounts receivable)이란 제품이나 용역을 판매하고 아직 회수되지 않은 대금을 말하며 이는 대차대조표상의 외상매출금과 받을어음으로 구분된다. 재고자산(inventory)이란 원자재(raw materials), 재공품(work in process), 완제품(finished goods)으로 구분된다. 단기유가증권(marketable securities)은 필요할 경우 언제든지 손쉽게 현금으로 전환할 수 있거나 혹은 1년 이내에 만기가 도래하는 유가증권이다.

표 13-1 우리나라 제조업체의 유동자산과 유동부채 현황(2009년 말 현재)

유동자산	556조원	유동부채	459조원
현금	77	매입채무	130
매출채권	204	단기차입금	140
재고자산	131	유동성장기부채	41
기타유동자산	144	기타유동부채	148

자료 : 한국은행, "2009 기업경영분석"(조사기업수 : 4,198개)

2) 유동부채

다음으로 유동부채의 구성요소들에 대해 알아보자. 매입채무(trade credit)는 상품이나 원재료를 외상으로 구입하여 발생하는 단기부채를 말하며 이는 재무상태표상의 외상매입금(accounts payable)과 지급어음으로 구분된다. 외상매입금은 제품이나 원재료를 구입한 후 특정한 계약 없이 일정한 기간 내에 대금의 지급을 약속한 것이고, 지급어음은 거래의 대금을 미래의 일정한 시점과 장소에서 지급할 것을 명시한 증서의 일종이다. 단기차입금은 은행 등 금융기관으로부터 1년 이내의 기한으로 차입된 대출금을 말하며 미지급비용은 법인세, 각종 공과금 등 지급해야 할 비용을 말한다.

2 운전자본과 현금전환기간

기업에서 순운전자본관리가 필요한 이유는 무엇인가? 그것은 기업이 생산, 영업활동에 따른 현금의 유입과 유출의 발생시점이 다르기 때문이다. 기업은 보유현금으로 원재료를 구입하여 이를 제조공정에 투입, 가공하여 완제품을 생산할 것이다. 완제품이 고객에게 판매되면 재고자산이 줄어드는 대신 매출채권이 증가할 것이다. 일정한 기간이 경과하여 고객으로부터 매출채권의 회수가 이루어

그림 13-1 현금전환주기

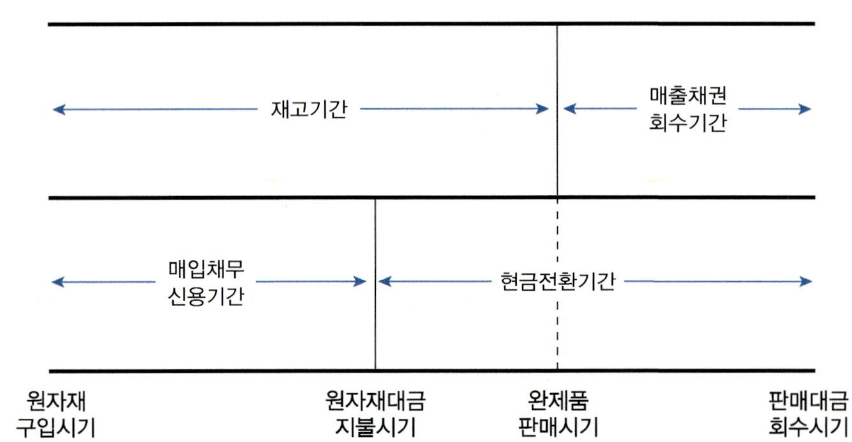

지면 기업의 매출채권은 현금계정으로 변환될 것이다. [그림 13-1]은 기업의 생산, 영업활동이 진행됨에 따라 다르게 나타나는 순운전자본의 형태를 그림으로 나타낸 것이다.

[그림 13-1]을 통해 알 수 있듯이 순운전자본의 구성요소는 다음의 네 가지 시기, 즉 원자재 구입시기, 원자재의 대금 지불시기, 완제품의 판매시기, 판매대금의 회수시기에 의해 결정된다. 여기서 현금전환기간을 판매대금 회수시기에서 원자재대금 지불시기의 차이로 정의하는데 이는 다음과 같이 계산할 수도 있다.

$$\text{현금전환기간} = \text{재고기간} + \text{매출채권 회수기간} - \text{매입채무 신용기간} \quad (13.1)$$

현금전환기간이 짧을수록 기업의 입장에서 추가적인 운전자본의 조달 없이도 유동성을 높일 수 있기 때문에 이에 대한 관리는 운전자본관리의 중요한 부분이라고 볼 수 있다. 현금전환기간은 매출채권 회수기간을 단축시키거나 매입채무 신용기간을 연장함으로써 짧아질 수 있다.

3 운전자본관리의 목표

운전자본관리는 유동자산의 취득과 이를 위한 단기자본조달에 대한 의사결정 기법을 주요 대상으로 하는데 구체적으로 현금관리, 유가증권관리, 매출채권관리, 재고자산관리 등의 유동자산관리와 매입채무, 단기부채, 미지급비용 등의 유동부채관리로 구분할 수 있다.

기업의 운전자본관리는 재무담당자의 일상적이고 반복적인 업무라고 할 수 있지만 우리나라에서 운전자본관리의 중요성은 1997년 말 외환위기 이후 수많은 기업들이 유동성 부족으로 인해 파산 등 경제적 곤경에 처하게 되면서부터 부각되기 시작했다. 유동성은 기업자산이 적정가격으로 빨리 현금화될 수 있는 능력 또는 기업의 단기부채의 지불능력을 나타내는 척도인데 유동성이 부족하여 흑자도산하는 사례를 접하면서 운전자본관리는 기업의 생사를 결정할 수도 있는 의사결정의 중요한 측면으로 인식되고 있다.

한편, 기업이 유동자산을 많이 보유하여 유동성을 높이게 되면 기업의 단기지불능력의 향상을 가져오나 자금을 적절한 투자안에 투자할 기회를 잃어 기업의 수익성을 떨어뜨리게 된다. 따라서 기업의 유동성과 수익성은 상충관계에 놓이게 되는데, 이런 조건 속에서 기업의 가치를 극대화하는 최적의 유동성을 확보하고자 하는 의사결정을 수립하려는 것이 운전자본관리의 목표라고 할 수 있다. 본장의 나머지 절에서는 유동자산과 유동부채를 관리하는 구체적인 방법에 대해서 살펴보도록 하겠다.

제 2 절 현금 및 유가증권의 관리

1 현금관리의 의의

현금은 기업이 유동성을 유지하기 위해서 보유해야 할 중요한 요소인데 여기서 말하는 현금이란 금고 속에 저장되어 있는 현금통화(cash) 및 타인발행수표뿐 아니라 넓은 의미로 당좌예금, 보통예금 등 단기적으로 인출 가능한 예금까지도 포함한다. 현금은 유동자산 중에서 가장 유동성이 높은 자산인 반면 수익성 또한 가장 낮은 유휴자산이기 때문에 적정한 유동성과 수익성을 동시에 유지하면서 궁극적으로 기업의 가치를 극대화하기 위한 최적수준의 현금보유량에 대한 의사결정은 매우 중요하다.

2 현금보유동기

현금의 관리정책 또는 현금의 보유수준을 결정하기 전에 현금의 보유동기가 무엇이지 먼저 살펴보자. 일반적으로 기업이 현금을 보유하는 동기로서 거래동기(transaction motive), 예비동기(precautionary motive), 투기동기(speculative motive) 세 가지를 들 수 있다.

거래동기는 기업의 정상적 거래활동을 위하여 현금을 보유하는 동기를 말한다. 예를 들어, 원재료를 구입하고 인건비 및 임대사무실의 월세를 지급하거나 세금이나 공과금 등 각종 경비를 지급하기 위하여 현금을 보유하는 것을 말한다.

예비동기란 비상사태나 우발적인 사태 등 예측할 수 없는 자금 수요에 대비하여 현금을 보유하고자 하는 동기를 말한다. 미래의 현금흐름을 비교적 정확하게 예측할 수 있거나 현금을 급히 차용할 수 있는 수단이 다양할 경우 예비동기에 의한 현금보유량은 줄어들게 된다.

투기동기란 기업이 투기적 이익을 얻을 목적으로 현금을 보유하는 동기를 말한다. 예를 들어, 가까운 장래에 어느 자산의 투자에 대비하기 위하여 현금을 보유하는 경우이다.

이와 같은 동기 이외에도 거래은행에서 대출 등의 조건으로 예금을 유지하도록 강제하는 소위 '꺾기'라고 불리는 구속성예금잔고(compensating balance)도 현금보유동기가 될 것이다.

기업이 최소한도의 영업활동을 유지하기 위해서는 거래적 동기로서의 현금을 확보해 두어야 하며 추가적으로 미래의 불확실한 상황에 대비하기 위하여 예비동기로서의 현금을 확보하거나 또는 신속하게 현금으로 전환할 수 있는 장치가 준비되어 있어야 한다.

3 현금관리원칙 및 모형

현금관리에 있어서 중요한 원칙 중의 하나는 현금유입은 가능한 한 촉진시키고 현금유출은 지연시키는 것이다. 그 이유는 화폐가 시간적 가치를 갖기 때문이다. 현금유입을 촉진하기 위해서 고객으로부터 현금을 수금하는 단계와 수금된 현금을 기업이 그 현금을 사용할 수 있는 회수단계의 시점을 단축하는 것이 중요하다. 한편 현금유출을 지연시키기 위해서 수표나 어음 등을 사용하는 것도 한 방법이다. 현금관리에 있어서 중요한 또 하나의 원칙은 현금의 유출과 유입에 대한 처리과정을 제3의 부서에서 확인할 수 있는 내부통제시스템을 구비해야 한다는 점이다.

적정 현금보유액을 계량적으로 추정하는 고전적 모형으로서 보몰(Baumol)의 모형[1)]과 밀러와 오어(Miller and Orr)의 모형[2)]을 들 수 있다. 이들이 제시한 이론과 모형이 여러 가지 비현실적인 가정을 전제로 하고 있을 뿐 아니라 오늘날의 경영환경에도 적합하지 못한 요소를 지니고 있지만 모형의 기본 아이디어는 소개할 만한 가치가 있다.

1) 보몰의 현금관리 모형

보몰의 모형은 기본적으로 현금의 수요가 일정한 속도로 발생하거나 또는 일정한 주기로 반복적으로 발생한다는 가정하에 재고관리에서 이용되는 경제적 주문량을 결정하는 방법을 이용하여 거래동기에 의한 현금의 최적수준을 결정하는 모형을 개발하였다. 이 모형에서는 예금이자율과 거래예금인출수수료, 연간소요현금 등을 토대로 최적예금인출액과 연간인출횟수를 산출한다.

예를 들어, 어느 기업이 다음과 같은 방법으로 현금을 관리하고 있다고 가정하자. 이 기업은 초기에 Q라는 일정한 액수의 현금을 준비해 두는데 재료 등을 구입하거나 각종 경비를 지불함에 따라 그 보유현금은 일정한 속도로 감소된다고 가정하자. 일정시간이 지나 보유현금이 완전히 소진되면 기업은 은행으로부

그림 13-2 보몰의 현금관리 모형

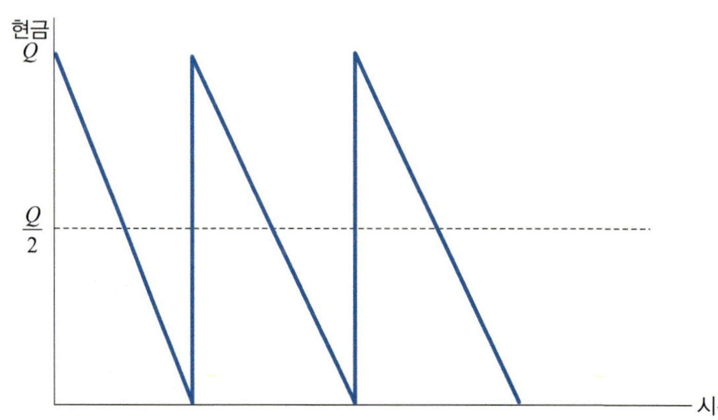

1) W. J. Baumol, "The Transactions Demand for Cash: An Inventory Theoretic Approach," *Quarterly Journal of Economics*, 66, November 1952 참조 바람.

2) M. H. Miller and D. Orr, "A Model of the Demand for Money by Firms," *Quarterly Journal of Economics*, 80, August 1966 참조 바람.

터 자금을 차입하거나 단기유가증권 등을 팔아서 초기의 현금과 동일한 Q금액만큼을 보충하게 된다. 이 기업의 현금보유액의 변화는 앞의 [그림 13-2]와 같이 나타낼 수 있다.

현금관리 시 소요되는 비용으로서 우리는 두 가지를 고려해야 한다. 첫째, 은행 등으로부터 현금을 차입하거나 단기유가증권 등을 팔아 현금을 보충할 경우 소요되는 현금전환비용이다. 이는 전환금액의 액수에 상관없이 일정하다고 가정하자. 둘째, 현금을 투자에 사용하지 않고 현금의 형태로 묶어 둠에 따라 발생하는 기회비용이다. 예를 들어, 현금을 단기국고채에 투자한다고 하면 기회비용은 국고채의 이자율이 될 것이다.

이제 이런 방식으로 현금을 관리할 경우 소요되는 연간 총비용을 계산해 보자. 연간 소요되는 총현금의 양을 A라 하고 1회의 현금전환비용을 G라 하면 이 기업의 연간 현금전환횟수는 $\frac{A}{Q}$회이므로, 연간 총현금전환비용은 $\frac{A}{Q} \cdot G$가 된다. 한편 기업의 연간 평균 현금보유액은 $\frac{Q}{2}$가 되어 연간 총기회비용은 이자율 i를 곱한 $\frac{Q}{2} \cdot i$가 될 것이다. 따라서 이 기업의 현금관리에 소요되는 연간 총비용 TC는 다음과 같다.

$$TC = \frac{A}{Q} \cdot G + \frac{Q}{2} \cdot i \tag{13.2}$$

여기서 흥미로운 사실은 총비용을 구성하는 두 개의 요소는 서로 상충한다는 사실이다. 즉, 1회 현금전환액수가 많을수록 기회비용이 증가하게 되지만 총현금전환비용은 감소하고, 또한 1회 현금전환액수가 작을수록 기회비용은 감소하지만 연간 총현금전환비용이 증가하게 된다. 따라서 현금관리의 포인트는 총비용을 감소시키기 위한 최적 초기현금보유액과 이에 따른 현금전환횟수를 찾는 것이다.

총비용 TC를 최소화하기 위한 최적의 초기 현금전환액 Q^*는 윗식을 Q에 대하여 미분을 해서 0으로 놓고 정리하면 다음과 같이 산출된다.

$$Q^* = \sqrt{\frac{2AG}{i}} \tag{13.3}$$

따라서 연간 최적 현금전환횟수는 $\frac{A}{Q^*}$가 되며, 이때 현금관리를 위한 연간 총비용 TC^*는 다음과 같다.

$$TC^* = \sqrt{2iAG} \tag{13.4}$$

예제 13-1

광진기업의 연간 소요현금은 2,000만원이다. 이 기업은 보유하고 있는 단기 국고채를 팔아서 현금을 조달하는데 국고채를 매도할 때마다 액수에 상관없이 증권회사에 수수료로 5,000원을 지불한다. 국고채의 이자율은 5%로서 향후 큰 변동이 없으며 광진기업의 현금수요는 항상 일정하다고 가정하자. 이때 보몰의 현금관리모형을 이용하여 다음의 질문에 답하시오.

(1) 광진기업의 최적 1회 현금전환액수는 얼마인가?
(2) 이때 연간 현금전환횟수는 얼마인가?
(3) 이때 현금관리를 위한 연간 총비용은 얼마인가?

풀이

(1) 보몰의 모형에서 $G = 0.5$만원, $A = 2,000$만원, $i = 0.05$이므로 최적 현금전환액수는 식 (13.2)에 의해 다음과 같이 결정된다.

$$Q^* = \sqrt{\frac{2AG}{i}} = \sqrt{\frac{2(2,000\text{만원})(0.5\text{만원})}{0.05}} = 200\text{만원}$$

(2) 연간 소요현금이 2,000만원, 1회 전환액수는 200만원이므로 연간 전환횟수는 2,000만원/200만원=10회이다.

(3) 현금관리를 위한 연간 총비용은 식 (13.4)에 의해 다음과 같다.

$$TC^* = \sqrt{2iAG} = \sqrt{2(0.05)(2,000\text{만원})(0.5\text{만원})} = 10\text{만원}$$

참고로 연간 총비용 중에서 총현금전환비용과 총기회비용은 각각 5만원으로 동일하다.

그림 13-3 밀러와 오어의 현금관리 모형

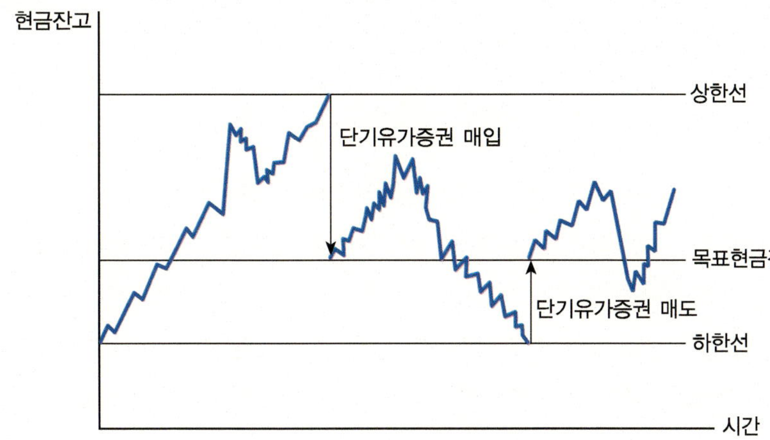

2) 밀러와 오어의 현금관리 모형

밀러와 오어는 현금의 수요가 일정한 속도와 주기로 발생한다는 보몰의 가정과 달리 보다 현실적으로 현금의 입출금이 불확실하게 발생한다는 가정하에 최적 현금보유액을 결정하기 위한 확률적 모형을 제시하였다.

구체적으로 밀러와 오어는 최적의 초기현금보유액과 이에 따른 최적 현금전환 횟수를 제시하기보다는 최적의 현금보유액의 상한선, 하한선과 목표현금잔고를 결정하는 모형을 제시하였다. 기업은 초기에 목표현금잔고를 보유하고 있다고 가정하자. 만약 기업의 현금보유액이 상한선에 도달하게 되면 기업은 여유현금을 유가증권을 매입하는 데 투자하여 현금보유액을 목표현금잔고 수준으로 낮추게 된다. 또한 현금보유액이 줄어들어 하한선에 도달하게 되면 기업은 보유하고 있는 유가증권을 매도하여 현금보유 수준을 다시 목표현금잔고 수준으로 올리게 된다.

밀러와 오어는 최적의 상하한선과 목표현금잔고를 결정하기 위해서는 현금입출금의 일일변동성, 현금전환비용, 그리고 현금보유에 따른 기회비용, 즉 이자율 등 세 가지 요인을 제시하고 있다. 만약 현금 입출금의 일일변동성이 크거나 또는 단기유가증권을 현금으로 전환할 경우 그 전환비용이 클 경우 상하한선은 넓어야 할 것이며, 반대로 이자율이 클 경우 상하한선은 좁아져야 할 것이다. 구체적으로 현금전환비용을 G, 이자율을 i, 일일 현금입출금의 변동성을 σ라 할 경우, 밀러와 오어는 상하한선의 최적간격으로서 다음을 제시하고 있다.

$$\text{상하한선의 최적간격} = 3\left(\frac{3}{4}\cdot\frac{G\sigma^2}{i}\right)^{1/3} \qquad (13.5)$$

$$\text{목표현금잔고} = \text{하한선} + \text{상하한선의 최적간격}/3$$

앞의 [그림 13.3]에서와 같이 만약 현금의 입금이 출금보다 많게 되어 현금의 보유액이 상한선에 다다르게 되면 현금보유액을 목표현금잔고가 되도록 단기유가증권 등을 구입하는 방법으로 현금보유액을 줄이고, 만약 현금의 수요가 많게 되어 현금보유액이 줄어들어 하한선에 다다르게 될 경우 다시 단기유가증권 등을 팔아서 현금의 양이 목표현금잔고가 되도록 조정하는 방법이다.

4 유가증권관리

앞 장에서도 언급했듯이 현금관리를 위해서는 유가증권관리 또한 매우 중요한 부문이라고 할 수 있다. 기업은 현금의 보유액이 적정 액수보다 많거나 적을 경우 가장 손쉬운 대체수단으로 유가증권을 매입하거나 매도하는 방법을 취함으로써 적정 현금보유액을 조절할 수 있기 때문이다. 이런 기능을 충실하게 수행하기 위한 유가증권으로서는 만기가 긴 것보다는 시장성 또는 유동성이 높은 단기금융자산이 적합할 것이다. 따라서 본 장에서 언급하는 유가증권관리의 대상은 유동성이 높은 단기금융자산을 의미한다. 단기유가증권은 현금의 대체수단뿐 아니라 기업에게 단기의 투자수단으로서의 역할도 제공한다.

이러한 두 가지 목적을 달성하기 위한 적합한 단기유가증권을 선정하기 위해서는 증권의 특성에 관한 여러 가지 측면을 고려해야 하는데, 특히 증권의 시장성 또는 유동성, 만기, 수익률, 채무불이행위험, 이자율위험 등을 고려해야 한다. 현금이 필요할 경우 언제든지 손쉽게 현금으로 전환하기 위해서는 증권의 시장성 또는 유동성이 높아야 하며, 그러기 위해서는 만기가 긴 것보다는 짧은 것이 좋다. 일반적으로 1년 미만의 유가증권을 단기로 규정하는데 만기가 짧을 경우 이자율위험이나 채무불이행위험이 작게 마련이다.

기업에서 현금관리의 대체용으로 일반적으로 활용할 수 있는 단기성 유가증권으로서 화폐시장에서 거래되는 금융상품은 제2장에서 기술했으므로 이를 참조하기 바란다.

제 3 절 매출채권관리

1 매출채권관리의 개요

기업이 제품을 고객에게 판매하고 그 대금을 현금으로 받기도 하지만 대부분의 경우 외상으로 처리하는 경우가 많다. 이때 기업이 고객으로부터 갖게 되는 판매대금에 대한 청구권은 기업의 입장에서는 자산의 일종이 되는데 이를 매출채권(accounts receivable)이라고 부른다. 구체적으로 매출채권이란 고객에게 제품이나 용역을 판매하고 아직 회수되지 않은 대금을 말하며 이는 대차대조표상의 외상매출금과 받을어음으로 구분되며, 영업과 관련되지 않은 미회수분은 제외한다.

매출채권관리의 핵심은 다음의 네 가지 요소에 대한 세부정책을 어떻게 수립할 것인가에 관한 의사결정이라 할 수 있다.

첫째, 판매조건(terms of sale)의 설정이다. 얼마의 기간 동안 고객에게 외상을 허용할 것인가, 또한 고객이 판매대금을 조기상환할 경우 얼마나 할인을 해줄 것인가를 결정하는 것이다.

둘째, 신용분석(credit analysis)의 기준을 설정하는 것이다. 고객의 신용도를 어떠한 방식으로 평가해야 하는가를 결정하는 것이다. 이때 과거의 거래실적으로 평가할 수도 있고 또는 고객의 재무제표를 분석하여 평가할 수도 있다.

셋째, 신용정책(credit policy)을 수립하는 일이다. 고객의 신용도에 따라 어떠한 신용을 제공할 것인지를 결정하는 것이다.

넷째, 수금정책(collection policy)을 수립하는 일이다. 고객에게 외상을 제공한 후에 어떠한 방식으로 판매대금을 수금할 것인지에 대한 제반 정책을 말한다.

2 매출채권관리의 세부정책

1) 판매조건의 설정

기업이 제품을 판매할 경우 그 대금의 액수뿐 아니라 결제방식, 외상기간, 할인조건에 대한 사항을 결정해야 하는데 이러한 사항이 규정된 것을 판매조건(terms of sale)이라고 부른다. 판매조건에는 신용기간과 할인조건을 규정한다. 신용기간(credit period)이란 고객에게 최대로 허용된 매출채권의 상환기간으로 제품 또는 용역의 구입일로부터 대금지급일까지의 기간이다. 할인조건이란 신용기간 내에 대금의 회수가 이루어졌을 경우 얼마나 대금을 할인해 줄 것인지에 대한 조건을 말한다.

예를 들어, [2/10, net 30]이라는 판매조건으로 외상판매가 이루어졌을 경우, 이것이 뜻하는 바는 첫째, 구매자는 30일 이내에 약정된 구매대금을 전부 지불해야 하며, 둘째 만일 10일 이내에 현금으로 지급할 경우 구입대금의 2%를 할인하여 주며, 셋째 만일 대금결제가 30일을 초과하면 지체이자를 부과함과 동시에 특별한 수금조치를 취할 것이란 의미이다.

신용기간이 길어지면 매출액과 매출이익이 증가하게 되나 이에 따라 회수 불가능한 외상매출금이 증가할 가능성 또한 커진다. 따라서 신용기간을 결정할 때에는 기업의 자금사정, 제품의 매출이익, 고객의 대금지불능력, 판매제품 또는 제공용역의 특성, 경쟁상태, 거래규모 등을 종합적으로 고려하여 판단해야 한다.

2) 신용분석

기업이 고객에게 외상으로 제품을 판매하기 전에 우선적으로 해야 할 일은 고객의 신용도를 평가하는 것이다. 이러한 작업을 신용분석(credit analysis)이라고 부른다. 기업의 신용도를 측정하기 위해서 과거의 거래실적을 참조하거나 재무제표를 이용하여 재무비율(financial ratios)을 분석할 수도 있고 또는 신용평가기관에 신용조회를 의뢰할 수 있다. 이외에도 고객의 주거래은행, 또는 동종 경쟁업체 등을 통하여 신용정보와 업계평판을 문의하거나 고객의 사무실 또는 공장 등을 직접 방문하여 실사를 할 수도 있다. 일반적으로 기업의 신용도를 평가하기 위해서 고려해야 할 요소로서 다음의 5C를 들 수 있다.

① 고객의 성격(character)
② 고객의 능력(capacity)
③ 고객의 재무상태(capital)
④ 고객의 담보능력(collateral)
⑤ 기업 외적조건(condition)

개인이 신용카드를 신청할 경우 신용카드사는 고객의 직업, 연봉, 부채, 자산의 규모 등 개인의 경제적 능력을 파악할 수 있는 정보를 토대로 이를 일정한 방식으로 수치로 환산한 후 그 수치를 기준으로 카드의 월 사용한도액과 최대현금서비스금액 등을 설정한다. 이러한 방식과 유사하게 판매기업의 기업의 입장에서 위의 5C를 참조하는 등 각종 자료를 토대로 신용거래를 하게 될 고객의 신용도를 신용평점(credit score)이라는 점수로 나타낼 수 있다. 일단 신용평점이 설정되면 판매기업은 이 평점을 사전에 정해놓은 기준평점과 비교하여 신용거래의 허용 수준을 결정하게 된다.

3) 신용정책

신용정책(credit policy)의 수립이란 고객의 신용도에 따라 어떠한 수준의 신용을 제공할 것인지를 결정하는 것이다. 앞서 신용카드사가 개인의 신용도를 토대로 월 사용한도액을 설정하듯이 기업도 고객에 대한 신용분석을 토대로 외상을 허용할 것인지, 또는 최대 외상금을 얼마나 설정할 것인지 등을 결정해야 하는데 이러한 의사결정을 신용정책이라고 부른다.

신용정책을 수립하는 데 있어서 다음의 세 가지 원칙은 주목할 만하다.

① **이익최대화의 원칙**: 신용정책의 목적은 매출채권의 미회수, 즉 대손(bad debts)을 최소로 하는 것이 아니라 기업의 이익을 극대화하기 위한 것이다. 보수적 신용정책은 대손을 감소시키겠지만 매출액의 감소를 가져오고, 완화된 신용정책은 매출액을 증가시키겠지만 대손을 증가시켜 기업의 이익에 상충되는 효과를 초래한다. 따라서 신용정책담당자는 기업의 이익을 최대로 하는 적정 신용정책을 수립해야 한다.

② **비우량고객에 대한 집중화의 원칙**: 기업이 고객에게 외상매출을 할 때마다 신용의 제공 여부를 결정해야 한다면 이는 반복적이고 일상적 업무의 증가를 초래하여 조직의 능률을 저하시킬 것이다. 따라서 최적의 방법은 사전에 신용제공의 상한선을 설정한 후, 외상거래의 조건이 신용제공 상한선 밖으로 벗어날 경우에만 별도의 승인절차를 거치도록 하는 등 관리의 집중화가 필요하다.

③ **장기적 관점 유지의 원칙**: 신용정책은 현재상태의 신용도를 기준으로 수립하기보다는 고객의 발전 가능성을 염두에 두고 수립해야 한다는 원칙이다. 예를 들어, 현재 신용도가 낮다고 신용거래를 무조건 거절하기보다는 사업의 장기적 발전 가능성을 고려하여 신중하게 고려해야 한다는 점이다.

4) 수금정책

수금정책(collection policy)이란 대출채권의 회수가 사전에 정해진 신용기간 내에 이루어지지 못한 경우 대금의 회수를 위한 체계적 방침과 수단을 의미한다. 수금정책은 수금기간(collection period)을 가능한 한 짧게 함으로써 매출채권의 기회비용과 수금비용을 줄이고 대손 발생을 방지하는 데 그 목적이 있다. 실무에서 수금기간을 관리하기 위한 수단으로서 매출채권경과일수표(aging schedule)를 작성하는 것이 일반적이다. 매출채권경과일수표란 〈표 13-2〉와 같이 고객별로 사전에 정해진 신용기간을 초과한 기간에 따라 표시된 매출채권의 내역을 정리한 표를 말한다.

예를 들어, 광진기업으로부터 신용기간이 지난 지 회수되지 못한 1개월 이내

표 13-2 매출채권경과일수표 (단위: 만원)

고객명	1개월 이내	1~2개월	2~3개월	3개월 초과	합계
광진기업	1,000	200	0	0	1,200
화양상사	2,000	1,000	500	0	3,500
능동공업	700	500	200	1,000	2,400
:	:	:	:	:	:
:	:	:	:	:	:
모진상사	3,000	200	0	0	3,200
합계	8,900	2,500	1,000	1,200	13,600

의 미회수 매출채권의 금액이 1천만원이고, 1개월 초과 2개월 이내의 미회수 매출채권의 금액이 2백만원이다.

판매기업이 수금을 위한 구체적 조치로서 우편, 방문, 전화통화, 수금대행기관을 통한 독촉, 법적 조치 등을 단계적으로 취할 수 있다. 한편 수금에 따른 비용과 대손을 방지하기 위하여 팩토링(factoring)을 이용할 수도 있는데, 팩토링이란 매출채권에 따르는 대금의 변제를 받을 권리를 일정한 대가를 받고 제3자나 금융기관에 매각하는 것이다. 예를 들어, 판매자와 금융기관 사이에 팩토링계약이 이루어지면 판매자는 외상매출한 상품대금을 금융기관으로부터 인수하며 금융기관은 구매자로부터 외상매출대금의 회수권을 취하게 된다. 대손의 위험을 회피하는 또 다른 방법으로 신용보험(credit insurance)을 이용할 수 있다. 판매자가 매출 시점에서 신용보험을 구입하였다가 매출채권의 회수가 불가능하여 대손이 발생할 경우 보험회사에서 대손액의 전부 또는 일부를 보상받을 수 있다.

제 4 절 유동부채관리

1 유동부채관리의 의의

유동부채(current liability)란 부채 중 1년 내에 상환해야 하는 단기부채이며 기업의 단기자금조달의 원천이 되는 것으로서 매입채무, 은행의 단기대출, 기업어음 등을 그 예로 들 수 있다.

단기부채는 자금의 조달 측면에서 장기부채에 비해 비용과 시간이 적게 들고 융통성이 크다는 장점이 있는 반면, 단기에 상환해야 하는 부담 때문에 기업의 지급불능위험을 증가시키는 단점이 있다. 따라서 기업의 입장에서는 이러한 점을 감안하여 단기부채의 규모를 재무구조 등 기업의 특성에 맞는 적정한 수준으로 유지하여야 한다. 이제 유동부채의 종류별 특징을 간단히 살펴보자.

2 매입채무

매입채무(trade credit)는 상품이나 원재료를 외상으로 구입하여 발생하는 단기부채의 일종으로서 거래신용이라고 부르기도 한다. 매입채무의 대표적 유형으로서 외상매입금과 지급어음이 있다. 외상매입금은 제품이나 원재료를 구입한 후 특정한 계약 없이 일정한 기간 내에 대금의 지급을 약속한 것이고, 지급어음은 거래의 대금을 미래의 일정한 시점과 장소에서 지급할 것을 명시한 증서의 일종이다. 매입채무는 일반적으로 금융기관으로부터 자금조달능력이 떨어지는 중소기업이 많이 이용하는 편이다.

3 은행의 단기대출

은행대출은 기업의 상거래 과정에서 발생하는 매입채무와는 달리 기업이 은행으로부터 단기간에 자금을 조달하는 대출의 일종을 말한다. 은행대출의 유형으로서 일반대출, 적금대출, 당좌차월, 수출지원금융 등이 있다. 당좌차월은 기업이 당좌예금의 잔액을 초과하여 수표를 발행하더라도 일정한 차월한도와 기간 내에서 은행이 지급에 응하는 제도로서 기업의 입장에서는 사실상의 단기대출과 동일한 효과를 누릴 수 있다. 수출지원금융은 수출을 장려하기 위해 우리나라의 수출기업에 대한 정부의 지원정책에 의한 대출을 말한다.

4 기업어음

앞서 매입채무를 설명할 때 지적했듯이 어음이란 상거래에서 발생하는 거래대금을 미래의 일정한 시점과 장소에서 지급할 것을 명시한 증서의 일종인데, 신종기업어음(commercial paper : CP)이란 이들 어음 중 기관투자가들이나 다른 기업들에 할인되어 판매되는 약속어음의 일종이다. 이와 같은 성격의 CP는 단기은행차입을 대체하는 새로운 단기자금조달원천으로 급성장하였으며 구속성 예금을 요구하지 않기 때문에 은행대출의 이자율보다 실제이자율은 더 낮다. 한편 CP는 여유자금을 보유하고 있는 투자자에게는 수입성 높은 투자수단으로 이용됨에 따라 사금융자금의 제도금융권으로의 유입에 많은 기여를 하고 있다. CP는 기존어음에 비해 금리가 시장금리에 연동되어 수시로 변동하는 점, 담보가 필요없다는 점, 중도환매가 불가능하다는 점, 액면금액이 비교적 크다는 점에서 차이를 보이고 있다.

연습문제

1. 순운전자본이란 무엇인가?
2. 현금전환기간이란 무엇인가?
3. 기업에서 운전자본관리가 중요한 이유는 무엇인가?
4. 기업이 현금을 보유해야 하는 이유는 무엇인가?
5. 보몰의 현금관리 모형과 밀러-오어의 현금관리 모형의 차이점은 무엇인가?
6. 매출채권관리를 위한 네 가지 세부정책은 무엇인가?
7. 팩토링과 신용보험의 공통점과 차이점은 각각 무엇인가?
8. 유동부채의 관리가 왜 중요한지를 설명하시오.

PART 04
재무관리의 특수과제

제 14 장

위험관리와 파생상품

Financial Management

이 장에서는 · · ·

SK그룹의 다이아몬드펀드 실패사건은 위험관리의 중요성을 잘 일깨워주는 사례이다. 우리나라의 IMF 금융위기도 사실 기업과 금융기관이 제대로 위험관리를 하지 못했기 때문에 발생한 사건이다.

이러한 대형 금융사건 뒤에는 많은 경우 파생상품이 관련되는데, 이는 파생상품을 원래의 목적인 헤징목적으로 사용하지 않고 투기목적으로 사용하였기 때문이다.

본 장에서는 파생상품을 이용해서 어떻게 위험관리를 할 수 있는지 여러 가지 예제를 통해 자세히 살펴보도록 하자.

제1절 가격변동성의 증대

1970년대 초 이후 모든 종류의 재화 및 서비스의 가격변동성(price volatility)이 크게 증대되었다. 1970년대 초까지 환율체제는 브레튼우즈(Bretton Woods)체제에 의해 고정환율제였으나 변동환율제로 이행되면서 환율변동성이 크게 증대되었다. 1979년까지 미국의 연방은행은 금리를 안정화시키기 위해 시장개입을 적극적으로 하였으나 이 정책을 포기하면서 금리변동성 또한 급격히 증가하게 되었다(그림 14-1 참조). 뿐만 아니라 1970년대 이후 석유를 비롯한 많은 상품가격들의 변동성이 증가하였다. 우리나라의 경우에도 IMF 금융위기 이후 모든 재무변수의 가격변동성이 급격히 커지게 되었다. [그림 14-2]는 원/달러 환율 변동성의 급격한 변화를 보여주고 있다.

그림 14-1 미국 금리변동성의 증대(월 변화율)

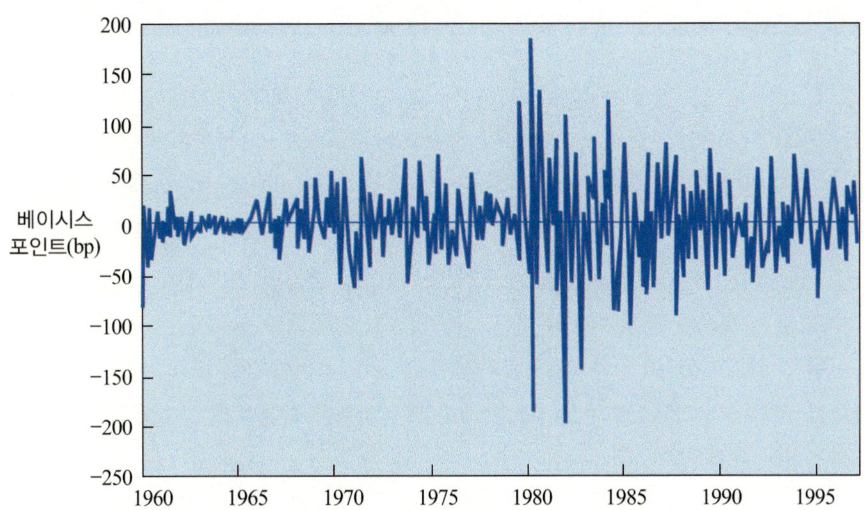

자료 : Charies W. Smithson, *Managing Financial Risk: A Guide to Derivative Products, Financial Engineering and Value Maximization*, 3rd ed.(New York:The McGraw-Hill Companies, 1998.)

그림 14-2 우리나라 환율변동성의 증대

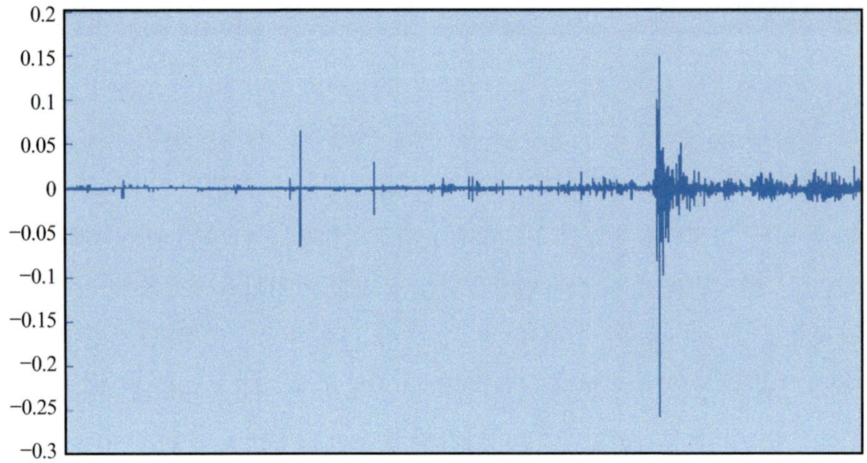

자료 : 1980년 2월 27일~2003년 12월 31일 일별 원/달러 환율변화율

미국 저축대부조합의 파산(ALM 시대의 도래)

재무위험의 영향을 가장 잘 볼 수 있는 예는 1980년대 초 미국의 저축대부조합재앙(Savings and Loans Disaster)이다. 저축대부조합은 우리나라의 상호저축은행 정도의 소규모 은행으로서 단기예금을 수취해서 주택저당 장기고정금리로 운용하던 기관이었다. 금리변동성이 증대되기 전 단기이자율은 거의 모든 경우에 장기이자율보다 낮았기 때문에 저축대부조합은 낮은 금리로 조달해서 높은 금리로 대출하여 금리스프레드를 벌 수 있었다. 그러나 금리의 변동성이 커지자 단기이자율이 장기이자율을 상회하는 경우가 자주 일어나게 되었고 그들의 조달비용은 급격히 증가하였다. 그러나 운용은 장기고정금리로 되어 있었기 때문에 시장금리에 맞춰 올릴 수 없었고, 결국 높은 조달금리로 인한 부담과 이를 만회하려고 시도했던 위험한 대출들의 부실화로 인해 수백 개의 저축대부조합이 문을 닫게 된 사건이다.

이 사건을 계기로 금리위험관리의 중요성이 인식되었고 자산과 부채를 종합적으로 관리하는 자산부채종합관리(Asset Liability Management : ALM)의 시대로 접어들게 되었다.

우리나라의 IMF 금융위기도 또한 재무위험으로 인해 발생한 사건이다. 우리나라 종금사들의 투자실패로 인한 부실을 간파한 일본의 금융기관들은 종금사에 대한 그들의 대출을 더 이상 연장해 주지 않으면서 금융위기가 시작되었다. 그러나 근본적으로는 그 이전부터 많은 기업들이 과다한 부채와 함께 사업이 부실화되고 구조조정에 실패하면서 은행들 또한 부실화되었기 때문에 금융위기를 당하게 된 것이다.

이와 같이 가격의 변동성이 심화되고 이로 인한 여러 가지 사건들이 터지면서 재무위험을 관리해야 할 필요성이 생기게 된 것이다.

제2절 재무위험의 관리

1 중앙집권적인 관리

기업은 여러 가지 재무위험에 노출되기 때문에 전체 위험을 통합해서 관리하여야 한다. 다시 말해, 여러 위험들은 포트폴리오 효과에 의해 서로 상쇄되기 때문에 각 위험을 개별적으로 보기보다는 포트폴리오 차원에서 살펴보아야 한다. 예를 들어, 어떤 위험은 개별적으로 볼 때에는 위험이 크게 나타나지만 전체 포트폴리오 차원에서 볼 때에는 별로 문제가 되지 않는 경우도 있다. 또한 위험관리는 공짜로 이루어지는 것이 아닌 만큼 위험관리로 인한 이익과 함께 비용도 고려하여야 한다.

2 재무위험의 식별

앞에서 지난 수십 년간 가격의 변동성이 크게 증가한 것을 살펴보았다. 이러한 재무위험이 모든 기업에게 똑같은 고민거리를 가져다주는 것은 물론 아니다.

해당 기업의 영업 및 재무상태에 따라 다르다는 것이다. 예를 들어, 부채비율이 낮은 기업들은 부채비율이 높은 기업들에 비해 금리 변동성에 대해 별로 신경을 쓸 필요가 없을 것이다. 같은 맥락으로 외국과의 교역이 별로 없는 기업들은 환율의 변동에 대해 별로 신경을 쓰지 않을 것이다.

재무위험을 효율적으로 관리하기 위해서 재무담당자는 먼저 기업의 가치에 가장 큰 영향을 주는 가격변동 유형을 식별해야만 한다. 어떤 위험은 쉽게 식별이 되는 것도 있지만 어떤 경우에는 그렇지 않은 경우도 있다. 예를 들어, 금리가 상승할 때 목재회사에 어떤 영향을 미치는지를 살펴보자. 먼저 금리의 상승은 목재회사의 자금조달비용의 상승을 가져올 것이다. 또 한편 금리의 상승은 일반적으로 부동산 수요의 감소를 가져오기 때문에 목재에 대한 수요의 감소도 가져올 것이다. 결국 이 경우 금리의 상승은 목재회사의 자금조달비용 상승과 함께 매출액 감소를 초래하게 되는 것이다.

어떤 기업의 재무위험에 대한 노출(risk exposure)을 식별하고 측정하는 데 쓰이는 도구로서 위험구조(risk profile)라는 것이 있다. 위험구조는 가격변화에 대한 기업가치 또는 이익의 변화를 나타내는 그림을 말하는 것으로서 다양한 위험의 상대적인 영향도를 파악하기 위한 유용한 분석도구이다.[1)2)]

위험구조를 설명하기 위해 대규모의 자금을 은행에서 변동금리로 차입한 기업을 예로 들어보자. 이 기업의 경우 금리가 하락하면 차입비용이 줄어들어 기업가치가 증가하나, 금리가 상승하면 차입비용이 증가하여 기업가치가 감소한다. 이를 도시한 것이 이 기업의 금리에 대한 위험구조이고 [그림 14-3a]와 같다. 이러한 위험구조를 대출을 한 은행의 입장에서 표현하면 [그림 14-3b]와 같고, 이에서 알 수 있듯이 위험구조는 매수자(차입자)의 입장이냐 또는 매도자(대출자)의 입장이냐에 따라 반대로 표시된다.

---

1) 결국 위험구조는 민감도분석(sensitivity analysis)과 유사한 개념이다.

2) 실제 기업이나 금융기관들은 가격변동위험의 측정도구로서 Value at Risk(VaR)를 사용한다. VaR는 평사시 특정 보유기간 동안 일정한 신뢰수준하에서 입을 수 있는 최대손실예상액을 의미한다. 예를 들어, '채권포트폴리오의 2주 VaR가 99% 신뢰수준에서 1,000만달러'라고 하는 것은 신뢰수준 99%에서 2주 동안 금리의 변화로 인해 채권포트폴리오가 입을 수 있는 최대 손실금액이 1,000만달러라고 하는 뜻이다. 이에 대한 자세한 내용은 오세경·김진호·이건호의 『위험관리론』(서울: 경문사, 1999)를 참고하기 바란다.

그림 14-3 위험구조

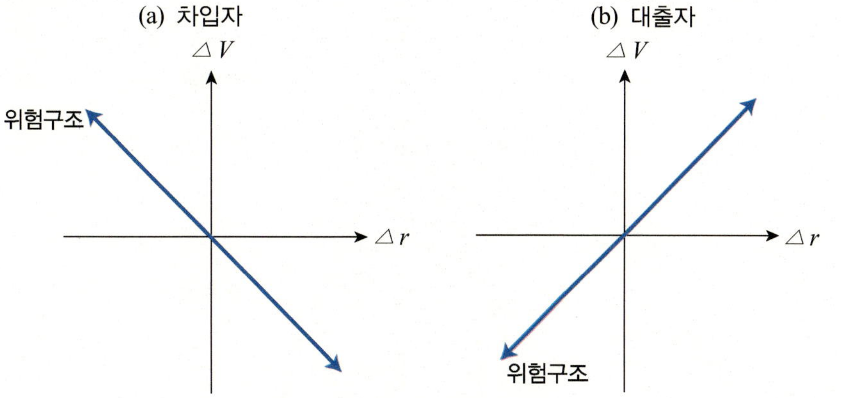

주) $\triangle V$: 기업가치의 변동치 $\triangle r$: 금리의 변동치

3 위험노출의 축소

헤징(hedging)은 가격변동에 대한 기업의 노출을 줄이는 것을 말한다. 위험노출을 축소한다는 것은 위험구조의 기울기를 평평하게 만드는 것을 의미한다(그림 14-4 참조). 기울기가 평평해지면 같은 가격변동에 대해서도 기업가치의 변동이 작아지기 때문이다. 완벽한 헤징(perfect hedging)을 통해 위험구조의 기울기를

그림 14-4 위험구조와 헤징의 관계

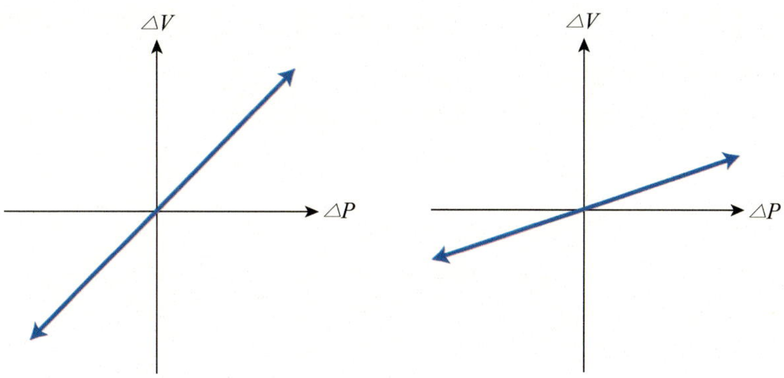

헤징 이전 헤징 이후

그림 14-5 헤징 효과

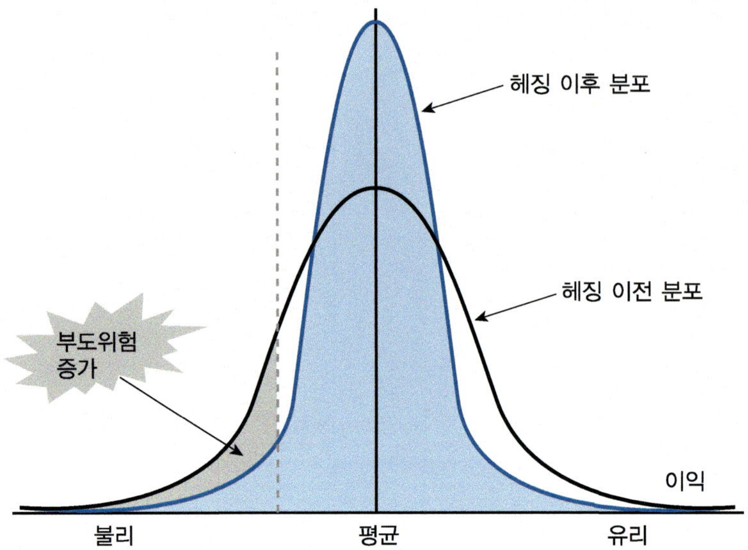

수평으로 만들면 위험이 완전히 제거된다.

또한 헤징은 이익 또는 현금흐름의 변동성의 축소를 의미한다. 이는 [그림 14-5]에서 볼 수 있는 바와 같이 넓게 퍼진 이익이나 현금흐름의 분포를 축소시키는 것으로 볼 수 있다. 헤징은 가격이 불리하게 움직였을 때 이익이나 현금흐름의 변동폭을 줄여 부도위험을 줄여주는 역할을 하고 있음을 그림에서 확인할 수 있다. 그런데 여기서 우리가 한 가지 꼭 명심해야 할 사항은 헤징에는 비용이 따른다는 것이다. 다시 말해 가격이 유리하게 움직였을 때 크게 볼 수 있는 이익도 아울러 축소시킨다는 것이다. 그렇기 때문에 보통의 경우 헤징을 통해 위험을 완전히 제거하지는 않는다.

헤징에 대한 잘못된 인식

우리나라의 일부 기업에서는 헤징을 이익창출의 수단으로 사용하는 경우를 보고 깜짝 놀란 적이 있다. 수출기업의 경우 원/달러 환율의 하락은 치명적이다. 따라서 원/달러 환율에 대한 헤징을 하게 되는 것인데, 어떤 수출기업의 경우에는 높은 수준의 원/달러 환율(예를 들어, 1,200원/$)에 헤징을 한 후 예상대로 원/달러 환율이 하락해서(예를 들어, 1,100원/$) 달러당 100원의 이익을 내었다고 좋아하는 것이었다. 이는 사실 헤징이 아니라 투기를 하고 있는 셈이다. 만약 환율이 예상대로 움직이지 않고 반대로(예를 들어, 1,300원/$) 되었으면 어떻게 되었을까? 헤징을 했기 때문에 오히려 달러당 100원의 손실이 났을 것이다. 이 경우에 그 수출기업의 헤징담당자는 문책을 당했을 것이다. 이는 우리나라 기업 최고경영자의 헤징에 대한 무지를 단적으로 나타내는 예이다. 헤징은 가격변동으로 인해 이익을 보려고 하는 것이 아니다. 원/달러 환율이 내릴지 오를지 잘 모르는 상황에서 환율을 고정시켜 놓고 본업에 충실하려고 하는 것이다. 헤징으로 인해 이익이 났다고 해서 좋아할 일도 아니고 또 헤징으로 인해 손실이 발생했다고 해서 문책할 일은 더더구나 아니다.

4 단기위험노출과 장기위험노출

가격변동에 단기적인 부분과 장기적인 부분이 있다는 것을 이해하는 것은 재무위험관리에 도움을 준다. 단기적인 재무위험은 보통 거래관련 노출(transactions exposure)이라 하며 단기간에 불확실한 가격에 사거나 팔아야 할 때 발생하는데 이를 관리할 수 있는 방법은 다양하다. 장기적인 재무위험은 경제적 노출(economic exposure)이라 하며 가격의 영구적인 변화나 경제의 기저 변화로 발생한다. 이는 헤지하기 어렵고 영구적인 기업환경 변화에 대한 기업의 적응력이 요구되는 부분이다.

결론적으로 기업은 재무위험관리를 통해서 두 가지를 달성할 수 있다고 하겠다. 첫째, 기업은 헤징을 하지 않았을 때 직면하게 되는 골치 아픈 단기가격변동을 피할 수 있고, 둘째 헤징을 통해서 시장여건의 근본적인 변화에 적응할 수 있는 약간의 여유시간을 벌 수 있다는 것이다.

5 파생상품과 금융공학의 활용

기업이나 금융기관들은 위험관리를 위해서 파생상품(derivatives)을 많이 사용한다. 파생상품은 주식이나 채권, 외환, 상품 등의 자산가격으로부터 가치가 파생되는 금융증권이다. 예를 들어, 주식옵션은 옵션보유자에게 주식이라는 재무자산을 사거나 팔 수 있는 권리를 제공하기 때문에 주식옵션은 파생상품이라 불린다.

금융공학(financial engineering)은 특정한 헤징목표를 달성하기 위해서 새로운 파생상품을 만들어 내거나 또는 기존의 파생상품들을 결합하는 작업을 말한다. 가격이 안정적인 세상에서는 금융공학의 필요성이 별로 없었으나 앞에서 언급한 바와 같이 가격의 변동성이 크게 증대된 1970년대 이후로 금융공학은 매우 빠르게 발전하는 재무분야가 되었다.

파생상품 : 효자인가, 원수인가?

파생상품은 보통 양날을 가진 검(double-edged sword)이라 한다. 다시 말해 잘 사용하면 도움이 되지만 잘못 사용하면 오히려 피를 볼 수 있는 상품이라는 것이다.

파생상품은 보통 위험을 헤지하는 수단으로 사용된다. 그러나 투기목적으로도 사용이 얼마든지 가능하다. 파생상품이 위험하다고 하는 것은 바로 투기목적으로 사용할 때의 일이다. 특히, 파생상품은 레버리지 효과가 크기 때문에 매우 위험한 투자수단이 될 수 있다.

우리나라 선물옵션시장은 세계 1위의 거래량을 자랑한다. 또한 단일 옵션종목의 1일 계약량이 1,000만 계약을 돌파했다고 야단이다. 그러나 이러한 엄청난 거래 및 계약 이면에는 개인들의 무분별한 투기와 한탕주의가 만연해 있는 것을 간과할 수 없다. 최근에는 교비를 이용해 옵션투자에 나섰다가 낭패를 본 대학이 나올 정도이다.

우리나라도 저금리의 시대에 돌입한 상황에서 파생상품의 활성화는 어찌 보면 시대의 흐름이라 할 수 있을 것이다. 그러나 파생상품의 원래 목적은 헤징을 위한 것이지 투기를 위한 것은 아니라는 사실과 비이성적인 투기가 아닌 합리적 투자가 하루 빨리 정착되어야 한다.

제3절 선도계약을 이용한 헤징

1 선도계약의 개념

선도계약(forward contracts)은 재무위험을 관리하는 데 있어서 가장 오래되고 가장 기본적인 헤징도구이다. 선도계약은 오늘 합의된 가격으로 미래에 어떤 자산이나 제품을 판매하고 인수하기로 약정한 양당사자 간에 법적 구속력을 갖는 계약이다. 판매하기로 한 자(선도계약 매도자[3])는 해당되는 상품을 정해진 날짜에 상대방에게 인도하고 인수하기로 한 자(선도계약 매수자[4])는 미리 정해진 가격(forward price)으로 상품을 인수해야 한다.

선도계약은 양당사자 간의 사적 계약형태이기 때문에 양당사자의 필요사항들을 맞출 수 있고 계약의 크기도 매우 클 수 있다. 선도계약은 초기에 현금의 수수가 없고 단지 계약에 지나지 않기 때문에 신용위험(credit risk)이 발생하며 따라서 신용도가 높은 대기업에 국한된다. 선도계약은 불리한 가격변동으로 인한 위험을 제거하는 동시에 유리한 가격변동으로 인한 이익도 제거하는 단점이 있다.[5] 선도계약은 환위험의 헤지에 가장 많이 사용된다.

2 선도계약의 손익구조

선도계약 매수자는 인수하기로 한 가격을 고정시켜 놓은 상태이기 때문에 가격상승 시 이익을 보고, 선도계약 매도자는 인도하기로 한 가격을 고정시켜 놓았기 때문에 가격하락 시 이익을 본다. 이때 한쪽의 이익은 거래상대방의 손실을 의미하기 때문에 선도계약은 제로섬 게임(zero-sum game)이라 한다.

---

3) short position이라고도 한다.

4) long position이라고도 한다.

5) 이에 반해 옵션은 불리한 가격변동에 대해서는 위험을 제거하고, 유리한 가격변동 부분은 그대로 둘 수 있는 선택권을 제공한다.

을 배우게 된다. 먼저 위험구조(risk profile)를 이용해서 재무위험에 대한 기업의 위험노출을 식별한 다음, 반대의 손익구조(payoff profile)를 갖는 재무상품(예를 들어, 선도계약 등)을 찾는 것이다.

역외선물환거래(Non-Deliverable Forward: NDF)

일반적인 선도거래는 만기일에 약정한 선도가격으로 자산을 인도하고 현금을 수취하는 구조로 되어 있다. 즉, 실물인수도(physical delivery)가 이루어진다. 그런데 NDF거래는 이를 약간 바꾸어 만기일에 실물인수도는 이루어지지 않고 만기시점의 현물가격과 선도가격의 차액만을 결제하도록 만든 선도거래이다.

외국인들은 원화대상 NDF거래를 통해서 우리나라 외환시장을 거치지 않고 원/달러 환율에 대한 헤지 또는 투기가 가능하도록 만들었다. 예를 들어, A 외국기업은 100억원에 대해 선도가격(1/1,200달러/원)에 90일 후 만기가 되는 NDF를 매수하고 B 외국기업은 이를 매도하였다고 하자. 90일 후 서울외환시장에서 원화가치가 상승하여 1/1,000달러/원이 되었다고 하면, 원화 NDF 매수자인 A 외국기업은 이익을 보고 B 외국기업은 손해를 보게 되는데 이들이 결제할 금액은 166만 6,000달러가 된다.

결제할 금액 = 100억원 × (1/1,000 − 1/1,200)달러/원
= 166만 6,000달러

금리선도계약(Forward Rate Agreement: FRA)

금리선도계약은 미래 일정시점에 조달할 자금이나 운용할 자금에 대해 적용될 금리를 미리 고정시켜 놓는 선도계약을 말한다. FRA계약도 앞서 살펴본 NDF계약과 마찬가지로 양당사자 간에 자금의 인수도는 실제로 일어나지 않고 만기시점의 실현금리와 사전에 확정한 계약금리(선도금리) 간의 차액만을 결제하는 방식이다.

FRA매수자는 미래에 필요한 자금의 금리를 지금 고정시키려고 하는 입장으로서 미래 자금차

입자로 보면 된다. 미래 자금차입자의 입장에서는 향후 금리의 상승이 염려되므로 FRA매수를 통해 금리를 고정시키려고 하는 것이다. 따라서 FRA매수자의 손익구조(payoff profile)는 미래 금리상승 시 이익이 나고 금리하락 시에 손실이 난다. 반대로 FRA매도자는 미래 자금대출을 미리 고정된 금리로 하려는 입장으로서 미래 자금제공자로 보면 된다. 미래 자금제공자의 입장에서는 향후 금리하락이 문제가 되므로 FRA매도를 통해 고정된 금리를 확보하는 것이다. 따라서 FRA매도자의 손익구조는 미래 금리상승 시 손실이 나고 금리하락 시 이익이 난다.

예를 들어, A기업이 B은행으로부터 100억원에 대해 선도금리 4%에 3×9 FRA계약을 매수하였다고 하자. 3×9 FRA계약은 3개월 후부터 6개월 동안의 금리에 대한 선도계약이라는 뜻이다. 만약 3개월 후 실현금리가 5%가 되었다고 한다면, A기업은 B은행으로부터 100억원×(5%−4%)=1억원을 지급받게 되고 결과적으로 6개월간 차입금리는 예정대로 4%가 된다.

그림 14-9 FRA의 손익구조

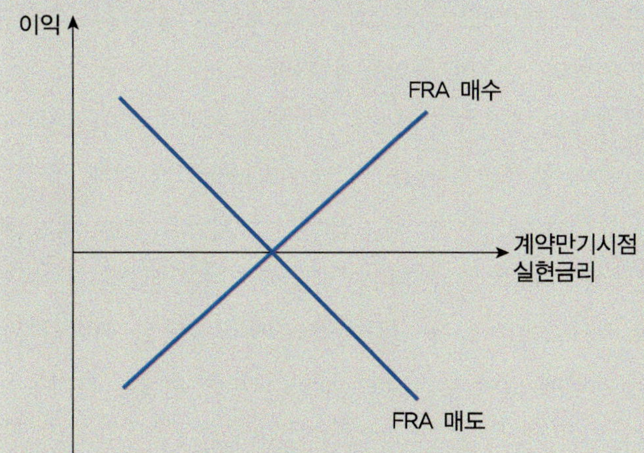

제 4 절 선물계약을 이용한 헤징

1 선물계약의 개념

선물계약(futures contracts)은 개념적인 면에서 선도계약과 같으나 몇 가지 차이점을 갖는다. 선도계약에서는 매수자나 매도자가 계약의 최종만기일에 이익이나 손실을 실현시키는 데 반해 선물계약에서는 매일매일 손실이나 이익이 실현된다. 이러한 매일매일의 정산처리를 일일정산(marking-to-market)이라 부른다. 앞서 살펴보았듯이 선도계약의 경우에는 거래상대방의 채무불이행 가능성이 상당히 크게 존재한다고 하였는데, 선물계약의 경우에는 일일정산시스템으로 인해 이러한 위험이 상당히 줄어들게 된다.

선물계약은 조직화된 거래소시장에서 거래되며 일일정산과 함께 청산소(clearing house)의 증거금요구(margin requirements)에 의해 계약이행이 보장되기 때문에 신용위험이 제거된다. 증거금은 선물계약을 맺는 계약 초기에 요구되어지나 계약금액에 비해 적은 수준이기 때문에[6] 적은 돈으로 큰 계약을 체결할 수 있다. 이러한 제도로 말미암아 선물계약의 경우 상당한 레버리지효과를 얻을 수 있는데, 선물계약에 있어 투기(speculation)가 큰 손실을 가져올 수 있는 이유가 여기에 있다.

또한 선물계약의 경우 만기 시에 실질적인 자산의 양수도가 이루어지는 경우는 거의 없고, 만기 이전에 원래의 포지션과 반대의 포지션을 취함으로써(reversing) 포지션을 정리하게 된다. 예를 들어, KOSPI 주가지수 선물을 80포인트에 1계약 매입하였는데 만기 이전에 85포인트에 매도하였다면 포지션은 정리가 된 것이고, (85−80)포인트×50만원=250만원의 이익이 현금으로 지급되고 종결된다.

6) 선물거래의 시작을 위해서 납부하는 증거금을 개시증거금(initial margin)이라 하며, 미국의 경우 계약금액의 5%, 우리나라의 경우 계약금액의 15%로 규정되어 있다.

2 선물을 이용한 헤징

선물계약을 통한 헤징은 개념적으로 선도계약을 통한 헤징과 동일하고, 선물계약에 대한 손익구조(payoff profile)는 선도계약에 대한 손익구조와 같다. 선물계약을 통한 헤징에 있어서의 유일한 차이점은 일일정산으로 인해 발생하는 매일매일의 손익을 정산할 수 있는 위탁계좌를 보유하여야 한다는 것이다.

비록 선물시장에는 다양한 선물계약이 존재하지만, 특정 기업이 필요로 하는 정확한 헤징수단을 발견할 수 없는 경우가 발생한다. 선물계약은 조직화된 시장에서 거래되는 상품으로서 표준화시켜서 거래를 시키기 때문이다.[7] 이럴 때에는 헤징하려는 자산과 동일하지는 않지만 가장 유사한 자산에 대한 선물계약을 이용하여 헤지할 수밖에 없다. 예를 들어, 어떤 기업이 CP로 자금을 조달하였는데 CP금리가 상승할 것으로 예상되어 금리선물계약을 통해 헤지를 하려고 한다고 하자. 그런데 선물시장에는 CP금리에 대한 선물은 없고 리보금리에 대한 선물만 있다고 하자. 이럴 경우 이 기업은 리보금리에 대한 선물계약을 매도함으로써 금리상승위험에 대비할 수 있는데, 이러한 식의 헤징을 교차헤징(cross hedging)이라 한다.

또 한편, 특정 기업이 헤지하려고 하는 기간과 같은 만기를 갖는 상품이 선물시장에 존재하지 않을 수도 있다. 특히, 헤지하려고 하는 기간은 긴데 시장에 존재하는 선물계약들은 만기가 짧을 경우 단기선물을 계속 이연하여서(roll over) 헤지하는 방법을 취하게 된다. 그러나 현물자산과 선물계약 사이에 기간불일치와 자산불일치는 베이시스 위험(basis risk)을 발생시킨다.

---

7) 금선물을 예로 든다면, 기초자산은 순도 99.99% 이상의 금괴를 대상으로 하며 거래단위는 1kg 등으로 정해져 있다.

유로달러선물을 이용한 금리위험헤지

단기금리선물은 1년 미만의 금리상품을 대상으로 하는 선물거래인데 이 중에서 가장 거래가 활발한 상품은 3개월만기 유로달러선물이다. 유로달러선물은 선물만기시점에 발표될 90일만기 유로달러 정기예금에 대한 금리(즉, 리보금리)를 대상으로 하고 있어 달러표시 단기금리 및 변동금리부 자산부채관리에 매우 유용하다. 유로달러선물의 거래가격은 IMM(International Money Market)방식으로 표시되기 때문에 (100－금리)로 나타내지며 금리가 상승하면 가격이 하락하고 금리가 하락하면 가격이 상승한다.

3개월 후에 달러자금이 입금될 예정인 기업이 있다 하자. 이 달러자금은 6개월 후에 이루어질 투자에 사용할 예정이기 때문에 3개월간은 여유자금으로 운용할 예정이다. 그런데 이 자금이 입금되는 시점의 리보금리가 하락할 것으로 예상되기 때문에 이 기업은 유로달러선물을 매입(매입헤지)해서 현재 리보금리로 고정시키려고 한다.

예를 통해 구체적으로 살펴보자. 2004년 9월 현재 2004년 12월만기 유로달러선물의 가격이 95.00(리보선물금리＝5.00%)이고, 3개월 리보금리가 4.90%라 하자. 이 기업은 매입헤지(95.00에 매수포지션을 취함)를 통해서 운용금리를 4.90%에 고정시키려고 한다. 3개월 후 자금이 유입되었을 때 예상대로 시장금리가 하락하여 3개월 리보금리가 4.65%가 되고, 12월만기 선물가격은 95.25(리보선물금리＝4.75%)가 되었다고 하자. 그러면 운용금리는 4.65%밖에 안 되지만 선물계약에서 0.25%(＝95.25－95.00)의 이익이 발생하여 도합 4.90%의 목표 운용금리를 달성하게 된다.

[사례 1] Metallgesellschaft (선물을 이용한 잘못된 헤징)

Metallgesellschaft(줄여서 Mg) 사례는 선물을 통한 헤징 시 베이시스 위험과 증거금요청이 얼마나 무서운지를 보여주는 흥미로운 사례이다. 독일의 Mg사는 미국에 처녀 진출하면서 야심찬 마케팅계획을 세웠다. 즉, 매월 180만 배럴의 원유를 10년간 고정된 가격으로 미국고객들에게 제공하겠다는 것이었다. Mg사는 장기로 확보한 물량이 있기는 하지만 공급계획에 턱없이 부족했고 따라서 현물시장에서 부족분을 시세로 매입하여야 하는 상황이 되었다. 이는 Mg사가 유가 상승 시 상당한 위험에 노출되는 상황에 직면하게 됨을 의미하며, 따라서 Mg사 경영층은 원유선물을 매입함으로써 이를 헤지하려고 하였다. 이러한 Mg사의 위험구조와 손익구조를 도시하면 [그림 14-10]과 같다.

그림 14-10 Mg사의 위험구조와 손익구조

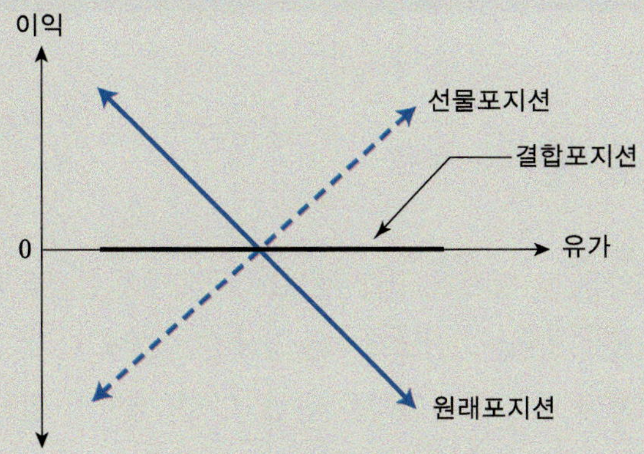

그런데 문제는 Mg사의 원래포지션에 해당하는 장기간의 선물이 시장에 존재하지 않는다는 것이었다. 따라서 헤지담당자는 3개월마다 단기원유선물계약을 반복적으로 매입하는 이연헤지전략(rolling hedge strategy)을 사용하기로 하였다. 비록 Mg사는 100% 헤지를 하였다 하더라도 단기원유선물가격과 장기원유가격이 똑같이 움직이는 것이 아니기 때문에 베이시스 위험에 직면하게 되었고 실제로 헤지가 제대로 이루어지지 않았다. 그러나 더욱 큰 화근은 원유가격이 $20에서 $15로 하락하면서 $10억의 증거금요청이 들어온 것이었다. 원유가격의 하락으로 원래 현물포지션에서는 이익이 나게 되어 있었고 선물포지션에서는 손실이 발생하게 되어 있었는데, 현물에서의 이익은 장기간에 걸쳐 고루 발생하는 구조였고 10년간 물량 전체에 대한 선물포지션을 매입하였기 때문에 선물에서의 손실은 일순간에 발생하는 구조였다. 그리고 선물에서의 손실은 즉각적으로 증거금요청으로 이어졌기 때문에 Mg사는 유동성위기에 처하게 된 것이다.

결국 독일 본사는 장기원유선도계약에서의 이익은 무시한 채 헤징거래에서의 손실로 인한 증거금을 문제 삼아 계약을 중도에 청산함으로써 $13억에 이르는 엄청난 손실을 보게 되었다. 그 결과 헤지를 설계하고 실행한 담당자는 물론, 계약을 중도에 청산함으로써 손실을 실현시킨 최고경영자도 결국 물러나게 되었다. 공격적인 마케팅계획을 세우고 이로 인해 발생하는 재무위험을 헤지하려고 한 의도는 좋았으나, 선물계약을 통한 헤징 시 발생할 수 있는 베이시스 위험과 증거금 부족 시 발생할 수 있는 유동성위험에 대한 인식 및 이해부족으로 발생한 사건이다.

제 5 절 스왑계약을 이용한 헤징

1 스왑계약의 개념

스왑계약은 두 당사자 간에 정해진 시점마다 현금흐름을 여러 번 교환하기로 한 장기약정을 말한다. 선도계약은 정해진 시점에 단 한 번 현금흐름을 교환하는 것이기 때문에 결국 스왑계약은 일련의 선도계약의 집합(portfolio of a series of forward contracts)이라 할 수 있다.

스왑계약의 경우에도 선도계약과 마찬가지로 두 당사자 간의 계약이므로 신용위험이 문제가 되기 때문에 일반적으로 신용도가 높은 금융기관이나 대기업에 한정되어 거래된다. 스왑거래가 활성화되기 위해서는 서로의 필요성이 상응되는 거래상대방을 찾아야 하는데, 이는 스왑딜러에 의해 가능해진다. 예를 들어, 변동금리로 조달하면 유리하지만 고정금리가 필요한 기업이 있고 또 반대로 고정금리로 조달하면 유리하지만 변동금리를 원하는 기업이 있다고 할 때, 두 기업의 정보가 스왑딜러(보통 은행)에 모이면 스왑딜러는 두 기업 간의 금리스왑거래를 성사시킬 수 있다.

2 스왑계약의 종류

1) 금리스왑

고정금리부 대출을 원하지만 변동금리부 대출 시에만 유리한 조건이 가능한 기업과 반대로 고정금리부 대출을 받을 수 있지만 가능한 한 유리한 금리조건으로 대출을 받기 위해서 변동금리부 대출을 원하는 기업이 있다고 하자. 이때 두 기업은 대출에 대한 지급을 서로 교환함으로써 각자의 목적을 달성할 수 있는데, 이를 금리스왑(interest rate swap)이라 한다.

2) 통화스왑

통화스왑(currency swap)이란 미래 정해진 날짜에 일정량의 특정 통화를 일정량의 다른 통화로 교환하기로 양당사자 간에 합의한 계약을 말한다. 통화스왑은 금리스왑과는 달리 실제 원금에 대한 교환이 일어난다. 가장 간단한 형태의 통화스왑은 자금의 최초 교환, 이자지급의 교환, 만기 시 자금의 재교환 등 3단계로 이루어진다.

A기업은 달러가 필요한데 원화조달이 더 유리한 반면, B기업은 원화가 필요한데 달러조달이 더 유리한 경우 각자 유리한 시장에서 자금을 조달한 다음 조달된 자금을 서로 교환하여 운용하면 이익을 볼 수 있기 때문에 통화스왑이 이루어지는 것이다. 물론 운용하는 동안 자기가 운용하는 자금에 대한 이자는 상대방 대신 내주게 된다. 예를 들어, A기업은 달러를 운용해서 나오는 수익으로 B기업의 달러자금이자를 내주고, B기업은 원화를 운용해서 나오는 수익으로 A기업의 원화자금이자를 대신 내준다.

3) 상품스왑

상품스왑(commodity swap)은 미래 정해진 시점마다 해당 상품의 정해진 양을 약정된 가격에 교환하는 계약을 말한다. 예를 들어, 매 분기마다 2만 배럴의 원유가 필요한 원유사용자가 있다고 하자. 원유사용자는 원유공급자와 3개월마다 2만 배럴을 정해진 가격으로 교환한다는 계약을 체결할 수 있다. 이때 가격은 과거 90일간의 평균 원유가격으로 한다는 식으로 결정된다. 이와 같이 교환가격을 평균가격으로 정하는 경우 원유가격의 변동위험이 완전히 제거되지는 않지만 상당부분의 위험을 제거할 수 있다.

3 스왑을 이용한 헤징

1) 금리스왑을 통한 헤징

금리스왑이 조달비용의 감소와 금리위험관리에 어떻게 활용될 수 있는지를 다음의 예를 통해 살펴보자. A기업은 우대금리+1%의 변동금리나 10%의 고정금

표 14-1 자금차입조건의 비교

	A기업	B기업	스프레드
변동금리시장	우대금리+1%	우대금리+2%	1% 포인트
고정금리시장	10%	9.5%	0.5% 포인트

리로 빌릴 수 있고, B기업은 우대금리+2%의 변동금리나 9.5%의 고정금리로 빌릴 수 있다고 하자. 이 경우 A기업은 변동금리부시장에서 상대적으로 유리하고 B기업은 고정금리부시장에서 상대적으로 유리하지만, A기업은 고정금리부자산이 많기 때문에 고정금리부 대출을 원하고 B기업은 변동금리부자산이 많기 때문에 변동금리부 대출을 원한다고 하자. 즉, 두 기업은 유리한 조건의 차입과 동시에 금리위험도 함께 관리하려고 하고 있다. 이 경우 금리스왑은 두 기업에게 바람직한 해결책이 된다.

A기업은 시장에서 우대금리+1%로 차입한 다음 스왑딜러와 다음과 같은 스왑계약을 맺는다. 즉, 스왑딜러로부터 우대금리+1%의 금리를 받고 일정한 고정금리, 예를 들어 9.75%를 지급하기로 한다. 이렇게 함으로써 A기업은 실질적으로 9.75%의 고정금리에 차입한 셈이 된다. B기업은 시장에서 9.5%에 차입한 다음, 스왑딜러로부터 9.5%의 고정금리를 받고 대신 변동금리, 예를 들어 우대금리+1.5%를 지급하기로 하는 스왑계약을 맺는다고 하자. 이 경우 B기업은 실질적으로 우대금리+1.5%의 변동금리부 차입을 한 셈이 된다.

이러한 금리스왑을 통해서 A기업은 금리위험을 줄일 수 있을 뿐만 아니라 차입비용도 0.25%(=10%−9.75%) 줄일 수 있고, B기업도 금리위험을 줄이는 동시에 차입비용도 0.5%(=(우대+2%)−(우대+1.5%)) 줄일 수 있다. 스왑딜러는 A기업으로부터 9.75%를 받아 B기업에게 9.5%를 지급하므로 0.25%의 수수료를 얻게 되고, B기업으로부터 우대금리+1.5%를 받아 A기업에게 우대금리+1%를 지급하므로 0.5%의 수수료를 얻어, 도합 0.75%의 스왑수수료를 얻게 된다. 스왑딜러의 장부(book)는 이 거래로 인해 자산과 부채가 완벽한 균형을 이루기 때문에 추가적인 금리위험에 대한 부담이 전혀 없다.

그림 14-11 금리스왑의 예시

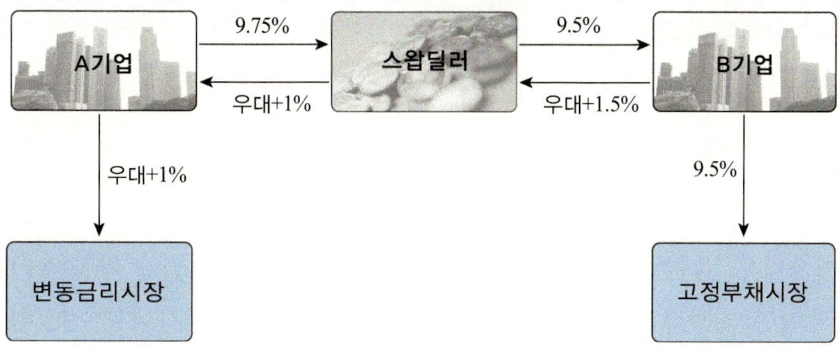

2) 통화스왑을 통한 헤징

통화스왑이 조달비용의 감소와 환위험관리에 어떻게 활용될 수 있는지 다음 예를 통해 살펴보자. 국내기업은 미국에 자회사를 가지고 있는데 자회사의 확장을 계획중이라고 하자. 자회사의 현금흐름은 주로 미국달러이기 때문에 미국달러로 차입함으로써 저절로 원/달러 환율 변동에 대해 헤지가 되도록 만들고 싶다. 그러나 이 국내기업은 국내에서는 잘 알려졌지만 미국에서는 잘 알려지지 않은 기업이기 때문에 미국보다는 국내에서 차입할 경우 좋은 조건으로 빌릴 수 있는 상황이다.

동시에 미국기업 중 원화 자금조달을 필요로 하는 기업이 있다고 하자. 이 기업은 미국달러로는 싸게 빌릴 수 있지만 원화로는 그렇지 못한 상황이다. 두 기업은 좋은 조건으로 차입할 수는 있지만 각자가 원하는 통화로는 불가능한 비슷한 문제에 봉착해 있음을 알 수 있다. 이때 통화스왑이 해결책이 된다.

두 기업은 미래의 정해진 날짜에 고정비율로 미국달러와 원화를 교환하기로 합의하기만 하면 된다. 그러면 각 기업은 자신에게 유리한 조건으로 각자 차입한 다음 교환함으로써 각자가 원하는 통화를 확보하게 된다. 즉, 국내기업은 국내시장에서 원화를 차입하고 미국기업은 미국시장에서 달러를 차입해서 합의된 비율(정한 환율)로 서로 교환하면 국내기업은 달러를, 미국기업은 원화를 유리한 조건으로 확보할 수 있다는 것이다. 또한 국내기업의 미국 자회사는 달러수입에 대해 달러비용을 발생시킴으로써 환위험에 대한 노출을 줄일 수 있게 된다.

제 6 절 옵션계약을 이용한 헤징

1 옵션계약의 개념

지금까지 살펴본 선도, 선물, 스왑 등은 미래 정해진 시점에 약정한 거래를 완결해야만 하는 의무를 지고 있다. 그러나 옵션계약은 소유자에게 어떤 자산을 정해진 기간 동안 정해진 가격에 사거나 팔 수 있는 권리(의무가 아닌)를 부여하는 약정이라는 점에서 앞의 계약들과는 다르다. 옵션 중에 자산을 살 수 있는 권리를 콜옵션(call option)이라 하고, 팔 수 있는 권리를 풋옵션(put option)이라 한다. 옵션을 행사할 수 있는 기간을 만기일(expiration date)이라 하고, 사거나 팔기로 정해진 가격을 행사가격(exercise price 또는 strike price)이라 한다.

콜옵션의 매수자(또는 보유자)는 옵션의 기초자산을 만기일 이전에 언제든지 행사가격으로 살 수 있는 권리를 확보하는 반면, 콜옵션의 매도자(또는 발행자)에게 옵션 프리미엄을 지불하여야 한다. 콜옵션의 매도자는 콜옵션보유자가 옵션을 행사하면 기초자산의 시장가격이 얼마든 관계없이 행사가격에 해당 자산을 매도하여야 한다. 풋옵션의 매수자(또는 보유자)는 옵션의 기초자산을 만기일 이전에 언제든지 행사가격으로 팔 수 있는 권리를 확보하는 대가로 풋옵션매도자(또는 발행자)에게 옵션 프리미엄을 지불하여야 한다. 풋옵션의 매도자는 풋옵션 보유자가 옵션을 행사하면 행사가격에 해당 자산을 매수하여야 한다. 옵션매도자의 경우 옵션매수자가 옵션행사 시 그에 응할 의무가 있으므로 증거금을 납부

표 14-2 옵션과 선도의 비교

구 분	옵 션	선 도
권리의무관계	권리	의무
계약이행시점	행사할 때만 이행	만료시점에 반드시 이행
계약 시 현금수수	매수자가 매도자에게 프리미엄 지불	없음
효과	헤지와 동시에 이익 가능성 향유 가능	헤지만 가능
증거금	매도자만 납부	없음

하여야 한다.[8)]

2 옵션 손익구조

콜옵션을 매입한 경우 옵션의 손익구조는 [그림 14-12a]와 같다. 콜매입자는 기초자산의 시장가격이 행사가격보다 높으면 옵션을 행사하여 차액만큼 이익을 볼 수 있다. 반면에 시장가격이 행사가격보다 낮으면 행사가격에 기초자산을 살 수 있는 권리는 의미가 없으므로 옵션행사를 포기하게 된다. 예를 들어, 행사가격이 40만원이고 프리미엄이 1만원인 삼성전자 주식에 대한 콜옵션이 있다고 하자. 만약 삼성전자 주가가 현재 45만원이라면 콜매입자는 옵션을 행사하여 4만원(45만원−40만원−1만원)의 이익을 볼 수 있다. 그러나 삼성전자 주가가 현재 35만원이라면 콜옵션을 행사하지 않을 것이기 때문에 프리미엄 지불액만큼 손실이 발생한다.

반면 [그림 14-12b]에서 볼 수 있듯이 콜옵션을 매도한 입장에서는 콜옵션을 매수한 입장과 정반대의 손익구조를 갖게 된다(제로섬 게임). 앞의 예에서 보면

그림 14-12 콜옵션의 손익구조

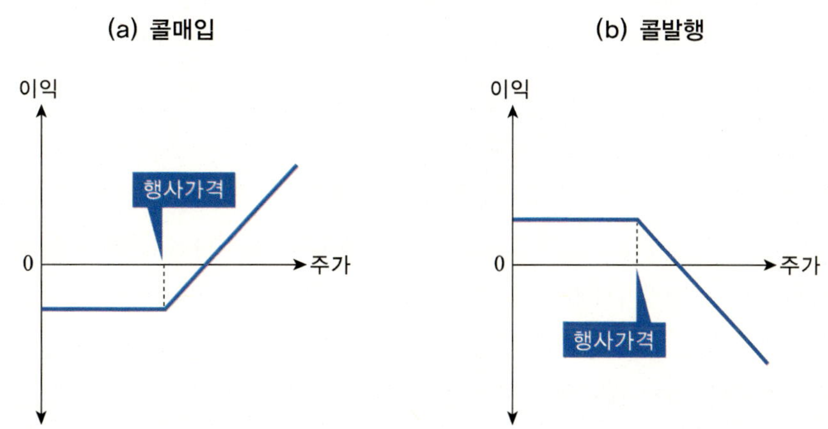

8) 옵션매수자의 경우에는 옵션에 대한 권리만 있을 뿐이지 의무가 없으므로 증거금 납부의 의무가 없다.

그림 14-13 풋옵션의 손익구조

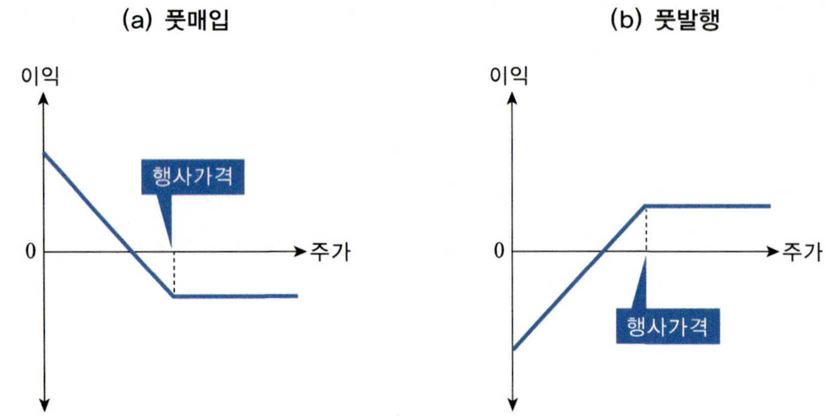

삼성전자 주가가 45만원일 때 콜매입자가 옵션을 행사한다면 45만원의 주식을 40만원에 매도해야 하기 때문에 5만원의 손실을 보나 프리미엄으로 1만원을 수취했으므로 결국 4만원의 손실을 보게 된다. 그러나 삼성전자 주가가 35만원이라면 콜매입자가 옵션행사를 포기할 것이므로 이미 수취한 프리미엄 1만원의 이익이 생긴다.

풋옵션을 매입한 경우 옵션의 손익구조는 [그림 14-13a]와 같다. 풋매입자는 기초자산의 시장가격이 행사가격보다 낮으면 옵션을 행사하여 차액만큼 이익을 볼 수 있다. 반면에 시장가격이 행사가격보다 높으면 행사가격에 기초자산을 팔 수 있는 권리는 의미가 없으므로 옵션행사를 포기하게 된다. 이번에는 행사가격이 40만원이고 프리미엄이 1만원인 삼성전자 주식에 대한 풋옵션이 있다고 하자. 만약 삼성전자 주가가 현재 45만원이라면 풋매입자는 옵션을 행사하지 않을 것이기 때문에 프리미엄 지불액만큼 손실이 발생한다. 그러나 삼성전자 주가가 떨어져서 현재 35만원이라면 풋옵션을 행사하여 4만원의 이익이 생긴다.

반면 풋옵션을 매도한 입장에서는 풋옵션을 매수한 입장과 정반대의 손익구조를 갖게 된다(그림 14-13b). 만약 삼성전자 주가가 35만원이 되어 풋매입자가 옵션을 행사한다면 35만원의 주식을 40만원에 매수해야 하기 때문에 5만원의 손실을 보나 프리미엄으로 1만원을 수취했으므로 결국 4만원의 손실을 보게 된다. 그러나 삼성전자 주가가 45만원이라면 풋매입자가 옵션행사를 포기할 것이므로 이미 수취한 프리미엄 1만원의 이익이 생긴다.

3 옵션을 이용한 헤징

1) 옵션을 통한 금리위험의 헤징

금리위험을 헤징하기 위해 옵션을 사용하는 것은 업계의 오랜 관행이며, 이에는 선물거래소시장에서 거래되는 금리선물옵션과 장외시장에서 거래되는 금리옵션이 있다. 금리선물옵션(option on interest rate futures)은 금리선물계약을 기초자산으로 하는 옵션으로서 옵션을 행사하면 두 가지가 발생하게 되는데, 첫째 기초자산의 현재가격과 행사가격의 차이만큼 현금흐름이 생기고, 둘째 금리선물계약의 포지션을 추가로 취득하게 된다. 선물의 유동성이 확보되는 경우 현물보다 선물을 기초자산으로 옵션을 상장하는 것이 나을 수 있는데, 선물을 기초자산으로 하는 경우 옵션행사 시 현물을 인수도해야 하는 번거로움을 피할 수 있기 때문이다.

금리옵션(option on interest rate)은 금리 또는 채권수익률을 기초자산으로 하는 옵션을 말한다. 예를 들어, 변동금리부 부채를 많이 사용하고 있는 기업은 금리상승 위험에 노출되어 있는데, 해당 금리에 대한 콜옵션 또는 금리캡(interest rate cap)을 매수함으로써 금리상승에 대비할 수 있다. 즉, 금리가 일정수준 이상 상승할 경우 금리캡을 행사함으로써 실제 금리와 캡금리의 차이만큼 보전받게 되므로 금리상승에 대비가 된다. 반대로 변동금리부 자산을 많이 보유하고 있는 기업은 금리하락 위험에 직면하게 되는데, 해당 금리에 대한 풋옵션 또는 금리플로어(interest rate floor)를 매수함으로써 금리하락 위험에 대비할 수 있다. 또 한편, 옵션의 구입비용을 줄이면서 금리상승 위험에 대비하기 위해 금리컬러(interest rate collar)라는 상품을 구입하기도 하는데, 이는 금리플로어를 매도하는 동시에 금리캡을 매수하는 것을 말한다. 이는 금리플로어의 매도로부터 받는 프리미엄을 사용하여 금리캡을 사는 것으로서, 결국 금리하락으로부터 얻게 되는 조달비용 하락부분을 포기하고 금리상승 시의 위험에 대한 보호를 취득한 것으로 해석할 수 있다. 따라서 금리컬러를 매수한 경우 지급금리는 플로어와 캡 사이에 있게 된다.

2) 옵션을 통한 환위험의 헤징

환위험의 헤지를 위해서는 통화선물옵션(option on currency futures)이나 통화옵션(currency option)을 사용할 수 있다. 외국통화에 대한 풋옵션을 매수함으로써 외국통화의 가치가 국내통화 대비 하락할 때는 보호하고 상승할 때는 이익을 볼 수 있다. 예를 들어, 원/달러 환율의 하락이 예상되는 경우 달러에 대한 풋옵션을 매수함으로써[9] 원/달러 하락에 따른 손실을 방지할 수 있다. 현재 환율이 1,050원/달러이고 6개월 후 1,000원/달러가 예상된다고 하자. 대미수출기업의 입장에서 환위험으로 인한 손실을 없애고자 행사가격 1,030원/달러에 달러 풋옵션을 매수하였다고 하자. 만약 6개월 후 950원/달러가 되었다고 한다면 풋옵션의 행사로 1달러당 950원이 아닌 1,030원에 매도할 수 있기 때문에 1달러당 80원의 이익이 발생하게 되어 원래포지션에서의 손실을 커버할 수 있게 된다.

옵션을 이용한 변칙 자금조달[10]

IMF 금융위기 이전 우리 정부는 인플레이션을 잡기 위해 종종 은행창구지도를 통해 통화관리를 직접 하던 시절이 있었다. 통화긴축으로 인해 자금난이 극심하던 때 통화옵션을 이용한 변칙적인 자금조달이 이루어져 당국을 당혹스럽게 만든 사건이 발생하였다.

앞에서 살펴보았듯이 달러풋 통화옵션은 달러를 미리 정해진 환율, 즉 행사가격에 매도할 수 있는 권리이다. 원/달러 환율이 800원/$인 상황에서 3개월 후에 1달러를 1만원에 팔 수 있는(엄청나게 유리한) 달러풋 통화옵션을 발행하면 실질적으로 자금을 빌리는 효과를 볼 수 있다. 이 옵션의 경우 옵션매수자가 당장 행사할 경우 달러당 9,200원의 이익을 볼 수 있는데 이 옵션계약을 액면 50만달러로 계약할 경우 대략 45억원의 이익이 난다. 따라서 기업은 이 옵션을 은행에 매도함으로써 엄청난 옵션 프리미엄을 받고(자금차입), 3개월 후 은행은 풋옵션을 행사함으로써 이자와 함께 다시 자금을 회수하게 되는 것이다.

결국 이 사건은 은행감독원에 알려져서 변칙 통화옵션거래로 지목이 되었고, 이후 외환관리규정에 다른 거래와 연결되지 않은 옵션매도포지션의 금지조항이 신설되는 계기가 되었다.

9) 달러풋옵션을 매수하면 정해진 원/달러 환율(행사가격)로 원을 팔고 달러를 살 수 있다는 말이다.

10) 이 사례는 윤창현, 『파생금융상품론』(서울: 경문사, 2004), pp.140~142를 참조하여 재구성한 것이다.

[사례 2] Diamond Fund 실패(과욕과 무지의 산물)

이 사례는 파생상품 거래의 위험성과 위험관리의 중요성을 일깨워주는 중요한 사례이다. 그러나 소송중인 사건을 처리하는 과정에서 SK그룹이 보여준 JP Morgan과의 불리한 합의, 이면계약 체결, 계열사 동원 등 일련의 편법처리는 더욱 큰 시사점을 우리에게 던져준다. "호미로 막을 것을 가래로 막는다"는 속담을 생각나게 만드는 안타까운 사건이다.

이 사건은 세계화를 부르짖으면서 외화를 빌려다가 해외에 투자하는 것이 유행처럼 번지던 1996년 하반기에 JP Morgan(줄여서 JP)이 한국기업들에게 달콤한 파생상품을 소개하면서 시작되었다. JP는 한국기업들에게 Total Return Swap(TRS)이라는 것을 소개하였는데, TRS는 기본적으로 증권과 현금을 교환하는 거래이다. JP와 다이아몬드 펀드(줄여서 DF) 사이에 체결된 TRS를 설명하면 [그림 14-14]와 같다. 즉, 계약체결 시점에 DF는 자신의 주식을 발행해서 JP에게 주고 그 대가로 5,300만달러를 빌린다. 만기시점에 가서 JP는 DF의 주식가격이 얼마든 관계없이 주식을 DF에게 돌려주고 5,300만달러$\times(1-3\%-\alpha-\beta)$를 돌려받음으로써 계약이 종료된다. 만약 α와 β가 영이라고 한다면 DF는 결국 3%를 깎아주는 마이너스펀딩을 한 것이 된다.

그림 14-14 TRS의 예시

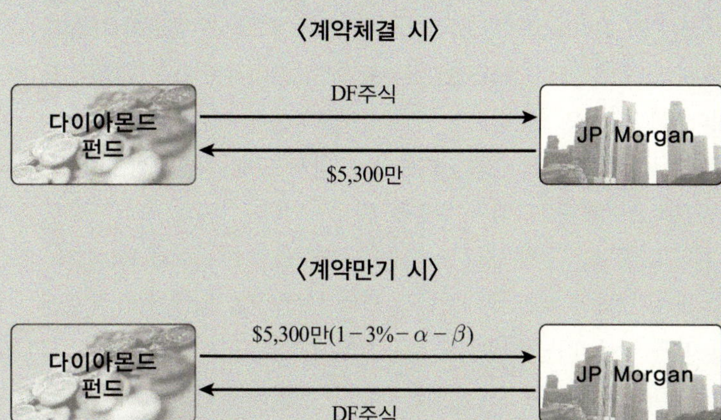

DF는 SK증권이 200억원, 한남투신이 50억원, LG금속이 50억원을 출자하여 1997년 2월에 말레이시아 라부안이라는 조세회피지역(tax haven)에 설립한 역외펀드이다. DF는 이들이 출자한 자금과 JP와의 TRS계약을 통해서 차입한 자금을 합쳐서 $8,650만을 인도네시아 루피아화에 연

동된 채권에 투자하였다. 그런데 이 채권은 말이 채권이지 사실상은 루피아화에 대한 환투기에 가까운 상품이었고 결국 동남아 외환위기로 루피아화가 폭락하면서 약 $7,700만을 손해보게 되었다.

위의 TRS거래구조를 보면 만기 시에 DF가 JP에게 α와 β를 지급하고 대신 3%를 받는 구조로 되어 있는 것을 알 수 있다. α와 β는 과연 무엇인가? JP의 음흉한 속셈은 바로 여기에 있었던 것으로 추측된다. 당시 JP는 바트화 채권에 대한 대규모 투자를 하고 있었던 것으로 알려지고 있는데 태국의 경상수지 적자로 더 이상 고정환율제의 유지가 어려운 것을 감지하고 있었다. 그러나 태국국채 포지션을 정리할 시기를 놓친 JP는 헤징의 원리를 이용해서, 다시 말해 바트화에 대한 선물을 매도함으로써 이를 해결하려고 하였다. α는 바로 바트화에 대한 선물매수 포지션으로 설계가 된 것이다. 만기 시 바트화가 절하되면 α는 음이 되기 때문에 DF가 JP에게 상환해야 하는 금액이 커지게 된다.

β를 보면 JP의 치밀함을 확인할 수 있다. β는 엔화에 대한 풋옵션을 매입한 포지션과 같은데, 만기 시 엔화가 절하되면 β가 양이 되어 DF에게 유리한 구조로 되어 있다. 이는 과거 십수년간 바트화와 엔화의 관계가 유지되고 있다는 사실에 근거해서 바트화가 절하되면 엔화도 절하될 것이고, 결국 α가 음이 되면 β가 양이 되도록 설계되었기 때문에 안심해도 된다고 설득한 것이다.

그러나 실제로는 동남아 외환위기가 발생하면서 그동안 엔화에 연동(peg)되어 있던 바트화는 폭락하고 엔화는 별로 절하되지 않으면서 엔화 풋옵션에서는 $127만의 이익을 냈지만 바트선물환에서 $1억 3,000만의 손실이 발생하였기 때문에 엔풋옵션으로 바트선물환의 위험을 커버할 수 있다는 JP의 주장은 허구임이 증명된 것이다. 여기에서 우리는 위험관리 차원에서 중요한 교훈을 하나 확인하게 된다. 즉, 과거의 상황만을 근거로 해서 관리하는 것은 진정한 의미의 위험관리가 아니라는 것이다. 십수년간의 엔-바트화 관계가 하루아침에 깨질지 아무도 알 수 없었겠지만 실제로 관계가 붕괴되는 상황이 발생했기 때문이다. 다시 말해 위험관리는 반드시 극단적인 상황(extreme events)을 염두에 두고 하여야 함을 알 수 있다.

SK증권은 계약이 종료된 1998년 2월 다이아몬드 펀드(Diamond Fund)와 어드밴스트 펀드(Advanced Fund) 두 군데에 대한 투자손실로 $3억 5,000만를 잃게 되자 JP를 서울민사지방법원에 제소하였고 이에 맞서 JP는 SK증권을 뉴욕법원에 제소하였다. 그러나 소송이 제기된 이후에도 꾸준히 물밑 접촉이 이루어지면서 화해를 통해 문제를 해결하기로 하고 1999년 9월경 이면계약을 체결하였고 이의 중요내용은 다음과 같다. SK증권은 TRS 손해액수 전체를 갚되 대략 절반은 현금으로, 절반은 SK증권 주식으로 갚는다는 것이었다. 그런데 여기서 또 문제가 발생하였는데 JP가 인수한 SK증권 주식을 일정기간 후 SK글로벌(상장회사)의 2개 해외 현지법인이 일정한 가격으로 되사주기로(일종의 풋옵션을 발행한 것) 보장계약을 맺은 것이었다. 2002년 10월 JP는 옵션을 행사하여 마지막 이익까지 챙긴 후 완전히 거래를 끝냈다.

그러나 SK그룹은 이것으로 끝난 것이 아니었다. 모 인터넷신문의 보도로 이런 사실이 알려지면서 시민단체는 SK글로벌 경영진을 배임혐의로 검찰에 고발하였다. SK증권의 채무를 SK글로벌이 책임진 것은 명백한 배임행위였기 때문에 SK글로벌의 핵심경영진이 1심에서 징역 3년을 선고받게 되었다.

또 한편, 똑같은 사건으로 끝까지 소송을 진행시켜 일부 승소를 이끌어낸 대한생명의 결과를 보면 SK증권의 처리과정은 더욱 안타까움을 더한다. 뉴욕법원은 2003년 7월 1일자로 계약위반이라는 대한생명의 주장을 일부 받아들이는 내용의 판결로 90,487,500달러의 손실액 중 26,456,946달러를 환불하라고 한 것이다. 또한 Bankers Trust Company(BTC)와 Proctor and Gamble사 사이의 스왑거래에 따른 손실조정(83% 탕감), BTC와 Gibson Greetings사 사이의 스왑거래에 따른 손실조정(73% 탕감)을 보아도 아쉬움이 크게 남는다.

파생상품은 그 성격상 분쟁이 자주 발생한다. 상품의 구조가 복잡해 이 상품을 판매하는 전문가의 말만 믿고 투자했다가 고객들이 거액의 손해를 입게 되기 때문이다. 파생상품은 헤징을 위한 수단으로 사용하여야 하며, 다른 목적으로 사용할 경우에는 확실히 알고 철저한 위험관리와 함께 사용하여야 한다.

연습문제

1. 다음 용어를 설명하시오.

(1) 위험노출금액(risk exposure)
(2) 위험구조(risk profile)
(3) 헤징
(4) 파생상품
(5) 손익구조(payoff profile)
(6) NDF
(7) FRA
(8) 베이시스와 베이시스위험
(9) 교차헤징
(10) 행사가격(exercise price)
(11) 선물증거금(margin)
(12) 옵션프리미엄

2. ALM 시대는 어떻게 해서 도래하게 되었는가?

3. 우리나라의 IMF 금융위기가 왜 발생하게 되었는지 설명해 보시오.

4. 왜 위험관리는 중앙집권적으로 해야만 하는가?

5. 미국 저축대부조합(S&L)들이 파산하기 전 위험구조(risk profile)를 도시하시오.

6. 헤징은 이익이나 기업가치의 분포를 어떻게 만드는 것인가?

7. 우리나라 기업의 최고경영자들이 헤징에 대해 가지고 있는 잘못된 인식은 무엇인가?

8. 선도계약과 선물계약의 차이점은 무엇인가?

9. 선물(또는 선도)을 이용한 헤징과 옵션을 이용한 헤징의 장단점은 무엇인가?

10. 오일을 사용해서 전력을 생산하는 전력회사가 있다고 하자.

(1) 이 회사의 오일가격에 대한 위험구조를 도시하시오.
(2) 이 회사는 어떤 선도계약을 체결하여야 하는가?
(3) 선도계약의 손익구조를 도시하시오.
(4) 헤징 후 이 회사의 포지션은 오일가격에 대해서 어떻게 되겠는지 도시하시오.

11. 메텔게젤샤프트가 잘못된 헤징 및 사후처리로 $13억의 손실을 입게 된 과정을 생각해 보시오.

12. 스왑의 종류 세 가지를 설명하시오.

13. 콜옵션을 발행했을 때 손익구조를 도시하시오.

14. 금리캡, 금리플로어, 금리컬러는 각각 어떤 경우에 사용하는 것이 적절한가?

15. 다이아몬드펀드 실패사건을 통해서 우리가 얻을 수 있는 교훈은 무엇인가?

16. 주가지수 인덱스에 투자하고 있는 펀드매니저는 향후 주식시장이 하락할 것으로 예상하고 있기 때문에 주가지수 선물을 이용하여 이를 헤지하고 싶다. 어떻게 하면 되는가?

17. 건국이는 삼성전자 주식에 대한 콜옵션을 2만원에 매입하였다. 이 콜옵션의 행사가격은 50만원이고 매입 당시 삼성전자 주가는 48만원이었다. 만약 현재 삼성전자 주가가 52만원이라면 콜옵션 행사 시 건국이는 얼마의 이익을 실현할 수 있는가? (단, 매입시점과 행사시점 사이의 화폐의 시간가치는 무시한다)

18. 고정금리부와 변동금리부시장에서 두 기업의 조달코스트가 다음 표와 같다고 할 때 다음 중 옳은 것은? (1bp는 0.01%를 의미한다)

조달코스트	고정금리	변동금리
국내기업	10.5%	Libor+25bp
국외기업	11.5%	Libor+75bp

① 국내기업은 고정금리시장에서 상대적으로 유리하다.
② 국내기업은 변동금리시장에서 상대적으로 유리하다.
③ 국내기업은 고정금리시장과 변동금리시장 모두에서 상대적으로 유리하다.
④ 국내기업은 고정금리로 차입하여 변동금리로 대출함으로써 차익거래이익을 볼 수 있다.

19. 고정금리부채권을 발행하려고 하는 기업이 있는데, 이 기업은 금리스왑과 변동금리부 채권을 사용하여 동일한 목적을 달성하려고 한다. 어떻게 하여야 하는가?

① 동일한 만기의 변동금리부채권을 발행하고, 고정금리를 지급하고 변동금리를 수취하는 금리스왑을 체결한다.
② 동일한 만기의 변동금리부채권을 발행하고, 변동금리를 지급하고 고정금리를 수취하는 금리스왑을 체결한다.
③ 동일한 만기의 변동금리부채권을 매수하고, 고정금리를 지급하고 변동금리를 수취하는 금리스왑을 체결한다.
④ 동일한 만기의 변동금리부채권을 매수하고, 변동금리를 지급하고 고정금리를 수취하는 금리스왑을 체결한다.

제 15 장

기업의 인수와 합병

Financial Management

Financial Management

이 장 에 서 는 · · ·

요즈음 우리 주변에서는 '기업 사냥꾼'이라는 용어를 심심치 않게 듣게 된다. 산에서 야생동물들을 찾아다니며 어슬렁거리는 날쌘 사냥꾼처럼 장래에 회생 가능성은 충분히 있어 보이는데, 현재는 비교적 빌빌거리는 기업을 싼 값에 인수하려는 기업가들이 인수대상기업들의 주위를 어슬렁거리는 것을 비유한 말이다.

1990년대 후반 외환위기를 겪으면서 우리나라의 알토란 같은 좋은 기업들이 열악한 자본구조를 오랫동안 견뎌내지 못하고 줄줄이 도산하게 되었고 이에 따라 우리나라의 기업인수와 합병시장은 좋은 매물들로 인하여 많은 외국투자자들에게 매력적인 시장으로 인식되기 시작한 것으로 보인다.

본 장에서는 기업인수와 합병에 대한 기본개념과 함께 인수와 합병의 종류와 방법, 그리고 기업의 구조조정에 대하여 상세히 알아보도록 한다.

제1절 기업인수와 합병의 의의 및 유형

일반적으로 기업이 성장하는 방법은 크게 두 가지로 나눌 수 있다. 그 중 하나는 자본조달의 형태와는 무관하게 기업 내부의 경영활동에 의하여 생산 및 매출액을 증대시키는 것을 말하는 내적 성장이고, 또 하나는 자기 자체에 의한 성장 및 확대가 아닌 다른 기업을 매수 또는 합병하는 기업구조의 재편성을 통하여 생산이나 판매 등의 능력을 확장시키는 외적 성장이다.

외환위기를 맞았던 1990년대 후반 이후 우리나라에서도 기업인이나 금융전문가들 또는 일반인들도 M&A라는 용어에 부쩍 많은 관심을 갖게 되었다. M&A는 'Merger & Acquisition'의 줄임말로 기업 전체 또는 일부를 합병 또는 인수하거나 취득하는 것을 뜻한다. 우리나라에서는 이 M&A를 영어 그대로 사용하거나 인수와 합병으로 번역하여 사용하기도 한다. 일반적으로 기업의 인수와 합병은 어떤 기업이 다른 기업의 전체 또는 일부를 취득하는 것으로 대체로 흡수합병과 신설합병, 주식취득, 자산취득 등의 방식에 의하여 이루어진다.

1 합 병

합병이란 두 개 이상의 기업이 청산절차를 거치지 않고 소멸되는 기업의 권리와 의무가 모두 존속기업에게 이전되는 기업 간의 계약을 말한다. 합병은 법률적 측면과 경제적 측면의 두 가지 측면으로 나눌 수 있다.

1) 법률적 측면에서 합병

① 흡수합병

흡수합병(merger)은 어떤 기업이 다른 기업을 흡수하는 경우를 말한다. 합병이 이루어지게 되면 상대방 기업을 흡수하게 되는 합병회사(acquiring firm)는 회사의 명칭과 실체를 유지하고서 흡수를 당하게 되는 피합병회사(acquired firm)의 모든 자산과 채무를 인수받게 된다. 이에 따라 피합병회사는 기업실체로서의 독립성을 상실하게 되며 이에 따라 모든 권리와 의무가 합병회사로 이전된다.

② 신설합병

신설합병(consolidation)은 둘 또는 그 이상의 기업들이 새로운 하나의 기업으로 결합하게 되는 것을 말한다. 이에 따라 신설합병에서는 합병회사나 피합병회사의 구분이 없어지고 기존의 몇 개의 회사가 법인격을 상실하고 하나의 새로운 회사로 결합하게 된다. 합병에 참여하는 모든 기업은 기업실체로서 독립성 상실과 함께 모든 권리와 의무가 새로운 회사로 이전된다.

흡수합병과 신설합병은 합병당사 회사들 사이의 법률적 관계에 있어 차이를 보이지만 경제적으로는 여러 회사들의 자산 및 채무가 하나로 합쳐진다는 점에서 동일한 성격을 갖는다. 따라서 일반적으로 합병이라는 말은 신설합병과 흡수합병을 모두 포함하는 의미로 사용된다.

2) 경제적 측면에서 합병

① 수평적 합병

수평적 합병(horizontal merger)은 동일 업종에 있는 두 개 이상의 기업이 결합하는 합병의 형태를 말한다. 이를 통해 생산 또는 연구분야에서 규모의 경제나 시장지배력의 강화를 이룰 수 있는 장점이 있다. 수평적 합병의 대표적인 예로 현대자동차가 같은 업종의 자동차기업인 기아자동차를 인수한 것을 들 수 있다.

② 수직적 합병

수직적 합병(vertical merger)은 한 기업의 생산과정이나 판매경로상의 이전 또는 이후 단계에 있는 기업의 합병형태를 말한다. 다시 말해 원자재의 공급원 또는 생산공정상의 투입물 및 판매조직의 종적 통합을 위해 이루어지는 합병이다.

③ 복합적 합병

복합적 합병(conglomerate merger)은 앞의 수직적·수평적 합병과 달리 상호 관련성이 전혀 없는 서로 다른 업종 간 결합형태를 말한다. 많은 기업들은 현재 업종의 수익창출에 한계를 느끼거나 업종확장을 할 때 사업다각화를 이루게 된다. 이때 복합적 합병을 통해 다른 업종으로 사업다각화를 이루게 된다.

한편 외적 성장의 또 다른 방법으로는 다른 기업에 대해 취득하는 것이다. 이는 법률적 절차가 다소 복잡한 합병보다는 비교적 간편하고 또한 비용도 저렴하다. 왜냐하면 합병이 이루어지면 각 개별 자산의 소유권을 하나하나 인도할 필요가 없이 피합병회사의 모든 자산과 채무를 합병회사나 신설회사가 인도하게 되기 때문이다.

2 취 득

취득(acquisition)이란 기업이 목표기업의 경영지배권 획득을 위하여 주식이나 자산을 취득하는 것을 말한다. 취득은 합병과 달리 취득 후에도 기업이 소멸되지 않고 계속 존재한다. 취득은 크게 주식취득과 자산취득으로 나눌 수 있다.

1) 주식취득

주식취득(stock acquisition)은 대상이 되는 기업의 주식의 전부 또는 일부를 매입하여 경영지배권을 확보하는 방법이다. 주식취득을 위해 기업은 현금이나 증권을 지급하고 대상기업(target firm)의 의결권부 주식을 매입함으로써 대상기업의 지배권을 장악하게 된다. 이때 주식을 취득하는 방법으로는 목표기업의 주주나 경영자들 사이의 협상을 하거나 증권시장에서 공개매수(tender offer or takeover bid : TOB) 등이 있다. 공개매수는 대상기업의 주주들에게 주식을 매입하겠다는 뜻을 공시하거나 우편으로 통지하는 방법이다.

2) 자산취득

자산취득(asset acquisition)은 대상기업의 모든 자산 또는 핵심적인 일부 자산을 사들임으로써 다른 기업을 취득하는 방법이다. 이 방법은 소수 주주의 저항을 회피하기 위한 방법으로 사용될 수 있지만 개별 자산의 소유권을 이전하는 데에 따른 경비와 번거로운 절차 등이 부정적인 요소로 작용될 수 있는 단점이 있다.

그림 15-1 기업인수와 합병의 분류

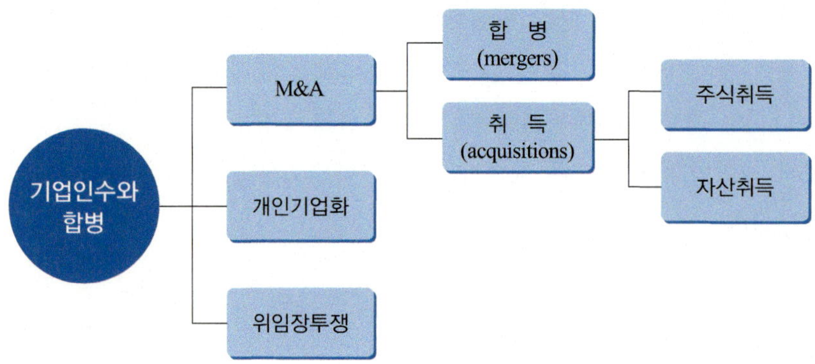

3 위임장투쟁

위임장투쟁(proxy contest)이란 대상기업의 주주로부터 주식의 의결권을 위임받아 주주총회에서 이를 행사함으로써 경영지배권에 영향력을 행사하는 것을 말한다. 이는 기업의 직접적 취득보다는 단순히 경영지배권에 목적을 두고 있으므로 의결권만을 위임받게 된다. 따라서 주식을 취득하는 것에 비해서 훨씬 경제적이다.

4 개인기업화

개인기업화(going private)란 공개기업(=상장기업)의 대부분의 주식을 소수의 주주가 사들임으로써 사실상의 개인기업으로 만드는 것을 말한다. 이는 대상기업인 공개기업이 일정지분 이상의 주식이 소수 주주에게 집중되면 상장요건 미달로 상장폐지되는데, 이를 이용해 개인기업으로 만드는 것이다. 일반적으로 개인기업화는 기존의 경영진에 의해서 이루어지는 경우가 많다. 그리고 개인기업화를 위해서 발행주식 전부 또는 상당수를 현금으로 매입하여야 하기 때문에 대규모 자본이 필요하게 된다. 이때 많이 활용되는 방법이 차입매수(LBO)전략이다.

제2절 기업인수와 합병의 동기

기업의 인수와 합병은 기업의 성장을 위하여 중요한 수단으로 이용되어 왔으며 그 동기 또한 다양한 것으로 알려지고 있다. 다음은 인수와 합병의 대표적인 동기로 제시되고 있는 것들을 소개하기로 한다.

1 시너지효과

기업인수와 합병의 동기로 제일 먼저 들 수 있는 것은 시너지효과(synergy effect) 또는 상승효과이다. 시너지효과는 2+2=4가 아니고 2+2=5가 얻어지는 효과로 비유되고 있다. 합병 후 기업의 가치가 합병 전의 개별 기업의 가치의 합계보다 크다는 것이 이 시너지효과의 요점이다. 이것을 식으로 표시하면 다음과 같다.

$$V_{(A+B)} \geq V_A + V_B \tag{15.1}$$

단, V_A : 합병 전 기업 A의 가치
V_B : 합병 전 기업 B의 가치
$V_{(A+B)}$: 기업 A와 기업 B가 합병한 후의 가치

한편 시너지효과가 발생하는 근원을 설명하는 데는 다음과 같은 몇 가지 의견들이 있다.

1) 영업시너지

영업시너지(operating synergy)는 기업의 생산, 판매, 일반관리 등과 같은 영업활동과정에서 발생하는 시너지를 말한다. 이는 기업의 현금흐름에 증가를 가져다주어 기업가치를 상승시킨다. 다음은 현금흐름에 영향을 주는 기업의 수익, 비용 그리고 세금 측면에서 시너지효과를 살펴본다.

① 수익증대효과

합병을 통해 기업은 유통채널 강화, 균형 잡힌 제품구성 등의 마케팅 효율화와 경쟁적인 기업환경에서 전략적 우위를 가질 수 있다. 또한 동종 산업에서 시장지배력 및 독점지배력이 커지게 된다. 기업의 시장점유율이 상당히 높은 수준이라면 그 기업은 시장지배력을 갖게 되어 독점이윤을 얻을 수 있게 된다. 또한 소수의 기업이 시장을 나누어 점유하고 있는 경우에도 이 소수의 기업들 사이에 담합이 가능하게 되어 사실상의 독점이윤을 얻을 수 있다.

② 비용감소효과

수평적 통합과 수직적 통합은 기업의 경제성을 증가시킨다. 수평적 통합은 규모의 경제(economy of scale)를 일으키고, 수직적 통합은 기업 내부절차 등의 간소화를 통해 경제성을 갖는다. 또한 합병 후 기업은 자원을 보다 효율적으로 활용할 수 있게 되어 자원의 상호 보완성을 가져 비용의 절약을 가져올 수 있다.

③ 절세효과

기업인수와 합병을 이용하여 세금을 절약할 수 있는 방법이 몇 가지 있다. 주주들이 배당소득세 대신 자본이득세를 부담하기 위한 수단으로 기업인수와 합병을 이용할 수 있다. 예를 들면, 여유자금을 가지고 있는 갑회사가 그 여유자금을 배당으로 지급하지 않고 현재 성장하고 있는 소규모 을회사를 인수하게 되면 갑회사의 주식가격이 상승할 수 있다. 다시 말하면 주주들에게 배당소득 대신 자본이득을 가져다주는 것이다. 또 다른 예로 거액의 이월결손금을 가지고 있는 병회사를 합병한다고 하자. 이익이 많이 나는 갑회사가 거액의 이월결손금을 가지고 있는 병회사를 인수하게 되면 합병회사인 갑회사는 이월결손금을 손금으로 처리하여 법인세를 절약할 수 있다. 그러나 우리나라의 회계준칙에 의하면 다른 기업을 인수 또는 합병하였을 경우 이월결손금을 승계하지 못하므로 법인세절감효과는 기대할 수 없을 것이다.

2) 재무시너지

합병으로 인하여 현금흐름의 변동성, 즉 위험이 감소할 경우 재무시너지(financial synergy)가 얻어질 수 있다. 만약 어느 두 기업의 현금흐름의 두 상관계수가 1보다 작다면 이 두 개의 기업을 합병한 후의 현금흐름은 보다 작은 위험도를 갖게 될 것이며 파산확률도 작아질 것이다. 이처럼 기업의 파산확률이 합병으로 인하여 보다 낮아지는 효과를 합병의 공동보험효과라고 한다. 합병의 공동보험효과는 자본비용의 하락 및 기업가치의 상승을 가져오고 나아가 차입능력의 증가 및 부채이용의 법인세절약효과를 가져온다.

한편 기업합병으로 인해 기업규모가 증가하면 자본조달 규모도 증대된다. 자본조달 규모가 증가하면 이에 따른 발행비용 및 거래비용이 줄어들게 되어 일종의 재무시너지효과가 얻어질 수 있다.

합병으로 인하여 성장기회를 이용할 수 있는 경우에도 재무시너지를 얻을 수 있다. 예를 들면, 어떤 기업이 여유자금을 충분히 가지고 있지만 좋은 투자기회를 갖지 못하다면 그 회사는 좋은 투자기회가 있으면서 여유자금이 부족한 다른 기업을 합병한다면, 성장기회를 포착하여 재무시너지를 얻을 수 있을 것이다.

3) 전략적 재배치

기업은 경영능력을 재배치하고자 하는 전략적 목적을 달성하기 위하여 다른 기업을 인수 또는 합병할 수 있다. 예를 들면, 경영능력이용에 있어 규모의 경제성을 살려야 할 필요가 있는 기업 또는 특정한 종류의 경영능력을 보충하여야 할 필요가 있는 기업 등은 이러한 전략적 목적을 달성하기 위하여 기업인수 및 합병을 시도할 수 있다.

2 기업가치의 저평가

만약 어떤 기업의 시장가치가 저평가되어 있다면 그 기업은 인수와 합병의 표적이 될 수 있을 것이다. 왜냐하면 그런 기업을 인수하게 되는 회사는 자본이득을 얻을 수 있기 때문이다. 그러나 이처럼 기업가치가 저평가되기 위해서는 정보의 비대칭(information asymmetry)이 존재하여야 한다. 즉, 일반투자자들은 어떤 기업의 미래 수익력에 대하여 충분한 정보를 갖지 못해 기업의 가치를 저평가하고 있고, 그 기업을 인수하고자 하는 자는 충분한 정보를 가지고 보다 높게 그 기업의 가치를 평가하고 있는 경우이다. 이렇게 되면 기업의 합병 또는 공개매수 그 자체가 그 기업의 밝은 미래의 수익력을 일반투자자들에게 전달해주는 신호가 되며 그 결과 기업의 시장가치는 상승하고 자본이득이 얻어질 것이다.

다음은 기업가치가 저평가되는 몇 가지의 경우이다.

1) 근시안적 평가

일반적으로 기관투자가들은 기업의 단기적 성과만을 중요시하고 장기적 투자계획의 가치를 과소평가하는 경향이 있다. 이런 근시안적 태도 때문에 기업가치가 저평가되었다면 풍부한 자금능력을 가지고 있는 투자자 또는 기업은 저평가된 기업을 인수하여 자본이득을 얻을 수 있을 것이다.

2) 대체원가보다 낮은 시장가치

기업의 시장가치가 그 기업의 자산을 재취득하기 위하여 지불해야 하는 대체원가(replacement cost)보다 낮다면 그 기업을 새로이 설립하기보다는 시장가치를 지불하고 그 기업을 인수하는 편이 더 나을 것이다. 기업의 시장가치에 대한 재취득원가의 비율을 토빈의 q비율이라고 한다.

$$\text{토빈의 } q\text{비율} = \frac{\text{기업의 시장가치}}{\text{기업의 재취득원가}}$$

예를 들면, 갑회사의 재취득원가는 20억원이고 시장가치가 10억원이라면 이 회사의 q비율은 0.5이다. 만일 을회사가 갑회사를 20%의 프리미엄을 주고 공개매수하기로 한다면 을회사는 갑회사를 12억원에 인수하게 된다. 만약 을회사가 갑회사를 인수하지 않고 갑회사의 자산과 동일한 자산을 구입한다면 갑회사의 재취득원가인 20억원이 소요될 것이다. 따라서 을회사가 갑회사의 산업부문에 진출하고자 할 경우 을회사는 새로이 자산을 구입하기보다는 12억원을 지불하고 갑회사를 인수하는 것이 유리할 것이다.

일반적으로 q비율은 어떤 기업의 시장가치가 어느 정도 저평가되어 있는가 하는 것을 나타낸다. 만약 어떤 회사의 q비율이 산업 전체의 평균보다 낮다면 그 회사의 시장가치는 저평가되어 있다는 것을 의미하며 다른 기업에 의한 인수와 합병의 표적이 될 수 있다는 것을 의미한다.

3 경영자주의

오늘날 많은 기업들은 주주가 아닌 전문경영자에 의해 경영되고 있다. 이러한 관점에서 합병이 주주의 이익을 위해서가 아니라 경영자 자신의 이익을 목적으로 기업규모를 확대시키려는 수단이 될 수 있다. 이를 경영자주의(managerialism)라 한다. 일반적으로 경영자들은 기업규모를 확대시키는 것이 자신의 능력을 대변한다고 생각하며 이를 통해 자신의 위치를 더욱 확고하게 하려 한다. 또한 기업규모가 증가함에 따라 보수도 함께 증가하기 때문이기도 하다. 따라서 경영자들은 자신이 내린 의사결정이 기업가치의 극대화를 위한 결정이 아니더라도 자신의 효용을 높일 수만 있다면 합병을 통해 기업규모를 증가시킬 것이다.

4 대리인문제

일반적으로 기업의 주체인 주주와 경영권을 위임받은 대리인인 경영자와는 서로 간에 이해가 상충될 수 있는데 이와 같은 상충된 이해관계로부터 야기되는 문제를 대리인문제라고 한다. 한편 기업의 지분이 전혀 없거나 작은 비율만을 갖고 있는 경영자는 가능하면 적은 노력을 기울이고 보다 많은 소비를 즐기려는 도덕적 해이(moral hazard)문제를 갖는다. 그러나 주식이 다수의 투자자들에게 분산 소유되고 있는 기업에서는 주주들이 기업의 운영에 무관심하게 되어 경영자들의 행동을 감시하려 하지 않는다.

이와 같은 대리인문제를 해결하는 수단 중의 하나가 기업인수이다. 기업인수의 가능성이 존재하면 경영자들은 자신의 지위를 유지하기 위해 기업인수의 공격에 대한 대비를 하여야 한다. 예를 들면, 낭비를 줄이고 건실하게 기업경영에 힘써 높은 주가를 유지하려 할 것이다. 한편 주주들은 인수와 합병을 통하여 대리인문제를 해결할 수 있다. 예를 들면, 경영자들의 비능률, 낭비 등이 심해도 경영자들의 행동을 감시할 만한 경비를 지출할 의사가 없다면 주주들은 다른 기업의 기업인수 제의에 응함으로써 경영자를 응징할 수 있을 것이다.

제3절 기업인수와 합병의 방법

기업의 인수와 합병에 흔히 사용되는 방법은 협상에 의한 방법, 공개매수에 의한 방법, LBO에 의한 방법, 지주회사를 설립하는 방법, 합작투자에 의한 방법 등이 있다. 먼저 어떤 회사가 다른 회사를 인수와 합병하려면 적절한 대상기업을 선정하고 인수와 합병을 위한 전략을 수립해야 한다. 일반적으로 인수와 합병 대상으로는 동일 업종의 다른 기업에 비하여 주가수익비율(PER)이 낮은 회사, 부동산 같은 보유자산의 가격상승이 주가에 제대로 반영되어 있지 않아 저평가되어 있는 기업, 부채비율이 낮아서 차입능력의 여유가 큰 기업, 경영진이 무능하거나 보수적이어서 경영성과가 좋지 않은 기업으로서 경영진을 개편하면 실적이 호전될 가능성이 있는 기업, 풍부한 현금흐름이 기대되는 기업 등을 들 수 있다.

1 협 상

기업의 인수와 합병에서 가장 널리 사용되고 있는 방법 중의 하나는 협상에 의한 방법이다. 즉, 합병당사 회사의 경영자 또는 대주주가 직접 협상을 벌이고 협상결과에 대하여 주주총회의 승인을 받는 방법이다. 이 방법은 쌍방의 경영자 또는 대주주가 충분할 정도의 기업지배권을 장악하고 있는 경우에 사용된다.

일반적으로 협상에 의한 기업인수는 회사 쌍방이 합병 또는 인수의 필요성에 대하여 동일한 생각을 가지고 있는 경우에 가능하므로 대부분 우호적 기업인수(friendly takeover)에 속한다. 그러나 쌍방이 합병의 필요성에 대하여 의견을 같이 한다 하더라도 보다 유리한 합병, 인수 조건을 확보하기 위하여 협상 전에 미리 대상주식의 상당부분을 확보해 놓으려 할 것이다.

만약 우호적인 방법으로 합병, 인수의 협상을 할 수 없을 때는 적대적 기업인수(hostile takeover)의 방법을 취하기도 한다.

한편 기업의 인수와 합병에 관한 협상에서 가장 중요한 사항은 인수와 합병시 지급하여야 할 금액의 크기와 지급방법이다. 예를 들면, 갑회사가 을회사의 모든 자산과 부채를 인수하고 일정액의 현금을 을회사 주주들에게 지급하기로 협상이 이루어졌다고 한다면 갑회사가 을회사에게 지급할 금액의 크기는 을회사의 자산에서 부채를 차감한 순자산만큼이다. 이때 중요한 것이 을회사의 자산과 부채에 대한 공정한 가치평가이다. 일반적으로 갑회사가 을회사를 흡수합병할 경우 갑회사가 을회사의 주주들에게 을회사의 주식 대신 갑회사 주식을 교환하여 주게 된다. 이 경우 주식의 교환비율(exchange ratio)을 어떻게 결정할 것인가가 협상과정에서 다루어지는 중요한 문제 중의 하나이다. 교환비율은 통상적으로 을회사 주식 1주에 대하여 교환하여 주는 갑회사 주식의 수를 나타낸다.

만일 교환비율이 너무 높으면 갑회사 주주들의 부가 을회사 주주들에게 이전되는 효과를 가져다 줄 것이다. 이와는 반대로 교환비율이 너무 낮으면 을회사 주주들의 부가 갑회사 주주들에게 이전되는 효과를 갖는다. 따라서 두 회사 주주 모두가 만족할 수 있도록 교환비율이 결정되려면 합병 후 주주의 부가 합병 전 부의 크기와 같거나 커야 한다. 다음 예시는 합병당사 회사의 양주주가 합병에 의하여 부의 감소가 없도록 결정되는 교환비율에 관한 것이다.

예제 15-1 **교환비율의 결정**

갑회사가 을회사를 주식교환에 의해 흡수합병하기로 한 경우, 구체적인 예제를 가지고 교환비율 ER(exchange ratio)이 어떻게 결정될 수 있는가를 설명하기로 한다. 두 회사의 합병 전의 자료가 다음과 같이 주어져 있다고 하자.

	순이익 (X)	주식수 (N)	주당이익 (EPS)	주가 (P)	주가수익비율 (PER)
갑회사	15만원	100주	1,500원	18,000원	12배
을회사	5만원	50주	1,000원	8,000원	8배

풀이 갑회사가 을회사를 합병한 후의 기업을 편의상 (갑+을)회사로 나타낸다면, 합병에 의하여 특별한 시너지가 발생하지 않는 한, 이 (갑+을)회사의 순이익은 합병 전 순이익의 합계인 20만원이 될 것이다. 그리고 교환비율이 ER이므로 합병 후 (갑+을)회사의 주식수는 100주+ER×(50주)와 같게 된다. 다시 말

하면 합병 전 갑회사의 주식수와 합병을 위해 을회사 주주에게 새로이 교부된 주식수의 합계와 같다는 의미이다. 따라서 합병 후 (갑+을)회사의 주당이익은 다음과 같이 계산된다.

$$EPS_{(갑+을)} = \frac{20만원}{100주 + 50(ER)}$$

① 합병 후 주가수익비율(PER)이 12배일 것으로 예상될 때

주식시장의 투자자들이 이 합병을 매우 성공적인 것이라고 평가한다면, 합병 후 (갑+을)회사 주식의 가치는 상대적으로 높게 평가될 것이며, 따라서 높은 주가수익비율(PER)을 갖게 될 것이다. 예를 들어, 합병이 이루어지고 난 후 주식시장의 투자자들이 (갑+을)회사의 주식을 $PER_{(갑+을)}$=12배의 주가수익비율로 평가할 것으로 예상된다고 하자. 즉, (갑+을)회사의 주당이익 1원이 12원의 주가로 평가된다면, 합병 후 (갑+을)의 주가는 다음과 같이 형성될 것이다.

$$\begin{aligned}(갑+을)회사의\ 주가 &= EPS \times PER \\ &= \frac{20만원}{100주 + 50(ER)} \times 12\end{aligned}$$

합병 전에 갑회사 주식을 1주만큼 소유하였던 주주들은 합병 후에도 (갑+을)회사 주식 1주를 갖는다. 따라서 합병으로 갑회사 주주의 부가 유지되거나 증가하려면, 합병 후 (갑+을)회사의 주가가 합병 전의 갑회사의 주가 이상의 수준이 되어야 한다. 즉,

$$\begin{aligned}&\frac{20,000}{100 + 50(ER)} \times 12 \geq 18,000 \\ &2,400,000 \geq 1,800,000 = 900,000ER \\ &0.6667 \geq ER\end{aligned}$$

∴ 갑회사 주주는 을회사 주식 1주에 대하여 0.6667주 이하의 갑회사 주식을 교환하여 주기를 바란다.

다른 한편으로 을회사 주주의 입장에서 교환비율을 결정하여 보자. 합병 전에 을회사 주식 1주를 소유하였던 주주들은 합병 후에 (갑+을)회사 주식을 ER주만큼만 소유하게 된다. 따라서 합병으로 을회사 주주의 부가 유지되거나 증가하려면, 합병 후 (갑+을)회사의 주가에 ER을 곱한 값($=P_{(갑+을)} \times ER$)이 합병 전의 을회사의 주가 이상의 수준이 되어야 한다. 즉,

$$\frac{20,000}{100+50(ER)} \times 12 \times ER \geq 8,000$$
$$2,400,000 \times ER \geq 800,000 + 400,000ER$$
$$ER \geq 0.4$$

∴ 을회사 주주는 을회사 주식 1주에 대하여 0.4주 이상의 갑회사 주식을 교환받기를 바란다.

따라서 합병으로 갑회사와 을회사의 주주 모두의 부를 유지하거나 증가시키기 위해서는 교환비율이 0.4와 0.6667 사이에서 결정되어야 한다.

② 합병 후 주가수익비율(PER)이 10배일 것으로 예상될 때

주식시장의 투자자들이 이 합병을 성공적이지 않다고 평가한다면, 합병 후 (갑+을)회사 주식의 가치는 상대적으로 낮게 평가될 것이며, 따라서 낮은 주가수익비율(PER)을 갖게 될 것이다. 예를 들어, (갑+을)회사의 주식이 $PER_{(갑+을)}$=10배의 주가수익비율로 평가될 것으로 예상된다고 하자. 이 경우 (갑+을)회사의 주가는 다음과 같이 결정될 것이다.

$$(갑+을)회사의\ 주가 = \frac{20만원}{100주+50(ER)} \times 10$$

위에서와 마찬가지로 합병으로 갑회사 주주의 부가 유지되거나 증가하려면, 합병 후 (갑+을)회사의 주가가 합병 전의 갑회사의 주가 이상의 수준이 되어야 한다. 즉,

$$\frac{20,000}{100+50(ER)} \times 10 \geq 18,000$$
$$2,000,000 \geq 1,800,000 = 900,000ER$$
$$0.2222 \geq ER$$

∴ 갑회사 주주는 을회사 주식 1주에 대하여 0.2222주 이하의 갑회사 주식을 교환하여 주기를 바란다.

다른 한편으로 을회사 주주의 입장에서 교환비율을 결정하여 보자. 합병으로 을회사 주주의 부가 유지되거나 증가하려면, 합병 후 (갑+을)회사의 주가에 ER을 곱한 값($=P_{(갑+을)} \times ER$)이 합병 전의 을회사의 주가 이상의 수준이 되어야 한다. 즉,

$$\frac{20,000}{100+50(ER)} \times 10 \times ER \geq 8,000$$

$$2,000,000 \times ER \geq 800,000 + 400,000ER$$
$$ER \geq 0.5$$

∴ 을회사 주주는 을회사 주식 1주에 대하여 0.5주 이상의 갑회사 주식을 교환받기를 바란다.

따라서 이 경우 교환비율은 갑회사 주주는 교환비율이 0.2222 이하이기를 바라고 을회사 주주는 0.5 이상이기를 바라기 때문에 서로 타협할 여지가 없으며, 주식교환에 의한 흡수합병이 불가능하게 된다.

③ 합병의 성립조건

위의 분석에서 합병 후 PER에 대한 예상에 따라 주주들이 바라는 교환비율이 달라진다는 것을 알 수 있다. 합병 후 PER이 12로 예상될 경우 갑회사의 주주들은 교환비율이 0.6667 이하이기를 바라지만, 합병 후 PER이 10으로 예상될 경우에는 0.2222 이하이기를 바라게 된다. 또 PER이 12로 예상될 경우 을회사의 주주들은 0.4 이상이기를 바라지만, PER이 10으로 예상될 경우에는 0.5 이상이기를 바란다. 따라서 갑회사 및 을회사 주주들이 요구하는 교환비율은 [그림 15-2]와 같이 나타난다.

그림 15-2 교환비율의 결정

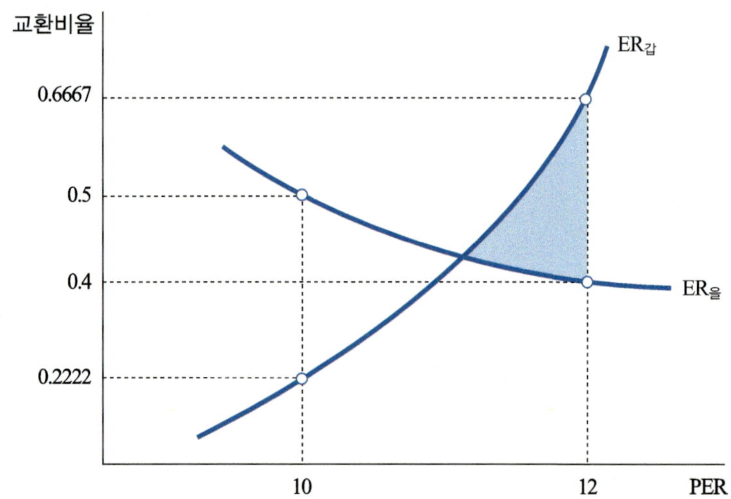

[그림 15-2]에서 $ER_{갑}$은 갑회사 주주들이 바라는 교환비율의 상한선을 나타내고 $ER_{을}$은 을회사 주주들이 바라는 교환비율의 하한선을 나타낸다. 따라서 교환비율은 색으로 처리된 영역에서 결정된다. 그리고 합병 후의 PER이 어떤

값으로 예상될 경우에도, 교환비율은 유일한 값으로 주어지는 것이 아니라 협상에 의하여 구체적인 값이 결정되어야 한다. 예를 들면, PER이 12로 예상될 경우 교환비율은 0.6667과 0.4 사이의 어떤 값으로 결정될 것이며, 구체적으로 어떤 값으로 결정할 것인가는 협상에 의해 결정된다는 것이다.

2 공개매수

공개매수는 인수와 합병 대상기업의 주주들에게 그 기업의 주식을 취득하겠다는 의사를 직접 제의하는 것을 말한다. 따라서 먼저 일정기간에 일정한 대가를 지급하고 대상기업의 주식을 매수하겠다는 의사를 주주들에게 공시하고 이것을 대상기업의 주주들이 응해주면 공개매수가 성공하게 된다.

일반적으로는 협상에 의하여 인수와 합병이 원만하게 이루어지지 않을 때 공개매수를 택하게 되는 경우가 많으므로 대부분의 공개매수는 적대적 기업인수(hostile takeover)에 속하게 된다. 이럴 경우 쌍방이 적대적인 상황에서 공개매수가 이루어지므로 공격자 측은 매우 높은 프리미엄을 지불하고 대상기업을 매수하는 등의 강력한 공격수단을 취하게 되는 경우가 많다.

한편 인수와 합병의 대상기업 입장에서는 공개매수의 공격을 방어하기 위하여 다음과 같은 방어수단을 사용하기도 한다.

① 자본구조 재구성(recapitalization)

기업인수의 공격을 막기 위하여 일부 소액 주주들의 주식을 현금 또는 회사채로 교환하여 자본구조를 변경한다.

② 왕관의 보석(crown jewel)

핵심적인 자산을 매각처분해버림으로써 기업인수의 공격을 피하는 방법이다.

③ 독약 칠하기(poison pills)

공개매수에 의한 기업인수의 공격 등과 같은 특정한 상황이 벌어질 때 행사할 수 있는 특별한 옵션, 예를 들면 자기회사 또는 합병회사의 주식을 매우 저렴한 가격으로 사들일 수 있는 콜옵션을 주주들에게 주는 방법이다.

④ 정관의 개정

인수와 합병 거래에 대한 승인은 절대 다수의 승인을 요하도록 하거나 이사진의 임기를 분산시켜 인수와 합병 후에 경영진을 한꺼번에 경질시키지 못하도록 정관을 개정하는 방법이다.

⑤ 백기사(white knight)

공개매수에 의해 적대적인 인수공격을 받을 때 현 경영진에게 우호적인 제3자에게 기업을 넘겨버림으로써 경영자의 지위를 유지하는 방법이다.

⑥ 황금낙하산(golden parachute)

기업이 제3자에게 인수되어 경영진이 교체될 경우 거액의 퇴직보상금을 기존의 경영진에게 지급하도록 하는 내용을 경영진의 고용계약에 규정하여 인수 시의 기업가치가 크게 하락하도록 유도하여 인수기도를 어렵게 만드는 방법이다. 기업이 인수되는 경우에는 경영진이 큰 보상금을 받고 회사를 빠져나가게 된다.

한편 공개매수를 성공시키는 목적으로 너무나 많은 프리미엄을 붙여 인수 대상기업의 주식을 매수할 경우 승자의 저주(winner's curse)가 발생할 수 있다. 이때 승자의 저주란 낙찰자가 경쟁에 이기기 위해 치른 대가로서 낙찰가격과 공정가격의 차이를 말한다. 우리나라 증권거래법은 기업지배권의 변동을 가능하게 하는 수단으로 공개매수를 허용하고 있다.

3 차입매수(LBO)

차입매수(leveraged buyout : LBO)란 인수자가 대상기업의 자산을 담보로 자산가격의 대부분을 차입하여 대상기업을 인수한 다음 대상기업의 운용으로 얻어지는 현금흐름으로 차입금을 상환하는 방법이다. 이러한 차입에 의한 기업인수에서 차입금으로 조달하는 대금의 비중은 70% 내지 90%에 달한다.

LBO에 의한 기업인수는 일부 주주집단이나 다른 기업에 의해 시도될 수도 있지만 현재의 경영진에 의해 시도될 수 있다. 만약 정보가 비대칭이고 주식의 시장가격이 저평가되어 있는 경우에는 경영자가 분산소유되어 있는 주식을 인수하여 개인기업화하는 방법으로 LBO를 시도하는 경우가 있다.

LBO는 대부분의 인수자금을 차입에 의해 조달하기 때문에 인수자는 비교적 적은 자기자본만으로 기업인수를 시도할 수 있을 뿐만 아니라 보다 적은 자기자본으로 보다 큰 자본이득을 얻어내는 레버리지효과를 얻을 수 있는 장점이 있다. 반면에 기업인수 후의 기업가치가 인수가격보다 저평가될 경우에는 레버리지효과 때문에 자본손실이 크다. 따라서 LBO에 의하여 기업을 인수할 경우 기업인수자는 큰 위험을 부담하게 된다.

4 지주회사

다른 회사의 지배권을 행사할 수 있을 정도의 많은 주식을 소유하고 있는 회사를 지주회사(holding company)라고 한다. 이때 지주회사는 기업지배에 필요한 정도의 지분만을 취득함으로써 다른 기업을 지배하므로 거대한 기업피라미드를 형성하는 데 유효한 수단으로 사용되고 있다. 우리나라의 경우 재벌의 핵심기업은 스스로의 사업영역을 가지며 다른 기업을 지배하는 지주회사의 성격을 갖는다.

5 합작투자

합작투자(joint venture)란 두 개 또는 그 이상의 기업들이 자본을 출자하여 제3의 기업을 인수하거나 설립하는 경우를 말한다. 합작투자는 해외 직접투자의 방법으로 흔히 사용된다. 예를 들면, 어떤 회사가 현지 국가의 다른 회사와 공동으로 출자하여 새로운 기업을 설립하거나 인수하는 경우이다. 이러한 합작투자는 발전도상국의 값싼 노동력을 이용하고자 할 때 또는 국제적인 분산투자의 필요성이 있을 경우에 효과적으로 사용될 수 있다.

제 4 절 기업인수와 합병의 효과

기업인수와 합병 등의 공시가 해당 기업들의 주가에 어떤 영향을 미치는가에 대하여는 많은 연구가 이루어졌다. 이들 연구의 일반적인 견해는 기업인수와 합병 등에 대한 발표는 자본시장에서 호재로 작용되고 있다는 것이다. 기업인수 대상기업(acquired firm)의 주가가 인수결정 발표에 어떻게 반응하는가에 대한 고전적인 대표 연구 중의 하나로 도드(Dodd, 1980)가 있다. 그는 1971년부터 1977년까지 미국에서 행해진 151개 기업의 합병제안에 대한 효과를 분석하고자 하였다. 그의 연구결과에 의하면 151개 인수 대상기업들은 합병 발표일 전 40여 일 동안 누적초과수익률이 뚜렷하게 증가하였다. 한편 151개 기업 중 실제로 합병이 성사된 기업은 71개, 합병이 취소된 기업은 80개였는데 합병제안 이후 합병이 완료된 기업의 초과수익률은 계속 증가한 반면, 합병이 취소된 기업의 초과수익률은 감소하는 양상을 보였다. 이처럼 인수 대상기업들의 주가가 기업인수 제안에 대하여 긍정적으로 반응한다는 것에 대하여는 다른 연구들도 비슷한 결과를 보이고 있지만 실제로 인수를 행하는 인수기업(acquiring firm)들의 주가행태에는 연구결과가 서로 일치하지 않고 있다.

우리나라의 기업인수와 합병의 경우에는 정부의 산업정책에 의해 이루어진 것과 재벌기업의 경영전략 차원에서 계열 간에 이루어진 인수와 합병이 대부분을 이룬다. 그러므로 우리나라의 기업인수와 합병은 구매자 독점에 의한 일방적인 인수와 합병의 특성을 지닌다고 하겠다. 일반적으로 합병 대상기업을 관찰할 때 기업합병이라는 사건과 관련하여 외국의 경우 대부분 합병 대상기업의 비정상수익률이 유의적으로 높은 반면, 우리나라의 경우에는 합병 대상기업의 누적초과수익률이 공시 시점까지 유의적으로 낮은 수익률을 보인다는 견해와 높은 수익률을 보인다는 견해가 상반되고 있다.

제5절 기업의 구조조정

M&A라는 말과 함께 외환위기 이후 최근까지 가장 많이 사용되고 있는 용어 중의 하나가 기업의 구조조정 또는 구조재편성(restructuring)이라는 말일 것이다. 이 구조재편성 또는 구조조정이란 때에 따라서 매우 광범위한 의미로 사용되기도 하지만 일반적으로는 기업의 흡수합병(merger), 신설합병(consolidation), 기업매수(acquisition), 투자환수(divestiture), 개인기업화(going private), LBO(leveraged buyout), 기업분가(spin off) 등을 모두 한꺼번에 일컫는 용어이기도 하다.

이와 같이 기업의 구조조정은 매우 다양한 내용을 포함하고 있기 때문에 간단하게 정의하기가 어렵기는 하지만 본 절에서는 기업구조조정에 관한 다양한 내용을 요약함으로써 그 의미를 파악하고자 한다.

1) 기업확장(expansion)

합병, 주식취득, 자산취득, 합작투자 등과 같이 기업규모의 확대를 가져오는 구조조정을 말한다.

2) 매각처분(sell off)

기업자산의 일부를 매각처분하는 것을 말한다. 기업분가(spin off)와 투자환수(divestiture)로 나눌 수 있다. 기업분가란 어떤 기업의 자산 및 영업활동 일부를 따로 떼어내어 별도의 새로운 회사를 만들고 기존의 주주들이 지분비율에 따라 새 회사의 주식을 나누어 갖는 것을 말한다. 기업분가의 변형으로 주주분할(split off)과 지주회사분할(split up)이 있다. 주주의 분할이란 기업분가에서 만들어진 새 회사의 주식을 일부 주주집단에게 모두 주고 모기업의 주식을 포기하도록 하는 것이다. 한편 지주회사분할은 여러 개의 자회사를 지배하고 있는 지주회사가 어떤 자회사의 주식 모두를 특정 주주집단에게 분할하여 주고 다른 자회사의 주식 모두를 다른 주주집단에게 분할하여 주는 것을 말한다. 그러므로 지주회사분할이 이루어지면 지주회사의 주주들은 각기 서로 다른 회사의 주주로 나누어지고 종전의 지주회사는 소멸하게 된다.

투자환수는 현금 또는 다른 자산을 받고서 외부의 제3자에게 회사 자산의 일부를 매각하는 것을 말한다. 투자환수는 자산을 처분하는 기업의 입장에서 볼 때 투자자본의 회수를 의미하지만 그 자산을 매수한 기업의 입장에서는 자산취득이 된다. 투자환수의 변형으로 지분매각(equity carve out)이 있다. 이 지분매각은 회사자산의 일부를 따로 떼어내어 새로운 회사를 설립하고 이 새 회사의 주식을 제3자에게 매각하는 것을 말한다.

3) 지배권 및 소유구조(ownership structure)의 변경

다음은 기업의 지배권(control)이나 소유구조(ownership structure)를 변경시키기 위한 방법들을 몇 가지로 나누어 설명한다.

① 주식 매집(premium buyback)

이것은 일부 주주들이 기업지배권을 확보할 목적으로 시장가격 이상으로 주식을 사 모으는 것을 말한다. 이때 이 웃돈을 그린 메일(green mail)이라고 한다. 한편 이러한 주식매집과 관련하여 불가침협정(standstill agreement)이 맺어지기도 한다. 이 협정은 주식매집을 추진하는 주주에게 경영권의 일부를 나누어 주는 대신 더 이상의 주식을 사 모으지 않겠다는 협정이다.

② 교환제의(exchange offer)

기업이 발행한 한 종류의 증권을 다른 종류의 증권으로 교환할 것을 제의하는 것을 말한다. 예를 들면, 주주들이 소유하고 있는 주식을 회사채나 우선주로 교환하거나 반대로 회사채나 우선주를 주식으로 교환해 주는 제의를 생각해 볼 수 있다. 이것은 기업이 발행한 청구권의 구성을 변경시켜 그 기업의 자본구조를 바꾸는 역할을 한다.

③ 자사주 재매입(stock repurchase)

기존에 발행되어 유통되고 있는 보통주의 발행주식수의 일부를 다시 매입하는 것을 말한다. 특히, 자사주 재매입에 의해 사들인 주식의 비율이 상당히 큰 경우에는 주주에게 현금을 분배한다는 의미를 넘어서 기업의 소유구조 및 지배구조에 큰 영향을 미칠 수 있다.

④ 차입매수(LBO)

부채에 의한 기업인수를 말한다. 이것은 인수자가 인수대상 기업의 자산을 담보로 자금을 차입하여 대상기업을 인수한 후 그 기업의 이익이나 자산매각 대금으로 차입금을 상환해 나가는 인수방법이다.

"알짜 회사 팔아서 M&A 노하우 익혔다"

"진로 인수에 적극 나설 것이다. 진로뿐 아니라 두산에 도움이 될 수 있는 인수합병(M&A)이라면 언제든지 팔을 걷어붙일 생각이다."

두산그룹 부회장으로 내정된 박용만(50) (주)두산 사장은 포브스코리아와의 인터뷰에서 진로 인수에 강한 의지를 밝혔다. 그는 "진로는 수익성이 높은 매력적인 회사"라며 "두산이 진로를 인수하면 기존 주류 브랜드들과 시너지를 낼 수 있고, 그룹의 산업재와 소비재 사업 비중도 균형을 맞출 수 있을 것"이라고 덧붙였다.

지난해 대우종기를 사들여 단숨에 재계 9위로 올라선 두산의 변신 뒤에는 박 사장이 있었다. 두산의 오너 3세인 그는 지난 10년 동안 두산의 구조조정과 기업인수 합병(M&A)을 이끌었다. 내수 위주의 소비재회사로 인식되던 두산의 매출 가운데 중공업이 차지하는 비중은 84%에 이른다. 중후 장대한 회사로 거듭났다.

박 사장은 대우종기 입찰에서 입찰 경쟁사인 효성(1조 3,000억원), 팬택(8,900억원)보다 월등히 높은 금액(1조 8,000억원)을 제시한 배경도 설명했다. 그는 "외환위기 직전 구조조정 당시 3M·네슬레·코닥 등 '알짜' 합작기업 세 개를 팔면서 글로벌 기업들로부터 익힌 M&A 노하우"라며 "시가의 두 배 금액을 썼지만 우리에게는 대우종기가 특별한 가치가 있었다"고 말했다. 박 사장은 이런 M&A방식을 미국식이라고 말했다.

그는 "글로벌 기업들의 M&A란 남의 재산을 탈취하는 게 아니라 서로 시너지를 창출하기 위해 만나는 것을 의미한다"며 "미국에서는 시장에서 보는 가격에 프리미엄을 좀 더 얹어 사는 게 정석"이라고 설명했다. 그는 M&A를 할 때 상대 기업의 자산 규모에 큰 가치를 두지 않는다. 박 사장은 "상대 회사의 사업 현황과 미래만 본다"며 "자산은 가치일 수도 있지만 짐이 될 수도 있기 때문"이라고 지적했다. 향후 아무리 '금싸라기'가 될 부동산이라도 당장 현금이 필요한 기업이 사면 독이 된다고 말했다.

글로벌 기업으로 재도약을 꿈꾸는 그의 최근 관심사는 우수인력 확보다. 그는 "구조조정과 M&A 역시 결국은 사람이 하는 것"이라고 말했다. 박 사장은 이를 위해 매년 MBA졸업생을 스카우트하기 위해 직접 미국에 건너가 개별 인터뷰를 한다.

그가 직원들에게 가장 강조하는 덕목은 도덕성이다. 두산의 인사고과는 점수로 평가하지만 도덕성은 ○, ×로 구별한다. ×를 받은 직원은 승진기회를 박탈한다. 그는 "두산이 109년 동안 살아남을 수 있었던 것은 조직 안에 정직과 신뢰가 뿌리 내렸기 때문"이라고 말했다. 그는 두산의 뿌리 찾기 일환으로 보부상이었던 창업주의 발자취를 따라 직원들과 함께 전국을 도보 여행하는 프로젝트도 추진 중이다. 박 사장은 최근 술자리에서 입버릇처럼 '공언(公言)'하는 말이 있다. "두산을 매출 100조원 기업으로 만들겠다"는 것이다. 부회장에 올라 사실상 그룹을 총괄하게 될 그의 포부를 가늠할 수 있는 말이다. 두산의 지난해 매출액은 7조 2,000억원(추정치)이다.

(출처 : 중앙경제, 2005년 1월 24일 월요일)

연습문제

1. 다음의 용어를 설명하시오.
   (1) 차입매수(LBO)
   (2) 주식매집(premium buyback)
   (3) 적대적 기업인수
   (4) 시너지효과
   (5) 기업구조조정
   (6) 경영자주의
   (7) 위임장투쟁

2. 외환위기 이후에 논의되고 있는 기업구조조정방법들을 설명하시오.

3. 대리인문제(agency problem)를 기업의 인수, 합병의 관점에서 논의하시오.

4. 갑회사는 을회사를 흡수합병하기로 결정하였다. 이때 시너지효과가 발생하여 합병 후에는 합병 전 순이익보다 10만원이 더 증가하게 된다고 한다. 아래의 자료를 이용하여 각각의 경우에 교환비율을 구하시오.

	순이익	주식수	주가
갑회사	30만원	100주	15,000원
을회사	20만원	100주	5,000원

   (1) 합병 후 주가수익비율이 12배로 예상될 때 갑회사의 주주가 원하는 교환비율과 을회사의 주주가 원하는 교환비율을 구하시오.

   (2) 합병 후 주가수익비율이 10배로 예상될 때 갑회사의 주주가 원하는 교환비율과 을회사의 주주가 원하는 교환비율을 구하시오.

Appendix

부 록

- 부 표 : 〈표 1〉 미래가치 이자율 계수
  〈표 2〉 현재가치 이자율 계수
  〈표 3〉 연금의 현재가치 계수
  〈표 4〉 연금의 미래가치 계수
- 사례질문
- 연습문제 해답

부표 1 미래가치 이자율계수($FVIF$)

현재 1원의 t기 후의 미래가치 $=(1+R)^t$

기간	이자율								
	1%	2%	3%	4%	5%	6%	7%	8%	9%
1	1.0100	1.0200	1.0300	1.0400	1.0500	1.0600	1.0700	1.0800	1.0900
2	1.0201	1.0404	1.0609	1.0816	1.1025	1.1236	1.1449	1.1664	1.1881
3	1.0303	1.0612	1.0927	1.1249	1.1576	1.1910	1.2250	1.2597	1.2950
4	1.0406	1.0824	1.1255	1.1699	1.2155	1.2625	1.3108	1.3605	1.4116
5	1.0510	1.1041	1.1593	1.2167	1.2763	1.3382	1.4026	1.4693	1.5386
6	1.0615	1.1262	1.1941	1.2653	1.3401	1.4185	1.5007	1.5869	1.6771
7	1.0721	1.1487	1.2299	1.3159	1.4071	1.5036	1.6058	1.7138	1.8280
8	1.0829	1.1717	1.2668	1.3686	1.4775	1.5938	1.7182	1.8509	1.9926
9	1.0937	1.1951	1.3048	1.4233	1.5513	1.6895	1.8385	1.9990	2.1719
10	1.1046	1.2190	1.3439	1.4802	1.6289	1.7908	1.9672	2.1589	2.3674
11	1.1167	1.2434	1.3842	1.5395	1.7103	1.8983	2.1049	2.3316	2.5804
12	1.1268	1.2682	1.4258	1.6010	1.7959	2.0122	2.2522	2.5182	2.8127
13	1.1381	1.2936	1.4685	1.6651	1.8856	2.1329	2.4098	2.7196	3.0658
14	1.1495	1.3195	1.5126	1.7317	1.9799	2.2609	2.5785	2.9372	3.3417
15	1.1610	1.3459	1.5580	1.8009	2.0789	2.3966	2.7590	3.1722	3.6425
16	1.1726	1.3728	1.6047	1.8730	2.1829	2.5404	2.9522	3.4259	3.9703
17	1.1843	1.4002	1.6528	1.9479	2.2920	2.6928	3.1588	3.7000	4.3276
18	1.1961	1.4282	1.7024	2.0258	2.4066	2.8543	3.3799	3.9960	4.7171
19	1.2081	1.4568	1.7535	2.1068	2.5270	3.0256	3.6165	4.3157	5.1417
20	1.2202	1.4859	1.8061	2.1911	2.6533	3.2071	3.8697	4.6610	5.6044
21	1.2324	1.5157	1.8603	2.2788	2.7860	3.3996	4.1406	5.0338	6.1088
22	1.2447	1.5460	1.9161	2.3699	2.9253	3.6035	4.4304	5.4365	6.6586
23	1.2572	1.5769	1.9736	2.4647	3.0715	3.8197	4.7405	5.8715	7.2579
24	1.2697	1.6084	2.0328	2.5633	3.2251	4.0489	5.0724	6.3412	7.9111
25	1.2824	1.6406	2.0938	2.6658	3.3864	4.2919	5.4274	6.8485	8.6231
30	1.3478	1.8114	2.4273	3.2434	4.3219	5.7435	7.6123	10.063	13.268
40	1.4889	2.2080	3.2620	4.8010	7.0400	10.286	14.974	21.725	31.409
50	1.6446	2.6916	4.3839	7.1067	11.467	18.420	29.457	46.902	74.358
60	1.8167	3.2810	5.8916	10.520	18.679	32.988	57.946	101.26	176.03

이자율										
10%	12%	14%	15%	16%	18%	20%	24%	28%	32%	38%
1.1000	1.1200	1.1400	1.1500	1.1600	1.1800	1.2000	1.2400	1.2800	1.3200	1.3600
1.2100	1.2544	1.2996	1.3225	1.3456	1.3924	1.4400	1.5376	1.6384	1.7424	1.8496
1.3310	1.4049	1.4815	1.5209	1.5609	1.6430	1.7280	1.9066	2.0972	2.3000	2.5155
1.4641	1.5735	1.6890	1.7490	1.8106	1.9388	2.0736	2.3642	2.6844	3.0360	3.4210
1.6105	1.7623	1.9254	2.0114	2.1003	2.2878	2.4883	2.9316	3.4360	4.0075	4.6526
1.7716	1.9738	2.1950	2.3131	2.4364	2.6996	2.9860	3.6352	4.3980	5.2899	6.3275
1.9487	2.2107	2.5023	2.6600	2.8262	3.1855	3.5832	4.5077	5.6295	6.9826	8.6054
2.1436	2.4760	2.8526	3.0590	3.2784	3.7589	4.2998	5.5895	7.2058	9.2170	11.703
2.3579	2.7731	3.2519	3.5179	3.8030	4.4355	5.1598	6.9310	9.2234	12.166	15.917
2.5937	3.1058	3.7072	4.0456	4.4114	5.2338	6.1917	8.5944	11.806	16.060	21.647
2.8531	3.4785	4.2262	4.6524	5.1173	6.1759	7.4301	10.657	15.112	21.199	29.439
3.1384	3.8960	4.8179	5.3503	5.9360	7.2876	8.9161	13.215	19.343	27.983	40.037
3.4523	4.3635	5.4924	6.1528	6.8858	8.5994	10.699	16.386	24.759	36.937	54.451
3.7975	4.8871	6.2613	7.0757	7.9875	10.147	12.839	20.319	31.691	48.757	74.053
4.1772	5.4736	7.1379	8.1371	9.2655	11.974	15.407	25.196	40.565	64.359	100.71
4.5950	6.1304	8.1372	9.3576	10.748	14.129	18.488	31.243	51.923	84.954	136.97
5.0545	6.8660	9.2765	10.761	12.468	16.672	22.186	38.741	66.461	112.14	186.28
5.5599	7.6900	10.575	12.375	14.463	19.673	26.623	48.039	85.071	148.02	253.34
6.1159	8.6128	12.056	14.232	16.777	23.214	31.948	59.568	108.89	195.39	344.54
6.7275	9.6463	13.743	16.367	19.461	27.393	38.338	73.864	139.38	257.92	468.57
7.4002	10.804	15.668	18.822	22.574	32.324	46.005	91.592	178.41	340.45	637.26
8.1403	12.100	17.861	21.645	26.186	38.142	55.206	113.57	228.36	449.39	866.67
8.9543	13.552	20.362	24.891	30.376	45.008	66.247	140.63	292.30	593.20	1178.7
9.8497	15.179	23.212	28.625	35.236	53.109	79.497	174.63	374.14	783.02	1603.0
10.835	17.000	26.462	32.919	40874	62.669	95.396	216.54	478.90	1033.6	2180.1
17.449	29.960	50.950	66.212	85.850	143.37	237.38	634.82	1645.5	4142.1	10143.
45.259	93.051	188.88	267.66	378.72	750.38	1469.8	5455.9	19427.	66521.	-
117.39	289.00	700.23	1083.7	1670.7	3927.4	9100.4	46890.	-	-	-
304.48	897.60	2595.9	4384.0	7370.2	20555.	56348.	-	-	-	-

부표 2 현재가치 이자율계수($PVIF$)

t기 후에 받는 1원의 현재가치 $= 1/(1+R)^t$

기간	이자율								
	1%	2%	3%	4%	5%	6%	7%	8%	9%
1	0.9901	0.9804	0.9709	0.9615	0.9524	0.9434	0.9346	0.9259	0.9174
2	0.9803	0.9612	0.9426	0.9246	0.9070	0.8900	0.8734	0.8573	0.8417
3	0.9706	0.9423	0.9151	0.8890	0.8638	0.8396	0.8163	0.7938	0.7722
4	0.9610	0.9238	0.8885	0.8548	0.8227	0.7921	0.7629	0.7350	0.7084
5	0.9615	0.9057	0.8626	0.8218	0.7835	0.7473	0.7130	0.6806	0.6499
6	0.9420	0.8880	0.8375	0.7903	0.7462	0.7050	0.6563	0.6302	0.5963
7	0.9327	0.8706	0.8131	0.7599	0.7107	0.6651	0.6227	0.5835	0.5470
8	0.9235	0.8635	0.7894	0.7307	0.6768	0.6274	0.5820	0.5403	0.5019
9	0.9143	0.8368	0.7664	0.7026	0.6446	0.5919	0.5439	0.5002	0.4604
10	0.9053	0.8203	0.7441	0.6756	0.6139	0.5584	0.5083	0.4632	0.4224
11	0.8963	0.8043	0.7224	0.6496	0.5847	0.5268	0.4751	0.4289	0.3875
12	0.8874	0.7885	0.7014	0.6246	0.5568	0.4970	0.4440	0.3971	0.3555
13	0.8787	0.7730	0.6810	0.6006	0.5303	0.4688	0.4150	0.3677	0.3262
14	0.8700	0.7579	0.6611	0.5775	0.5051	0.4423	0.3878	0.3405	0.2992
15	0.8613	0.7430	0.6419	0.5553	0.4810	0.4173	0.3624	0.3152	0.2745
16	0.8528	0.7284	0.6232	0.5339	0.4581	0.3936	0.3387	0.2919	0.2519
17	0.8444	0.7142	0.6050	0.5134	0.4363	0.3714	0.3166	0.2703	0.2311
18	0.8360	0.7002	0.5874	0.4936	0.4155	0.3503	0.2959	0.2502	0.2120
19	0.8277	0.6864	0.5703	0.4746	0.3957	0.3305	0.2765	0.2317	0.1945
20	0.8195	0.6730	0.5537	0.4564	0.3769	0.3118	0.2584	0.2145	0.1784
21	0.8114	0.6598	0.5375	0.4388	0.3589	0.2942	0.2415	0.1987	0.1637
22	0.8034	0.6468	0.5219	0.4220	0.3418	0.2775	0.2257	0.1839	0.1502
23	0.7954	0.6342	0.5067	0.4057	0.3256	0.2618	0.2109	0.1703	0.1378
24	0.7876	0.6217	0.4919	0.3901	0.3101	0.2470	0.1971	0.1577	0.1264
25	0.7798	0.6095	0.4776	0.3751	0.2953	0.2330	0.1842	0.1460	0.1160
30	0.7419	0.5521	0.4120	0.3083	0.2314	0.1741	0.1314	0.0994	0.0754
40	0.6717	0.4529	0.3066	0.2083	0.1420	0.0972	0.0668	0.0460	0.0318
50	0.6080	0.3715	0.2281	0.1407	0.0872	0.0543	0.0339	0.0213	0.0134

이자율										
10%	12%	14%	15%	16%	18%	20%	24%	28%	32%	38%
0.9191	0.8929	0.8772	0.8696	0.8621	0.8475	0.8333	0.8065	0.7813	0.7576	0.7353
0.8264	0.7972	0.7695	0.7561	0.7432	0.7182	0.6944	0.6504	0.6104	0.5739	0.5407
0.7513	0.7118	0.6750	0.6575	0.6407	0.6086	0.5787	0.5245	0.4768	0.4348	0.3975
0.6830	0.6355	0.5921	0.5718	0.5523	0.5158	0.4823	0.4230	0.3725	0.3294	0.2923
0.6209	0.5674	0.5194	0.4972	0.4761	0.4371	0.4019	0.3411	0.2910	0.2495	0.2149
0.5645	0.5066	0.4556	0.4323	0.4104	0.3704	0.3349	0.2751	0.2274	0.1890	0.1580
0.5132	0.4523	0.3996	0.3769	0.3538	0.3139	0.2791	0.2218	0.1776	0.1432	0.1162
0.4665	0.4039	0.3506	0.3269	0.3050	0.2660	0.2326	0.1789	0.1388	0.1085	0.0854
0.4241	0.3606	0.3075	0.2843	0.2630	0.2255	0.1938	0.1443	0.1084	0.0822	0.0628
0.3855	0.3220	0.2697	0.2472	0.2267	0.1911	0.1615	0.1164	0.0847	0.0623	0.0462
0.3505	0.2875	0.2366	0.2149	0.1954	0.1619	0.1348	0.0938	0.0662	0.0472	0.0340
0.3186	0.2567	0.2076	0.1869	0.1685	0.1372	0.1122	0.0757	0.0517	0.0357	0.0250
0.2897	0.2292	0.1821	0.1625	0.1452	0.1163	0.0935	0.0610	0.0404	0.0271	0.0184
0.2633	0.2046	0.1597	0.1413	0.1252	0.0985	0.0779	0.0492	0.0316	0.0205	0.0135
0.2394	0.1827	0.1401	0.1229	0.1079	0.0835	0.0649	0.0397	0.0247	0.0155	0.0099
0.2176	0.1631	0.1229	0.1069	0.0930	0.0708	0.0541	0.0320	0.0193	0.0118	0.0073
0.1978	0.1456	0.1078	0.0929	0.0802	0.0600	0.0451	0.0258	0.0150	0.0089	0.0054
0.1799	0.1300	0.0946	0.0808	0.0691	0.0508	0.0376	0.0208	0.0118	0.0068	0.0039
0.1635	0.1161	0.0829	0.0703	0.0596	0.0431	0.0313	0.0168	0.0092	0.0051	0.0029
0.1486	0.1037	0.0728	0.0611	0.0514	0.0365	0.0261	0.0135	0.0072	0.0039	0.0021
0.1351	0.0926	0.0638	0.0531	0.0443	0.0309	0.0217	0.0109	0.0056	0.0029	0.0016
0.1228	0.0826	0.0560	0.0462	0.0382	0.0262	0.0181	0.0088	0.0044	0.0022	0.0012
0.1117	0.0738	0.0491	0.0402	0.0329	0.0222	0.0151	0.0071	0.0034	0.0017	0.0008
0.1015	0.0659	0.0431	0.0349	0.0284	0.0188	0.0126	0.0057	0.0027	0.0013	0.0006
0.0923	0.0588	0.0378	0.0304	0.0245	0.0160	0.0105	0.0046	0.0021	0.0010	0.0005
0.0573	0.0334	0.0196	0.0151	0.0116	0.0070	0.0042	0.0016	0.0006	0.0002	0.0001
0.0221	0.0107	0.0053	0.0037	0.0026	0.0013	0.0007	0.0002	0.0001	–	–
0.0085	0.0035	0.0014	0.0009	0.0008	0.0003	0.0001	–	–	–	–

부표 3 연금의 현재가치계수(*PVIFA*)

t기까지 매기 1원을 지불하는 연금의 현재가치 $= [1 - 1/(1+R)^t]/R$

기간	이자율								
	1%	2%	3%	4%	5%	6%	7%	8%	9%
1	0.9901	0.9804	0.9709	0.9615	0.9524	0.9434	0.9346	0.9259	0.9174
2	1.9704	1.9416	1.9135	1.8861	1.8594	1.8334	1.8080	1.7833	1.7591
3	2.9410	2.8839	2.8286	2.7751	2.7232	2.6730	2.6243	2.5771	2.5313
4	3.9020	3.8077	3.7171	3.6299	3.5460	3.4651	3.3872	3.3121	3.2397
5	4.8534	4.7135	4.5797	4.4518	4.3295	4.2124	4.1002	3.9927	3.8897
6	5.7955	5.6014	5.4172	5.2421	5.0757	4.9173	4.7665	4.6229	4.4859
7	6.7282	6.4720	6.2303	6.0021	5.7864	5.5824	5.3893	5.2064	5.0330
8	7.6517	7.3255	7.0197	6.7327	6.4632	6.2098	5.9713	5.7466	5.5348
9	8.5660	8.1622	7.7861	7.4353	7.1078	6.8017	6.5152	6.2469	5.9952
10	9.4713	8.9826	8.5302	8.1109	7.7217	7.3601	7.0236	6.7101	6.4177
11	10.3676	9.7858	9.2526	8.7605	8.3064	7.8869	7.4987	7.1390	6.8052
12	11.2551	10.5753	9.9540	9.3851	8.8633	8.3838	7.9427	7.5361	7.1607
13	12.1337	11.3484	10.6350	9.9856	9.3936	8.8527	8.3577	7.9038	7.4869
14	13.0037	12.1062	11.2961	10.5631	9.8986	9.2960	8.7455	8.2442	7.7862
15	13.8651	12.8493	11.9379	11.1184	10.3797	9.7122	9.1079	8.5595	8.0607
16	14.7179	13.5777	12.5611	11.6523	10.8378	10.1059	9.4466	8.8514	8.3126
17	15.5623	14.2919	13.1661	12.1657	11.2741	10.4773	9.7632	9.1216	8.5436
18	16.3983	14.9920	13.7535	12.6593	11.6896	10.8276	10.0591	9.3719	8.7556
19	17.2260	15.6785	14.3238	13.1339	12.0853	11.1581	10.3356	9.6036	8.9501
20	18.0456	16.3514	14.8775	13.5903	12.4622	11.4699	10.5940	9.8181	9.1285
21	18.8570	17.0112	15.4150	14.0292	12.8212	11.7641	10.8355	10.0168	9.2922
22	19.6604	17.6580	15.9369	14.4511	13.1630	12.0416	11.0612	10.2007	9.4424
23	20.4558	18.2922	16.4436	14.8568	13.4886	12.3034	11.2722	10.3741	9.5802
24	21.2434	18.9139	16.9355	15.2470	13.7986	12.5604	11.4693	10.5288	9.7066
25	22.0232	19.5235	17.4131	15.6221	14.0939	12.7834	11.6536	10.6748	9.8226
30	25.8077	22.3955	19.6004	17.2920	15.3725	13.7648	12.4090	11.2578	10.2737
40	32.8347	27.3555	23.1148	19.7928	17.1591	15.0463	13.3317	11.9246	10.7574
50	39.1961	31.4236	25.7298	21.4822	18.2559	15.7619	13.8007	12.2335	10.9617

이자율										
10%	12%	14%	15%	16%	18%	20%	24%	28%	32%	38%
0.9091	0.8929	0.8772	0.8696	0.8621	0.8475	0.8333	0.8065	0.7813	0.7576	0.7353
1.7355	1.6901	1.6467	1.6257	1.6052	1.5656	1.5278	1.4568	1.3916	1.3315	1.2760
2.4869	2.4018	2.3216	2.2832	2.2459	2.1743	2.1065	1.9813	1.8684	1.7663	1.6735
3.1699	3.0373	2.9137	2.8550	2.7982	2.6901	2.5887	2.4043	2.2410	2.0957	1.9658
3.7908	3.6048	3.4331	3.3522	3.2743	3.1272	2.9906	2.7454	2.5320	2.3452	2.1807
4.3553	4.1114	3.8887	3.7845	3.6847	3.4976	3.3255	3.0205	2.7594	2.5342	2.3388
4.8684	4.5638	4.2883	4.1604	4.0386	3.8115	3.6046	3.2423	2.9370	2.6775	2.4550
5.3349	4.9676	4.6389	4.4873	4.3436	4.0776	3.8372	3.4212	3.0758	2.7860	2.5404
5.7590	5.3282	4.9464	4.7716	4.6065	4.3030	4.0310	3.5655	3.1842	2.8681	2.6033
6.1446	5.6502	5.2161	5.0188	4.8332	4.4941	4.1925	3.6819	3.2689	2.9304	2.6495
5.4951	5.9377	5.4527	5.2337	5.0286	4.6560	4.3271	3.7757	3.3351	2.9776	2.6834
8.8137	6.1944	5.6603	5.4206	5.1971	4.7932	4.4392	3.8514	3.3868	3.0133	2.7084
7.1034	5.4235	5.8424	5.5831	5.3423	4.9095	4.5327	3.9124	3.4272	3.0404	2.7268
7.3667	6.6282	6.0021	5.7245	5.4675	5.0081	4.6106	3.9616	3.4587	3.0609	2.7403
7.6061	6.8109	6.1422	5.8474	5.5755	5.0916	4.6755	4.0013	3.4834	3.0764	2.7502
7.8237	6.9740	6.2651	5.9542	5.6685	5.1624	4.7296	4.0333	3.5026	3.0882	2.7575
8.0216	7.1196	6.3729	6.0472	5.7487	5.2223	4.7746	4.0591	3.5177	3.0971	2.7629
8.2014	7.2497	6.4674	6.1280	5.8178	5.2732	4.8122	4.0799	3.5294	3.1039	2.7668
8.3649	7.3658	6.5504	6.1982	5.8775	5.3162	4.8435	4.0967	3.5386	3.1090	2.7697
8.5136	7.4694	6.6231	6.2593	5.9288	5.3527	4.8696	4.1103	3.5458	3.1129	2.7718
8.6487	7.5620	6.6870	6.3125	5.9731	5.3837	4.8913	4.1212	3.5514	3.1158	2.7734
8.7715	7.6446	6.7429	6.3587	6.0113	5.4099	4.9094	4.1300	3.5558	3.1180	2.7746
8.8832	7.7184	6.7921	6.3988	6.0442	5.4321	4.9245	4.1371	3.5592	3.1197	2.7754
8.9847	7.7843	6.8351	6.4338	6.0726	5.4509	4.9371	4.1428	3.5619	3.1210	2.7760
9.0770	7.8431	6.8729	6.4641	6.0971	5.4669	4.9476	4.1474	3.5640	3.1220	2.7765
9.4269	8.0552	7.0027	6.5660	6.1772	5.5168	4.9789	4.1601	3.5693	3.1242	2.7775
9.7791	8.2438	7.1050	6.6418	6.2335	5.5482	4.9966	4.1659	3.5712	3.1250	2.7778
9.9148	8.3045	7.1327	6.6605	6.2463	5.5541	4.9995	4.1666	3.5714	3.1250	2.7778

부표 4 연금의 미래가치계수($FVIFA$)

t기까지 매기 1원을 지불하는 연금의 미래가치 $= [(1+R)^t - 1]/R$

기간	이자율								
	1%	2%	3%	4%	5%	6%	7%	8%	9%
1	1.0000	1.0000	1.0000	1.0000	1.0000	1.0000	1.0000	1.0000	1.0000
2	2.0100	2.0200	2.0300	2.0400	2.0500	2.0600	2.0700	2.0800	2.0900
3	3.0301	3.0604	3.0909	3.1216	3.1525	3.1836	3.2149	3.2464	3.2781
4	4.0604	4.1216	4.1836	4.2465	4.3101	4.3746	4.4399	4.5061	4.5731
5	5.1010	5.2040	5.3091	5.4163	5.5256	5.6371	5.7507	5.8666	5.9847
6	6.1520	6.3081	6.4684	6.6330	6.8019	6.9763	7.1533	7.3359	7.5233
7	7.2135	7.4343	7.6625	7.8983	8.1420	8.3938	8.6540	8.9228	9.2004
8	8.2857	8.5830	8.8932	9.2142	9.5491	9.8975	10.260	10.637	11.028
9	9.3685	9.7546	10.159	10.583	11.027	11.491	11.978	12.488	13.021
10	10.462	10.950	11.464	12.006	12.578	13.181	13.816	14.487	15.193
11	11.567	12.169	12.808	13.486	14.207	14.972	15.784	16.645	17.560
12	12.683	13.412	14.192	15.026	15.917	16.870	17.888	18.977	20.141
13	13.809	14.680	15.618	16.627	17.713	18.882	20.141	21.495	22.953
14	14.947	15.974	17.086	18.292	19.599	21.015	22.550	24.215	26.019
15	16.097	17.293	18.599	20.024	21.579	23.276	25.129	27.152	29.361
16	17.258	18.639	20.157	21.825	23.657	25.673	27.888	30.324	33.003
17	18.430	20.012	21.762	23.698	25.840	26.213	30.840	33.750	36.974
18	19.615	21.412	23.414	25.645	26.132	30.906	33.999	37.450	41.301
19	20.811	22.841	25.117	27.671	30.539	33.760	37.379	41.446	46.018
20	22.019	24.297	26.870	29.778	33.066	36.786	40.995	45.762	51.160
21	23.239	25.763	28.676	31.969	35.719	39.993	44.865	50.423	56.765
22	24.472	27.299	30.537	34.248	38.505	43.392	49.006	55.457	62.873
23	25.716	28.845	32.453	36.618	41.430	46.996	53.436	60.893	69.532
24	26.973	30.422	34.426	39.083	44.502	50.816	58.177	66.765	76.790
25	28.243	32.030	36.459	41.646	47.727	54.865	63.249	73.106	84.701
30	34.785	40.568	47.575	56.085	66.439	79.058	94.461	113.28	136.31
40	48.886	60.402	75.401	95.026	120.80	154.76	198.64	259.06	337.88
50	64.463	84.579	112.80	152.67	209.35	290.34	406.53	573.77	815.08
60	81.670	114.05	163.05	237.99	363.58	533.13	813.52	1253.2	1944.8

이자율										
10%	12%	14%	15%	16%	18%	20%	24%	28%	32%	38%
1.0000	1.0000	1.0000	1.0000	1.0000	1.0000	1.0000	1.0000	1.0000	1.0000	1.0000
2.1000	2.1200	2.1400	2.1500	2.1600	2.1800	2.2000	2.2400	2.2800	2.3200	2.3600
3.3100	3.3744	3.4396	3.4725	3.5056	3.5724	3.6400	3.7776	3.9184	4.0624	4.2096
4.6410	4.7793	4.9211	4.9934	5.0665	5.2154	5.3680	5.6842	6.0156	6.3624	6.7251
6.1051	6.3528	6.6101	6.7424	6.8771	7.1542	7.4416	8.0484	8.6999	8.3983	10.146
7.7156	8.1152	8.5355	8.7537	8.9775	9.4420	9.9299	10.980	12.136	13.406	14.799
9.4872	10.089	10.730	11.067	11.414	12.142	12.916	14.615	16.534	18.696	21.126
11.436	12.300	13.233	13.727	14.240	15.327	16.499	19.123	22.163	25.678	29.732
13.579	14.776	16.085	16.786	17.519	19.086	20.799	24.712	29.369	34.895	41.435
15.937	17.549	19.337	20.304	21.321	23.521	25.959	31.643	38.593	47.062	57.352
18.531	20.655	23.045	24.349	25.733	28.755	32.150	40.238	50.398	63.122	78.998
21.384	24.133	27.271	29.002	30.850	34.931	39.581	50.895	65.510	84.320	108.44
24.523	28.029	32.089	34.352	36.786	42.219	48.497	64.110	84.853	112.30	148.47
27.975	32.393	37.581	40.505	43.672	50.818	59.196	80.496	109.61	149.24	202.93
31.772	37.280	43.842	47.580	51.660	60.965	72.035	100.82	141.30	198.00	276.98
35.950	42.753	50.980	55.717	60.925	72.939	87.442	126.01	181.87	262.36	377.69
40.545	48.884	59.118	65.075	71.673	87.068	105.93	157.25	233.79	347.31	514.66
45.599	55.750	68.394	75.836	84.141	103.74	128.12	195.99	300.25	459.45	700.94
51.159	63.440	78.969	88.212	98.603	123.41	154.74	244.03	385.32	607.47	954.28
57.275	72.052	91.025	102.44	115.38	143.63	186.69	303.60	494.21	802.86	1298.8
64.002	81.699	104.77	118.81	134.84	174.02	225.03	377.46	633.59	1060.8	1767.4
71.403	92.503	120.44	137.63	157.41	206.34	271.03	469.06	812.00	1401.2	2404.7
79.543	104.60	138.30	159.28	183.60	244.49	326.24	582.63	1040.4	1850.6	3271.3
88.497	118.16	158.66	184.17	213.98	289.49	392.48	723.46	1332.7	2443.8	4450.0
98.347	133.33	181.87	212.79	249.21	342.60	471.98	898.09	1706.8	3226.8	6053.0
164.49	241.33	356.79	434.75	530.31	790.95	1181.9	2640.9	5873.2	12941.	28172.
442.59	767.09	1342.0	1779.1	2360.8	4163.2	7343.9	22729.	69377.	–	–
1163.9	2400.0	4994.5	7217.7	10436.	21813.	45497.	–	–	–	–
3043.8	7471.6	18535.	29220.	46058.	–	–	–	–	–	–

사례질문

1. 다이아몬드 펀드 사례를 읽고 다음 질문에 답하시오.

(1) 다이아몬드 펀드의 TRS(Total Return Swap) 구조를 설명하시오.

(2) 당 펀드의 risk profile을 도시하시오.

(3) 왜 우리나라 금융기관들이 바트화와 루피아화에 대해 대규모의 투기적인 포지션을 취했을까? (평가절상의 가능성이 별로 없는데도 불구하고)

(4) 알파와 베타의 의미를 설명하시오.

(5) 알파를 자세히 보면 한쪽 방향으로는 캡이 씌어져 있으나 한쪽 방향은 그렇지 않음을 알 수 있다. 이의 의미를 생각해보시오.

(6) 바트화지급액의 경우 왜 1:5로 헤지구조를 만들었는지를 이해하려면 그 당시 바트화와 엔화 간의 환율관계를 살펴보아야 한다. 과거 자료를 통해 이 관계를 확인해 보시오.

(7) 동남아 IMF외환위기 이후 6)번의 환율구조가 어떻게 변했는가?

(8) SK증권이 JP Morgan과 어떤 합의를 했으며 사후처리 과정에서 어떤 문제가 또 발생했는가?

(9) 같은 계약으로 인해 손해를 입은 대한생명은 JP Morgan과 어떤 합의를 이뤄냈는가?

(10) 이 사례를 통해 우리가 얻을 수 있는 교훈을 정리해 보시오.

2. 메텔게젤샤프트 사례를 읽고 다음 질문에 답하시오.

(1) 메텔게젤샤프트의 MGRM의 risk profile을 도시하시오.

(2) 당사는 왜 오일가격에 대해 헤지할 필요가 있었는가?

(3) 당사는 어떤 헤징전략을 사용했으며 왜 그런 전략을 선택하였는가?

(4) 당사 헤징전략은 어떤 투기적인 요소를 내포하고 있었는가?

(5) 당시 원유시장의 현물가격과 선물가격을 조사해서 비교해 보시오.

(6) 당시 경영층의 조치에 대해 논해 보시오.

(7) 이 사례를 통해 우리가 얻을 수 있는 교훈에 대해 생각해 보시오.

연습문제 해답

■ 제 3 장 재무제표와 재무분석 ■

1. 생략 **2.** 생략

3. 해답 (1) a : 1% b : 3% c : 3회 d : 1회 e : 3%

풀이 a : 300/30,000 × 100 = 1%

b : 300/10,000 × 100 = 3%

c : 30,000/10,000 = 3회

d : 10,000/10,000 = 1회

e : 6/2 = 3%

(2) X기업은 산업평균에 비하여 총자산회전율은 높지만 매출액순이익률이 낮기 때문이고, Y기업은 산업평균에 비해 총자산회전율이 낮기 때문임.

(3) X기업은 매출액순이익률을 높이기 위한 방안, 즉 당기순이익을 높이기 위한 방안이 필요.
Y기업은 총자산회전율을 높이기 위해 매출액을 높이고 재고자산 감소나 매출채권 감소 등을 통한 자산의 크기를 줄이는 등 방안도 필요.

4. 생략

5. 해답 (1) a : A = 0.889회 b : B = 1.002회

풀이 a : 0.017 = 0.062 × 0.244 × A에서 A를 구함. A = 0.889회

b : 0.056 = 0.117 × 0.48 × B에서 B를 구함. B = 1.002회

(2) 당시 한국 제조업이 대만에 비해 금융비용부담률이 크게 높았던 이유는 차입금평균금리도 높고 차입금의존도도 높기 때문임.

(3) 생략

6. 해답 ABC: 56.16억원, XYZ: −43.2억원

풀이 ABC: 1,080×(0.151−0.099)=56.16억원

XYZ: 1,200×(0.077−0.113)=−43.2억원

ABC회사의 EVA가 56.16억원이고 XYZ회사의 EVA가 -43.2억원인 것은 XYZ회사의 경우 ROIC보다도 WACC가 더 크기 때문에 (-)의 EVA가 발생함.

■ 제 5 장 화폐의 시간가치 ■

1. 생략

2. 해답 349.95만원

3. 해답 r = 8%

풀이 $10.000 = 2505 \times PVIFA(R\%, 5)$

$PVIFA(R\%, 5) = 3.9920$

$R = 8\%$

4. 해답 6666.7만원

5. 해답 pmt = 3,829.74만원

풀이 $FV25 = 1,000(FVIFA\ 5\%,25) = 1,000 \times 47.727 = 47727$

$= pmt(PVIFA\ 5\%,20)$

$\therefore pmt = 3,829.74$

6. 해답 (1) 연간 1회인 경우 : FV = 5,600만원, APR = 12%

(2) 연간 2회인 경우 : FV = 5,618만원, APR = 12.36%

풀이

(1) $FV = 5,000\text{만원} \times 1.12 = 5,600\text{만원}$

$APR = 1.12 - 1 = 0.12 = 12\%$

(2) $FV = 5,000\text{만원} \times \left(1 + \frac{0.12}{2}\right)^2 = 5,618\text{만원}$

$APR = \left(1 + \frac{0.12}{2}\right)^2 - 1 = 0.1236 = 12.36\%$

■ 제 6 장 위험과 수익률 ■

1. 생략 **2.** 생략 **3.** 생략 **4.** 생략 **5.** 생략

6. 해답 자본이득수익률 = 25%, 배당수익률 = 10%, 보유기간수익률 = 35%

7. 해답 기대수익률 = 20%, 표준편차 = 30%

풀이 기대수익률 = $0.5 \times 50\% + 0.5 \times (-10\%) = 20\%$

표준편차 = $\sqrt{0.5(0.5-0.2)^2 + 0.5(-0.1-0.2)^2} = 0.3$ 또는 30%

8. 해답 2.5%

9. 해답 20%

풀이 위험프리미엄 = 25% − 5% = 20%

10. 생략

11. 해답 12%

풀이 $E(R) = 5\% + 0.7 \times (15\% - 5\%) = 12\%$

12. 해답 가격이 상승한다.

■ 제 7 장 자본비용 ■

1. 생략
2. 해답 (1) 23.2% (2) 7.8% (3) 17.04%
3. 해답 (1) 0.8571 (2) 1.6286 (3) 0.2303 (4) 13.53%

풀이

(1) 이 회사의 자본구조가 100% 자기자본만으로 이루어질 경우 주식의 베타계수는 다음과 같이 구해진다.

$$\beta_A = \frac{1.2}{1+(1-0.4)(2/3)} = 0.8571$$

(2) 새로운 목표자본구조에서 예상되는 이 회사 주식의 베타계수는 다음과 같이 계산된다.

$$\beta_E = (0.8571)[1+(1-0.4)(3/2)] = 1.6286$$

(3) 새로운 목표자본구조에서 자기자본비용은 다음과 같이 계산된다.

$$R_E = 0.1 + (0.18-0.1)(1.6286) = 0.2303$$

(4) 가중평균자본비용은

$$WACC = (0.12)(1-0.4)(3/5) + (0.2303)(2/5) = 13.53\%$$

■ 제 8 장 채권과 주식의 가치평가 ■

1. 생략 2. 생략 3. 생략 4. 생략
5. 해답 751.3만원

풀이 $PV = 1{,}000\text{만원}/(1.1)^3 = 751.3\text{만원}$

6. 해답 2,000만원
7. 해답 매도하는 것이 유리하다.

풀이 채권의 내재가치는 약속한 현금흐름을 현재의 이자율로 할인한 값과 같다.

$$V = \frac{\$75}{(1.10)^1} + \frac{\$75}{(1.10)^2} + \frac{\$1{,}075}{(1.10)^3}$$

$$= \$68.18 + \$61.98 + \$807.66 = \$937.82$$

채권이 현재 $975.48에 팔리고 있으므로 고평가되었음을 알 수 있고, 따라서 채권을 매도하는 것이 더 유리하다.

8. 해답 A채권의 가격 = $924.16, B채권의 가격 = $877.07, B채권, 만기가 길기 때문에
9. 해답 $84.8

풀이

$$P_0 = \frac{D_1}{k-g} = \frac{4 \times 1.06}{0.11-0.06} = \$84.8$$

10. 해답 11%
11. 해답 $11.17

풀이 $P_3 = \frac{D_4}{k-g} = \frac{D_3 \times (1+g)}{k-g} = \frac{1.25^3 \times 1.05}{0.2-0.05} = 13.67$

$$P_0 = \frac{1.25}{1.2} + \frac{(1.25)^2}{(1.2)^2} + \frac{(1.25)^3 + 13.67}{(1.2)^3} = 11.17$$

■ 제 9 장 자본예산기법 ■

1. 생략 **2.** 생략

3. 해답 (200－80)(1－0.3)＋30(0.3) ＝ 93억원

풀이 본문의 식 (9.3)을 이용하여 영업현금흐름을 구하면 다음과 같다.

영업현금흐름 ＝ (매출액－영업비용)(1－법인세율)＋감가상각비 × 법인세율

＝ (200－80)(1－0.3)＋30(0.3) ＝ 93억원

4. 생략 **5.** 생략

6. 해답 투자안 D : 2.7년 투자안 E : 1.9년

풀이 투자안의 할인현금흐름

	투 자 안 D	투 자 안 E
0	－100만원	－100만원
1	40/(1.05)＝38.1만원	60/1.05＝57.1만원
2	$40/(1.05)^2$＝36.3만원	$50/(1.05)^2$＝45.4만원
3	$40/(1.05)^3$＝34.6만원	0

할인회수기간(투자안 D) ＝ 2＋(100－38.1－36.3)/34.6 ＝ 2.7년

할인회수기간(투자안 E) ＝ 1＋(100－57.1)/45.4 ＝ 1.9년

7. 해답 *IRR* ＝ 9.64%

8. 해답 (1) 투자안 B (2) B ＞ A ＞ C (3) B ＞ A ＞ C (4) B ＞ A ＞ C

■ 제 10 장 자본예산의 특수문제 ■

1. 해답 (1) －0.45만원

(2) *IRR* ＝ 11%이고, 자본비용보다 크므로 투자안을 채택한다.

(3) 할인율이 커짐에 따라 *NPV*가 우상향하는 형태이므로 이러한 이상현상이 발생함.

풀이 (1) $NPV = 99 - \frac{200}{1.08} + \frac{100}{(1.08)^2} = -0.45$ 만원

2. 해답 (1) 투자안 B (2) 투자안 A (3) [0%, 17.7%] (4) 풀이참조

풀이 (1) 두 투자안의 *NPV*는 각각 다음과 같다.

$$NPV(A) = -4{,}000 + \frac{5{,}000}{1.1} = 545\text{만원}$$

$$NPV(B) = -3{,}000 + \frac{4{,}500}{(1.1)^2} = 719\text{만원}$$

따라서 NPV가 큰 투자안 B를 선택한다.

(2) 두 투자안의 IRR는 각각 다음과 같다.

$$\text{투자안 } A: \ -4{,}000 + \frac{5{,}000}{(1+IRR)} = 0, \ \ IRR = 25\%$$

$$\text{투자안 } B: \ -3{,}000 + \frac{4{,}500}{(1+IRR)^2} = 0, \ \ IRR = 22.5\%$$

따라서 IRR가 큰 투자안 A를 선택한다.

(3) Fisher 수익률은 두 투자안의 증분현금흐름(A−B)의 IRR이므로 다음과 같이 구한다.

$$\text{투자안 } (A-B): \ -1{,}000 + \frac{5{,}000}{(1+IRR)} - \frac{4{,}500}{(1+IRR)^2} = 0, \ \ IRR = 17.7\%$$

따라서 Fisher 수익률은 17.7%이고, 두 투자분석기법이 상반된 결과를 제시하는 할인율의 구간은 [0%, 17.7%]이다.

(4) 엑셀을 이용하여 그림을 그리면 다음과 같다.

상호 배타적 투자안 분석

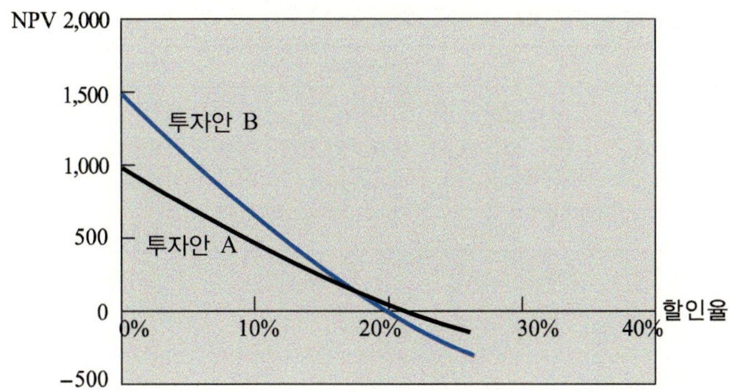

3. 해답 2,720만원

4. 해답 7.4억원

풀이 앞 장의 식 (9.3)을 이용하여 3년 동안 매년도의 영업현금흐름을 구하면 다음과 같다.

영업현금흐름 = (매출액 − 영업비용)(1 − 법인세율) + 감가상각비 × 법인세율

= (14 − 6)(1 − 0.3) + 6(0.3) = 7.4억원

5. 해답 0.4억원

6. 해답 1.41억원

풀이 장비의 잔존가치가 3억원이므로 정액법에 의한 매년도의 감가상각비는 5억원이다. 따라서 3년간 매년도의 영업현금흐름은 다음과 같다.

영업현금흐름 = (매출액 − 영업비용)(1 − 법인세율) + 감가상각비 × 법인세율

= (14 − 6)(1 − 0.3) + 5(0.3) = 7.1억원

이제 총현금흐름을 구하면 다음과 같다.

	0	1년	2년	3년
영업현금흐름(A)		7.1억원	7.1억원	7.1억원
순운전자본의 현금흐름(B)	−2억원	0	0	2억원
자본지출(C)	18억원			
장비의 처분가치(C′)				3억원
총현금흐름(A+B−C+C′)	−20억원	7.1억원	7.1억원	12.1억원

따라서 신규 투자안의 NPV는 다음과 같다.

$$NPV = -20 + \frac{7.1}{1.1} + \frac{7.1}{(1.1)^2} + \frac{12.1}{(1.1)^3} = 1.41\text{ 억원}$$

7. 해답 1.56억원

8. 해답 a)

	명목현금흐름	현 재 가
1년	200만원	200 / 1.1 = 182만원
2년	200 × 1.07 = 214만원	214 / 1.1^2 = 177만원
3년	214 × 1.07 = 229만원	229 / 1.1^3 = 172만원
		총현재가 = 531만원

b) 실질할인율 = 1.1/1.07−1 = 0.028(2.8%)

	실질현금흐름	현 재 가
1년	200 / 1.07 = 187만원	187 / 1.028 = 182만원
2년	214 / 1.07^2 = 187만원	187 / 1.028^2 = 177만원
3년	229 / 1.07^3 = 187만원	187 / 1.028^3 = 172만원
		총현재가 = 531만원

9. 해답 정액법 : 6.25억원, 정률법 : 6.40억원

10. 해답 11.07억원

풀이 먼저 총비용의 현재가를 구하면 다음과 같다.

$$\text{총비용의 현재가} = 20 + \frac{3}{1.1} + \frac{3}{(1.1)^2} + \frac{3}{(1.1)^3} = 27.46\text{ 억원}$$

따라서 등가연금비용(EAC) = 총비용의 현재가/$PVIFA$(10%, 3년)

= 27.46억원/2.48 = 11.07억원

■ 제 11 장 자본조달 ■

1~10. 생략

11. 해답 30,000원

풀이 주가 = PER(비교회사) × EPS(해당 기업) = 20 × 1,500 = 30,000원

12~18. 생략

■ 제 12 장 자본구조 ■

1. 본문참조

2. 해답 (1) 0.184 (2) 0.06 (3) 0.122 (4) 4,918만원

3. 해답 (1) 2억원 (2) 8억원 (3) 0.875 (4) 0.15 (5) 1.4 (6) 0.24

풀이

(1) 레버리지의 이득 = 5억원 × 0.4 = 2억원

(2) $V_L = V_U + T_C D$ 이므로 V_U = 10억원 − 2억원 = 8억원

따라서 100% 자기자본만으로 이루어져 있다면 기업가치는 8억원이다.

(3) 주주들이 얻게 될 기대수익률은 [(2.5억)(1−0.4)]÷8억원 = 0.1875

$CAPM$에 의하면 $0.1875 = 0.1 + 0.1\beta$

따라서 $\beta = 0.875$

(4) 총자본비용 $= \dfrac{2.5(1-0.4)}{10} = 0.15$

(5) 주식의 베타계수를 β_E로 표시하면

$= \beta_E = (0.875)[1 + (1-0.4)\dfrac{5}{5}] = 1.4$

(6) 자기자본비용을 R_E로 나타내면

$R_E = 0.1 + (0.1)(1.4) = 0.24$

■ 제 14 장 위험관리와 파생상품 ■

16. 해답 주가지수선물을 매도하면 된다.

17. 해답 손해도 이익도 없다.

■ 제 15 장 기업의 인수와 합병 ■

1. 본문 참조 **2.** 본문 참조 **3.** 본문 참조

4. 해답 먼저 합병 후 (갑+을)회사의 주당이익

(1) $\dfrac{30만원 + 20만원 + 10만원}{100 + 100(ER)} \times 12 \geq 15{,}000 \quad \Rightarrow \quad 3.8 \geq ER$

∴ 갑회사 주주는 을회사 주식 1주에 대하여 3.8주 이하의 갑회사 주식을 교환하여 주기를 바란다.

$\dfrac{30만원 + 20만원 + 10만원}{100 + 100(ER)} \times 12 \times ER \geq 5{,}000 \quad \Rightarrow \quad ER \geq 0.0694$

∴ 을회사 주주는 갑회사 주식 1주에 대하여 0.0694 이상의 갑회사 주식을 교환받기를 바란다.

(2) $\frac{30\text{만원}+20\text{만원}+10\text{만원}}{100+100(ER)} \times 10 \geq 15{,}000 \quad \Rightarrow \quad 3.0 \geq ER$

∴ 갑회사 주주는 을회사 주식 1주에 대하여 3주 이하의 갑회사 주식을 교환하여 주기를 바란다.

$$\frac{30\text{만원}+20\text{만원}+10\text{만원}}{100+100(ER)} \times 10 \times ER \geq 5{,}000 \quad \Rightarrow \quad ER \geq 0.0909$$

∴ 을회사 주주는 갑회사 주식 1주에 대하여 0.0909 이상의 갑회사 주식을 교환받기를 바란다.

찾아보기(INDEX)

국문색인

ㄱ

ㄴ

영문색인

저자소개

■ 김대호 E-mail : dhkim@konkuk.ac.kr
서울대학교 경영대학 졸업(경영학 학사)
서울대학교 대학원 졸업(경영학 석사)
Pennsylvania State University 재무학 박사
한국은행 조사부 근무
공인회계사 시험출제위원, 한국재무관리학회 회장 역임
현, 건국대학교 경영대학 교수

〈주요 저서 및 논문〉
『투자론』(경문사, 공저)
『신경영분석』(삼영사, 공저)
「A Valuation of Bond Guarantees by the Risky Guarantor Using Contingent Claims Analysis」(*Seoul Journal of Business*, 2003)」
「주식병합이 주가 및 거래량에 미치는 영향의 실증 연구」
「은행의 가격결정전략에 관한 연구」
「옵션평가모형을 이용한 회사채지급보증의 가치결정에 관한 연구」
「국내 은행간 합병의 효과분석」
「부실금융기관의 효율적 처리방식」
「KOSPI 200 지수옵션의 가격괴리 및 원인에 관한 실증연구」

■ 오세경 E-mail : skoh@konkuk.ac.kr
홈페이지 : http://konkuk.ac.kr/~skoh
서울대학교 경영대학 졸업(경영학 학사)
한국과학기술원 경영과학과 졸업(공학 석사)
University of Pennsylvania(Wharton School)(재무학 박사, 경제학 석사)
한국금융연구원 부연구위원, 공인회계사·외환관리사 출제위원
California State University at San Marcos 강의교수, 공기업 평가위원
한국파생상품학회 회장 역임
현, 건국대학교 경영대학 교수

〈주요 저서 및 논문〉
『위험관리론』(경문사, 공저)
『투자론』(경문사, 공저)
『경제경영 및 금융수학 기초』(경문사, 공저)
「Different Roles of Venture Capitalists between US and Korea: a survey」
「The Relationships between Developed Equity Markets and the Pacific Basin's Emerging Equity Markets」
「한국주가지수현물시장과 주가지수선물시장간의 일중변동성에 관한 실증분석」
「극단치이론을 이용한 VaR의 추정 및 성과」
「벤처기업과 인터넷기업의 한국형 가치평가모형의 개발」
「다변량 판별분석모형과 주식옵션모형을 이용한 기업도산예측」
「온라인기업의 가치평가 실태 및 발전방안 연구」 외 다수

■ 장국현 E-mail : khchang@konkuk.ac.kr
홈페이지 : http://konkuk.ac.kr/~khchang
연세대학교 상경대학(경영학 학사)
University of Alabama(경영학 박사, MBA)
한림대학교 경영대학 부교수, 광주대학교 경영대학 부교수, 한국증권학회 편집위원, 한국선물학회 편집위원장, 한국재무학회 편집위원, 한국재무관리학회 편집위원 역임, *Asia-Pacific Journal of Financial Studies* 편집간사
현, 건국대학교 경영대학 교수

〈주요 저서 및 논문〉
『경영분석론』(박영사, 공저)
『금융시계열분석』(경문사, 공저)
「Jumps and time-varying correlations of daily foreign exchange rates」(*Journal of International Money and Finance*, 2001)
「Option Pricing under Extended Normal Distribution」(*Journal of futures Market*, 2005)
「Stress Testing of Financial Industries: A Simple New Approach to Joint Stress Testing of Korean Banking, Securities, and Non-Life Insurance Industries」(*Asia Pacific Journal of Financial Studies*, 2009)
「Relative Efficiency of Price Discovery on an Established New Market and the Main Board: Evidence from Korea」(*Asia Pacific Journal of Financial Studies*, 2010)
「변동성, 위험프리미엄과 코리아 디스카운트」(재무관리연구, 2005)
「우리나라 증권산업의 위험지수 작성에 관한 실증연구」(재무관리연구, 2008)
「코스닥시장의 잠재적 요인분석에 관한 연구」(선물연구, 2009)
「원/달러 통화선물 거래량과 거래량변동성의 통화현물 예측에 관한 연구」(선물연구, 2010)

■ 최병욱 E-mail : bwchoi@konkuk.ac.kr
홈페이지 : http://konkuk.ac.kr/~bwchoi
서울대학교 산업공학과 졸업(BS)
Rutgers University 경영대학원 졸업(MBA)
University of Texas at Austin 경영대학원 졸업(Ph.D.)
금융감독원 근무, 선물연구 편집위원 역임, 금융공학연구 편집위원 역임, 재무연구 편집위원, *Asia-Pacific Journal of Financial Studies* 편집위원, 장외파생상품심의위원회 위원
현, 건국대학교 경영대학 부교수

〈주요 저서 및 논문〉
「옵션가격퍼즐: KOSPI 200 옵션시장에서 풋옵션은 과대평가되어 있는가?」(선물연구, 2009)
「Optimal Exercise Boundary of American Option」(*Asia Pacific Journal of Financial Studies*, 2007)
「Option Pricing under Extended Normal Distribution」(*Journal of Futures Markets*, 2005)
「급첨분포와 옵션가격의 결정」(재무관리연구, 2004)
「불완전시장 하에서의 옵션가격의 결정」(한국경영과학회지, 2004)

재무관리 – 제2판 –

저 자 김대호 · 오세경 · 장국현 · 최병욱
발행자 한 헌 주
발행처 도서출판 **경문사**

서울특별시 서대문구 독립문로 21-9
전화 738-7035 FAX. 722-4678
E-mail : kmsp@korea.com
홈페이지 : http://www.kmsp.co.kr

등 록 1995년 11월 9일 제300-1995-138호

2005년 2월 25일 초 판1쇄 발행
2011년 7월 4일 제2판1쇄 발행
2020년 3월 10일 제2판4쇄 발행

■ **정가 28,000원** ISBN 978-89-420-0737-0 93320